편견극복

교육으로 가능한가?

편견극복, 교육으로 가능한가?

2020년 11월 18일 초판 1쇄 인쇄
2020년 11월 25일 초판 1쇄 발행

지은이 ┃ 오성주
펴낸이 ┃ 김영호
펴낸곳 ┃ 도서출판 동연
등 록 ┃ 제1-1383호(1992. 6. 12)
주 소 ┃ 서울시 마포구 월드컵로 163-3
전 화 ┃ (02)335-2630
전 송 ┃ (02)335-2640
이메일 ┃ yh4321@gmail.com

Copyright ⓒ 오성주, 2020

ISBN 978-89-6447-618-5 93370

편견극복
교육으로 가능한가?

지은이 오성주

동연

머 리 말

 필자가 처음으로 편견에 대한 관심을 갖기 시작한 것은 미국 게렛 신학대학원(Garrett-Evangelical Theological Seminary)에서 유학 생활을 하는 동안이었다. 특히 사회심리학자인 고든 올포트(Gordon W. Allport) 의『편견이란 무엇인가?』(*The Nature of Prejudice*)[1]라는 책을 접하게 되면서부터 더 깊은 관심을 갖게 되었다. 올포트가 말하고 있는 편견 이란 미국의 역사와 사회 문화로부터 빈번히 발생하는 인종적 갈등 ─흑인과 백인의 인종차별과 반셈족주의(Anti-semitism)─에서 오는 편견이다. 그는 사회심리학적인 입장에서 인종차별의 문제를 편견 의 원인과 결과로 보면서 경험조사방법론을 통해 다양한 각도에서 편견의 문제를 다루어왔다.

 그러나 올포트의 편견 연구를 계속하면서 필자의 마음속에 늘 관심 있었던 중요한 질문은 "올포트가 연구한 인종에 관한 편견 연구 가 어떻게 사회, 문화, 역사적으로 다른 한국적 상황에서 적용할 수 있을 것인가?"라는 문제였다. 즉, "과연 한국 사회의 동일 민족 간의 차별과 갈등 문제의 원인도 편견 문제로부터 야기되는 인종차별의 문제로 볼 수 있겠는가?", "만일 그렇지 않다면, 한국에는 어떤 편견 현상들이 있겠는가?", "올포트의 편견 연구를 한국에 적용시킬 수 있는 객관적인 접근 방법이 있겠는가?"라는 질문들이었다. 편견 연

---

1 Gordon W. Allport, *The Nature of Prejudice* (Cambridge, MA: Addison-Wesley, 1954).

구에 대한 흥미가 더 깊어지면서 편견에 관한 주제를 객관적으로 접근하기 위해 사회과학적 방법을 중시하게 되었고, 다양한 각도에서 편견 문제를 분석할 필요가 있다는 것을 깨달았다.

편견적 사고와 태도에 관한 연구는 개인적 심리 차원만이 아니고 올포트의 연구와 같이 그룹과 그룹 간의 역동적인 관계 속에서 만들어진다는 것을 깨달았다. 한 걸음 더 나아가 편견 연구는 편견의 성격과 그 원인을 분석하는 일도 중요하지만 편견을 어떻게 좁힐 것인가 혹은 극복할 것인가라는 실천적인 질문이 더 중요할 것이라 생각했다. 이러한 질문으로부터 편견극복에 대한 교육적 접근에 더 관심을 갖게 되었다.

교육적인 측면서 필자는 편견이 어떻게 형성되는지에 대해 인지발달심리학자들과 행동발달심리학자들 그리고 사회심리발달론자들 간의 문헌적 대화를 통해 더 폭넓게 이해할 수 있었다. 특히 인지적 차원에서 편견 원인은 비논리적이며 협소한 견해나 좁은 세계관 그리고 고정관념, 흑백논리, 오해와 착각 등으로 다양하게 표현되었고, 심리학에서는 성격 결함, 자기-기만(self-deception), 자기중심주의(egocentricity), 배타적 이기주의, 소외감, 증오심, 적대감 등에서 그 원인들을 찾아볼 수 있었다. 그리고 사회심리학적으로 편견 원인은 개인의 문제만이 아니고 개인과 그룹(사회집단)과의 역동적인 관계 속에서 발생하는 것으로 집단적 이기주의, 집단적 소외, 지역차별주의, 계급차별주의, 성차별주의, 인종차별주의, 민족우월주의 등으로 이해되었다. 그러므로 편견 좁히기와 편견극복의 문제는 심리학적인 접근은 물론 사회제도적 접근을 통한 다각적인 접근이 필요하다는 것을 인식하면서, 교육적인 관점에서 어떻게 편견을 좁히고 극복하도록 가르치고 배울 것인가를 다루고자 노력했다.

편견에 대한 조사와 연구는 물론 사회 문화적 현상을 경험적 통계학적 자료를 바탕으로 양적 연구가 요구되는 면이 있지만, 이 책에서 다루고자 하는 연구는 지금까지 인문사회과학적 연구를 통해 나온 결과를 바탕으로 문헌적 고찰을 하면서, "한국적 상황 속에서 편견을 일으키는 요소들이 있다면 그것은 무엇인가?"에 대해 질적 연구를 시도하였다. 이러한 연구들로부터 한국적 상황에서 깨달은 것은 편견의 근본적 원인은 미국적 사회 문화적 상황에서 생성된 인종적 편견 문제와는 달리 역사적으로 정치 지배 이데올로기로부터 오는 문화 편견에 더 깊은 뿌리가 있음을 본다.

한국의 역사적 배경은 오랜 세월 동안 굳혀진 유교적 이데올로기와 제국주의 이데올로기 그리고 남북 냉전 이데올로기로부터 야기된 문화적 편견이 크게 작용하고 있음을 되돌아보게 된다. 정치적 당파싸움, 이간질, 지역 갈등, 문화 갈등, 성(性)차별, 계급차별, 인종차별 등과 같은 사회 문화적 문제들은 정치 사회 문화적 이데올로기로부터 야기되는 문화 편견이 역사적으로 깊게 뿌리를 두고 있다.

한국 역사적 상황에서 형성된 문화적 편견의 한 예로서 남북 분열 체제에서 경험할 수 있는 편견 문제이다. 우리는 과거 역사적 냉전체제 하에 정치 경제 지배 이데올로기로부터 어떻게 사회 문화적으로 정치화되어왔고, 또 어떻게 문화적 편견으로 정착되어왔는지 잘 알고 있다. 한국전쟁 이래 군사 정부로부터 정착된 남북 이데올로기의 갈등과 분열에 대한 사회 정치 경제적 배경에서 유래하는 이원론적인 이데올로기(북한-공산주의와 남한-자본주의)의 형성과정이 편견 사회 문화로 정착하여 오늘날까지 이르고 있다.

남북 정치 경제 이데올로기의 이원화 교육정책은 이원론적 정치 경제 이데올로기를 반영하기 위해 지배 정권을 유지하기 위한 수단이 되어왔다. 그들은 다양한 교육 제도와 통신 매체를 통해 이데올로기를 사람들에게 주입식으로 전달하며 내면화(internalization)시켰으며, 또한 문화적으로나 예술적으로 적대감과 증오감을 표현하도록 자극했을 뿐 아니라, 외면화(externalization) 과정을 통해 이원화된 정치적 경제 이데올로기를 객관화(objectivization)하고 정당화(legitimization)해 왔다. 이러한 정치 경제적 권력 집단으로 형성된 이원론적인 지배 이데올로기는 갈등과 분열을 낳았으며 문화적 편견으로 정착하여 일상생활 속에서도 자연스럽게 상호 적대감과 증오감을 고무시키는 일에 일조하였다고 본다. 이러한 연구결과로 나타난 편견의 형성 과정은 '이데올로기' → '교육' → '문화' 혹은 '문화' → '교육' → '이데올로기'라는 순환적 과정으로부터 형성되어 왔음을 알 수 있다.

그뿐 아니라 신자유주의와 세계화 정책으로 말미암아 1990년대 초반부터 많은 외국인이 이주노동자로서 국내에 들어오면서 이제는 한국도 인종차별과 편견의 문제가 심각하게 나타나고 있다. 한국 사회에도 이주노동자들뿐만 아니라 국제결혼으로 '다문화가정'이 정착되어 이제 다양한 인종의 자녀 세대들이 살고 있다. 그러나 전통적 사회 문화적 생활의 차이와 다름으로 발생하는 차별과 억압이 빈번히 발생하고 있다. 국가적으로 정책을 세우고 다양한 각도에서 노력하고 있지만 짧은 역사 속에서 이주노동자들과 다문화가정에 대한 외국인 인권운동 단체들의 목소리가 높아지고 있다.

이제는 인종차별과 편견 문제가 외국에서의 사례로만이 느껴지지 않는다. 미국의 흑백 갈등과 편견과 차별은 오랜 역사 속에서 발생하고 있는 문제이다. 특히 흑백 인종차별은 미국에서 역사적으로 그 뿌리가 깊다. 1968년 마틴 루터 킹 암살 사건을 비롯해서 1992년 로드니 킹을 집단 구타한 백인 경찰관 사건으로 굵어진 LA 폭동(한인과 흑인 갈등으로 심화된 사건), 2014년 마이클 브라운이 경찰에 총 맞아 죽은 사건 그리고 최근 2020년 5월 백인 경찰에 의해 과잉진압 과정에서 흑인 남성 조지 플로이드 사망 사건 등 계속해서 끊임없이 미국 사회에서 심각하게 일어나고 있는 편견과 차별이다. 이제 한국 사회에서도 인종차별과 편견은 단지 '강(江) 건너 저편에서 불구경하는 것'만은 아니다. 앞으로 다원화 시대로 접어든 한국 사회에서 많은 편견과 차별로 인종갈등과 폭동이 발생할 가능성을 예견할 수 있는 문제이다.

그러므로 이 책은 편견의 본질과 성격을 여러 사회 심리학자들의 연구를 소개하고자 했다. 대부분 미국의 편견 사례를 연구한 학자들의 견해이지만 한국적 상황에서 어느 정도 비판적으로 해석하고 적용할 수 있는 점이라 생각된다. 한국 사회 문화에서 어떤 편견이 작용하는가를 살펴보면서, 특히 정치 경제적 지배 이데올로기 문제로 역학적으로 작용하는 편견 발생의 문제를 접근하고자 한다. 그리고 이러한 지배 이데올로기가 어떻게 교육 구조와 제도에 들어와 문화적 편견으로 정착되어 가는지 추적해 보고자 한다. 물론 이러한 시도를 하는 궁극적 목적은 교육적인 관점에서 어떻게 이 문화적 편견을 극복할 것인가에 대한 모델을 중점적으로 이끌어내기 위함이다.

이 책 제1장과 제2장에서 우리는 고든 올포트의 사회심리학 이론을 중심으로 편견의 정의를 알아볼 것이다. 편견의 성격과 그 영향에 대해 살펴보았고, 편견 연구를 접근하는데 필요한 자본주의 경제적 요인에서 오는 계급주의적 지배 이데올로기 형성과 정신병리학적 문제에서 오는 심리적 갈등과 차별 문제 그리고 사회심리학적인 다양한 접근 방법들을 제시하였다. 개인의 편견적 사고와 태도가 사회 문화적 요소와 역동적인 관계가 있음을 보여준다. 더 나아가 문화와 편견과 교육의 관계성을 살펴보았다. 여기서 문화적 편견을 일으키는 과정에서 교육 역할을 중요하게 다루었다. 이러한 시도는 편견에 대한 사회 문화적인 접근을 하는데 초점을 맞추고 사회적 갈등과 차별이 문화적 편견에서 오는 것을 강조함으로 한국 사회에서 문화 편견 문제들을 설명하고자 함이다.

제3장과 제4장에서 문화와 교육과의 관계에 있어서 문화적 편견이란 교육을 통해 전수되기도 하지만 교육으로 저항하는 기능과 역할을 가지고 있다는 사실을 파악하기 위해 먼저 편견 형성 과정을 소속 집단 형성 사회진화론을 주장하는 학자들 중심으로 고찰해보았다. 내집단(In-group)과 외집단(Out-group)의 형성 과정에서 외집단에 대한 거부반응과 태도를 추적하였다. 그리고 사회화 과정에서 어떻게 편견이 형성되고 작용하는지에 대해 살펴보았다. 특히 한국적 상황에서 폭력과 차별의 매커니즘을 이해하기 위해 문화의 개념과 성격을 파악하여 문화 편견이란 무엇이며, 한국 사회 문화 속에서의 다양한 문화 편견이 무엇인지를 소개하였다.

제5장에서 다루고자 하는 중요한 주제는 편견과 교육의 관계를 살펴보는 것으로 어떻게 편견이 사회화과정을 통해 학습되고 교육을 통해 강화되고 전수되는 것인지 행동주의심리학과 인지발달심리학자들을 중심으로 자기중심주의 발달과 편견, 극단적 일원화 교육, 절대적 범주화와 고정관념 그리고 문화 편견에 저항하는 교육을

파악하여 제시하였다.

제6장에서는 어떻게 문화적 편견을 극복할 수 있는지에 대한 교육적 모델들을 비교 연구하고자 했다. 이 모델들은 철학적 개념의 모델들이다. 여기서 첫 번째 모델로 소개된 것은 해방 교육학자인 파울로 프레이리(Paulo Freire)의 '의식화'(conscientization)교육 모델이다. 편견의 문제를 극복하는 데 있어서 의식화교육 모델을 비판적으로 소개되었다. 편견극복을 위해 중요한 모델이 될 수 있지만 프레이리의 이론 가운데 핵심이 되는 이원론적 관계, 즉 억압자와 피억압자의 관계 형성은 상호 분열과 갈등의 관계로 대립된 상황에 계속 유지되는 한 상호 편견과 차별을 극복하기란 쉽지 않다. 따라서 쌍방 간의 끊임없는 긴장과 대립 속에서 편견과 차별적 관계가 놓이게 되는 한계성이 있다.

그 대안적 모델이 두 번째 모델로 인류문학자인 빅터 터너(Victor Turner)의 모델이다. 그것은 '리추얼 과정'(ritual process)을 통한 '커뮤니타스'(communitas) 모델로서, 해방 교육적인 관점을 주장하는 프레이리의 주체(억압자)와 객체(피억압자)의 이원론적인 관계의 한계성을 극복하기 위해 의례 의식의 과정에서 새로운 존재로 상호주체적 변화를 가져오는 통합적 상호 변화를 추구하는 대안적 모델이다. 그렇지만 빅터 터너의 모델은 여전히 한계성이 있다. 그것은 리추얼 리더(예를 들면 예배 인도자나 지도자들)의 비전과 목적의 순수성에 문제가 있다. 리추얼 과정에서 리더(지도자) 자신의 편협된 이데올로기를 재생산하거나 전통을 전수하는 목적을 이행하는 과정에서 발생하는 '무비판 전달과 수용 과정'의 위험성을 가지고 있을 수 있기 때문이다. 결국 이 과정에서 비판적이고 민주적인 리추얼 리더와 리더십이 요구된다.

이러한 프레이리와 터너의 한계성을 극복하기 위해 셋째 모델로서 변증적인 대화를 시도하는 피터 맥라렌(Peter McLaren)의 '교육적 리추얼 프로세스'(Educational Ritual Process) 모델이다. 특히 헤게모닉한 이데올로기와 사회 문화의 관계에서 교육의 역할을 민주적 '저항적 교육'(schooling as resistance)으로 이해하는 헨리 지루(Henry Giroux)의 주장을 피터 맥라렌은 '저항적 리추얼'(ritual as resistance)로 병렬시킴으로 상호보완적 입장을 취하려고 시도한다. 결국 이 책에서 가장 바람직한 편견극복 모델은 피터 맥라렌의 '교육적 리추얼 프로세스 모델'이다.

이 책의 마지막 부분은 기독교교육을 전공한 연구자로서 편견극복을 위한 시도 그리고 종합적으로 양극화현상 극복을 위한 교육의 역할과 방향을 제시하고자 하였다. 기독교적 종교교육 모델과 온전한 자아 회복을 위한 영성과 교육을 소개하고자 한다. 우선 편견극복의 대안으로 사랑과 정의와 평화를 실현하기 위한 기독교교육으로 토마스 그룸(Thomas H. Groome)의 이론을 중심으로 살펴보았다. 토마스 그룸의 기독교적 종교교육적 모델은 맥라렌의 교육적 리추얼 프로세스 모델과 함께 프레이리의 의식화교육 모델과 터너의 리추얼 프로세스 모델을 종합한 선택적인 교육 모델이라고 믿어지기 때문이다. 그리고 오늘날 우리는 신자본주의 시대와 제4차 산업혁명으로 AI인공지능과 컴퓨터 인터넷이 결합하여 물질 세계를 우상화하는 과학만능주의 시대에 자아 상실의 시대를 살아가고 있다. 특히 현대 사회 문화는 '성과 사회'와 '긍정성의 과잉'으로 자아를 부풀리거나 자아를 축소하여 왜곡된 자아와 자아 상실은 사회 문화적으로 많은 편견을 낳는 무서운 시대이다. 온전한 자아를 회복하는 길이 편견극복의 대안으로 마지막 모델을 제시할 것이다.

　무엇보다 여기에서 접근하고자 하는 편견 문제와 편견극복의 노력들은 교육적인 입장에서 보고 있는 점을 미리 밝혀두고자 한다. 편견극복의 접근에 있어서 상담심리학적인 접근을 비롯하여 다각적인 방편으로 소개되어야겠지만 이 책에서는 편견극복의 교육적 모델만 소개하고 한 것을 밝혀둔다. 그러나 앞으로 많은 편견 연구가들에 의해 편견극복을 하기 위한 인접 학문들과 대화를 통해 다양한 모델이 탐구될 것을 기대한다.

2020. 10.
지은이 오성주

차 례

1장

편견이란 무엇인가

1. 편견 문제를 다시 생각해야 하는 이유

1) 역지사지(易地思之)의 도(道)

열자(列子) 속에 〈설부편〉(說符篇)에 있는 내용을 소개하면서 편견에 대해 생각해 보고자 한다.

양자 혹은 양주(揚朱)의 동생을 양포(揚布)라고 불렀다. 양포는 어느 날, 흰 옷을 입고 외출했다가 비를 만나서 흰 옷을 벗고 검은 옷으로 갈아입고 돌아왔다. 그러자 집의 개가 알아보지 못하고 뛰어나와서 짖었기 때문에 양포는 화가 나서 개를 때려주려고 했다. 양자는 그것을 말리며 이렇게 말했다. "때리는 일을 그만둬라. 너도 같을 거야. 만일 이 개가 흰 개로 나갔다가 검을 개로 돌아오면 역시 의심하지 않을 수 없을 거야."[1]

이 짧은 이야기는 두 가지 중요한 교훈을 준다. 첫째, 흰 옷을 입었다가 검은 옷으로 갈아입어도 사물의 판단에는 착오(錯誤)가 발생하

---

[1] 열자(列子) 8. <설부편>(說符篇), "겉모양만 보고 판단하지 말라"(26편). 열자는 기원전 4세기 경 중국 전국시대의 도가 사상가이다. 오늘날 『열자』 8권 8편이 남아 있다.

기 때문에 모든 일에 신중하게 생각하고 판단하라는 아주 평범한 교훈이 담겨있다. 또한 둘째, 개가 착오를 일으키는 것과 같이 사람도 또한 착오를 일으킬 수 있다는 역지사지(易地思之)의 교훈을 담고 있다.

일상생활에서 우리는 착오를 일으키며 지낼 때가 많다. 혼돈된 상태에서 정확하게 판단을 내리기 위해 우리는 착오를 줄여야 한다. 이성적이고 과학적 사고란 사물의 판단에 있어 착오를 줄이기 위한 노력이다. 그러기에 깊은 사고를 하며 반복적인 실험과 검증으로 확실한 과학적 탐구가 필요하다. 변화된 상태에서 즉흥적인 반응과 판단은 위험할 때가 많다. 착오와 실수를 줄이기 위해 사태나 상황을 정확히 파악하고 대처하기 위해 합리적이고 이성적인 확인 절차 과정이 필요하다.

편견을 극복하는 일은 "확실성 탐구"를 통해 착오를 줄이는 일이다. 존 듀이는 그의 책, 『확실성의 탐구』에서 "위험한 세계에 살고 있는 사람들은 확실성을 추구하며 살아가려고 애쓴다"고 말하고 있다.[2] 사람들은 일상생활 속에서 불확실성의 두려움을 없애려고 무엇인가(누군가)를 통제하거나 조정하려는 욕망을 가지고 '일상의 세계'와 '상상의 세계'를 구조화하려고 한다. 많은 경우에 있어서 편견이 발생하는 것은 불확실성의 상황을 조정하려는 바람으로부터 시작된다. 그리고 삶의 불확실성의 두려움을 회피하거나 조절하고 싶은 마음에서 쉽게 확실하고 안전한 길을 찾기 위해 동요하거나 지배하려는 욕망이 일어난다.[3]

---

2 John Dewey, *The Quest for Certainty: A Study of the Relation of Knowledge and Action* (New York: G. P. Putman's Sons, 1929). 3.

3 데이비드 L. 실즈/오성주 옮김, 『편견 극복을 위한 신앙교육』 (서울: KMC, 2014),

편견은 자신의 근거 없는 잘못된 판단을 강요하여 일반화시키거나 절대시함으로 일어난다. 평상시 흰 옷을 입은 주인을 보던 개가 어느 날 갑자기 검은 옷을 입은 주인에게 짖는 것은 감각적이며 본능적인 즉흥적 반응을 표출하는 경우이다. 그러나 잠시 후 주인을 알아차린 개는 꼬리를 흔들며 주인에게 다가올 것이다. 감각 후 어느 정도 알아차리고 다가온 것이다.

이와 같이 인간도 생물학적으로 동물과 같이 본능적이며 즉흥적인 반응을 일으키는 감각을 가지고 있다. 때로 자극에 대해 즉각적 반응이 일으키기도 한다. 위험한 상황에서 즉흥적인 반응은 안전을 지켜주는 중요한 보호 본능이기도 하다. 다른 한편 인지적 판단에 앞서 감각적인 즉흥적 반응은 종종 착오를 불러일으켜 문제를 낳기도 한다. 따라서 착오를 줄일 수 있는 기제가 필요하다. 그것은 인식 능력이다. 상황을 정확히 판단할 수 있고 옳고 그름을 분별할 수 있는 비판적 인식 능력이 필요하다. 이러한 인식 능력은 확실성 탐구 과정으로 축적된 경험의 산물이다.

습관은 일상생활에서 착오를 일으키는 경우와 관련이 있다. 습관이란 일상생활에서 경험된 사고나 행동의 패턴을 반복하여 획득한 사고와 행동양식이다. 개인적 습관들이 사회집단 속에서 공유된 생활 패턴이 될 때 그것은 관습 혹은 사회 문화가 된다. 이러한 익숙한 생각과 행동들로부터 벗어날 때 우리는 낯설거나 이상하게 여기게 된다. 마치 일상 속에서 늘 흰 옷만 입고 다니는 모습을 본 개가 어느 날 검은 옷을 입을 때 주인을 알아보지 못하고 짖는 것과 같다.

262-263.

습관적 사고와 행동 패턴은 무의식적으로 즉흥적 반응을 일으킨다. 이러한 습관적 사고와 행동 양식은 개인의 일상생활에서 유익하고 필요하다. 그러나 때로 공동체 생활에서 타자의 입장을 고려하지 않음으로 타자에게 피해를 주는 사례가 발생한다. 그러므로 우리는 공동체에서 타인과의 관계를 할 때 습관화된 자신의 생각과 행동 양식을 무의식적이고 즉흥적인 반응하기보다는 다시 한 번 반성적 사고를 할 필요가 있다. 격언에 '역지사지'(易地思之)란 말이 있다. "너도 같을 거야"라는 양자의 말과 같이, 다시 한 번 자신의 입장과 상대의 입장을 바꾸어 놓고 생각해 봄으로 상대를 배려해주거나 고려해 주는 것이 중요하다.

편견이란 착오를 없애거나 줄이는 길이다. 착오를 줄이기 위해서는 습관화된 사고와 행동에 대해 비판적 인식과 더불어 자아 성찰이 필요하며, 모든 사람은 착오를 일으킬 수 있는 가능성이 있다는 사실을 인정하고 상대를 고려해 주는 역지사지의 미덕을 발휘해야 한다.

다원화되고 다양화된 세계화 시대에 우리는 역지사지의 도(道)가 필요하다. 성서는 말한다. "너희가 비판하는 그 비판으로 너희가 비판을 받을 것이요 너희가 헤아리는 그 헤아림으로 너희가 헤아림을 받을 것이니라"(마 7:2). 그리고 "그러므로 무엇이든지 남에게 대접을 받고자 하는 대로 너희도 남을 대접하라 이것이 율법이요 선지자니라"(7:12). 역지사지의 도(道)를 실천하기 위해서는 타자를 잘 이해하고 차이를 존중해야 한다. 그뿐 아니라 상대를 잘 이해하기 위해서는 상호 진실된 만남과 관계와 대화가 필요하다. 진실된 만남과 대화 속에서 상호 깊은 이해를 통해 착오를 줄일 수 있기 때문이다.

2) 공동체 회복을 위한 편견극복의 길

함께 사는 사회란 편견이 없는 사회다. 편견이 없는 사회란 상대가 착오로 즉흥적 반응을 할 때 반사로 보복하기보다는 역지사지의 뜻을 실천하는 길이 중요하다. 인내와 관용이 있는 사회, 화해와 용서가 있는 아름다운 공동체를 이루는 사회가 민주주의 사회이다. 정부와 국민 사이에, 부자와 가난한 자 사이에, 강자와 약자 사이에, 고용주와 노동자 사이에 편견과 차별을 없애기 위해 역지사지의 도를 실천하는 기회가 주어져야 한다.

왜 함께 사는 사회인가? 그리고 우리는 왜 함께 사는 사회를 만들기 위해서 노력해야 하는 것일까? 함께 사는 사회를 소위 공동체(共同體)라 한다. 여기서 한자어 공동(共同)이란 뜻은 "함께 하나가 되다"란 뜻이다. 그러나 서로가 다른 다양한 조건과 환경 속에서 서로 "함께 하나가 되는 일"은 것은 결코 쉬운 일이 아니다. 이 세상에 어떤 사람도 비슷한 사람은 있을 수 있으나 똑같은 사람이 있을 수 없기 때문이다. 모두가 행복할 권리가 있다. 그러기에 모두가 평등하다.

이런 의미에서 조너선 색스(Jonathan Sacks)는 "종교가 갈등의 원인이 아니라 평화를 앞당기는 힘이 될 수 있는가?"라는 중요한 물음을 던지면서, 그 답은 "서로 다른 종교와 문화가 어떠한 방법으로 '타자'를 위해 공간을 내줄 수 있는가에 달려 있다"고 말한다.[4] "타자성을 용인할 수 있는가?", "차이의 존엄을 인정할 수 있는가?"라는 물음의 답은 "우리의 공동체성과 차이, 보편과 특수에 정당한 가치를 부여

---

4 조너선 색스/임재서 옮김,『차이의 존중: 문명의 충돌을 넘어서』(서울: 말글빛냄, 2007), 6.

하는 것은 모든 문화적 정신적 과제 가운데서도 가장 어려운 것이지만, 그것만이 문명의 충돌을 피하는 길이다"라고 권면한다.5 같은 목소리로 티벳의 영적 지도자인 달라이 라마(Dalai Lama)와 미국의 정신과 의사인 하워드 커틀러(Haward Culter)와의 대화를 통해『당신은 행복한가』라는 책에서 편견과 차별의 위험성을 지적하면서, "어떻게 하면 타인과의 깊은 연결감, 인간으로서 진실한 유대감을 가질 수 있을까? 어떻게 하면 우리가 미워하는 사람을 우리 자신의 본질적으로 같은 인간으로 보는 일까지도 가능할까?"라는 질문을 한다.6 그 해답은 행복론에서 찾는다. "나 자신이 그렇듯 다른 사람도 행복해지기 원하고, 고통을 원하지 않는다. 모든 사람이 아픔을 느끼고 모든 사람이 사랑받고 싶어 한다. 다른 사람이 행복해지기를 바란다면 자비를 실천하라. 나 자신이 행복해지기를 바란다면 자비를 실천하라. 자비는 행복의 진정한 원천이다."7 달라이 라마의 행복론은 모든 사람이 같은 존재임을 말해주며 행복이라는 목적을 향해 나가기 위해 역지사지의 도(道)를 실천함에 있다. 이것은 기독교의 윤리관, 즉 예수의 산상수훈의 말씀으로 "그러므로 무엇이든지 남에게 대접을 받고자 하는 대로 너희도 남을 대접하라"(마 7:12)는 기독교의 황금률과 같고, "네 이웃을 네 몸과 같이 사랑하라"(막 12:31)는 예수의 가르침과 일맥상통한다.

　　우리는 모두 다른 환경에서 태어난다. 그리고 서로 다른 경험을

---

5 Ibid., 112.

6 달라이 라마, 하워드 커틀러/류시화 옮김,『당신은 행복한가』(서울: 문학의 숲, 2009),
　20.

7 Ibid., 422.

하며 살아가고 있다. 더욱이 각자 미묘한 생물학적 차이를 지니고 태어났기 때문에 우리는 서로 다르다. 그래서 우리는 각자의 개성과 독특성을 가지고 살아가기 마련이다. 아무리 같은 환경과 조건 속에서 성장했다 할지라도 혹은 같은 교육을 받고 성장했다 할지라도 로봇과 같이 기계적으로 모두 똑같은 사람을 만들어낼 수 없다.

그럼에도 우리 사회는 "같음을 절대화"하며 서로 다른 상대를 무시하고 차별하며 동일화시키려는 끊임없는 노력을 하고 있다. 그 결과 인종차별, 문화적 차별, 계급차별 등 많은 갈등과 분열을 일으킨다. 자신의 것만을 정당화하며 자신만을 절대적 기준으로 삼아 다름을 인정하지 않고 다름을 소외시키고 배제시키며 차별화시키고 주변화시킴으로 같음을 정당화시켜 왔다. 자신을 정당화하며 정치적 세력을 통일시키려는데 온갖 에너지를 쏟아 왔다. 이러한 사회를 우리는 소위 "두려움과 협박을 행하는 모임으로 볼 수 있는 공동체(恐動體)" 혹은 "내실이 없어서 공허한 모임이 되는 공동체(空洞體)"라고 표현할 수 있을 것이다.

M. 스캇 펙(M. Scott Peck)은 참 공동체를 이루는 과정의 단계를 "거짓 공동체–혼란–마음 비우기–참 공동체"로 제시한다.[8] 스캇 펙에 따르면, 진정한 공동체란 편 가르기가 없다. 파벌과 당파가 없는 곳이다. 그렇다고 갈등이 없는 것은 아니다. 갈등을 통해서 육체적으로나 정신적으로 상처나 피해를 입는 곳이 아니라는 뜻이다. 긍휼과 지혜로 해결할 수 있는 곳이 바로 진정한 참 공동체이다. 참 공동체를 이루기 위해 무엇보다 "마음 비우기"가 요청된다. 온전한 자아로 회

---

8 M. 스캇 펙/김민예숙 옮김, 『평화만들기』 (서울: 열음사, 2006).

복하기 위해 편견이나 선입견, 이념, 신념 혹은 기대와 같은 장애물을 제거하는 일이다. 오히려 공동체의 구성원들이 다양한 차이에 대한 이해와 배려, 존경과 섬김이 생기는 곳이다.

결국 자기와 같은 것만을 절대적 진리로 간주하고 자기와 다른 것은 무조건 틀리다는 식으로 상대를 무시하고 제거해야 한다는 생각은 편견의 산물이다. 즉 이러한 편견은 어떤 사실이나 정책을 지나치게 일반화 혹은 객관화시킴으로 발생하게 된다. 상대를 무시하는 비인격적인 이러한 지나친 객관주의적 생각과 태도는 개체성과 독특성을 무시하며 서로의 차이를 인정하지 않고 편견과 차별화시킴으로 공동체를 파괴하는 결과를 낳는다.

파커 파머(Parker J. Palmer)의 주장과 같이 '객관화'(objectifing)란 원래 뜻은 "반대하다"(object)라는 뜻을 내포하고 있다. 그러므로 지나친 일반화(over- generalization) 혹은 객관화(objectivism)는 상대를 대상화, 즉 대상을 반대하거나 혹은 거부함으로 만들어진 이론이다.[9] 파머는 과학주의 혹은 객관주의의 어두운 면을 지적하면서, "감정, 직관, 신앙은 빈번히 미신, 미숙한 이데올로기, 조잡한 심리투사를 동반하게 마련이며" 이전 세계의 풍성한 생명력도, 안다고 자처했던 이들의 열정과 편견의 반영에 불과할 때가 많다"고 경고한다.[10] 이러한 객관주의로 편견에 빠진 사람들의 위험성 가운데 하나는 자신을 지나치게 자신의 것만을 믿는 과신(過信)에 있다. 과신은 이기주의적 자기중심주의인 교만한 마음에서부터 온다. 교만한 사람은 상대가

---

9 파커 파머/이종태 옮김, 『가르침과 배움의 영성』 (서울: Ivp, 2006), 52-53.
10 Ibid., 52.

보이지 않는다. 그러므로 과신에 찬 교만이란 상대를 무시하며 자신의 입장만을 고집하려는 심적인 작용이다.

교만은 상대의 개성과 개체성의 소중함과 존귀함을 무시함으로 죄악을 낳는다. 그러므로 편견이란 심적 작용으로 교만과 관련성이 있다. 교만을 극복하는 길이 또 하나의 편견을 극복하는 길이다. 교만한 마음은 상대를 무시하거나 비인격화시킨다. 그것은 다른 말로 상대를 인격적으로 자신과 같은 입장으로 보지 않는 억지 혹은 고집에서부터 시작된다.

오늘 우리 사회가 추구해야 하는 "함께 사는 사회"란 서로 다름을 인정하는 겸손한 사회를 말한다. 이런 사회가 되기 위해서는 우리는 먼저 "숨김없이 드러내놓고 서로 같이하는 모임으로 공동체(公同體)"가 되어야 할 것이다. 다시 말해 정직한 사회가 되는 길이다. 정직한 사회란 자신의 입장을 숨김없이 드러낼 뿐만 아니라 상대의 소리를 정직하게 들어주며 상대의 입장을 인정해주는 데서 싹이 튼다.

정직한 사회란 서로의 다름을 솔직히 인정하는 사회다. 솔직히 다름을 인정하는 사회란 겸손한 사회다. 이런 사회에서부터 새로운 창조적 생명력이 일어난다. 한 생명이 고귀한 것은 우리 모두가 서로 다르게 태어났기 때문이다. 이 세상에 한 사람도 나와 똑같은 사람이 한 사람도 없기 때문에 소중하고 존엄한 자이다. 서로 다르기 때문에 그 사람이 건강한 사람이든 아니든, 잘난 사람이든 아니든, 부자이든 아니든, 유명하든 아니든 간에 남녀노소 모든 사람의 생명은 고귀한 가치와 존엄성을 지니게 된다. 서로 다른 개성과 독특성이 있기에 우리는 서로 무시할 수 없는 존재이며, 서로 함께 의지하며 도우며 살아갈 수밖에 없는 사회적 존재다. 그러므로 "서로 다르다"는 것은 서로에게 유익을 가져다줄 수 있다. 서로 다르기 때문에 서로에게 발전의 기회가 되고, 합하여 창조적인 선을 이루어 나갈 수 있다.

이런 사회가 곧 민주주의 사회다. 민주주의 사회란 한 개인의 개성과 자유를 인정하는 사회를 말한다. 다시 말해 상대의 개성을 존중하며 상대의 권리를 인정하고 보장해 주며, 개인의 자유를 허용해 주는 사회다. 따라서 민주주의 사회에서 추구해야 할 목표란 한 개인의 자유와 기회를 허용해 줌으로 "자기실현"을 돕고 더 나아가 "성숙한 온전한 자아"를 통해 "상호존중"과 "상호협력"으로 아름다운 사회를 실현시켜 나가는 책임적 자아를 길러내는 것이다. 서로의 다름을 인정하고 서로의 다름을 통해 서로에게 유익을 줄 수 있는 공동체가 바로 민주주의 사회다.

오늘 우리 사회가 참된 민주주의 사회를 추구하기 위해서 우리는 "함께 사는 사회"란 "함께 숨김없이 드러내놓고 서로 같이하는 공동체"가 되어야 할 뿐만 아니라 "함께 움직이는 모임이 되는 공동체(共動體)"가 되어야 한다. 즉 정직과 협력을 통해 참된 민주주의 공동체를 이끌어 나갈 수 있다. 편견을 축소하고 극복함으로 정직과 협력을 이루는 사회가 될 수 있을 뿐만이 아니라, 역으로 숨김없이 드러내놓고 서로 같이할 때 그리고 함께 움직이며 협력해 나갈 때 또한 우리 사회는 편견이 극복되거나 축소될 수 있다.

우리 사회에서 대다수의 사람이 편견에 대해 생각할 때 편견이란 한 개인의 문제로 단순히 틀에 박힌 고정관념으로 생각하는 경우가 많다. 소위 융통성이 없고 꽉 막힌 사람을 일컬어 편견이 심한 사람으로 간주하고 있다. 대부분 편견의 원인을 개인적인 차원에만 더 역점을 두고 설명되어왔고 사회 문화적 차원에서 관계시켜 편견 문제를 충분히 연구해오지를 못했다고 본다.

지금까지 대다수 학자가 한국 사회의 차별과 폭력과 살인의 문제를 접근하는 데 있어서 사회학이나 정치학 혹은 경제학적인 측면에서 그 문제와 원인을 진단하는 일에 열중해 왔다. 근본적인 상호불신과 증오감의 문제와 공동체 파괴의 원인이 경제적 혹은 사회적 구조와 제도의 불평등 혹은 모순에 있음을 강조해 왔다. 그러나 우리는 편견이라는 단어에 깊게 주의를 생각해 볼 필요가 있다. 편견의 문제는 개인적 생각과 태도의 문제에 국한되는 것이 아니라 사회 문화적 요인과 관계되고 정치 사회 문화적 갈등과 분열 그리고 억압과 차별의 원인과 관계된다.

세계화 시대에 다원화된 사회는 이웃(타자)에 대한 이해와 공감이 더 절실하게 필요한 상황이 되었다. 상호 역사와 전통을 존중할 뿐만 아니라 타자의 생활관습과 태도 혹은 문화와 취향의 다양성을 경험하며 낯설음에 대한 포용력을 발휘해야 할 때이다. 편협된 사고와 태도로 섣불리 판단하는 언행 심사는 상호 불신과 증오심을 일으키고 갈등과 분열은 차별과 적대감으로 발전하여 공동체를 파괴하는 그 결정적인 문제의 원인이 된다.

실제로 편견의 근원과 작용을 연구하고 분석하는 일은 단순하고 쉬운 일은 아니다. 오히려 편견 연구 자체가 편견적일 수 있기 때문이다. 따라서 우리는 먼저 다양한 측면에서 이론적으로 편견에 관한 연구결과들을 조사하며 편견에 관한 다양한 견해와 주장들을 살펴보면서 편견의 본질과 편견의 내용(혹은 기능)을 분석 파악하고자 한다.

2. 편견의 정의와 본질

편견(偏見)이란 단순히 문자적으로 풀어보면, 국어사전에서 밝혀주듯이 "공정하지 못하고 어느 한쪽으로 치우친 생각이나 의견"으로 정의된다. 일반적으로 편견을 말할 때 선입견(先入見)이란 말로 표현하기도 하는데 국어사전에서 그 뜻은 "직접 경험하기 전에 미리 마음속에 가지고 있는 고정적인 관념이나 견해"를 의미한다.

미국 웹스터스 영어사전에서 편견이란 말은 '프레주디스'(prejudice)란 단어를 주로 쓴다. 이 단어는 원래 라틴어 '프래주디치움'(praeju-dicium)에서 파생된 말로 '프래'(prae-)라는 '이전에', '미리'(before)라는 뜻의 접두어와 '주디치움'(judicium)이라는 '판단'(judgement)이라는 뜻의 단어가 결합된 것이다. 이 편견(prejudice)의 뜻은 '사실이 이미 알려지기 전에 선입견을 가지고 유리하게 혹은 불리하게 한쪽으로 기울어져 내린 의견이나 판단'을 뜻한다. 이 단어는 긍정적인 뜻보다 부정적인 뜻을 내포하고 있는데, 모순되고 왜곡된 사실들을 고려하지 않고 비이성적으로 내린 의견이나 판단을 뜻한다. 따라서 편견이 심한 사람은 '의심'(suspicion)과 '편협'(intolerance) 혹은 다른 사람의 인종이나 교리 혹은 종교나 직업에 대해 비이성적인 싫은 감정을 가지고 서로에게 혹은 다른 사람들에게 상처나 피해를 주는 것으로 설명한다.

또한 이러한 편견에 대한 개념은 '한쪽으로 지나치게 치우침'(bias), '자기본위'(subjectivity), '불합리성'(irrationality), '편협함'(narrow-mindedness), '닫혀진 마음'(closedmindedness), '지나친 단순화'(over-simplication), '고정관념'(stereotype), '왜곡'(distortion), '합리화'(rationalization), '그릇됨'(fallaciousness), '편파'(partiality), '편애'(predilection/ love prejudice), '과도한 일반화'(overgeneralization) 등과 같은 부정적인 말들과 연관 지어 표현한다. 이러한 다양한 개념들은 편견에 대해 언급할 때 선입견이나 편협된 사고로 말미암아 나타나는 심리적이거나 사회적인 문제를 보여준다.

이와 같이 편견이란 단어가 내포하고 있는 특징은 다양하게 나타난다. 편견이란 단어는 영역에 따라 인지적 차원과 감정적 차원으로 나누어질 수 있고, 원인과 결과에 따라 생각과 태도의 관계 속에서 살펴볼 수 있으며, 기준에 따라서 세계관 혹은 가치관과도 관계되어 있고, 상황에 따라 부정적이거나 긍정적인 면이 될 수 있으며, 마지막으로 대상에 따라 편견을 개인과 집단으로 나누어 생각할 수 있다. 이러한 차원들을 구분하여 아래와 같이 편견에 대해 좀 더 깊이 있게 생각해 보고자 한다.

1) 편견의 인지적 요인과 감정적 요인

서구 사회에서 사회 심리학자 중 편견 연구의 이론적 기초를 잘 세워 놓은 책은 편견 연구의 선구자인 고든 올포트(Gordon W. Allport) 의 『편견이란 무엇인가』(*The Nature of Prejudice*)라는 책이다. 이 책에서 올포트는 다음과 같이 편견에 대한 가장 기본적인 정의를 내리고 있다.[11] 그는 가장 기초적인 편견의 정의로서 "충분한 근거가 없이 다른 사람에 대해 나쁜 생각을 하는 것(thinking ill of others)"[12]으로

---

11 Gordon W. Allport, *The Nature of Prejudice* (Cambridge, MA: Addison-Wesley, 1954), 7-9. 참고.

정의한다. 따라서 편견이란 충분한 이유나 근거 없이 미리 앞질러서 상대를 판단하는 이성(理性)적 활동을 말한다. 다른 말로 편견이란 흔히 '한쪽으로만 치우쳐 생각하는 것'(편파) 혹은 '하나밖에 모르는 생각'(편협 혹은 고정관념)으로 정의할 때가 많다.

그러나 이 정의는 편견 성격을 이해하는데 불충분하다. 왜냐하면 사회심리학자들이 주장하듯이 편견이란 이성적인 판단의 작용만 국한시킬 수 없기 때문이다. 편견이란 사회생활 속에서 이성적 활동 (편협, 편파 혹은 선입견)과 더불어 감정(感情)이 이입(移入)되어 '반감'(antipathy) 혹은 '증오심'(apathy)으로 나타나는 태도를 뜻한다. 편견으로 다른 사람에게 상처를 주고 차별을 하는 태도를 말한다.

그러므로 올포트는 편견에 대한 정의를 이성적인 작용과 더불어 감정적인 차원까지 포함시켜 설명한다. 편견이란 "실제 경험에 근거하지 않거나 혹은 경험에 앞서 어떤 사람이나 사물에 대해 좋아하거나 싫어하는 감정 상태"로 정의한다.13 특히 이러한 감정이 집단과 집단 속에서 다른 사람에게 증오의 태도나 차별의 태도로 나타날 경우를 말한다. 따라서 편견에 대해 말을 할 때 우리는 실제 경험에 근거하지 않은 혹은 너무 한 쪽으로만 치우친 생각이나 '신념'(belief) 을 강요함으로 상대에게 증오심이나 반감 혹은 적대감을 가진 '감정'(feeling)을 불러일으켜 상대를 무시하거나 차별하는 '태도'(attitude)를 세분하여 살펴볼 필요성이 있게 된다.

이러한 입장에서 글록(C. Y. Glock)과 스타크(R. Stark)는 '반셈족주

---

12 Ibid., 7.
13 Gordon Allport(1954), 7.

의'(anti-semitism)에 관한 편견 연구에서 반셈족주의 편견 현상을 '신념'(beliefs)과 '감정'(feelings) 그리고 '행위'(actions)로 분리하고 이들이 서로 관계가 있음을 연구를 통해 보여주었다. 이들이 말하고 있는 반셈족주의적 편견은 생각(신념) → 감정 → 행위로 발전하는 일련의 과정으로 보면서 셈족에 대한 부정적인 생각(신념)들은 유대인에 대한 부정적인 감정을 일으키고 결국 적대적 행위나 증오하는 행위로 나타나게 된다는 것이다. 또한 편견의 정도는 반셈족주의에 대한 신념의 강도에 따라 정해지는 것으로 연구 결과를 설명하고 있다.[14]

서구의 사회 심리학자들에 의해 연구된 편견의 작용은 원초적 원인으로서 감정적인 차원보다도 사람들이 언급한 말에 대한 인지적 혹은 인지적 차원만을 강조하며 분석해 왔다. 따라서 일반적으로 편견이란 말을 쓸 때는 선입견, 인식된 관념, 생각의 태도, 고정관념, 잘못된 일반화 등 이성적이고 인지적 작용에 근원을 두고 있다.

그러나 생각과 감정에 있어서 어느 것이 먼저 편견 작용의 원인이 되는지에 대한 우선순위를 규명하는 것은 쉽지 않다. 그것은 사람들 가운데 아무런 이유 없이 개인의 성격상으로 싫어하는 색상이나 분위기 혹은 대상이 있기 때문이다. 감정표출이 무의식적으로 작용하는 경우도 있다는 사실을 기억해야 할 것이다. 이 점에서 편견 연구에 있어서 심리학적인 연구가 필요하다. 비록 감정과 태도의 관계에

---

14 Charles Y. Glock and Rodney Stark, *Christian Beliefs and Anti-Semitism* (New York and London: Harper & Row, Publishers, 1966), 101-6. 참조. Glock and Stark의 반유대주의 편견에 대한 연구는 세 가지의 요소(생각-감정-행위)들을 분리하여 조사하면서 편견 작용에 관계가 있다고 보며, 특히 반유대주의 편견은 종교적 교훈과 전통이나 교리로 말미암아 부정적인 반유대주의 감정에 영향을 주고 결국 행위로 나타났다고 보고하고 있다.

있어서 분리하여 생각할 수 없지만, 그러나 여기에서 교육적인 입장에서 편견 문제를 다루기 위해 인식론 접근에 더 중점을 두고 이해할 필요가 있다.

2) 편견적 사고와 태도

편견을 말할 때 편견이란 단순히 개인의 생각이나 감정적인 면에 머무르지 않고 상대에게 감정적인 태도를 보여줌으로 피해나 영향을 주었을 때 편견 작용으로 볼 수 있다고 정의한다. 이 점에서 기본적으로 두 가지의 사실을 고려해야 한다. 그것은 1) '경험에 의해 얻어진 사고의 패턴'(신념 혹은 이념)과 2) '우호적이거나 증오적인 감정적 태도'(attitudes)의 관계이다. 예를 들면, "나는 일본 사람들을 회피한다"라고 진술할 때 이것은 태도적인 면이다. 그러나 '왜 일본 사람을 회피하게 되는가?'라는 질문을 할 때, "일본 사람들은 한국을 식민지화했기 때문이다"라고 표현한다면 이것은 역사적인 경험과 지식에 의해 얻어진 논리나 이념을 말하는 것이다. 또 다른 예로 "나는 북한 사람들을 싫어한다"는 감정적 태도에 대한 진술이다. 그것은 "북한 사람들은 공산주의자들이기 때문이다"는 이념적 혹은 논리적인 표현이다. 한국적 정치 상황에서 지역주의로부터 나온 편견으로 "나는 어느 특정한 지역 사람과는 거래를 하지 않는다"는 말의 표현은 태도에 관한 말이고, "(그 지역) 사람들과 사귀면 끝이 좋지 못하다"는 표현은 생각 혹은 논리적 면을 보여준다. 미국적 상황에서 "흑인들은 게으르다"라는 말의 표현은 생각이며, 만일 "흑인들을 고용하지 않는 것이 좋다"는 표현은 태도를 보이는 것이다.

이렇듯 편견 작용은 경험된 사고의 패턴(신념/이념)과 태도로 구분된다. 그리고 사고의 패턴은 태도에 영향을 주는 것으로 본다. 따라서 편견의 원인을 파악하는 일은 경험된 사고의 패턴과 함께 그것이 어떤 태도로 나타나는지에 대한 상호관계를 조사하는 것이 바람직하다.

만일 경험된 사고의 패턴(신념이나 이념)대로 행동과 태도를 취한다고 가정한다면 그 행동과 태도의 원인을 분석하기 위해서 경험된 사고의 패턴(신념이나 이념)을 분석하는 일이다. 그래서 잘못된 사고의 패턴은 잘못된 태도와 행동을 가져오고, 바른 사고의 패턴을 하면 바른 행동과 태도를 하게 된다. 그러나 사실 이러한 가설에는 많은 변수가 있다. 예를 들면 같은 신념과 이념이 있다 하더라도 사람에 따라 혹은 환경과 시간에 따라 다르게 표현될 수 있기 때문이다. 또한 어떤 생각이 바른 생각이고 잘못된 생각인지에 대한 '가치 기준'의 문제이다. 어떤 가치 기준을 삼고 '옳은 것'과 '그릇된 것'을 판단할 수 있겠는가? 어떤 생각은 자신에게 바른 생각일 수 있지만 다른 사람에게 그렇지 못할 때도 있다. 물론 그 반대도 마찬가지일 것이다.

그러므로 편견 연구가들로부터 밝혀진 편견의 정의란 경험된 자신의 사고패턴(신념이나 이념)을 지나친 일반화와 절대화하여 상대를 무시하거나 소외시키며 차별화하는 개인적 혹은 사회적 태도를 말한다. 이 편견은 소속 집단의 구성원들을 불평등하게 취급으로 하는 '차별'(discrimination)과는 구별된다. 왜냐하면 차별이나 폭력의 행위와는 다르게 편견이란 직접적으로 관찰할 수 없는 태도를 말하기 때문이다. 그럼에도 그 태도의 성격은 사회적 행위의 근거가 된다. 예를 들면, 인종 편견은 폭력을 초래하는 근원적 원인을 제공하는 것으로 보기 때문이다.[15] 따라서 편견은 "왜곡되고 잘못된 가치관이나 의식"을 의미하며, 차별이란 "편견에 근거하여 부당하게 거부적인 태도를 보이는 것이며 그러한 행동이나 태도를 보이는 것"을 말한다.[16]

3) 가치관과 편견

개인의 가치관은 "사람의 동기와 포부, 지각과 해석, 만족과 의의 그리고 평가 기준"이 된다.[17] 옳고 그름에 대해, 좋고 나쁨에 대해, 참되고 거짓에 대해, 아름답고 추함에 대해, 정당하고 부정당함에 대해, 유리하고 불리함에 대해, 유익하고 무익함에 대해 가치판단과 선택함에 있어서 개인의 경험과 지식은 주관적 평가 기준에 따른다. 내가 팝송을 좋아하든 혹은 클래식 음악을 좋아하든, 머리에 염색하든 혹은 귀걸이나 코걸이를 하든, 내가 청바지를 좋아하든 혹은 신사복을 좋아하든, 내가 이탈리아 음식을 좋아하든 혹은 한국 음식을 좋아하든, 내가 전통문화를 좋아하든 혹은 현대 문화를 좋아하든, 내가 보수주의 체제를 좋아하든 혹은 자유주의 체제를 좋아하든, 내가 도시 생활을 좋아하든 혹은 농촌 문화를 좋아하든 개인의 가치관의 판단과 선택은 개인의 자유다. 각 개인은 자신의 가치와 가치관

---

15 Milton. Kleg, Hate, Prejudice, and Racism (Albany, New York: State University of New York, 1993), 113.

16 이원규, 『종교사회학의 이해』 (서울: 사회비평신서/70, 1997), 280.

17 정범모, 『가치관과 교육』 (서울: 배영출판사, 1972), 20. 저자는 가치판단에 있어서 객관적인 요인과 주관적인 요인이 있다고 보며 사람의 행동을 결정함에 있어서 가치나 혹은 가치관이 중요한 역할을 한다고 본다. 그는 특히 가치관은 그 사람의 1)동기와 포부를, 2) 지각과 해석을, 3) 만족과 의의를 그리고 4) 평가의 기준을 크게 결정하여 준다고 주장한다.

에 의해 살아간다.

다른 한편으로 가치와 가치관은 사회 문화적인 요소와 긴밀한 관계가 있다. 주관적 가치판단과 선택은 사회화 혹은 문화화 과정을 통해 얻어진 경험이 기초가 된다. 그러므로 "가치나 가치관은 한 개인의 특성일 수도 있고 또한 사회 집단의 특성일 수도 있다."[18] 왜냐하면 가치와 가치관은 "그 사회 집단의 역사적인 경험의 축적과 그 성원들이 이루는 사회적 관련 및 구조 여하에도 그게 관련되어" 있기 때문이다.[19] 따라서 가치판단과 선택은 자신의 문화적 배경과 가치적 배경이 주는 영향을 무시할 수 없다.

이러한 문화적 배경과 가치적 배경에 따라 형성되는 가치관은 '일반적 가치'와 '특수 가치'로 구분된다. 일반적 가치란 "보다 많은 여러 사회가 공여하고 있는 그리고 공여할 수 있는 가치들"을 말하며, 특수 가치란 "시간과 공간에 국부적으로 한정된 여러 사회가 가지고 있는 상이한 가치들"로 설명된다.[20] 사람들은 이러한 일반적 가치와 특수 가치의 상관관계 속에서 살아간다. 때로는 다양한 문화와 가치 속에서 서로 상충하여 갈등을 일으키기도 하고 동시에 여러 다른 문화나 가치 속에서도 함께 공유하는 일반 가치가 있게 마련이다. 그러므로 가치나 가치관은 특수성과 일반성의 양면적인 성격을 지니고 있다.

한 개인으로 우리는 어느 제한된 시간과 공간에 자리 잡고 생활하는 한 그 시대의 문화를 가지고 살아간다. 그리고 우리는 한 개인적으

---

18 Ibid., 31.
19 Ibid., 32.
20 Ibid., 152.

로 살아야 할 측면이 있지만 동시에 공동체 속에서 개인이 공유할 수 있는 어떤 공통분모로서 일반적 가치를 생각하며 그것에도 끊임없는 탐구와 접근을 시도하며 살아갈 수밖에 없다.[21] 그러나 중요한 사실은 우리는 어느 한 개인의 혹은 사회의 가치나 가치관에 대해 절대적으로 주장할 수가 없다는 사실이다. 다만 계속 열려진 일반적 가치를 탐구하며 나갈 뿐이다. 서로가 자기의 가치 체제를 절대적이라고 주장한다면 그 결과 해결할 수 없는 끊임없는 갈등과 분쟁들이 일어날 수밖에 없으며, 서로 절대주의에 사로잡혀 이질적 문화와 가치로 상접 할수록 그만큼 더 갈등과 분쟁은 깊어지고 증폭될 수밖에 없다.[22]

한 개인이나 사회의 가치나 가치관을 지나치게 일반화함으로 특별한 혹은 특수한 가치를 무시하고 소외시키며 차별화하는 편견을 낳게 된다. 또한 한 개인의 혹은 한 사회의 특수 가치를 절대화시킴으로 갈등이 표면화되어 상대를 이질화시키는 편견을 낳게 된다. 편견은 한 개인이나 사회의 가치나 가치관을 지나친 일반화나 절대화시킴으로 발생할 수 있다. 한 개인의 가치나 가치관으로 다른 상대를 차별화하고 무시하는 태도는 편견의 원인으로부터 나온 결과이다. 따라서 한 개인과 사회의 가치나 가치관은 절대적일 수 없다. 시대와

---

21 Ibid., 154.

22 Ibid., 154-157. 정범모는 가치나 문화 절대주의의 입장을 반대한다. 왜냐하면 절대주의 결과는 이질문화와 가치로 말미암아 갈등과 분쟁이 일어나기 때문이다. 또한 그는 그렇다고 문화 상대주의의 입장을 취할 경우에도 바람직하지 않다고 본다. 왜냐하면 문화 절대주의와 마찬가지로 문화 상대주의를 취하고 있다면 그 결과는 역시 해결할 수 없는 갈등과 분쟁이 있기 때문이다. 서로의 입장을 인정한다는 것은 각기 제 나름대로 자신의 절대주의를 유지하는 것과 별 차이가 없다는 것이다.

상황에 따라 변화할 수 있는 것으로 항상 미래로 개방되어 추구해 나가야 할 과제이다.

가치와 가치관 사이에 대립 관계로 "나의 것과 너의 것," "우리 와 그들," "이쪽과 저쪽," "이것과 저것"으로 이분법적 구분하면서, 때로 정치 경제 사회 문화의 갈등 구조로 말미암아 한쪽은 다른 쪽에 대해 선(善)과 악(惡), 미(美)와 추(醜) 혹은 상(上)과 하(下)로 가치 판단 하여 편견에 빠지게 한다. 이러한 가치판단에 의한 구별은 감정적 대립과 갈등관계를 초래하고 차별적인 태도를 불러일으킨다. 결과 적으로 가치판단과 편견 문제를 생각할 때 경계해야 할 중요한 요소 는 지나친 일반화와 절대화이다. 지나친 일반화와 절대화는 어느 한쪽이 다른 쪽의 가치와 가치관을 무시하고 멸시하며 차별화하는 편견적 태도를 불러일으키기 때문이다.

4) 긍정적 편견과 부정적 편견

올포트가 주장에 따르면23 개인이 무엇인가를 혹은 누군가를 편 애하고 좋아하는 것은 자연스럽고 당연한 현상이다. 우리는 누군가 혹은 무엇인가를 편애하기도 하고 애착이 가기도 하면서 더 집착하 고 보호하려는 성향이 있다. 올포트는 이러한 편애와 애착을 "사랑- 편견"(love-prejudice)과 "증오심-편견"(hate-prejudice)으로 구별한다. 그리고 "사랑-편견"은 "증오심-편견"보다 인간의 삶에 있어서 훨씬 더 근본적으로 작용한다고 설명한다.24 그러므로 '사랑-편견'은 긍

---

23 Gordon Allport(1954), 24-26 참조. 그는 철학자 스피노자의 "love-prejudice"와 "hate- prejudice"의 개념을 인용하면서 개인적 가치관과 편견의 관계성에 대해 설명한다.

정적인 편견이다.

'사랑-편견'은 일상 속에서 자연스럽게 받아들여진다. 자신이 좋아하는 것 혹은 좋아하는 사람을 더 선호하고 의존하게 되고 보호를 하게 된다. 소중히 여기는 사람이나 물건은 자신의 존재(정체성)를 확인시켜 주기도 하고, 자신의 삶을 지탱해 주는 중요한 역할을 한다. 이러한 면에서 '사랑-편견'(love-prejudice)은 모든 사람에게 피할 수 없는 자연스러운 것으로 받아들여진다.

그런데 이 '사랑-편견'(love-prejudice)은 어떤 사람이나 물건을 무조건 좋아하게 되는 것만 아니다. 각 개인의 경험과 지식 혹은 가치와 가치관에 의해 좌우된다. 자기가 자라난 환경과 경험에 더 친숙할수록 더 선호하는 경향이 있다. 쉬운 예로 클래식 음악을 배경으로 성장한 한 사람은 재즈나 팝 음악보다도 더 선호할 수 있다. 자신이 잘하는 운동을 다른 종류의 운동보다도 더 선호할 수 있다. 자기가 태어나고 자란 고향을 다른 지역보다 더 선호할 수 있다. 이처럼 선호하는 경향은 자연적인 현상이다. 자라난 환경과 경험에 따라 선호하는 태도가 서로 다를 수 있다.

그러므로 가치 판단과 취사 선택(取捨選擇)은 개인적이며 주관적이다. 예를 들면 각 개인은 각자 자신이 선호하는 것, 즉 음식, 취미, 영화, 물건, 친구, 문화 등 주관적 판단과 선택에 따라 다르게 나타난다. 자신이 경험한 가치나 가치관에 따라서 주관적인 판단과 선택에 영향을 주며 '사랑-편견'이 작용하게 된다. 이 개인적인 선호와 편애는 자기 스스로에게 부정적 편견이라고 말하기가 어렵다. 개인적인

---

24 Ibid., 25.

면에서 선호와 편애가 작용한다고 할지라도 사회생활에서 타인에게 감정적으로 손상을 미치는 데 아무런 영향을 주지 않는다면 그것은 편견으로 볼 수 없다. 그러나 만일 사회적 관계나 사회 문화 속에서 선호와 편애가 작용한다면 그것은 부정적 편견으로 나타난다. 선호와 편애로 어느 한쪽에 더 비중을 두거나 혜택이 주어져 차별화함으로 부정적인 편견으로 작용하게 된다. 선호와 편애의 결과로 그룹 간에 대립과 불신 그리고 폭력을 불러일으키는 나쁜 영향을 끼치게 된다.

이렇듯 편견은 동전의 앞뒤 면처럼 긍정적인 측면과 부정적인 측면이 함께 있다. 많은 사회학자가 편견에 대해 말을 할 때는 그것은 부정적 편견을 말한다. 올포트의 경우도 편견을 긍정적인 측면보다 부정적인 측면에서 언급한 것이다. 부정적인 의미로 편견이란 "다양한 반감의 태도들—폭력의 언어로 말을 하고 차별을 하며 폭력을 휘두르는 행위들—은 물론, 멸시하거나 싫어함, 두려워하거나 증오하는 감정을 포함하는 부정적인 생각이나 감정 그리고 행동"을 말한다.[25] 올포트에 따르면 이러한 부정적 편견은 개인의 생각이나 신념(belief)을 지나치게 객관화 혹은 일반화(overgeneralization)하는 과정에서 비롯되며,[26] 이 편견은 자신의 모순을 감정적인 저항 혹은 공격적인 태도로 보이며 타자에게 해를 입히게 된다.

흑백 갈등을 불러일으키는 인종적 편견을 강조하는 올포트에 따르

---

25 Ibid., 8.

26 Ibid., 9. 여기에서 사회심리학자들이 말하는 '일반화'란 모든 구성원들이 사실이 아님에도 불구하고 모든 사람을 같은 것을 믿는 태도를 말한다. 이와 같이 '일반화'란 문화적 규범(cultural norms)이나 개인적 경험(individual experiences) 혹은 심리학적 과정(psychological processes)이나 이들의 복합적인 요소에 기초를 두고 있다.

면, "잘못된 불확실한 사실을 일반화"시킴으로 일어나는 '반감'(antipa-thy or hostility)으로 편견을 정의한다. 이 반감은 일반적으로 어느 특정한 그룹에 대하여 혹은 어떤 한 개인이 어떤 특정한 그룹에 소속되었다는 이유로 그 집단과 개인에 대하여 반감이 일어나고 표현된다.[27]

이에 대해 다른 사회심리학자인 존스(J. M. Jones) 같은 연구가는 편견이란 어느 특정한 인종뿐만이 아니라 종교단체 혹은 어떤 다른 중대한 사회적 역할을 하고 있는 정치 그룹들에 대한 부정적인 감정적 판단으로 연장하여 설명한다.[28] 이와 같이 사회심리학자들에 의해 연구된 편견 현상은 부정적인 감정이 집단과 집단 사이에서 일어나는 사회적 성향을 보여주고 있다. 어느 특정한 집단에 속한 대상이라는 단순한 이유 때문에 그 집단에 대해 혹은 그 집단에 속한 구성원에 대한 편견으로 반감이 일어나는 경향이 있다.

이와 같은 정의는 올포트의 연구조사를 추종하고 있는 루퍼트 브라운(Rupert Brown)의 정의 속에서도 잘 정리되어 나타나 있다. 브라운은 편견이란 "가치를 손상시키는 사회적인 태도나 인지적인 신념(beliefs)으로, 부정적인 영향의 표현이며 혹은 한 개인이 속한 집단에 대한 책임성으로 다른 집단에 속한 단체에 대해 싫은 감정이나 차별을 하는 모습"[29]으로 정의한다. 또한 클레그(M. Kleg)는 브라운(Rupert Brown)의 정의를 보충하여 편견에 대해, 편견이란 "종종 고정된 지나친 일반화(자신의 신조나 신념 혹은 이데올로기의 우월성)를 주장하

---

27 Gordon Allport(1954), 10.

28 J. M. Jones, *Prejudice and Racism* (Reading, Mass.: Addison-Wesley, 1972), 61.

29 Rupert Brown, *Prejudice: Its Social Psychology* (Oxford UK & Cambridge USA: Blackwell, 1995), 8.

면서, 한 집단 구성원들이나 혹은 단체에 대하여 부정적인 감정을 일으켜 감정적인 행동과 태도를 보일 준비태세가 된 상태"[30]라고 설명한다. 브라운은 편견을 이미 표현된 행동이나 태도 속에서 이해하는 반면에 클렉(Kleg)은 아직 행동으로 나타나지 않은 준비된 상태까지도 편견으로 보고 있다. 다시 말해 편견이란 단순히 편견으로 나타난 행동이나 태도만으로 정의되지 않고 편견된 행동과 태도를 유발시키는 잠정적인 감정이나 인지적 차원까지도 편견에 포함시켜 생각해야 할 것이다.

5) 개인적 편견과 사회적 편견

개인과 사회의 관계는 분리할 수 없는 복잡한 역동적인 관계 속에 있다. 개인의 정체성은 홀로 자신에 대해 정의할 수 없다. 자신의 모습을 보여주고, 보일 수 있게 해 주는 또 다른 타자(상대)가 필요하다. 이런 의미에서 인간은 사회적 동물이다. 편견의 원인과 작용의 경우도 마찬가지이다. 개인적 편견과 사회적 편견은 상호작용하며 서로 분리해서 생각할 수 없다. 사회적 과정과 관계 속에서 편견이 습득되고 성장 발달하게 되기 때문이다. 그러나 편견을 분석하고 정의하는데, 개인적 편견과 사회적 편견을 서로 분리해서 설명하고자 한 것은 좀 더 편견의 원인과 작용을 쉽게 설명할 수 있다고 보기

---

30 Milton. Kleg, *Hate, Prejudice, and Racism*, 114. 클렉에 따르면, 편견이란 일반적으로 부정적인 함축성과 기능을 내포하고 있는데, 특별히 인종이나 민족 문제와 관계된 분야에서 일어나는 문제로 규정한다. 그는 크게 편견의 모습을 세 가지, 즉 일반화(overgeneralizations)와 자기중심주의(ehnocentric beliefs) 그리고 허위(falsehood)로 구분하여 설명하며 편견이 일종의 태도로 본다.

때문이다.

먼저 개인적 차원에서 편견이란 개인의 성격 차이에 따라 다를 수 있고, 개인 자라난 환경에 따라 다양하게 나타난다. 산두(Daya Singh Sandhu)와 애스피(Cheryl Blalock Aspy)에 의해 조사된 결과들에 따르면 개인적일 경우 편견의 원인을 1) 미성숙한 인격의 갈등, 2) 불완전한 인종적 혹은 민족적인 정체감 형성, 3) 잘못된 인식 과정 등 세 가지 원인으로 본다.[31] 이 세 가지 내용에서 개인적 편견은 심리학적이고 사회학적이며 교육학적인 면에서 그 원인을 찾을 수 있다. 첫째, 심리학적인 측면이다. 성장발달에 있어서 미성숙한 사람일수록 지나친 자기중심주의에 머물러 이기주의적 성향을 갖게 된다. 심리학적으로 미성숙한 인격의 사람일수록 자기중심주의로 생각하면서 아집에 사로잡혀 편견적 사고와 태도가 나타나기 쉽다. 지나친 자기중심주의에 사로잡혀 있는 사람일수록 자신의 결점이나 열등감에 민감하게 반응할 수 있다. 자신에게 해를 입히거나 손해를 준 대상에 대해 쉽게 감정을 투사하여 증오심이나 적대감을 품을 수 있다. 또한 자신의 결점을 감추기 위해 다른 사람이나 집단에 대해 과잉반응을 일으킬 수 있다. 이와 같은 개인적 편견의 원인은 지나친 자기중심주의와 이기주의로부터 오는 요인과 관계된다.

사회학적 차원에 있어서 편견은 인종차별을 주로 다루고 있지만, 사실 인종차별의 정도는 개인에 따라 다르게 나타날 수 있다. 인종차별의 경험은 사회적 문제로 보이지만, 개인에 따라 다양한 반응을 보이기도 한다. 예를 들어 미국이나 영국 혹은 호주와 같은 백인우월

---

31 Daya Singh Sandhu and Cheryl Blalock Aspy, *Counseling for Prejudice Prevention and Reduction* (American Counseling Association, 1997), 16-17.

주의 국가들이 다른 인종에 대해 인종차별이 심한 국가라고 말을 하지만, 사실은 각 지역에 따라 혹은 환경에 따라 인종차별의 정도가 다르게 나타난다. 그뿐 아니라 인종차별이 심한 지역이 있다 할지라도 개인적인 인종차별의 정도는 다르다. 따라서 산두와 애스피의 연구와 같이 인종차별의 문제는 개인이 인종이나 민족성에 대한 정체감을 견실하게 형성하지 못할 경우에 발생한다. 다시 말해 다른 인종이나 민족의 사회 문화나 역사성을 경험하거나 이해하지 못하고 또한 자신의 인종이나 민족성에 대해서도 충분한 인식과 반성적 사고를 통한 분석과 평가가 없는 경우에 발생한다고 볼 수 있다.

마지막 셋째, 개인적 편견의 원인으로 교육적인 입장이다. 개인의 인지적 차이에 따라 어떻게 사물을 보느냐와 어떤 경험을 가지고 있느냐에 따라 개인적 편견의 정도가 다르게 나타난다. 그리고 개인의 인식 과정은 사회화과정 속에서 교육을 통해 이루어진다. 가정, 학교, 사회, 종교기관에서 교육적 경험으로 혹은 대중적 언론매체나 문화를 통하여 자신과 대상(세계)의 관계를 배우며 인식하게 된다. 개인에 따라 자신과 대상(세계)를 바라보는 인식이 다양하게 나타나지만 그 결정적인 요소는 교육과정에 있다. 편견을 일으키는 부정적 인식 과정은 특히 주입식 교육으로 고정관념화와 범주화의 오류이다. 좁은 세계관에 사로잡히고 자신의 신조를 절대시하며 상대의 의견이나 경험을 인정하지 않는 닫혀진 사고가 될 때 편견에 빠지기 쉽다.

이러한 개인적 편견들이 집단이나 단체에서 집단으로 나타날 때 이것을 사회적 편견이라 한다. 사회적인 편견일 경우는 '집단 간의 경쟁', '집단 붕괴', '집단 간의 친밀감', '집단의 교리나 신조', '집단차별' 그리고 '집단 정체성' 등 여러 가지의 원인으로 편견이 조성될 수 있다.[32] 여러 경험 조사에 의하면, 동일한 문화적 가치나 태도를 함께 공유하지 못하는 집단이나 공동체로부터 소외 받은 사람들이 감정적으로 대립 대면하여 편견이 더 민감하게 반응할 수 있다. 그러나 그 반대도 마찬가지다. 소속 집단의 정체성과 동질성을 심하게 강조하는 집단일수록 다른 상대 집단에 대해 편견과 차별이 심한 경우도 조사되었다. 특히 인종이나 민족의 동질성을 지나치게 강조하여 인종 혹은 민족 우월주의에 빠져 편견과 차별을 일으키는 경우도 많이 볼 수 있다.

이러한 소속 집단의 동질화와 상대 집단의 이질화에 관한 문제는 지배 이데올로기를 범주화시키고 정형화시킴으로 편견을 조성한다. 그래서 한 집단이 다른 집단에 의해 상처를 받거나 좌절의 경험을 할 경우 의사소통이 두절되고 감정이 격화되어 편견과 차별이 심화됨으로 서로를 경계하며 공격적인 성향을 보인다. 그리고 지역적인 새로운 인구 이동과 변동으로 기존의 집단에 영향을 줌으로 손해나 타격을 입게 될 때 기존의 집단과 새로운 집단 간에 경쟁으로 갈등과 대립이 발생한다. 이러한 현상은 사회나 집단의 부정적 정체성(편견)을 강조함으로 상대 집단을 무시하고 적대시하는 경향이다.

사회과학자들은 자본주의의 약육강식과 생존 경쟁 체제 이데올로기에 의해 발생하는 사회적 편견을 지적한다. 이 경우에 교육은 사회적 편견 형성의 한몫을 담당한다. 현 신자유주의 자본주의 사회 체제는 과열된 경쟁체제 이데올로기를 교육함으로 사회적 편견이 만들어지고 영속시키게 된다. 상대를 경쟁대상으로 보면서 대화적

---

32 Ibid., 18-20.

관계가 두절되고 상호 민감하여 긴장 관계가 조성될 때 편견이 심화된다. 예를 들면 학교에서 성적에 대한 고정관념으로 편견에 빠져 자살을 하거나 집단적 편견으로 차별화를 하며 왕따를 시키는 경우를 본다. 혹은 직업 우열 편견과 학교 우열 편견 때문에 서로 무시하며 때로 소속된 집단에 대해 자만과 수치를 느끼게 해준다.

3. 연역적 사고방식과 편견

편견의 정의는 단순히 좋고 싫음의 문제가 아니다. 전체적으로 혹은 부분적으로 잘못된 인식이나 신념에 초점을 두고 있다. 잘못된 진단과 판단으로 사실과는 전혀 다르게 전체 국가나 인종 혹은 문화에 대해 감정적으로 반감이나 악의를 품거나 사악한 대상으로 몰아붙이는 경우이다. 적대감이나 증오심이 일어나는 것은 항상 잘못된 것이 아니다. 자신의 생명을 위협하거나 자신의 영역을 무법적 침략하는 불량배들이나 살인자에게 대하는 저항하기 위해 일어나는 적대감이나 증오심은 모두 편견에서 나오는 것이 아니기 때문이다. 생명의 위협으로부터 본능적으로 일어나는 것으로 사실적 상황에서 정확한 판단에 기초한 것이다. 그러나 만일 어떤 사람들이 집단에 대해 잘못된 오해나 편견을 가지고 오랫동안 지속된 적대감이나 증오감을 가지고 있다면 편견의 원인과 작용이다. 따라서 편견으로부터 벗어나거나 사라질 때, 적대심이나 증오심을 멈출 수 있고, 두려워하지 않아야 할 집단이나 대상을 두려워하는 공포로부터 사라질 수 있을 것이다.

"편견이란 충분한 근거가 없이 다른 사람들에 대해 그릇된 생각을 하는 것"(Prejudice is thinking ill of others without sufficient warrant)33이라고 정의할 때, 편견이란 오해나 착각과 구별된다. 흔히 오해나 착각으로 다른 사람을 잘못 판단을 할 수 있다. 편견과 달리 오해와 착각은 상대에게 증오심이나 적대감 같은 격한 감정을 불러일으키지는 않는다. 그리고 편견처럼 자신의 정당성을 다른 사람에게 강요하지 않는다. 오해와 착각은 일어날 수 있으며 인식의 또 다른 면을 보여준다. 오해와 착각은 오히려 상대를 인정하고 상대의 의견을 존중한다.

비록 잘못된 판단이나 진단이라 할지라도 개인이나 집단이 그들이 바라는 목적을 성취하기 위해 필연적으로 고집하거나 주장할 수밖에 없는 상황도 있다. 이런 입장에서 '편견은 항상 나쁜 것인가'라는 질문을 하게 된다. 한 예로 자유주의자들이나 보수주의들이 그들만의 가진 비전이나 진리가 옳다고 서로 주장하며 상대가 가진 편견에 대해 저항하는 고집과 편견도 어쩌면 당연한 것처럼 보인다.

연역적인 이론을 이끌어 내는 철학과 윤리학은 편견을 가지고 있다. 연역적인 사고의 태도를 가진 사람에게 편견은 당연한 것일 수 있다. 변하지 않는 진리를 추구해 나가는 것은 어느 정도 편견을 가지고 출발해야 한다. 철학과 윤리학은 다음과 같은 연역적인 질문을 가지고 시작한다. 즉, "인간이 해야만 하는 윤리적 목적은 무엇인가?" "무엇이 가장 인간의 관심을 최대한으로 성취하도록 이끌 수 있을 것인가?" 혹은 "무엇이 최대의 인간에게 최고의 행복을 가져다

---

33 올포트의 이와 같은 정의는 토마스 아퀴나스(St. Thomas Aquinas)를 따르는 도덕주의자들의 말에서 인용되었다고 밝히고 있다. 그들은 편견을 "서두른 판단(rash judgement)"으로 본다. Gordon W. Allport(1954), 7와 16("Notes and References").

줄 것인가?"에 대한 질문들이다. 이와 같은 질문들로부터 철학자들과 윤리학자들은 진리를 추구하거나 인간의 가치 규범을 찾아낸다. 그것은 칸트가 한 말 가운데 '인간은 목적을 위한 수단으로써 결코 취급되어서는 안 된다'는 주장을 보편적 가치로 받아들이는 것과 같다.

애덤 샌덜(Adam Adatto Sandel)은 편견에 대한 철학적 분석을 하면서 편견이란 진리를 찾아가는 한 방편으로 소개한다. 애덤 샌덜은 "증오와 차별로서 편견을 경멸해야 하는 이유는 분명하다"고 전제하면서, 많은 철학자 중에 편견을 반대하는 철학자들, 예를 들면 "편견은 오류의 근원"(프란시스 베이컨 & 르네 데카르트), "편견은 불공정의 근원"(애덤 스미스), "편견은 노예화의 근원"(임마누엘 칸트) 등을 제시한다.[34] 그리고 "누구나 가지고 있다. 편견에서 출발하라, 대화하라, 수정하라. 이것이 진리를 찾아가는 방법이다"라고 주장한다. 그는 철학적인 측면에서 편견을 긍정적인 면으로 보고 다르게 새롭게 해석한다. 편견을 '배경지식'이라는 개념과 연관시켜 이해한다. 특히 '정황적 앎'(situated concept)이라는 개별주의적 성격을 '편향성'으로 보고 편견과 일치된 개념으로 보기도 한다.[35]

연역적 사고방식으로 또 다른 예로서 종교에서 도덕적인 절대명령과 같은 것도 있다. 모든 종교는 보편적인 진리를 추구하며, 인간이 최대한으로 인간답게 살아갈 수 있도록 도와주는 규범이나 규율들을 가지고 있다. 한 예로 기독교에서 '네 이웃을 내 몸과 같이 사랑하라'는 말과 같은 표현이다. 이와 같은 것은 다른 모든 종교에

---

34 애덤 샌덜 지음/이재석 옮김, 『편견이란 무엇인가』 (서울: 와이즈베리, 2015), 제1장 47-91.

35 Ibid., 서문, 17.

서도 마찬가지이며, 동등한 가치로 여겨지며, 보편적 규범으로 받아들여진다.

그러나 세계 종교사를 돌아볼 때, 불행하게도 모든 종교적 추론이 위와 같은 관용과 인내와 자비의 규율을 법령으로 삼지를 못하고 있다. 대부분의 종교 교리는 보편적 진리로 받아들여지지만, 다른 한편으로 몇몇 소수의 종파는 종교 간에 혹은 종교와 사회 문화 간에 불화를 일으키며 자기중심적 태도를 보이는 모순과 원리를 만들어 편견을 조장하는 모습들을 보게 된다. 유대-기독교의 유일신의 보편적 진리를 무시하거나 배척하는 어떤 무슬림 종교인들은 편견으로 말미암아 이교도들을 파괴하는 것을 최상의 의무로 믿고 있다.

신학과 신앙의 지나친 근본주의적 편협성 때문에 교회가 기독교의 역설적인 생산품이 되기도 한다. 편협성 때문에 신학자들은 종종 창세기에 있는 난해한 곳이나 모호한 곳을 뒤로 밀어 놓거나, 종교의 보편적 절대 규범을 자신에게 이득이 되거나 유리한 쪽으로 해석을 하는 경우들을 본다. 가장 두드러진 예로 성서에서 여자는 남자의 갈빗대로 만들어졌다는 이야기는 남성 지배 이데올로기의 기초를 마련해 주었다는 여성 신학자들의 견해이다. 남성 위주의 성서해석은 여성 차별과 편견을 가져다주었고, 교회와 사회제도에 적용함으로 남성 우월주의 체제를 부추키는 데 기여했다.

이렇게 볼 때, 철학과 윤리 그리고 종교적 규범이나 규율은 연역적, 보편적 절대 규범이 될 수 있겠지만, 역사적 상황과 현실 속에서 편협적인 해석과 자신의 이기주의적 입장에 적용시킴으로 차별과 편견을 초래하여 갈등과 분열을 일으키고 있다. 모든 인간에 관한 개괄적인 철학과 위대한 역사적 종교들은 편견이 없는 온전한 상태에서 신과 인간에 관한 가치를 논할 수 있다. 그러나 편견을 정당화하기 위해 선택적이고 부분적이고 편협적 교리와 규범들로부터 논의할 수 없다. 편견을 조장하는 편협성이란 존재론적 보편적 규범을 자신의 이익과 관심을 숨긴 척 교리화하여 강압적으로 강요함으로 갈등과 분열을 일으키는 악의 축이 될 수 있다.

편견 연구의 다양한 접근 방법

지금까지 우리는 편견의 정의를 살펴보기 위해 편견의 여러 측면, 편견의 인지적 차원과 감정적 차원, 생각과 태도의 관계, 가치와 가치관의 관계, 편견의 긍정적인 측면과 부정적인 측면, 개인 편견과 사회적 편견의 문제 그리고 연역적인 사고방식과 편견의 문제를 나누어 살펴보았다. 사실 편견이란 무엇인가에 대한 정의를 한다는 것은 쉽지 않음을 알 수 있었다. 그것은 편견을 정의하는데 정황적으로 다양한 변수가 작용하기 때문이다. 그러므로 편견 연구에 있어서 중요한 과제는 편견의 원인과 작용에 있어서 변수들을 밝혀야 한다. 무엇보다 객관적인 편견 연구를 위해 인접 학문들과의 대화가 필요하며 종합적인 접근이 필요하다는 것을 느낀다. 따라서 편견을 연구하기 위해 심리학, 철학, 사회학 그리고 교육학적인 면에서 종합적인 접근이 요구된다. 편견 원인과 작용이 개인의 성격과 심리적인 갈등의 문제이기도 하지만 철학적인 가치와 가치관의 문제 그리고 개인과 사회(문화) 집단 간에 역동적인 관계 속에서 발생하는 복합적인 문제이기 때문이다.

사람이 살아가면서 편견 없이 살아간다는 것은 불가능 한 일이다. 일찍이 맥스 호크하이머(Max Horkheimer)는 "편견에 관한 이론은 있지만 그에 대한 확실한 대답은 없다"고 편견에 대해 일축하여 말하기도 했다. 그러나 편견 문제를 구조적으로 좀 더 쉽게 설명하기 위해, 호크하이머와 그의 연구팀은 기본적으로 편견 연구의 접근을 칼 마르크스(Karl Marx)의 경제 이론적 접근과 프로이트(Freud)의 정신심리 분석학적 접근 그리고 올포트의 사회심리학적 접근으로 설명할 필요가 있다고 제안한다.[1] 이와 같은 편견 연구의 구조적 접근은 복잡하게 얽혀진 편견 원인 분석을 용이하게 해 줄 뿐만 아니라, 편견은 다양한 요인들에 의해 작용하고 있음을 시사해 준다.

1. 마르크스주의의 경제적 요인과 편견

마르크스의 경제이론에 의하면, 경제법칙은 단순히 자연적이고 변치 않는 사물의 법칙이 아니라, 특정한 사회 경제구조의 역사적 법칙이 있음을 보여준다. 마르크스주의 관점에서 볼 때, 인간의 생활 태도와 의식은 경제 생산의 양식의 변경과 더불어 변화하고 변화될 수 있다. 경제적 필요가 사람들의 태도와 정신을 결정한다는 마르크스주의자의 관점에서 볼 때, 편견 원인과 작용은 경제적 결정요인에서 비롯된다. 다시 말해 노동에 의한 생산과 분배의 과정에서 편견이 작용한다고 생각할 수 있다. 마르크스의 중심주제인 소외와 이데올로기와 같은 개념과 마찬가지로 편견은 사회적인 물질적 요구와 필요를 만족시켜주지 못했을 때 발생하고 작용하는 것으로 이해된다.

다음으로 편견 작용과 마르크스의 개념, 즉 소외와 이데올로기의

---

1 이 주제에 대해서는 Elisabeth Young-Bruehl, *The Anatomy of Prejudices* (Cambridge, Massachusetts: Harvard University Press, 1996), Introduction.

문제와 어떤 관계에 있는지 살펴보고자 한다.

1) 소외와 비인간화 과정과 편견

기본적으로 마르크스가 이해하는 인간 소외란 "일상생활에서 세계와 인간의 역할에 대한 의식을 방해하는 하나의 물질적(사회적 존재)이고 관념적(사회적 의식)인 현상"이다.[2] 마르크스가 말하는 소외의 개념은 헤겔이 주장하는 관념론적인 소외의 본질을 뛰어넘는다. 마르크스는 자신의 고유한 창조물에 대한 인간의 소외 과정과 실제적 산물에 대한 사고의 예속 과정을 주장한다. 그는 "대상적인 세계와 감각적으로 실제적인 세계를 '사고의 현상'으로 그리고 하나의 단순한 자의식의 규정성으로 전환"시킨 헤겔의 주장을 비판한다. 대신에 소외의 개념을 실존적 인간의 삶과 실제적인 자연에서 찾는다.[3]

마르크스의 소외는 세 가지 형태이다. 첫째 자신으로부터 소외이다. 자신의 노동으로 생산해 낸 생산품이 자신과 격리된 상태에 직면하게 되는 경우이다. 다시 말해 자기 노동의 객관화이다. 자기 노동의 생산품이 품삯으로 반환되어지는 과정을 말한다. 둘째, 노동 과정으로부터 소외이다. 인간의 노동은 생산하는 과정에서 노동이 더이상 즐거움이나 자발적인 활동이 아니라, 진화된 노예제도의 형식이 된다. 노동을 강요당한 자신에게 필요 충족이 아니라 타인의 필요 충족을 위한 수단이 된다. 셋째, 타인으로부터 소외이다. 종국적으

---

2 보그단 스흐돌스키 지음/오세종 옮김,『마르크스주의 교육철학』(도서출판 들불, 1990), 147.

3 Ibid., 118-119.

로 인간을 이용하고 또 다른 인간으로부터 이용당하는 결과를 초래하게 되어 결국 비인간화되고 만다.

마르크스주의의 이론으로부터 소외와 비인간화의 문제를 편견 문제와 관련시켜 고려해 볼 때, 소외와 비인간화의 문제는 지배자(자본가)와 피지배자(노동자) 사이에 편협적이고 이기주의적인 물질관(物質觀)과 일(노동)의 이해로부터 만들어진다. 편협적이고 이기주의적인 물질관과 노동에 대한 이해는 자본주의 이데올로기에서 나온 편견 작용의 결과이다. 이 편견은 소외와 비인간화를 낳는다. 생산과정에서 수단과 방법을 가리지 않고 소모되는 인간의 노동을 최대한 이용하여 최고의 잉여가치를 얻어내려는 편협한 사고로부터 나오는 결과이다. 자본주의화 된 이데올로기는 편견 작용으로 인간의 노동을 상품으로 전락시키며, 인간의 존재 가치를 무관심하게 만들고, 인간과 인간 사이에 갈등과 대립의 결과를 가져옴으로 소외와 비인간화의 과정을 만들어낸다. 이기주의적 자본주의로 물들여진 편견은 "생산과 필요의 증대는 교묘하고 언제나 타산적이며, 비인간적이며, 퇴폐적이고 부당하며 그리고 가상적인 욕망에의 굴종으로"[4] 전락시킬 수밖에 없다.

편파적이고 이기주의적인 자본주의 물질관과 노동관에 빠진 편견은 특히 사유재산제도에 있다고 마르크스는 주장한다. 마르크스에 의하면 자본주의의 사유재산 이데올로기는 인간과 자연 그리고 인간과 인간 사이에 계층적 갈등과 적대감을 불러일으키는 요인이 된다. 사유재산이 된 생산품은 '내 것' 혹은 '우리의 것'으로 소유함으

---

4 Perry LeFevre, Man: Six Modern Interpretation, trans. 이종성, 『현대의 인간이해』(서울: 대한기독교서회, 현대신서 28, 1971), 49.

로 '가진 자'와 '못 가진 자' 사이에 차별적이고 편파적인 관계와 문화가 형성된다. 이것이 '자본주의의 편견'이다. 자본주의 사회에서 물질만능주의는 계급 간의 소외와 차별을 초래한다. 자본에 대한 강한 집착과 욕심에 치중함을 편견에 빠지기 쉽다. 이러한 편견은 자본가와 노동자, 고용주와 고용인, 가진 자와 못 가진 자 사이에 이분법적 계급 갈등과 적대적 사회관계를 불러일으키는 원인이 된다.

자금(돈)은 소외의 출처로서, 마르크스는 "돈은 인간의 노동과 그의 존재의 소외된 본질"이라고 말한다.[5] 돈(물질)이 사람을 지배한다는 뜻이다. 돈으로 노예화 혹은 비인간화를 만든다. 돈에 대한 이기주의적인 탐욕과 자본주의 사회에서 성과주의에 의한 "과잉 가능성"은 소외와 비인간화 과정으로 이어진다. 과잉 사유재산은 편견을 일으키는 주요 원인이 되며, 반대로 과잉 사유재산은 이기주의적 자본주의로 형성하는 편견의 산물이다. 편견 작용의 일종이다.

이상과 같이 마르크스의 사유재산 문제로 발생하는 소외와 계급 갈등의 문제, 인간의 억압과 착취 그리고 잉여 생산 분배 과정에 있어서 소외와 비인간화의 문제를 편견 작용으로 해석할 수 있다. 마르크스는 사유재산을 경제적인 측면에만 해석을 했을 뿐, 인간의 사유(思惟)와 본성의 문제를 근원적으로 파헤치지 못하였고, 편파적이고 이기주의적인 편견의 작용과 관련하여 해석하지도 못하였다.

마르크스주의자들은 투쟁과 혁명을 통해 현실의 경제 구조적 모순과 계층불평등의 구조 그리고 사유재산의 문제를 해결하는 실마리를 찾는다. 투쟁과 혁명을 통한 인간의 해방으로 인간의 억압과

---

5 Ibid., 51.

착취, 계급 간의 적대적 관계 그리고 소외와 비인간의 문제 등이 해결될 것으로 본다. 그러나 계속적인 이기주의적 자본주의 이데올로기가 역사 속에 살아 있는 동안 소외와 비인간화의 문제는 존속될 수밖에 없다. 투쟁과 혁명으로 외적 사회구조와 체제변화도 필요하고 중요하다. 그러나 인간의 내적 변화도 함께 병행되어야 한다. 인간의 내적인 인식과 의식의 변화를 가져오기 위한 편견을 좁히거나 극복하는 길이 사회구조 변화를 가져오는데 선행되어야 할 것이다.

위에서 언급한 바와 같이 소외와 비인간화의 과정을 일으키는 원인으로 외적인 불평등 사회구조와 경제체제에 있다고 볼 수 있다. 그러나 그 반대로 한 개인의 잘못된 이기주의적 물질관이나 편협한 자기중심주의에 의한 내적인 욕심과 사고에 의해 형성편견의 원인과 작용에 있다고도 볼 수 있다. 마르크스주의 이론에 있어서 편견의 원인과 작용은 단순히 경제적인 요인으로 노동에 의해 생산된 생산물과 분배의 문제에 있는 것만이 아니다. 오히려 다양한 다른 사회 환경적 요인들—예를 들면 역사, 사회 문화, 종교, 인간관계, 심리적 요인, 교육—등 여러 요인으로 작용한다. 무엇보다 자본주의 경제체제에 있어서 사유재산의 가장 근원적 문제는 인간의 욕망의 표출이다. 인간의 욕망이 이기주의적으로 흐르게 될 때, 탐익과 탐욕 그리고 교만에 빠져 자기 상실과 타인의 존재 가치를 망각하는 편견 작용의 원인이 된다.

2) 이데올로기와 편견

인식의 종류는 두 가지 관점에서 논의된다. 하나는 객관적인 사실에 대한 인식이다. 예를 들면 수학 공식이나 도식, 통계자료, 자연법칙, 과학이론 등과 같이 사실들(facts)이다. 이것은 가치중립적이다. 가치중립적인 인식은 도덕적 가치판단이 요구되지 않는다. 두 번째, 도덕적 판단이 요구되는 인식이 있다. 그것은 이데올로기이다. 이데올로기의 특징은 어떤 사실에 대해서 옳고 그름에 대한 것이 아니다. 한 공동체를 유지하기 위해 필요하고 적합한 것이다. 사람들이 함께 생각하고 선택하는데 필요한 집단적 사고를 말한다. 따라서 사람들은 과학적 혹은 수학적 사실로서가 아니라 도덕적으로 필요하고 정당하다고 생각하기 때문에 이데올로기를 수용하고 따른다. 그러므로 이데올로기는 그 공동체의 구성원이 추구하는 집단적인 성격을 띠게 된다. 이데올로기를 통해 그 구성원들의 행동을 정당화하고, 다른 사람들이 그 구성원들을 이해할 수 있도록 도와준다. 이데올로기는 개인의 경험을 해명해주기도 하고, 어떤 행동이 더 나은 삶을 창조하는데 필요한 것인지 이해를 돕는 긍정적 기능도 한다.[6]

그러나 마르크스는 이데올로기를 부정적으로 비판을 가한다. 그의 분석에 따르면, "경험적으로 확인할 수 있으며 물질적 전제조건과 연결되어 있는 삶의 과정의 표현"으로 이데올로기를 이해한다. 따라서 그는 도덕, 종교, 형이상학 등과 같이 "개인 정신의 변화 혹은 정신의 산물, 더 나아가 비판의 과정"으로 보이는 이데올로기를 부정한다. 그가 주장하는 이데올로기란 "인간의 삶의 물질적 토대가 변화하는 것의 반영"으로 본다.[7] 이러한 측면에서 마르크스가 부정

---

6 Gilbert Abcarian and Monte Palmer, *Society in Conflict: An Introduction to Social Science* (San Francisco: Canfield Press, 1974), 137-138.

7 보그단 스흐돌스키 지음/오세종 옮김, 『마르크스주의 교육철학』(도서출판 들불, 1990),

적으로 비판하려 하는 것은 역사를 왜곡시키고 전적으로 추상화하는 이데올로기에 대해 거부하는 일이다. 그 이유는 변혁의 실제 요인을 잘못 제시하고, 왜 그렇게 될 수밖에 없는지에 대해 정당화하거나 합리화하는 이데올로기란 실제적 근거로부터 멀어진 환상으로 보여주기 때문이다. 오히려 그가 주장하는 이데올로기란 "실제를 속이는 관념의 복합체이며, 역사적으로 입증된 계급적 기원(뿌리)의 타당성을 두고 계급을 생성해 내는 일에 종사하는 망상가로부터 계급을 진리로 받아들이도록 하는 집단적 관념의 쓰레기장"으로 표현하면서, 그와 같은 이데올로기를 '실제를 거꾸로 세우는 것'으로 주장한다.8 마르크스의 주장에 따르면, 사회적 인간의 삶의 조건과 관계된 이데올로기 형성은 물질적이고 구체적인 사회활동의 결과이며, 그것은 역사적이고 실천적인 차원에서 이데올로기 비판이 이루어져야 한다. 왜냐하면 이데올로기는 "우연한 정신적 환상의 산물이 아니라 특정한 사회적 산물"이기 때문이다.9 그러므로 이데올로기의 분석과 비판은 실제적인 역사발전에 대한 과학적 분석이 필요하다. 발전 단계의 과정에서 어떻게 지배질서가 형성되었는지 그에 대한 비판이 요구되고, 이것과 함께 지배 이데올로기를 변혁시키는 새로운 세력을 가르쳐 드러나게 해야 한다.

이렇게 볼 때 마르크스에게 있어서 부정적 이데올로기는 편견의 문제이다. 부정적 이데올로기가 현실을 외면하고 어느 특정한 집단을 위해 숨겨진 축적된 환상과 잘못된 도그마로 강요된다면 이것은

36-37.

8 Ibid., 35.

9 Ibid., 37.

편견의 원인과 작용이다. 마르크스의 견해에 비추어볼 때 역사를 왜곡하고 전적으로 추상화시키는 허위 이데올로기 극복의 길이 편견극복의 길이다.

마르크스의 견해를 편견의 주제와 연결하여 생각해 볼 때, 비인간화를 초래하는 소외의 개념과 이데올로기의 문제는 마르크스주의 핵심적인 개념이라 생각한다. 기본적으로 마르크스에게 있어서 모든 사상은 현실과 독립해서 존재할 수 없다. 정신적 현상은 물질의 운동 과정에서 나타나서 반영되는 것으로 보기 때문이다. 사회적 존재는 경제적인 산물이며, 이러한 경제적 산물로서 사회적 존재는 인간의 의식 혹은 이념으로 결정된다는 것이다. 이러한 측면에서 편견 문제는 경제적 산물의 하나로 볼 수 있다. 또한 경제적 산물로서 사회적 존재로부터 편견이 발생한다는 의미가 내포되어 있다. 마르크스가 주장하는 생산과정에서 파생되는 소외 과정은 편견 작용의 결과이며, 더불어 축적된 환상과 잘못된 도그마들과 같은 이데올로기도 편견의 산물이다.

2. 프로이트주의의 심리적 요인과 편견

편견 연구에 있어서 마르크스주의적 관점과 병행하여 또 다른 큰 주제는 프로이트학파의 관점이다. 프로이트학파는 개인의 정신분석심리학적인 관점에 초점을 맞추고 있다. 프로이트의 주장에 따르면, 인간의 모든 느낌과 생각과 행동은 무의식의 심리적 과정에서 결정되는데, 그 느낌과 생각과 행동은 모두 원인과 의미를 지니고 있다. 여기서 편견의 조성과 작용은 무의식과 의식 사이의 내적 심리 변화의 진행 과정에서 찾아볼 수 있다.

정신병리학적 입장에서 편견이란 개인 성격의 콤플렉스에서 발견되는데, 그 편견은 정신적 억압과 방어기제로부터 나오는 결과이다. 억압은 의식적인 인식을 하지 못하도록 방해를 하고, 이 억압의 과정은 인간의 내적 갈등과 충동의 원인을 제공한다. 인간의 내적 갈등은 세 가지 요소, 즉 욕망의 요소(id)와 이성적 요소(ego) 그리고 도덕성의 요소(superego) 사이의 갈등과 충동에서 비롯된다. 편견의 작용은 '이고'(ego, 자아)의 작용에서 연결해 생각해 볼 수 있다. 그러나 프로이트에 따르면 '이고'보다 더 근본적인 작용은 '이드'(id, 본능) 이다. 본능적 자아와 현실적 자아의 차이가 일어날 때 이성적 요소인 이고의 판단이 중요하다. 그리고 '이고'의 판단은 초현실적 자아로 작용하는 '슈퍼이고'의 역할이다. 도덕적 규범과 전통으로 본능을 억제하여 '이고'와 '이드' 사이의 조화와 균형이 필요하다. 그러나 도덕적 규범이나 전통이 현실적 '이고'와 타협이 되지 않을 때 편견이 작용할 수 있다. 너무 도덕적 규범과 전통을 강조함으로 현실의 '이고'의 판단을 억압하거나 본능을 감추려는 방어기제의 작용으로 편견적 생각과 태도를 일으킬 수 있다.

프로이트는 두 가지의 본능—성(性)적 쾌락의 본능[10]과 자기보존의 본능—, 두 가지 충동적인 본능으로 인간 생활에 기본적으로 작용하는 본능을 설명한다. 인생의 어느 단계에서든지 이 충동을 성공적으로 해결하지 못할 때 우울증이나 불안 혹은 '피학대 음란증'[11]이나

---

10 프로이트가 말하는 '성(性)적'이란 의미는 포괄적이다. 모든 쾌락적인 육체적 감정을 의미한다.

'가학성 색욕 이상증'12과 같은 신경 증세를 보이게 된다는 주장이다. 그리고 이 본능의 작용은 무의식과 관계된다. 프로이트는 모든 의식의 작용은 무의식의 심리적 작용에 기반을 두고 있다. 억압된 관념과 본능은 무의식의 심적 내용과 작용으로 연결되어 있다. 표면으로 드러나지 않고 내면에 잠재되어 있기에 무의식적인 내용을 파악하기 어렵다.

　그러나 의식 활동을 하는데 기반이 되는 무의식적 흐름은 편견 작용과 관련시켜 생각해볼만 하다. 무의식의 흐름을 거부하거나 억압을 하게 됨으로 의식의 부조화 혹은 불균형이 일어날 수 있기 때문이다. 사실 원초적인 본능(욕구)들로 구성되어진 무의식은 외적인 사회적인 요소들이 포함되어 있지 않다. 그러나 의식의 세계가 연결되어있는 무의식의 세계는 잠재적으로 반사회적 경향의 금기된 성향이나 욕망은 물론 폭력적인 행동이나 상상 등이 포함되어 있다. 그것은 언제 어떤 의식적 상황과 경험과 연결되어 표출될지 모른다. 그뿐 아니라 과거에 경험되어 축적된 추억이나 상처, 특히 트라우마나 콤플렉스와 같은 것들도 시간이 흐름에 따라 사라지는 것이 아니라 경험으로 무의식 속에 항상 존재하기 때문에 언제든지 어떤 상황에 의식의 작용과 관련되어 폭발될지 모른다. 또한 무의식 속에 있는 쾌락을 추구하려는 본능을 억제하는 방어기제 때문에 의식적 작용으로 조정하거나 통제할 수 없는 경우가 있다. 따라서 본능적인 방어 작용의 작용은 편견에 영향을 미칠 수 있다.

---

11 자기 자신의 고통으로부터 얻는 쾌락.
12 다른 사람에게 고통을 겪도록 함으로써 실현되는 쾌락.

그러므로 프로이트의 견해에 있어서, 편견조성과 작용은 내적인 억압과 불안에서 일어난다. 이 억압과 불안 내적 충동에 의해 만들어지는데, 이 억압과 불안으로부터 벗어나기 위해 다양한 편견적 사고와 태도를 보인다. 그중 두 가지 기본적 형태는 '자기 행동의 합리화'와 '감정적 투사'이다. 자기 행동의 합리화란 사회적으로 받아들일 수 없는 자신의 모순을 인정받고 정당화하기 위해 다른 상대를 강하게 무시하고 부정하면서 사회적으로 상대가 자신을 수용할 수 있도록 이론적으로 대치시키려는 행동을 말한다. 그리고 감정적 투사란 자신의 모순된 감정과 생각을 숨기기 위해 실제로 자신의 입장을 타자에게 진실하다는 사실로 나타내 보이려는 행동을 말한다.

위와 같은 사실로부터 편견의 작용은 억압과 방어기제와 투사의 작용과 관련된다. 그리고 자신과 자기 세계의 환상으로부터 나와 거짓된 자아를 버리고 자기 자신에게 솔직하게 될 때 편견을 극복하거나 좁힐 수 있다.

3. 고든 올포트(Gordon W. Allport)의 사회심리학적 요인과 편견

고든 올포트는 마르크스의 사회경제 구조적 원인과 프로이트의 개인 심리분석을 결합하여 편견을 사회심리학적으로 분석하고 연구하였다. 올포트가 연구한 편견은 미국 사회에서 1950년대와 60년대의 미국 사회의 경제적 요인으로부터 오는 인종차별(반셈족주의와 흑인차별주의)의 문제와 편견을 개인과 집단 간에 역동적인 관계 속에서 일어나는 내적 심리의 문제, 즉 증오심이나 적대감을 다루었다. 올포트가 제시한 편견 연구와 접근 방법은 다음과 같다.[13]

1) 집단특성 연구 접근

첫째, 집단과 집단의 차이에 관심을 두고 객관적인 사실을 발견하는 것이다. 어느 정도 인종이나 국가들 사이에는 여러 차이점이 있다. 그 차이점들은 이미 알려진 사실들에 대해 전 이해로 집단을 판단하거나 가정을 내세우는 사람들이 있다. 그래서 이미 모든 차이점은 변하지 않는다는 전제를 가지고 고집을 부리는 경우를 본다. 그러나 외면적으로 보이는 것만으로 차이점에 대해 전부를 말할 수 없다. 외면적인 혹은 일시적인 차이점으로 인종과 국가를 차별한다는 것은 옳지 못한 태도이다. 그러므로 이미 알고 있는 차이점들의 사실을 찾아내는 일은 중요하다. 여기서 우리는 모든 차이점을 조사해 낼 수는 없다. 그와 같은 작업은 사회 과학적 조사를 통하여 대부분의 인종차별이나 폭력 혹은 비난을 막을 수 있다.

올포트는 집단의 차이에 대해 연구하는 데 있어서 주의해야 할 두 가지 중요한 점을 제시한다. 첫째, 집단 특성의 차이점을 밝히는 데 서로 공통적인 유사점들이 있음을 잊지 말아야 한다. 클럭혼(C. Kluckhohn)은 이것을 '문화적 보편성'이라고 말한다.[14] 이미 인종과

---

13 Gordon W. Allport, The Nature of Prejudice(1954), 제13장 "Theories of Prejudice"에 잘 소개되어 있다.

14 C. Kluckhohn, "Universal Categories of Culture," in A. L. Kroeber(ed.), *Anthropology Today,* Chicago: Chicago University Press, 1955.

국가 사이에는 차이점이 눈에 띄지만, 모든 문화와 모든 종족계통에 있어서 공통된 실체는 깊이 스며있다는 사실도 인정해야 한다. 각 집단은 어느 한 집단을 한정 지어주는 특성을 가지고 있다. 예를 들면, 민족에 따라 각기 생활문화 피부색, 언어 등과 같이 공통점을 가진 특성을 가지고 있다. 그러나 이러한 특성을 확실하게 한정시켜주는 요소들은 많지 않다. 이점은 우리가 오류에 쉽게 빠져들게 한다. 근거 없는 가설을 내세우며 이러한 특성을 강하게 주장할 때 발생한다. 예를 들면 어떤 집단모임에서 특정한 지역에 사는 충청도 사람들을 보고 '느려 터진 사람'이라고 단정하여 표현한다든지 혹은 무슬림 교도들이 모인 집단을 보고 그들은 '잔인하고 무서운' 사람으로 단정하여 말하는 것은 문제가 있다. 이러한 차별적인 생각과 태도를 보이는 것은 편견의 원인과 작용으로부터 발생하는 경우들이다.

둘째, 우리는 확실히 밝혀진 차이점을 근거로 내세우며 적대감이나 증오심을 정당화하는 가설이나 가정을 내세우지 말아야 한다. 상대가 우리와 다르다고 해서 그들이 우리를 위협하거나 싫어하는 것은 아니다. 예를 들면, 한 집단에 속해 있는 구성원들이 우리보다 더 작고, 교육도 덜 받았고, 유우머스럽지도 않고, 우리보다 성격이 더 급하고, 의심이 더 많고, 심지어 우리보다 정직하지 못하다고 생각될 때, 그 집단에 속한 구성원을 맹목적으로 싫어하거나 그들을 위협적인 집단으로 미리 앞질러 판단하지 말아야 한다. 자신이 속해 있는 집단에도 같은 차이점이 엄연히 존재하기 때문이다.

올포트의 주장에 따르면 집단 간에 사실적인 차이점을 밝히는 일도 중요하지만, 서로의 차이점과 유사성을 인정하는 것도 중요하다고 본다. 그리고 이미 알려진(혹은 전이해 된) 차이점을 지나치게 일반화시켜 그 집단 전체 구성원들을 일방적인 차별화를 일삼는 것은 편견 작용의 결과이다. 따라서 편견 연구를 접근하는 데 집단 간의 차이점들이 무엇이며, 그 차이점이 어떻게 집단과 집단 사이에 상호 차별행위로 나타나는지를 연구조사 해야 한다.

2) 현상론적 연구 접근

올포트가 제시하는 두 번째 편견 연구의 접근 방법은 현상론적 연구이다. 이것은 다른 상대 집단을 인식하는 방법을 조사하는 일이다. 현상론적 편견 연구 접근은 사실근거로부터 사람들의 인식이 어떻게 왜곡되고 부풀려져서 두려움이나 적대감이 일어나는가를 알아보는 방법이다. 예를 들면 우리가 이미 경험했듯이, 남북 냉전 이데올로기 시대에 북한에 대한 많은 잘못된 인식과 편견으로 말미암아 두려움과 공포 그리고 적대감이 증폭되었던 사실을 볼 수 있다.

인식론적 연구 조사 방법에 있어서 특별히 중요한 점은 집단 간에 동등한 상태에서 교제하게 될 때 상호 이해와 존경을 하게 된다는 사실이다. 더 좋은 효과는 집단의 구성원이 같은 공동의 목적을 가지고 함께 일을 하게 될 때 그리고 법과 관습을 따르면서 교제 형태를 취하면 더 좋은 결과를 가져온다. 연구 결과에 따르면 서로 다른 집단과 집단 사이가 더 가까이 인접하여 생활하는 사람이 더 서로 친근해질 수 있다. 서로 가까운 이웃 사이가 될수록 우호적인 태도를 보이는 것이 인지상정(人之常情)이다. 따라서 인식을 전환시킬 수 있는 방법 중 하나가 근접성이다. "이웃이 사촌이다."라는 격언이 있듯이 함께 근접하여 지낼 때 서로 같은 생각과 태도를 가지고 살아간다. 반면에

서로 멀리 떨어져 있을수록 그리고 서로 분리되어 있는 처지에 놓일수록 특정한 사람에 대해 '지저분하고', '공격적이며', '적대적이고', '위험하고', '믿지 못할 사람'으로 인식하는 경향이 있다는 연구 결과이다. 따라서 서로 가까이 근접하여 살면서 서로 만남과 대화와 관계를 하면서 서로 잘 알고 지내는 사이일수록 비우호적인 정형화된 태도가 사라지게 된다. 분리와 분파는 서로 불신과 두려움의 신화를 만들게 되고, 서로 고정관념으로 정형화시키며 적대감을 갖게 한다.

3) 심리학적 연구 접근

셋째, 편견 연구 접근 방법은 역동적인 심리학적 접근 방법이다. 이 연구 접근 방법은 사람의 심리적 작용으로 나타난 생각과 태도를 보며 판단하는 점에 관심을 둔다. 편견은 사람의 욕구나 성격의 형태로부터 비롯된다는 점이다. 프로이트와 같은 심리학자들은 삶이 불안정하고 과거에 많은 아픈 상처와 충격이 아직 해결하지 않은 상태로 남아 있는 사람일수록 편협성과 같은 정신적 장애의 형태로 나타날 확률이 높다고 말한다. 쉬운 예로 어려서부터 장애를 경험했다면, 성장하여 성인 나이에 들어 불안감과 상처로 자존심을 건드리는 감정을 초래하는 경우다. 어떤 경우든 간에 편견이란 사람들의 내적 삶의 형태 속에 존재한다. 편견은 그와 같은 정신적 장애를 일으키는 생각과 태도를 보호하기도 하며 진정시키는 기능을 수행한다.

심리작용을 통한 편견 연구는 아도르노(Theodor W. Adorno)의 "권위적 성격"(The Authoritarian Personality)에 관한 연구가 발표된 이후 성격과 관계된 편견 연구가 활발하게 진행되었다. 무엇보다 완고한 편협성을 가진 성격은 쉽게 본능적인 삶으로 살아가도록 적용된다. 대부분 그들은 존재의 두려움을 벗어나기 위해 씨름하며 노력한다. 죽음과 재앙, 경제적 불안감, 감정적 상실, 죄책감 등과 같은 일상적인 두려움에 직면하여 살아간다. 이러한 존재론적 두려움은 삶을 자극하게 되고, 결국 그들은 이러한 복잡한 문제들로부터 걱정을 해결해 주는 집단이나 단체를 찾게 된다. 따라서 집단이나 단체에 소속하게 될 때 그들은 안전함을 찾게 된다. 그리고 우월감이라는 신비로움 속에서 자존심을 키워간다. 거기에 두 가지 강하게 집착하는 욕구가 일어나게 되는데 그것은 재물과 성(性)의 욕구이다. 종교, 문화, 유머, 전통에 대해 사회적 지지를 얻게 되면서, 그들은 더 나아가 자신의 삶을 배타적인 형태로 유지할 수 있도록 돕는 언어를 구사하며 사용한다.

사람들의 삶은 엄격한 종교적 이데올로기(교리)와 결합된 삶의 스타일을 보여주는데, 엄격한 종교적 교리와 규율을 지키는 사람일수록 배타적 혐의가 있거나 인종적 적대감이 서로 깊게 연결되어 있는 사례가 많다. 특히 이기주의적 자기 인종 애착주의 혹은 맹목적 애국주의자들이 모인 강한 집단일수록 소속된 집단에 대해 강한 집착과 상대 집단에 대한 배타성을 지닌 정도가 강하게 나타난다.

육체와 자아중심적인 욕구 그리고 두려움과 걱정의 일시적 자극들은 편견적 삶의 스타일을 형성시키도록 도와준다. 이처럼 편견 문제는 우리 삶 속에서 만연된 문제이다. 편견이 없이는 살아갈 수 없다. 어떻게 이러한 편협성과 같은 편견을 해결하기 위해 노력할 것인가? 편견을 극복하거나 좁히기 위한 방편으로 자기 통찰력이나 자기 비평 그리고 보편적인 윤리를 교육적으로 가르치는 과정과 방법들을 계속 연구해 나가야 할 것이다. 또 관용을 키울 수 있는 심리학적 접근 방법을 개발하는 데 노력하며 관심을 가져야 할 것이다.

4) 사회화과정 연구 접근

넷째, 사회화과정 연구 접근 방법이다. 가정과 학교에서 그리고 사회 문화 속에서 아이들이 발달하는 과정에서 형성되는 삶의 스타일을 연구조사 하는 일이다.

아이들은 편견이 초기 삶에서는 나타나지 않는다. 인종별 차이가 있다고 할지라도 처음에는 좀 어색하고 이상하게 여길 뿐이지 대다수 아이는 자연스럽고 서로 친절한 관계를 유지한다. 아이들을 훈육하는 스타일은 편견과 깊은 관계가 있다. 예를 들면 사랑스럽고 따뜻한 부모들의 훈육을 받고 자란 아이들이 엄격하고 거칠고 단호히 거절하는 부모의 훈육을 받으며 성장한 아이들보다 덜 편견적일 수 있다. 아이들의 내적인 요구보다도 오히려 아이들을 훈육을 담당한 부모나 교사 혹은 다른 지도자들의 감정적 요구가 편견을 형성하는 데 더 중요한 역할을 한다.

5) 사회 문화적 연구 접근

다섯째, 사회 문화적 연구이다. 이것은 사회학, 인류학 그리고 경제학과 관계된 관점이다. 우리가 위에서 살펴보았듯이 마르크스의 이론은 편견의 근본적 원인 가운데 핵심으로 소외의 개념에서 찾고 있다. 이 이론은 지배집단이 종속집단에 대해 잘못된 임금을 지불함으로 지배집단의 잉여가치를 존속하고 정당화하기 위한 이데올로기를 고안해 낸다는 주장이다. 한 사람 혹은 한 집단의 탐욕은 편견의 뿌리가 된다.

경제학은 집단갈등의 직접적인 성격을 이해하기 위해 한 지역의 생태학적인 구조를 보도록 알려줄 뿐만 아니라 편견 작용에 영향을 주는 중심 역할을 하며 억압의 순환 고리이다. 경제학은 편견 문제에 있어서 최고의 역설적인 요소이다. 편견을 이용해서 탐욕에 빠지게 하여 경제적 이익을 추구하도록 하여 사람들에게 그와 같은 편견이 경제적인 면과는 무관한 것으로 생각하게 한다. 그러나 편견의 결과로 드러난 분리와 차별은 경제적 쇠퇴를 가져오는 결과이다.

사회학과 인류학적 접근은 심리학적 분석을 교정해주며 보충해주는 역할을 해준다. 사회 과학적 접근은 편견이 항상 미성숙하고 장애의 성격적인 것과 관련된 것이 아닌 다른 사실을 깨닫게 해준다. 물론 그것은 아주 평범한 피상적인 현상일지도 모른다. 그러나 편견은 어떠한 경우든 사회적인 상황을 알지 못한다면 편견을 이해할 수 없다. 사회학과 인류학은 여러 연구한 조사를 통해 중요한 사실들을 찾아냈다. 그들의 연구에 따르면 이질적인 집단(사회)은 동질적 집단(사회)들보다 더 집단편견이 심하다는 사실이다. 또한 집단 간에 의사소통의 장애가 심할수록 편견은 더 크게 작용한다. 따라서 상호관계와 접촉을 위한 정책이 필요하다. 공동의 목적을 집단의 구성원들 간에 서로 동일 상태에서 접촉과 의사소통을 하게 될 때 편견은 줄어든다는 사실이다. 마지막으로 어떤 한 집단에 대해 초기 단계에 편견이 있다고 할 때, 이 편견은 전체 사람들이 속한 집단의 크기 정도에 따라 편견이 더 심하게 나타난다. 쉬운 예로 한 집단의 구성원이 약 천 명가량 함께 살고 있는 지역과 약 3천 명가량 구성원들이 함께 살고 있는 다른 집단이 있을 경우 규모가 작은 집단은 무시되고, 오히려 규모가 더 큰 집단에 대해 더 심한 편견과 차별의 대상이 된다. 만일 어느 한 지역에 경쟁할만한 대상의 집단이 갑자기 크게 증가하게 되었다면, 두려움과 혐의와 증오가 더 크게 일어나게 된다는 사실이다.

6) 역사적 연구 접근

마지막으로 올포트가 주장하는 편견 연구의 접근은 역사적 지평이다. 여기서 언급하는 것은 역사적인 관점이 아니다. 문제는 역사적인 시각 없이 편견을 접근하는 것은 근시안적인 혼돈으로 더듬는 격이 된다. 예를 들면 반셈족주의(anti-Semitism)와 같이 확고히 자리잡은 편견은 고대 시대로부터 유래한 역사적 배경을 가지고 있다. 시대를 통해 볼 때, 한국에서 일본제국의 식민지와 한국전쟁의 역사를 이해하지 않고서는 남북의 분열된 상황에서의 동족의 싸움과 지역적 차별주의를 이해하기가 어려울 것이다.

이상과 같이 올포트는 무엇보다도 '흑인인종차별'과 '반셈족주의'(anti-semitism)에 대한 편견 연구를 주로 두 가지 접근 방법을 통해 연구해 왔음을 알 수 있다. 즉 '자극의 대상'(stimulus object)을 통한 접근 방법과 '현상론적인'(phenomenological) 접근 방법이었다.[15] 특히 그의 편견 연구는 '사회 문화적인 견해'와 '역사적인 견해'를 함께

---

15 Gordon W. Allport, *The Nature of Prejudice*, 207.

중요하게 다루고 있는데 그 이유는 집단의 규범과 가치 그리고 소속
감(membership)과 같은 개개인의 정신적 삶과 긴밀하게 지속 연결되
어 있는 부분이기 때문이다. 올포트에게 있어서 편견 연구 접근 방법
은 심리적 접근은 물론 사회 문화적 접근과 역사적 접근 방법이 필수
적인 것으로 이해하고 있다. 결과적으로 편견 연구를 위해 개인적인
심리적 요소와 사회제도와 역사적 배경과의 역동적 관계 속에서 연
구되어야 함을 말해준다. 다음 도표는 편견 연구 접근을 위해 도움이
되는 올포트의 도식이다.16

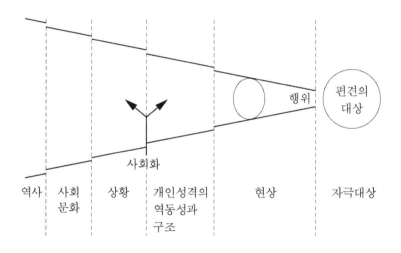

여기서 보여주는 바와 같이 편견 연구를 위해 종합적인 사회심리
학적인 분석이 요구된다. 왜냐하면 편견은 개인적 성격과 사회 문화

---

16 이 도표는 알포트의 편견원인에 대한 이론적이고 방법론적인 접근이다. Gordon W.
   Allport, "Prejudice a problem in psychological and social causation", in *Journal of
   Social Issues* (Supplement Series, No.4, 1950).

적 상황과의 역동적인 관계 속에서 사회화과정을 거쳐 형성되기 때문이다. 그리고 편견은 역사적 배경과 경제적 결정 요인들과도 연관되어 있다고 본다. 편견에 대한 복합적인 원인을 밝히는 데 큰 공헌을 한 올포트는 분열과 갈등의 객관성을 주장하기 위해 정신분석 심리학, 경험심리학, 사회학 그리고 정치과학이 모두 보조적인 영역으로 소개하면서, 개인 편견의 정체성과 근원을 밝히기 위해 사회학 이론들을 접목시켜 연구방법론을 제시하였다.

4. 편견 연구 접근의 한계성

편견을 연구하는 방법은 다각적인 접근이 필요하다. 편견 현상을 너무 일반화시키거나 단순화시킴으로 편견 연구 자체가 또 다른 편견에 빠지지 않도록 주의해야 할 것이다. 편견이 모든 사회적 분열과 갈등의 원인이라기보다 다양한 다른 조건들에 따라 다양한 형태의 편견들이 조장될 수 있다는 점이다.

이에 대해 영 브르엘(Elisabeth Young-Bruehl)은 그의 책『편견의 해부학』(Anatomy of Prejudice, 1996)에서 지금까지 서구에서 보여준 편견 연구를 비판하면서 새로운 편견 연구 접근을 제시해 준다. 영 브르엘은 올포트의 편견 연구에 있어서 편견의 성격은 '경제적 약탈', '사회구조', '관습'(습관), '두려움', '공격', '성적 갈등'이나 기타 외적인 요인들에 의해 영향을 받을 수 있다고 보는데 같은 입장이다. 그러나 모든 문제를 편견에 의한 작용으로 바라보려는 올포트의 단독적인 가설 근거에 대해서 반대한다. 올포트는 편견을 일으키는 많은 원인에 대해서는 연구했지만, 다양한 요인들에 의한 여러 종류의 '편견들'(prejudices) 혹은 편견의 현상(a phenomenology of prejudices)에 대해서 언급하지 못했다는 평가이다.17

편견은 다양한 형태로 이루어져 있으며 다양한 조건의 영양아래 여러 근거를 가지고 있다. 영 브르엘의 주장에 따르면, 이제는 하나의 편견에 대해서 말하는 것이 아니라 여러 다양한 편견들과 복합적인 작용으로 말을 해야 할 때이다. 예를 들면 '남녀 성(性) 편견', '지역편견', '인종 편견', '종교 편견', '문화 편견' 등 다양하게 접근해야할 필요가 있다. 또한 편견 혹은 다양한 편견들, '성차별'과 '인종차별' 그리고 '계층차별'(sexism-racism-classism)이 서로 결합되어 하나의 원인으로 작용하여 나타나기도 한다. 결국 편견 연구를 하는데 편견(혹은 편견들)은 개인의 심리학과 집단에 대한 사회학 그리고 기타 정신분석심리학이나 경험심리학, 정치과학 경제학 등에서 간학문적인 접근을 통해 객관적인 학문적 연구뿐 아니라 편견(혹은 편견들)의 원인에 대해 함께 고려하는 일에 개념적이고 역사적인 틀을 가지고 접근해야 할 필요성이 있다는 것이 영 브르엘의 입장이다.18

이런 측면에서 편견 연구의 객관적인 조사를 위해 설문지나 인터뷰를 통해 편견에 대한 일반적인 의식이나 태도를 알아내고 해석하는 일도 중요하다. 하지만 우리는 또 다른 측면에서 다양한 사회 문화적 상황에서 피해자나 희생자들의 경험사례 분석을 통해 편견 혹은 편견들의 역동적 관계성을 살펴볼 필요가 있다.

---

17 Elisabeth Young-Bruehl, *The Anatomy of Prejudices* (Cambridge, Massachusetts: Harvard University Press, 1996), 16.

18 Ibid., 26.

루퍼트 브라운(Rupert Brown)은 개인적인 편견 사고와 태도를 접근하는데 또 다른 차원의 한계점이 있음을 지적한다. 그 한계점이란 크게 네 가지 면에서 볼 수 있다.[19] 첫째, 그 사람이 편견이 있는가? 혹은 그렇지 않은가에 대한 편견 연구를 할 때, 개인 심리 문제에 국한하게 된다. 그래서 그 사람들의 생각과 태도들에 영향을 주는 직접적인 사회적 환경에 대해 과소 평가하거나 무시하는 경향이 있다. 사람들의 견해와 행동들은 주변에 있는 사람이나 가깝게 접하는 사람의 태도와 그 집단의 규범 그리고 집단 구성원과 다른 집단 구성원 간의 관계성에 의해 영향을 받는다. 때로 편견의 원인과 작용을 연구함에 있어 심리학적인 가설로 축소시켜 이해함으로써 정치적인 요인이나 경제적 요인 혹은 다른 직접적인 외적 환경으로부터 오는 요인들에 대해 과소평가하는 경우가 발생할 수 있다.

두 번째 한계점은 첫 번째 한계성과 관계된 것으로 사회 문화적 환경요소를 강조하는 데 있어서 특별한 사회적 환경이나 문화이해 수준에 머물 수밖에 없는 한계성이다. 그러나 편견 작용은 다양한 사회 문화적 요소와 서로 얽혀진 상태에서 작용하는 것이기 때문에 복합적으로 다양한 각도에서 조사해야 한다. 예를 들어 사회 문화적 요소라 함은 언어와 상징 그리고 기타 관습과 규범과 전통과 긴밀하게 얽혀져 있다는 사실이다.

세 번째 한계점은 편견을 말할 때 개인적 편견과 전체집단 구성원의 편견적인 태도가 일치되는 것으로 설명하기가 어렵다. 사람들 가운데 개인적 차이에 따라 편견을 다르게 설명되어야 함에도 그것

---

19 Rupert Brown (1995), 31-36.

을 하나의 성격으로 표명하는 사회적 편견으로 보기에는 적합하지 않다는 점이다. 또 개인이 갖는 편견의 사고와 태도는 그가 속해 있는 집단의 성격과는 다를 수 있다. 예를 들면 편견은 개인의 성격과 감정 혹은 이익이나 명예나 권력 등과 같은 것들을 통해 작용할 수 있다.

마지막 네 번째 한계점은 편견 이해가 역사적으로 한정된다는 사실이다. 만일 편견을 개인의 성격적인 양태로 설명하기가 어렵다고 한다면, 시대적 혹은 시간에 따라 편견이 갑작스럽게 나타나기도 하고 사라지는 문제이기도 하다. 편견이란 그 시대적 산물이다. 모든 시대에 따라 똑같은 편견 작용으로 이해할 수 없다는 한계성이다.

결국 브라운의 주장에 따르면 편견 연구는 개인 심리적인 문제일 수도 있지만, 다른 한편으로 상황적인 요인이나 사회 문화적 요인으로부터 영향을 주게 된다는 사실을 고려해야 한다. 그래서 편견 문제를 개인 문제로 축소하여 해석하거나 어떤 사회나 집단에 결과로 일괄된 편견으로 몰아서 설명한다는 것은 매우 위험한 일이다. 특히 편견을 설명하는데 시대적 변화 속에서 일어나는 역사적 사실과 정치경제적 변수가 상호연관성을 맺고 있는 사실을 기억해야 한다.

인지적 비판의식 교육을 주장하는 교육자들 가운데 리처드 폴(Richare W. Paul)에 따르면[20] 전통적으로 편견에 대한 연구조사는 7가지 기본적인 결점이 있다고 주장한다. 1) 편견 연구가들은 편견을 비정상적이고 기본적인 틀로부터 이탈된 어떤 것 혹은 정상적인 생각과 기대와 행동 체계로부터 벗어난 것으로 접근하는 경향이 있다. 2) 비정상적인 편견의 기능을 강조하면서 편견이 가져오는 많은 정

---

20 Richard W. Paul, *Critical Thinking: What Every Person Needs to Survive in a Rapidly Changing World* (CA: Santa Rosa, Foundation for Critical Thinking, 1993), 299-320.

신적 유익한 장점에 대해 무시하는 경향이 있다. 3) '부정적인 편견'(prejudices-against)에 강조를 두고 '긍정적 편견'(prejudices-for)을 부정적인 것과 독립된 것으로 가정한다. 4) 비록 편견이 사람에 대해 저항하는 측면이 있다 할지라도 신념체계와 이데올로기에 대해 저항하는 편견을 포기하거나 무시하는 경우이다. 5) 어떻게 편견이 인간의 비이성적인 것으로 말미암아 나쁜 길로 빠지게 하는 문제로 매몰되는가에 대한 인지적 차원에 중점을 두지 않고 있다. 6) 생각의 모드(mode)가 편견을 조성한다는 사실보다도 오히려 편견의 내용에 강조를 두는 경향이 있다. 7) 마지막으로 편견 연구가들은 심각한 편견극복이 공정하고 개방된 개인과 사회로 발전시켜 나가는데 오랜 기간의 전략이 요구된다는 사실을 인식하지 못하고 있다.

이상과 같이 폴의 지적은 지금까지 편견 연구의 한계성을 지적했으며, 편견분석과 연구가 좀 더 객관적이고 건설적인 교육적 접근이 필요하다는 것을 암시해 주고 있다. 그러므로 그는 종전과는 달리 정상적인 편견과 편견의 보편성을 강조하면서 기득권을 가진 우호적인 집단 속에서 진행되는 기능적인 측면을 강조하고 있다. 그리고 긍정적인 편견의 해로운 점과 신념체계와 이데올로기에 저항하는 편견의 중요성을 강조하면서 자기중심적 생각과 사회 중심적인 사회 속에 매몰된 편견을 지적하며 강조하고 있다. 그뿐 아니라 생각의 모드는 편견 형성의 주요 원인이 되고 편견을 좁히고 극복하는 일은 개방된 사회 속에서 개방된 자아를 길러내기 위한 장기계획을 세워야 할 것을 주장한다.

리처드 폴의 주장과 같이 편견은 부정적인 기능도 있지만 긍정적인 기능도 있다. 편견으로 강한 소속감과 정체감을 준다. 그리고 편견으로 대립과 갈등 그리고 더 나아가 폭력을 일으키기도 한다. 편견은 이처럼 양면성을 가지고 있다. 편견의 부정적 작용과 긍정적 작용은 서로 독립하여 생각할 수 없다. 다시 말해 '우리 편'(집단)에게는 편견이 아닐 수 있지만 '다른 편'(집단)에게 편견이 될 수 있기 때문이다. '내집단'(in-group)에 대한 충성심과 애국심 그리고 자기방어와 자기주장이 강하다고 해서 '외집단'(out-group)에 대해 편견이 있다고 볼 수 없고 '외집단'(out-group)에 대해 증오심과 반감을 갖는다고 해서 모든 것을 편견이라고 단정적으로 말할 수 없다. 왜냐하면 상대편(집단)에 대한 증오심이나 반감은 일방적인 편견으로부터 오는 것이라기보다 상대의 편견으로부터 오는 억압과 탄압에 대한 자극과 저항에서 비롯될 수도 있기 때문이다.

이처럼 편견에 대한 접근은 다양하고 복합한 문제이다. 그러기에 편견을 연구할 때 종합적인 접근과 노력이 필요하다. 편견의 원인과 결과를 접근하는 데 있어서 편견 연구가 자기 모순에 빠지지 않도록 다양한 접근 방법과 비판적 시각이 요구된다.

3장

편견 형성 과정

제2장에서 우리는 편견의 정의와 다양한 특성들을 살펴보았다. 간략하게나마 서구에서 편견 연구 흐름 속에서 편견 연구를 위한 구조적 접근을 살펴보았다. 주로 편견 연구 접근은 1) 경제적 문제에서 오는 계급주의적 갈등과 차별, 2) 정신병리학적 문제에서 오는 심리적 갈등과 차별 그리고 3) 사회심리학적 문제에서 오는 인종 갈등과 차별 등 복합적인 요인과 결과로 나타나는 편견 주제와 관련지어 간학문적 접근이다. 그 중심에 올포트의 고전적인 편견분석과 연구 방법인 사회심리학적 접근 방법을 두고 개인과 집단 간에 일어나는 갈등과 차별의 근본적인 원인을 편견 작용에 두고 분석하였다.

비록 편견 연구는 다양하고 복잡한 문제로 서로 얽혀져 있지만, 우리는 크게 두 가지의 패턴으로 나누어 편견 연구의 접근 방법을 설명할 수 있겠다. 하나는 개인적인 측면에서 자기 자신의 우월성과 타인을 열등하게 보고 무시하는 감정이 실제 상황 속에서 편견이 형성되면서 다른 사람에게 해를 끼치거나 차별화하는 경우이다. 그리고 다른 하나는 어떤 사회 집단이 다른 사회 집단에 의해 자신의 위치나 힘을 잃어버리게 된 경우 혹은 위기적 상황에서 특정한 집단과 대립하며 차이와 동질성을 통해 상대를 열등한 집단으로 정형화시키며 상대 집단에게 편견의 태도를 보임으로 다른 상대 집단에게 제도적으로 피해를 주는 경우이다. 그러나 이 두 경우는 편견 원인과 결과를 분석하는 데 있어서 서로 독립적인 요인으로 보기보다는 상호연관된 것으로 개인적 일뿐만 아니라 그가 속해 있는 집단 혹은 단체와 역동적인 관계 속에서 이해해야 할 것이다. 이런 면에서 사회적 상황 속에서 개인적 심리와 태도를 분석하며 종합적으로 편견을 접근이 필요하다.

무엇보다 편견이 무엇인가에 대한 분명하게 드러난 정의를 찾는 일도 중요하다. 그리고 편견이 어떻게 형성되는지 그 과정을 추적하는 일도 필요하다. 물론 위에서 경제적 입장에서 편견 원인을 소외와 사유재산을 근본적인 원인으로 보며 이기적 자본주의가 인간의 탐욕에 있다고 보았다. 그리고 프로이트의 개인 심리학적인 입장에서 치료되지 않은 내적 심리적 억압과 충동으로부터 오는 성격 결함과 정신적 장애에서 편견 원인을 찾아보았다. 반면에 개인과 집단의 역동적 관계 속에서 사회심리학적으로 인종차별과 그룹 간 갈등과 차별의 원인을 편견에 있다고 보고 이기주의적 자기중심주의와 지나친 일반화로부터 편견이 작용하는 근본적 원인으로 보았다.

여기에 좀 더 구체적으로 편견 형성과정을 알아보고자 한다. 어떻게 편견이 형성되는가에 대한 질문이다. 왜냐하면 편견은 때로 고의적인 의도를 가지고 만들어지기도 하지만 밀물과 썰물처럼 자연스럽게 들어오고 나가는 자연현상과 같이 개인 혹은 집단으로부터 자연스럽게 발생하기 때문이다. 이 편견 형성과정을 알아보기 위해서 우선 우리는 소속 집단의 형성과정과 성격을 살펴보고자 한다. 왜냐하면 개인의 사고나 태도는 소속 집단 속에서 사회화과정에 의해 형성된다고 보기 때문이다. 개인의 성격적인 문제나 편견 문제는 타인과의 관계 속에서 형성되는 것으로 보여지기 때문이다. 여기서 다루고자 하는 편견 형성과정은 개인적인 것보다 소속 집단의 형성 과정에 있다.

1. 다윈(Charles Darwin)의 생물학적 진화론과 집단형성

찰스 다윈(Charles Darwin)은 『종의 기원』(*Origin of Species*)에서 자연 세계를 크게 식물계와 동물계로 나누고, 이 식물계와 동물계는 다시 종(種)으로 나누어지는데 그 속에는 엄청나게 많은 다양한 개체들이 있는 것으로 구분해 놓았다. 그의 학설에 따르면 종(種)의 특징은 번식하기 위해 개체들끼리 짝을 선택할 수밖에 없다는 것이다. 이것이 다윈이 말하는 '변이'(變異, variation) 현상이다. 보편적 유전법칙을 통해 후손들 간에 유리한 특성들을 선택함으로 다양한 차이를 보이게 된다. 이러한 변이 현상들로 말미암아 수많은 세대를 거치는 동안 생물학적 구조상 다양한 차이를 가져왔다. 환경에 잘 적응하고 생존하기 위해 각각의 개체들이 짝을 지어 자손을 번식시킴으로써 자신의 유전적 특징을 자손에게 재생산시키며 전할 수 있게 된다. 다윈의 이론대로 종(種)은 '자연선택'(natural selection)이라는 과정에 따라 진화한다. 그리고 생존을 가능케 해주는 기능이나 장점들은 후손에게 전달되지만 그렇지 못한 것들은 자연히 도태된다. 이것이 다윈의 학설이다. 중요한 것은 '계'와 '종'의 분류는 자연 선택 과정으로 이루어진다는 것이다.[1]

다윈의 방식으로 식물계와 동물계의 분류는 자연계를 이해하는 데 많은 도움을 준다. 특징과 특성에 따라 같은 종류와 다른 종류를 구분함으로 각 식물과 동물들의 구조와 모양 그리고 성격을 살펴볼 수 있고 어떻게 생존하며 종족을 유지해 나가는지에 대한 군집 생활에 대한 이해를 하는데 도움을 주었다. 특히 생물학과 유전학은 계통을 찾아나가며 종족의 근원을 찾아 진화된 모습을 보여주었고 각 '계'와 '종'의 계통을 찾아나가며 순종과 잡종으로 분류하면서 차이점을 제시해 주었다.

이러한 다윈의 생물학적인 이해는 자연선택 과정으로 말미암아 같은 종류끼리 집단이 형성되며 '계'와 '종'을 유지시켜 나간다. 이것을 자연계에서는 '군집'이라고 한다. 그러나 사회학자들은 생물학적인 '군집'이라는 말 대신에 '가족,' '씨족,' '부족,' '부락,' '사회,' '국가,' 등 다양한 집단(공동체)으로 표현되는데 자연계의 군집과 인간 사회와 구별되는 점은 생물학적인 관계 형성에서 뿐만이 아니라 문화적 요인에 의해서도 집단이 형성된다는 점이다.

그러나 사회를 형성하는 요인은 단지 다윈이 말하는 생물학적 구조는 물론 심리학적인 요소도 있다. 친밀감이 바로 그것이다. 친밀감은 자연 선택 과정과 집단형성과정을 형성하게 도와주는 기본적인 요인이다. 사회학적으로 친밀감이 깊을수록 깊은 관계와 강한

---

1 Richard H. Ropers and Dan J. Pence, *American Prejudice with Liberty and Justice for Some* (New York and London: Insight Books, 1995), 63. Richard H. Ropers and Dan J. Pence는 Darwin의 자연선택의 이론을 설명하면서 자손의 특성들을 계속 재생산하고 존속시키는데 있어서 자연선택의 중요성을 말하고 있다. 특별한 자연조건들 속에서 살아남고 최선으로 적응할 수 있는 원인은 종족을 선호하며 자연적 선택하는데 있다고 본다. 이와 같은 이해는 사회 진화론자들에 의해 인간사회조건에 적용되면서 복잡한 사회 문제를 생물학적 문제로 단순하게 축소 혹은 환원시켰다고 비평한다.

집단이 형성된다. 친밀감이 강할수록 자기 보호 본능이 강하게 나타난다. 그런데 이 친밀감을 주는 요인은 다양하다.

우선 심리분석가인 프로이트는 개인의 신체적 성적 에너지가 원초적 친밀감의 원인이다. 프로이트에 따르면 어렸을 때 아이들이 보여주는 친밀감은 오이디푸스(Oedipus, 그리스신화 이야기) 시기에 반대 성(性)을 가진 부모에게 친밀성이 높고 같은 성(性)을 가진 부모는 멀리하는 감정을 가진다는 가설이다. 프로이트의 이론에서 갈등과 차별 혹은 경쟁의식과 증오심의 원인은 생리적 성적 억압에 의해 발생된다. 따라서 친밀감 형성은 성(性)적 관계에서 발생한다.

그러나 친밀의 관계를 신체적 성적 에너지만으로 국한시키고 성(性)관계로만 축소시키는 것은 한계성이 있다. 비록 프로이트의 영향력에서 완전히 벗어날 수는 없지만 친밀감의 문제를 열등의식으로 보는 애들러(Alfred Adler)의 이론이 있다. 그의 주장에 따르면 모든 사람은 열등감을 가지고 있으며, 그와 같은 기본적인 열등감을 극복하는 길은 긍정적으로 자신의 결점을 극복할 수 있는 내적 힘을 갖는 경우이다. 그러나 자신이 그와 같은 능력이나 힘을 얻지 못할 때 자신을 부정하거나 합리화시키거나 혹은 다른 것으로 전이시켜 투사하거나 현실을 부정하는 형태로 나타난다. 문제는 다른 사람의 힘을 의존하거나 이용하면서 방어기제를 만들어내는 점이다. 애들러가 이해하는 친밀감의 문제는 자신의 열등감(inferiority)이나 약함(weakness)을 극복하기 위한 내적인 힘(power)을 추구하는 과정에서 일어난다. 애들러의 관계 형성의 기초는 프로이트의 이해와 다르다. 개인의 유아기적 과거의 경험에 의해 작용하는 관계 형성이라기보다 실존적 삶과 미래의 목적이나 목표를 추구하는 의지에 좌우된다. 하지만 자기 자신의 내면으로부터 열등감을 극복하는 힘이 발생하는 것이 아니라 외부로부터 권력이나 힘을 의존하면서 사회적 환경으로부터 결정된다고 할 때 친밀감의 관계 형성은 사회적 정치적 힘으로부터 나오는 중요한 요소로 작용하게 된다.

다른 측면에서 친밀감의 관계 형성에 있어서 사회적 환경요소를 중요하게 강조하는 에릭슨(Erik H. Erikson)의 주장이 있다. 그의 이론에 따르면 인간 성숙의 과정은 개인의 내적 생리적 원인뿐만이 아니라 사회 문화적 외부상황과의 역동적인 관계 속에서 일어난다. 사회 문화적 역할의 중요성을 강조하면서, 그는 특히 친밀성의 문제가 대상 간의 기본적인 상호신뢰성에 기초를 두고 있다. 사회화과정에 있어서 부모나 가정의 식구들 혹은 학교나 사회에서 다른 중요한 사람들은 상호과정에서 내적 변화에 영향을 주는 역동적 대상이다. 신뢰성은 사회적 친밀감 형성을 하도록 하는 중요한 요소로 특히 에릭슨이 말하고 있는 발달단계에서 초기 성인기로 들어가는 6단계 시기는 "친밀성과 연대감"(intimacy and solidarity)을 주어지는 중요한 시기이다.[2] 이 시기는 아동과 청소년 시기로부터 성인 세계에 들어가는 시기로서 전적으로 자유롭게 단체나 공동체에 소속하여 집단 활동을 활발하게 하면서 친밀감 관계 형성을 하는 시기이다. 특별히 배우자 선택을 위한 이성 교제가 활발하게 나타나고 가정공동체를 이루기 시작하는 때로서 상호신뢰와 친밀성이 강하게 작용한다.

---

2 Erik H. Erikson, *Childhood and Society* (New York: W.W.Norton & Company. INC, 1950), 229. 그리고 Henry W. Maier, *Three Theories of Child Development: The Contributions of Erik H. Erikson, Jean Piaget, and Rober R. Sears, and Their Applications* (New York: Harper & Row, Publishers, 1965), 65-66.

사회학에서 주장하는 소속 집단의 친밀감의 강도는 가정 〉직장 〉
이웃 〉국가 〉세계 등의 순으로 나타난다고 볼 수 있는데 이러한
친밀성의 강도는 생존 문제와 직결되어 있다. 자신을 보호해주거나
변호해 주는 집단에 대해 더 의무감이나 소속감이 강하게 나타나고
충성심을 발휘한다. 다양한 단체나 집단 가운데 자신이 선택한 종교
나 취미 집단(동호회)의 경우도 흥미와 관심도에 따라 소속감과 친밀
감의 정도가 나타난다. 종교단체나 시민단체 활동 속에서 그 한 예를
찾아볼 수 있다. 특히 청소년들은 연예계나 취미 집단(동호회)을 선호
하며 그 집단에 소속된 것을 매우 자랑스럽게 생각하고 자부심을
갖기도 한다. 혹은 열망하는 모습도 눈에 띄게 볼 수 있다. 이와 같이
친밀감 관계 형성은 한 개인이 사회 문화와 집단에 속하여 구성원이
되는 과정들을 말해준다.

　집단에 대한 친밀감 혹은 소속감이 더 깊어지고 충성심을 발휘하
게 될 때는 자신이 속한 집단으로부터 보상이나 혜택이 주어질 때이
다. 예를 들면 가족이 식구를 잘 돌보고 어려운 중에서도 용서와 사랑
으로 감싸주면 줄수록 더욱 가족에 대한 소속감이 강해지고 다른
어떤 경우보다 더 친밀하고 사랑하게 되며 충성하게 된다. 자신이
속한 집단이 다른 집단에 비해 정체성이 더 뚜렷하게 구별이 되고
희소가치가 있으며 특혜가 주어질수록 더 강한 소속감과 충성심을
갖게 되는 경우를 본다.

　사회집단이나 단체 혹은 국가에 대해서도 마찬가지이다. 사회나
국가단체가 한 개인의 재산과 생명을 보호하며 존중해줄 때 그 개인
은 사회나 국가단체를 사랑하며 애국심과 희생을 아끼지 않게 된다.
특히 소속된 단체로부터 보상이나 혜택이 주어진다면 개인은 그 단

체에 대해 사랑과 충성심뿐만이 아니라 소속감으로 그 단체나 집단
과 결속되어 이탈하기 어렵다.

2. 사회진화론과 편견

미국에서 편견 연구가 로퍼스와 펜스(Richard H. Ropers and Dan J.
Pence)는 다윈(Darwin)의 자연선택이라는 개념을 자연환경과 동일
하게 인간 사회환경 조건에 적용시켜 이해하는 사회진화론자들의
견해를 받아드리면서 인종차별과 엘리트주의가 태동하는 것으로
주장한다. 로퍼스와 팬스의 이러한 관점은 생물학적인 이론을 사회
진화론에 적용 시도한 학자들 가운데 섬너(William Graham Sumner,
1840-1910)의 주장을 예로 제시하고 있다는 점이다. 섬너는 20세기
초 '사회과학'으로 표명하면서 사회진화론과 인종에 대한 학설을 이
끌어간 미국 초기 사회학자이다. 그는 경제적, 사회적 그리고 정치적
으로 성공한 계급과 종족들은 생물학적으로 개인이나 집단이 우수
하기 때문에 존속된다고 보는 위험한 학설을 전개한 학자이다. 그리
고 사회계급이나 계층에서 '적자생존'(survival of the fittest)으로 반영
된 것으로 사회제도와 소득과 부(wealth)와 힘(power)의 분배는 생물
학적인 법칙에 준하여 설명한다. 그는 자연법칙을 변할 수 없는 진리
로 받아드린다. 따라서 불평등의 문제는 인간 사회에 있어서도 불가
피한 모습으로 볼 수밖에 없다는 견해이다.[3]

---

3 Richard H. Ropers and Dan J. Pence, *American Prejudice with Liberty and Justice for
  Some* (1995), 64.

사회진화론자는 사회계급을 자연선택의 결과로 보며 지배 이데올로기와 교육을 통해 강화되거나 재생산된다는 주장이다. 따라서 사회적 계급문화를 고정 관념화하여 인종차별주의와 엘리트주의와 같은 계급문화 간에 대립과 갈등의 악순환의 결과를 초래한다. 또한 인종차별주의와 엘리트주의를 통해 자신이 속한 소속 집단을 보호하고 유지하기 위한 수단으로 삼는다.

로퍼(Ropers)와 펜스(Pence)는 호프스태터(Richard Hofstadter, 1965)의 저서, 『사회적 다윈주의 미국 사상』(Social Darwinism in American Thought)의 내용을 인용하면서4 섬너(Sumner)의 사회진화론의 해석이 1890년대 후기 미국 자본주의 경제 성장 이데올로기의 근거를 마련해 주는데 남용되었다고 비판하는 호프스태터의 주장에 동의한다. 로퍼스와 펜스는 섬너의 사회학 이론과 초기 사회진화론을 통해 인종차별주의와 엘리트주의 이데올로기를 창출하는 동기가 되었을 뿐만이 아니라 자본주의의 경쟁 이데올로기의 기초를 마련했다고 본다. 이러한 경쟁 이데올로기와 지배 이데올로기는 교육을 통해 사회 문화를 구축하며 일반화함으로 편견과 차별을 낳는 기반이 되었다고 볼 수 있다.

더욱이 로퍼스와 펜스는 르원틴(Lewontin)과 로스(Rose)와 캐민(Kamin)의 공동저서, 『생물학, 이데올로기 그리고 인간의 본성: 과연 유전인가』(Not in Our Genes: Biology, Ideology, and Human Nature, 1984)라는 책에서5 사회진화론자들을 복잡한 사회계급과 인종차별주의

---

4 Richard, Hofstadter, *Social Darwinism in American Thought* (Boston: Beacon Press, 1965), 57.

5 R. C. Lewontin,, S. Rose, and L. Kamin, *Not in Our Genes: Biology, Ideology, and*

가 사회학적인 문제가 아니라 단순히 개인과 군집을 이루는 생물학적이고 화학적인 요소와 특성으로 축소하여 환원시키는 것으로 이해하는 것에 대해 비판한다.6

　사회진화론자들 가운데 기능주의자들은 사회적 현상들(예를 들면 제도, 조직 그리고 집단)을 다음과 같은 질문을 통해 연구한다. 사회를 위한 조건이나 제도적 기능이란 무엇인가? 사회계급의 기능은 무엇인가? 이런 질문을 통해 고전적인 사회진화론자들은 기계론적이고 보편적인 사회적 기능으로 일반화시켰다. 예를 들면 고전적인 기능주의 사회학자인 데이비드(Kingley David)와 무어(Wilbert E. Moore)는 보편적 필연성으로 사회계급을 주장한다.7 계급은 인간 사회에서 역사적으로 존재해 왔고, 현존하는 모든 사회에 존재할 뿐만 아니라 미래사회에서도 존재하게 될 것이다. 따라서 사회적 기능으로서 사회적 위치와 지위가 필요하며 직업의 귀천이 존재한다. 이러한 기능주의적 사회이해로부터 문화적 편견이나 직업에 대한 편견이 발생하는 원인이 되었다. 예를 들면, 의사나 박사는 막노동하는 청소부나 다른 인부들보다 더 사회에 공헌하고 중요한 것으로 생각하며 더 어려운 과정의 학문과 심화된 실습과 연구가 요구된다. 간단히 말해 의사는 생명을 구하고 병을 고치는 직업으로 사회적 생존을 위해 더 많은 기능이 요청되는 것으로 이해되고 반면에 현장에서 땅을 파고 청소를 하며 거친 노동을 하는 사람들은 평범한 사람으로 누구

Human Nature (New York: Pantheon Books, 1984), 5.

6 Richard H. Ropers and Dan J. Pence, *American Prejudice: With Liberty and Justice for Some* (1995), 65-66.

7 Kingsley Davis and W. Moore, "Some Principles of Stratification" in *American Sociological Review* 10(2), 242-244.

나 할 수 있는 것으로 교육이나 실습이 필요치 않은 것으로 이해된다.

그러므로 이러한 사회계급의 기능과 목적 혹은 경제적이고 사회적 불평등 구조는 적합한 봉급이나 사회적 보상(고수입, 부, 명예와 힘)의 분배와 사회적 형벌(낮은 수입과 불명예)로 이해된다. 따라서 계급구조는 최상의 기능적 지위를 채우기 위해 우수한 사람들을 세우고 동기를 부여하는 체계나 구조로서 역할을 하게 된다. 이런 사회계급을 유지시켜주는 기능주의적 이해는 불평등 구조의 보편화와 합리화로 말미암아 계급의 고정관념화를 낳았다. 이러한 사회계급의 고정관념화는 교육을 통해 유지되고 불평등 교육제도로 사회계급의 차별을 낳는다. 차별과 편견으로 사회계급의 불평등 구조를 유지시키고 재생산하는 원인이 된다.

3. 내집단(In-group)의 특징

영어에서 내집단(In-group)이란 친밀감과 소속감에 의해 형성한 것으로 '우리'(we 혹은 our) 집단이라는 단어와 함께 사용한다. '우리 가족', '우리 반', '우리 클럽', '우리 주민', '우리 고장', '우리 교회', '우리 파', '우리 정당', '우리 동창', '우리나라' 등으로 표현된다. '우리'(we)라는 주격이나 '우리의'(our)라는 소유격으로 표현된 조직이나 단체는 일시적인 집단이 있지만 영구인 것도 있다. 예를 들면 '우리 팀'이나 '우리 반' 혹은 '우리 직장'과 같이 일정한 목적이나 이익이 성취되면 없어지는 일시적인 집단으로 보는 내집단이 있지만 '우리 가족'이나 '우리 민족'과 같이 혈연이나 지연 관계로 기인되고 영구적인 집단이 되는 내집단의 형태가 있다.

이와 같은 분류는 일찍이 페르난디트 퇴니스(Ferdinand Tonnies)의 저서『공동사회와 이익사회』[8]로 구분하여 설명하였다. 그에 따르면 내집단(In-group) 형성은 혈연과 지연으로 형성되는 공동사회와 다른 한편으로 이익과 경쟁 혹은 획득을 통해서 속해지는 이익사회 형태의 내집단(In-group) 형태가 있다. 이렇게 구분되는 내집단 형성의 기본적 작용은 공동사회 안에서 관습, 신앙, 협동, 풍습, 사랑 및 신앙으로 작용하는 반면에 이익사회 안에서 계약, 정관, 협정 및 의무가 작용된다. 그리고 공동 사회 생활이 이익 사회 생활보다 내집단에 대한 희생과 충성심이 더 강하게 나타난다.

집단의 개념은 거대하고 애매하기 때문에 사회학자 가운데 쿨리(cooley)와 같은 학자는 이러한 집단의 차이점들을 밝혀내기 위해 기본적으로 크게 1차 집단과 2차 집단으로 나누어 생각한다. 직접적이고 친밀한 관계를 유지하면서 서로에게 영향을 주고받는 집단을 1차 집단이라 하고, 구성원들 사이에 친밀관계 형성을 하기 위한 조직체라기보다는 공식적인 관계를 유지하려는 2차 집단으로 구분된다. 여기서 공식적인 관계란 분명한 목적과 역할의 합리적인 분업, 명백한 지위와 의사소통 체계 그리고 엄격한 상벌체계를 가지고 있다. 따라서 퇴니스가 말하는 게마인샤프트는 1차 집단을 의미하고, 게젤샤프트는 특정한 목적을 실현하기 위해서 자발적이며 계약적인 근거를 가지고 참여하는 2차 집단이다.

가장 강하고 기본적인 내집단(In-group) 형태는 혈연관계로 이루

---

8 F. Tonnies, *Gemeinschaft und Gesellschaft*, Leipzig, 1935.

어진 가족 친밀 공동체를 1차 집단 혹은 게마인샤프트이다. 사회화의 기원으로 볼 수 있는 가정은 친밀한 남녀의 사랑 관계와 선택으로 시작된 가족 친밀 공동체는 사회구성의 가장 기본적인 단위로 가장 강한 내집단의 형태이다. 강한 혈연으로 엮어진 내집단으로 가족공동체는 생활공동체의 삶을 지탱해 주고 정체감 형성에 기초가 된다. 가장 오랫동안 의식주를 함께 나누며 부모로부터 사랑과 희생을 경험하고 형제자매간의 우애를 지킴으로 가족공동체의 내집단에 대한 친밀성이 가장 강하게 나타난다. 이러한 가족공동체는 사회에서 받은 소외감과 상처를 감싸주고 용서와 사랑을 해줌으로 더욱 친밀한 공동체가 된다. 자신의 잘못과 실수 혹은 모순을 덮어주고 용서해 주는 곳으로 소속감과 책임감 그리고 충성심이 강한 공동체가 된다. 따라서 가정공동체를 다른 어떤 소속 집단보다 더 중요한 가치관을 두게 되며 어떤 경우에서도 다른 외집단보다 희생이 가장 강하게 나타나게 된다.

다른 형태의 내집단(In-group) 형성은 지연(地聯) 관계로 구성된 공동체를 들 수 있겠다. 출신지 혹은 거주지로 말미암아 '우리'라는 공동체가 형성되는데 어디 출신이냐에 따라 혹은 어느 지역에서 성장했느냐에 따라 그 공동체의 친밀감 정도가 다르게 나타난다. 주로 같은 지역 출신일수록 혹은 같은 동네(이웃)에서 가깝게 지낸 사람일수록 친밀감이 더 깊어진다. 그 이유는 같은 출신지(고향 혹은 고장)에서 성장하면서 그 고장의 문화를 함께 공유하고 공동체 생활을 함으로써 '우리 주민' 혹은 '우리 동네 사람' 혹은 '우리 이웃'이라는 지역 친밀 내집단(In-group)의 형태가 자연스럽게 형성되었기 때문이다. 지역친밀 집단은 이동인구의 변동이 심한 지역보다는 이동인구의 변동이 심하지 않은 지역이 더 친밀도가 강하게 나타나고 '이웃과 어려움과 즐거움을 함께 나눔'(동고동락)의 교류가 많을수록 이웃과 더 친밀하게 된다. 지역 친밀 내집단 형성은 도시보다 농촌이 더 강하게 나타난다. 그 이유는 민심과 정(情)을 함께 나눔으로 도시 생활보다 농촌이 더 강하게 나타나기 때문이다.

그리고 지연 관계로 형성된 지역 친밀 공동체 외에도 학연(學聯) 관계로 형성된 학연 친밀 공동체가 있는데 출신학교를 중심으로 동창회 모임을 갖는 경우를 볼 수 있다. 모교를 중심으로 내집단이 형성된다. 학연 중심의 내집단은 일정한 기간 동안 학교 공동체 생활을 통하여 관계가 형성된다. 학교생활의 즐거움과 어려움을 함께 나누며 친밀한 내집단이 되지만 그 친밀성의 강도는 학교 제도에 따라 다르다고 볼 수 있다. 예를 들어 경쟁체제의 입시교육구조를 강조하는 학교생활은 동료 간에 관계가 과열된 경쟁 대상이 되어 학우들 사이에 이익 관계 형성으로 발전될 수 있다. 반면에 보다 인성 교육을 하는 강조하는 교육제도와 구조는 인간관계 프로그램을 중심으로 서로 나눔과 사귐이 강하게 함으로 더 친밀한 공동체가 형성될 수 있다. 이러한 학연공동체 형성은 동창회 모임을 통해 연장되고 학교 공동체의 지속적인 관계를 하며 정치적 관계 형성이나 직장 동료 형성에 영향을 주는 밀접한 관계로 발전된다.

그 외에 직장생활 공동체 중심으로 직장 친밀 내집단이 형성되는 경우가 있다. 이 직장공동체는 다른 공동체와는 달리 생존을 위한 이익공동체이며 직장공동체 생활을 통해 이익을 함께 나눔으로써 친밀한 관계가 형성된다. 자본주의 경쟁체제에서 생존을 위한 중요한 내집단이 형성된다.

마지막으로 세대별이나 취미 집단(동호회)으로 나타나는 내집단이 형성된다. 점점 개성화 시대에 들어가면서 서로의 정보를 교환하기 위해 동회모임이 활발하게 일어나고 있다. 이 모임의 소속감은 같은 취미나 관심으로 이루어지는 것으로 강한 결속력을 가진 가족이나 직장보다는 약하게 나타난다.

이렇게 내집단이 개인보다도 우선시될 때 이것을 우리는 집단주의라 말한다. 집단주의란 개인보다는 가족이나 친척 혹은 직장공동체와 같은 집단들을 우선 중요하게 관심을 두는 경우이다. 자기 자신(개인)을 나타낼 때 개인적 형편이나 이익보다도 집단의 형편과 이익을 먼저 주장한다. 개인의 존재를 항상 '우리'라는 집단의 일부로서 자신을 대표한다. 따라서 내집단은 "각 개인의 정체성(identity)을 형성하는데 중요한 근거가 될 뿐만 아니라 그 사람이 일생을 살아가면서 겪게 되는 여러 가지 어려움을 막아주고 지탱시켜주는 튼튼한 보호막"이 되기 때문에 각 개인은 소속한 내집단에 충성하게 되고 내집단의 강한 결속력과 지속력을 위해 충성심을 갖도록 강요하거나 교육을 받기도 한다.9

4. 외집단(Out-group)에 대한 거부반응과 태도

내집단(In-group)의 형성과정에서보다 중요한 것은 "내집단이 어떻게 형성되는가?" 하는 문제도 중요하지만 내집단과 구분되는 다

---

9 최준식, 『한국인에게 문화는 있는가』 (서울: 사계절, 1997), 34.

른 외집단(Out-group) 간의 관계에 있어서 "왜 집단이 안(inside)과 밖(outside)으로 구분되어지며 때로 집단과 집단의 관계에 있어서 주종 관계 혹은 우열 관계로 나타나는가?" 하는 점이다.

일단 어떤 모습이든지 내집단이 형성되면 그 집단이 유지시키고 지속시킬 수 있는 노력이 필요하다. 내집단의 활동이 개인의 이익, 명예, 권력 혹은 생존 문제와 깊은 관련이 있을수록 집단의 구성원들 간에 친밀도는 더 강하게 나타나며 집단을 보호하고 보전하기 위해 제도나 기구를 만들어 실천한다.

내집단이 형성되면서 그 집단은 중앙화, 공식화 그리고 특수화의 과정을 밟게 된다. 이러한 과정은 그 집단이 계속 유지되고 지속되기 위한 시도로 나타난다. 중앙화의 과정은 개인적 문화적 배경보다도 그 집단의 공동관심과 요구나 목적을 강조하기 위해 나타난다. 중앙화가 이루어짐으로 운영의 효율성과 효과성을 높이고 신속하게 집단의 정책을 전달할 수 있는 체제가 이루어진다. 점점 중앙화가 되면서 제도화되고 공식화 과정이 일어난다. 모든 절차와 형식들을 공식화하게 되고 모든 권력과 의사결정이 중앙에 집중됨으로 각 개인의 다양한 문화적 색채가 그 집단의 전체문화로 흡수된다. 따라서 중앙 혹은 대표그룹의 이념이나 체제를 유지하고 재생산하기 위해 획일화와 표준화를 통해 정당성을 주장하게 된다.

중앙화 과정에서 정치집단에 의해 강력한 중앙집권체제가 형성되고 특정 지역이나 특정 집단이 정치, 경제, 문화적 패권을 잡고 중앙권력을 보호하고 유지하기 위해 혈연, 학연, 이념, 출신 지역, 종교, 인종 등 지역주의와 연고주의와 같은 편견이 형성된다. 심화된 지역주의와 연고주의는 편 가르기(분파)의 기준이 되어 지역 간에 혹은 집단 간에 지배와 피지배, 주류와 비주류로 갈라지게 되고 대립과 갈등이 빚어진다. 간혹 중앙권력 혹은 특정 지역, 집단의 획일화와 표준화과정을 거부하거나 반대할 경우 "반동" 혹은 "적" 혹은 "악"으로 규정하여 소외시키고 탄압하게 된다. 또한 자신이 소속 집단을 반대하는 특정 인물이나 상대 그룹을 희생양으로 삼고 더욱 자신의 집단이 따르는 이념이나 제도를 정당화하며 일반화시켜 나간다.

계급으로 차이를 두며 중앙 집단의 우월성을 주장하면서 다른 외집단(out-group)에 대해 차별과 소외시킨다. 소속된 구성원들 간에 자신의 집단이 가져다주는 긍정적인 규범이나 가치 혹은 문화적 영향력이 강하게 나타날수록 다른 외집단(out-group)에 대한 편견과 차별이 심하게 나타난다. 자신이 속한 내집단(in-group)이 상대의 외집단(out-group)보다 더 우월하다고 느낄 때 자신이 속한 내집단에 대해 긍정적인 사회적 정체성이 더 분명하게 주어진다. 또한 반면에 '특정주의'(particularism)에 빠지게 된다.10 이러한 특정주의는 어떤 특정 집단이 그들이 가지고 있는 교리나 신조 혹은 공유하고 있는 이데올로기나 규범 혹은 가치가 그들에게만 독자적으로 주어져 있다고 하는 편견적 생각과 태도를 갖게 한다. 이러한 특정주의는 내집단(in-group)과 외집단(out-group)을 구별하며 부정적인 배타성이 일어나게 된다. 이러한 부정적인 내집단에 대한 정체감은 자기 우월주의와 권위주의(authoritarianism)적 태도를 취함으로 외집단과의 관계 속

---

10 종교 정체성에 있어서 "특정주의"(particularism)에 관한 연구는 Charles Y. Glock and Rodney Stark의 저서 *Christian Beliefs and Anti-Semitism* (New York and London: Harper & Row, 1966), ch. 2에 잘 설명되어 있으며 이원규의 저서 『종교사회학의 이해』 (서울: 사회비평신서 70, 1997), 227-228에서 "종교와 반사회적 태도"의 하나로 설명하고 있다.

에서 계급주의적 주종관계가 성립된다. 따라서 "권위주의적 태도는 모든 관계를 서열로 보기 때문에 불평등의 인간관계, 사회관계를 정당화하고 또 이를 조장"하는 편견의 원인을 낳기도 한다.[11]

이러한 특정주의와 권위주의와 자기 우월주의는 계급주의적 극단주의 혹은 이원주의 생각과 태도를 가짐으로 "편견(prejudice)과 차별(discrimination)"을 불러일으키는 직접적인 원인이 된다. 이원규는 우월주의 의식으로 편견과 차별이 발생하는 과정을 다음과 같이 설명한다.

> "특히 우월주의 의식은 타인이나 타집단을 정확한 근거도 없이 부정적인 존재로 정형화(stereotyping)되어 버린다. 사람들이 모든 일을 옳고 그른 것으로 범주적으로 보는 데서 그리고 그들이 옳은 것을 '우리'와 동의어로, 그른 것을 '그들'과 동의어로 보는 데서 편견이 생겨난다. 이렇게 편견이 전형화되면 그들에 대하여는 차별적인 태도나 행위가 가해지게 된다. 흔히 계급차별, 성차별, 인종차별, 지역차별 등이 이렇게 유래되고 있다."[12]

역으로 차별적인 태도는 편견에 근거하고 있으며 이 편견은 근본적으로 우월주의 의식에서 비롯된다는 것을 알 수 있다. 그리고 자기 우월주의는 내집단(in-group)에 대한 부정적 사회 정체성을 부여함으로 특정주의와 권위주의가 일어나면서 나타나는 현상 중 하나다.

---

11 이원규, 『종교사회학의 이해』 (1997), 278.
12 Ibid., 279.

내집단(in-group)에 대한 부정적 사회 정체성을 부여함으로 발생하는 편견과 차별 외에도 위에서 살펴보았듯이 내집단의 구성원들 간에 친밀 관계성 때문에 편견과 차별이 발생하는 경우도 있다. 예를 들어 가족중심주의나 친족중심주의가 가져온 재벌그룹의 비리나 정치집단의 비리는 내집단이 친밀한 가족이나 친족 혹은 학연이나 지연을 중심으로 엮어져 타인이나 외집단을 평가하고 이해하는데 객관성을 잃게 되고 정확한 근거도 없이 부정적인 존재로 고정 관념화시키는 편견에 빠져 차별적 태도나 행위를 가져와 사회적 부정과 부패의 원인이 된다.

인지상정(人之常情)이란 말과 "팔은 안으로 굽는다."라는 격언은 객관적인 사실과 이성적인 합리적 판단보다도 가족의 혈연관계나 정(情)이 더 크게 작용하여 편견으로 이어진다. 가족중심주의가 강하여 부정적으로 나타날 때 이를 '친족주의'(nepotism)라고 일컬으며, 유교 사상과 문화로부터 강하게 영향 받은 한국 문화는 가족중심주의로 치우침으로 이기주의적 친족주의로 발달하는 경향을 보여준다. 지금도 친족 정치 관료주의나 재벌주의, 심지어 교회 자녀 세습과 같은 악순환이 지속되고 있다. 또한 가족중심주의가 부정적으로 발달하여 친족 정치 관료주의나 친족주의를 낳은 것처럼, 국가의 경우도 배타적인 국수주의나 민족우월주의로 발달하는 경우를 볼 수 있다.

내집단에 대한 소속감이 강하고 충성심이 강하다고 해서 모두 다른 외집단에 대해 적대감을 갖거나 증오심을 갖는다는 것은 아니다. 내집단이 다른 외집단으로부터 희생당하였거나 피해 입었을 때 혹은 생존의 문제나 이익 관계로 갈등 관계나 긴장 관계가 형성될 때 다른 외집단은 경쟁 상대가 될 수 있고 심하면 적대 관계로 발전하게 된다. 또한 문화구조에 있어서 부패성과 갈등은 대부분 배타성으로부터 표출하는데, 어떤 사람에게 도움과 자원을 나누어 주어야 할 때 개인적 의리 관계에 있는 가족이나 친구들 혹은 소속 구성원들에게 먼저 나누어주어야 한다고 생각하는 책임감이나 의무감이 생기게 된다. 이때 충성심은 매우 강력하게 배타적인 의무감이 작용할 수 있다.13

이익과 생존 문제로 갈등이나 긴장 관계가 성립되면 내집단의 보호와 이익을 위해 외집단에 속한 구성원을 구분하게 되고 유입을 통제하게 된다. 내집단의 보호와 이익을 위해 비밀을 지키며 외집단에게 비밀이 누설되지 않도록 더욱 철저한 보안과 검열이 시작되고 외집단과 경계를 하게 된다. 그리고 내집단과 외집단 간의 의사소통이 두절되기 시작하고 서로 불신을 낳게 된다.

서로 불신의 관계에서는 배타적이며, 서로 책임을 전가시키며, 마지막에는 적대관계를 형성하게 된다. 버나드 루이스(Bernard Lewis)는 무슨 일인가 잘못 진행되어갈 때 나올 수 있는 두 가지 질문이 있는데, 그것은 "우리가 무엇을 잘못했지?"라는 질문과 "누가 우리에게 이렇게 했지?"라는 질문이다. 이러한 질문은 다음 단계로 발전하여 첫 번째 질문은 "그럼 어떻게 시정할 수 있지?"라는 질문으로

---

13 새뮤얼 P. 헌팅톤 & 로렌스 E. 해리슨 공편/이종인 옮김, 『헌팅턴의 새뮤얼 문화가 중요하다: 문화적 가치가 인류발전을 결정한다』(서울: 김영사, 2001), 198. 에드워드 밴필드는 남부 이탈리아를 연구하면서 "비도덕적 가족주의"(amoral familism)이란 개념을 설명하면서, 가족주의는 비도덕적이고, 부패를 낳게 되며, 보편주의와 우수한 장점을 지니고 있는 규범에서 벗어나고 말며, 자기 자신과 가족의 이익을 가장 중요시여기는 배타주의적 표출로서 이탈리아의 마피아를 가족주의의 가장 극단적인 예로 들고 있다 (199).

바뀌게 되고, 두 번째 질문으로부터 음모론과 편집증과 같은 문제의 상황을 선택하게 된다고 주장한다.14

올포트에 따르면 외집단(out-group)에 대한 경계와 긴장 상태에 있어서 취하는 공격적인 태도를 5단계로 강도 있게 발전되어 나타난다고 본다.15 맨 처음 기본적인 단계는 말로 공방을 하며 서로 인신공격을 하는 형태(antilocution)를 띤다. 집단의 구성원과 구성원들 사이에 대화 속에서 오해의 소지를 품고 있는 말이나 자존심을 상하게 하는 말하거나 들을 때 혹은 상대에게 과격한 험한 말과 혐오스러운 말로 비난을 하면서 인신공격을 당했을 때 집단 전체로 확산되면서 상호긴장과 대립이 고조되기 시작한다. 특히 정치적 발언에 있어서 상대의 흠이나 비리를 밝히며 과격한 말로 반론을 제기하며 정치적 공방을 할 때 심하게 긴장과 대립에 돌입하게 된다.

예를 들면 과거 정치판에서 언론 사태와 관련 민주당 지도급 정치인들은 비판적인 신문들에 대해 '일부 수구 언론,' '반통일 세력,' '민주주의와 개혁을 거부,' '변화와 개혁을 거부,' '반공 이데올로기를 통해 민주 세력과 시민을 억압'이라는 말로 자극함으로 서로 언론기관과 정부 사이에 대립과 갈등을 초래했던 경우이다. 또한 서울의 한 음식점에서 언론 기사들과 함께 있었을 때 ㅇㅇㅇ 의원이 "X 같은 조선일보", "(동아일보) 사주 같은 놈", "ㅇㅇㅇ 의원 이놈" 등 욕설과 막말을 한 것을 보도하자 여야 정치적 갈등과 대립을 겪는 일이 있었다. 과거에 민주당과 한나라당의 정치적 대립 관계에 있을 때 한나라

14 Ibid., 50. "The West and the Middle East," *Foreign Affairs*, January-February 1997, 121에서 인용.

15 Gordon Allport(1954), 48-63.

당의 성명과 논평 중에 "김대중 대통령이 북한에 대해 애걸복걸한다"는 말을 표현하는 것과 같이 정부 정책이나 잘못에 대한 비판을 하기 보다 인신공격과 인격 모독적 발언으로 야당과 여당이 서로 격한 갈등과 대립을 겪는 경우를 종종 볼 수 있다. 지금도 국회에서 정당 간에 막말 정치로 갈등과 대립을 겪고 있다. 또 지역 출신에 대해(예를 들면 영남은 호남사람들에게 그리고 호남은 영남사람들에게) 비판이나 욕설과 막말함으로 지역감정이 더욱 심화되는 경우도 보게 된다.

말로 서로의 흠을 잡고 공방을 하는 정도가 더 심해지면서 소속대 집단의 구성원들 간에 서로 회피 혹은 '기피'(avoidance)하는 태도를 보이게 된다. 올포트가 제시하는 두 번째 단계인 기피 현상은 의심과 오해로 말미암아 더욱 서로 불신함으로 서로 거리를 두게 되고 서로를 '차별화'(discrimination)하게 되는 단계에 이르게 된다. 정치적인 권력이나 경제적 능력 혹은 언론의 힘을 통해 불평등의 기회나 환경 혹은 조건 등으로 다른 외집단을 차별화하여 궁지에 빠뜨리거나 굴욕적인 태도를 보이도록 강요하게 된다. 차별의 형태들은 다양하다. 표적이 된 특별한 집단에 대해 불평등한 법을 적용하는 경우, 자기와 다른 상대 집단의 소속원이라는 이유로 간섭과 체포와 차등화하는 경우, 거주나 지역이동의 자유를 제한하는 불평등의 조치를 하는 경우, 생각과 양심과 종교에 대한 불평등과 차별, 자유로운 의사소통을 막는 불평등과 차별, 자유스러운 모임이나 집회를 통제하는 불평등과 차별, 직업의 자유로운 선택을 제한하는 불평등과 차별, 소유권의 불평등과 차별, 교육의 기회나 문화 혜택의 기회를 제한하는 불평등과 차별, 노동의 조건이나 특별한 세금 문제나 의료혜택 등 다양한 분야에서 불평등과 차별로 상대 집단이나 그 집단에 소속한 구성원들에게 피해가도록 하는 단계에 이르게 된다.

이 세 번째 단계에서 차별화의 골이 깊어짐으로 상호 불이익과 피해를 입게 되어 몸싸움 혹은 '물리적 공격'(physical attack)으로 이어진다. 특히 소속된 집단의 구성원들 사이에 물리적 몸싸움으로 피를 흘리게 되거나 물리적 손상을 입게 될 정도로 치명적인 공격을 받았을 때 내집단과 외집단 사이에 증오심과 적대감이 상승하게 되고 서로 보복함으로 치열한 싸움에 들어가게 된다. 이 단계에서 어떤 한 사람이나 사건을 표본(희생양)으로 삼아 처참하게 처형하는 모습을 보여줌으로 더욱 격렬 싸움으로 발전하게 된다.

마지막 단계로 발전하여 물리적 공격으로 내집단이 피해를 입게 되어 극한 상황까지 갔을 때 상대의 집단을 테러나 전쟁을 통하여 혹은 극단적인 물리적 공격을 통하여 '제거'(extermination)하거나 정복하는 단계로 심화되어 발전하는 단계로 돌입하게 된다.

이상과 같이 상대 집단에 대해 거부하는 태도는 처음에는 말다툼과 같은 사소한 것으로부터 시작되는 것을 볼 수 있다. 말다툼으로 마음의 상처나 감정이 상했을 때 혹은 인신 공방으로 명예가 손상되었을 때 말다툼은 더 심해져 상대 집단에 대한 회피와 차별화가 이루어지고, 결국 서로 피해입는 사례가 증가함에 따라 감정이 격해져 몸싸움과 물리적 공격이 시작되고 종국에 가서는 싸움이 확대되어 폭동이나 전쟁으로 치닫게 되는 경우들을 집단과 집단, 민족과 민족, 국가와 국가 간에 정치 경제적으로 발생하는 모습들을 보게 된다.

이렇게 치명적인 결과까지 이르게 되기까지 결정적으로 작용하는 중요한 요인들 중 하나는 편견이다. 진실한 대화와 협상이 단절된 상태에서 상대를 더욱 궁지에 빠뜨리기 위해 혹은 상대의 감정을 더욱 자극하기 위해 소문과 같은 근거 없는 이야기들이나 자료들을 확대 해석하여 공방하기도 하고 개인의 비리와 사생활을 주변의 이야기를 통해 폭로하는 경우가 있다. 이 과정에서 소문이나 근거가 확실하지 않은 단서나 비리들을 의심과 추측 혹은 편협한 이유로 제시하여 다른 여러 사건과 연루시켜 확대시키거나 일반화시키는 일이 발생한다. 내집단에 속한 구성원들은 상대의 비리와 결점들을 밝히기 위해 외집단에 소속한 구성원과 은밀하게 교섭하며 비리의 자료와 정보를 유인해 내기도 한다. 비밀이나 비리가 상대에게 누설 혹은 노출시킴으로 내집단이 소속한 구성원들 사이에 상호불신과 의심하고 서로를 경계하며 예민한 상태에 이르게 되는데 이때 집단의 구성원들 간에 분열이 일어나기도 하고 자신이 의심받지 않기 위해 동료들과 연합하여 내부적으로 서로 상대를 의심하며 왕따시켜 갈등과 분열로 공동체가 파괴되는 경우가 발생한다.

5. 사회화과정과 편견

친밀감으로 형성된 단체나 집단에서 자연스럽게 소속의 구성원이 되어 가면서 사회적 관습과 규율 혹은 문화를 습득하게 되는데 이것을 사회학에서는 '사회화과정'(socialization) 혹은 '문화화과정'(enculturalization)이라고 말한다. 한 개인이 속해 있는 다양한 집단(가정, 사회, 학교 혹은 다른 여러 단체) 속에서 교육이나 인간관계를 통해 다양한 종교, 인종, 사회 문화, 관습과 전통문화를 배우며 습득해 나가는 과정을 말한다. 사회화과정을 통해 다양한 집단에서 자신의 정체

성을 확인하기도 하고 집단이나 단체에 소속된 일원으로서 역할과
의무가 주어진다.

사회학자인 파슨스(Talcott Parsons)와 그 밖의 사회학자들은 사회
가 존립하기 위해서는 최소한 두 가지 기본적인 기능—'적응 기능'과
'유지 기능'—을 수행하여야 한다고 주장하였다.16 이런 근거로부터
사회화란 기존의 사회 문화를 개인들에게 적용하고 유지하도록 돕는
과정이다. 사회화과정은 어떤 집단이나 사회가 유지하고 존속하는
데 필요하다. 다양한 방법으로 모든 사회와 집단은 문화적 연속성을
유지하기 위해 기본적인 사회 가치와 규율을 사회 제도(가정, 학교, 종교
와다른 여러 단체)을 통해 반영되고 전수된다. 사회화과정은 단순히 문
화의 전수 과정만이 아니다. 생각과 이성의 틀을 만들어 주기도 하고
심지어 감정의 형태까지 구조적으로 이해할 수 있도록 영향을 준다.

사회화과정이 가치중립적으로 자연적 적응과 유지가 아니며, 기
존의 사회 문화를 수동적으로 개인들에게 주입시키는 과정만이 아
니다. 소속 집단이나 사회가 그들의 존속과 성장을 위해 사회화과정
속에 어떤 특정한 집단의 숨겨진 의도성이 포함될 수 있다. 이때 사회
화과정은 소속 집단이나 사회의 지배 이데올로기 전수와 존속을 위
한 수단이 되기도 하는데 기존의 왜곡된 지배 이데올로기나 편견문
화가 무비판으로 사회화과정을 통해 받아들이거나 전수됨으로 비
인간화된 사회와 차별화하는 문화가 존속하게 된다.

사회적 가치나 규범이 사회화과정을 통해 전수되거나 존속되는
것과 마찬가지로 편견도 사회화과정에 의해 강화되고 증폭되어 전

---

16 Talcott Parsons and Edward Shils, eds., *Toward a General Theory of Action*
(Cambridge: Harvard University Press, 1951).

수되거나 존속하게 된다는 사실이다.17 특히 배움과 가르침의 과정을 통하여 주어진 상황 속에서 개인이 혹은 집단이 어떻게 행동하고 감정을 표현할 것인가에 대해 익숙하게 된다. 가정과 교육기관은 사회적 지식과 관습을 다음 세대로 전수하는 중요한 매체이다. 그리고 종교기관이나 언론매체, 법 혹은 집단이나 기타 사회화를 수행하는 사회제도들을 통해 사회적 행동과 생각과 감정을 배우고 익히게 된다. 이러한 사회화과정 속에 편견과 차별도 가르치고 배우게 된다. 때때로 어느 한 개인이나 소속 집단에게 있어서는 정상적이고 자연스러우며 도덕적으로 옳은 것으로 사회적 지식(예를 들면 사회계층, 인종, 성, 법, 문화, 언어 등)과 행동들 혹은 생각과 감정들을 가르치고 배우지만 다른 사람 혹은 다른 집단의 관계에서 그것은 편견과 차별로 나타날 수 있다. 그뿐 아니라 강한 내집단을 위해 의도적으로 상대 집단에 대한 편견과 차별을 사회화과정으로 만들어지기도 한다.

---

17 편견의 사회화과정에 대해서 좀 더 자세히 알아보기 위해서는 Richard H. Ropers and Dan J. Pence, *American Prejudice: With Liberty and Justice for Some* (1995), Ch. 5에서 잘 설명되어 있다. 로퍼스와 펜스는 미국적 상황 속에서 편견의 사회화과정을 설명했다.

폭력과 차별의 메커니즘

아무리 같은 훌륭한 인물의 성격을 닮기 위해 노력한다고 할지라도 동일 인물의 성격을 소유할 수 없다. 각 영혼이 다르고 각 개인이 특이한 개성을 지니고 있다는 것은 신학자나 심리학자 혹은 철학자들과 의견이 같다. 우리는 충분히 자기실현을 하는 것이 인간성장 목표이다. 인간성장의 목표를 "자기실현"이란 주장은 칼 융(Carl Jung)에게서 나온 말이다. 철학자나 신학자들은 이것을 '자유에로의 부름'으로 '원래 창조된 존재 그 자체로 성장'하는 자유로 표현된다. 교육자 중에서도 사람은 독특하고 색다른 개성을 가진 인간이 되어야 한다고 주장하기도 한다. 자아실현을 위해 성장 과정에서 자기 자신에 대한 어떻게 책임을 져야 하는가를 배우며 주체적인 자아와 주체적인 결단을 하는 감각을 발전시켜나가야 한다고 이해한다.

철학자나 심리학자나 신학자나 교육학자들은 자기실현을 위해 인간에게 주어진 잠재력(능력이나 재능)을 이끌어내어 활용하여 온전한 자아를 위해 발전시켜야 한다는 지론을 가지고 있다. 자기실현을 하는 일 혹은 온전한 사람이 되려는 일을 위해 장애물이 되는 약점을 제거하거나 장점을 보완하며, 교육과 수련을 통해서 잠재력을 이끌어내려고 노력한다.

그러나 우리의 현실은 독립적인 사고와 행동으로 자기실현을 할 수 없음을 깨닫게 된다. 유일한 자기 자신만으로 완전하게 될 수 없다는 경험을 하게 된다. 홀로 설 수 없는 존재이다. 사람들은 각각 독특한 개성을 가진 존재이다. 그리고 현실적으로 우리는 함께 공존해야 한다. 자연과 인간이 함께 공존해야 하며, 이웃과 이웃이 함께 공존해야 한다. 의사, 변호사, 청소부, 농부, 정치인, 석공, 예술인, 음악가, 스님, 목사, 학생, 교사 등 모두 한 사람이 같은 일을 할 수 없다. 생존을 위해서 함께 사는 사회 그리고 국가를 만들어야 한다. 우리 모두 서로 연결된 지체들이다.

사회나 국가에서 '선택'과 '친밀감'으로 형성된 소속 집단은 구조화되고 제도화되면서 규범과 가치 혹은 신념들을 갖추게 되고 사회화과정이나 문화화 과정을 통해 혹은 교육제도나 구조를 통해 이데올로기를 공유하며 소속 집단의 규범과 가치(신념)를 강화시키면서 전수된다. 소속 집단의 의식과 경험을 내면화와 외면화 그리고 객관화의 과정을 밟으면서 집단의 생활 패턴과 삶의 스타일이 자리 잡게 되고 사회 문화로 정착하게 된다. 따라서 집단의 존속을 위해서는 계속 상징체계와 의미체계가 담긴 문화를 창출하고 전수하는 일이 중요하다.

사회 문화적 패턴을 지닌 집단의 구성원은 의무와 자격이 주어짐으로 소속감과 자부심을 부어주고 그 속에서 자신을 정체성을 발견하며 형성해 나간다. 집단과 집단 사이에 상이한 문화들은 서로 동화(同化)되기도 하고 차이때문에 서로 이화(異化)되기도 하는데 서로 다른 사회 문화로 말미암아 집단 간에 갈등과 분열을 일으킨다. 편견작용이란 서로 다른 문화에 대한 이해와 수용이 없이 자신이 속한 집단의 사회 문화적 패턴이 다른 집단의 것에 비해 무비판으로 우월하다는 의식과 자신의 사회 문화적 패턴을 지나치게 일반화시킴으로 차별화와 편견에 빠지게 된다.

이런 이해로부터 문화를 통한 편견 작용을 살펴보기 위해 우리는 문화의 개념과 성격을 살펴보고, 한국 사회 문화 속에서 어떤 문화 편견들이 작용하고 있는지 알아보고자 한다.

1. 문화의 개념과 성격

문화란 인간의 모든 활동 영역과 그 산물로 이해된다. 문화는 인간에 의해 창출된 산물이며 그러므로 문화는 생성, 발달 그리고 소멸한다. 역으로 문화는 그 자체 객관적인 사회성과 역사성을 담고 있다. 따라서 문화는 그 자체 세계관이나 가치관 혹은 상징이나 제도를 보여주면서 그 시대 사람들의 행동 양식이나 삶의 양식 마련해 준다. 이런 의미에서 인간의 의식과 문화의 관계성 속에서 문화적 행동 혹은 행위로 표현된다. 인간은 문화를 통해 의식이나 태도 혹은 가치관 형성을 하며, 다른 한편으로 인간은 문화를 창출한다.

인간으로부터 만들어진 문화는 과거로부터 축적되면서 전수되어 관습적인 행위(경험)로 남아 관습이나 전통적인 유산으로 문화를 이어간다. 문화란 인간의 생각과 행동의 산물이다. 따라서 문화를 통하여 사회 집단이 구성되고 그 사회 구성원의 성격을 나타내주는 사회 집단의 중요한 결정론적 매체이다. 그리고 "문화는 끊임없는 변화와 타문화의 관계와 교류 속에서 개인의 창조 활동과 자유의지의 결과가 반영되는 것으로 자연법칙에 얽매이지 않고, 미래의 예측을 가능하게 할 만한 규칙성도 보이지 않은 채 계속 발전"하기 때문에, "절대적인 결정요소로서 변하지 않는 문화적 정체성이란 존재하지 않는다"고 볼 수 있다.[1]

사회학자인 캐스린 태너(Kathryn Tanner)에 따르면 크게 세 가지 문화적 개념을 가지고 있다. 그에 따르면 문화이해의 변천 과정을 "문화인"(cultured person)으로부터 "문명사회"(cultured society) 그리고 "문화발전"(cultural evolutionism) 개념으로 역사적 설명을 한다.[2] 초기 문화에 대한 이해는 문화인으로 문화를 "양육"이나 "재배"라는 뜻으로 이해함으로써 교양 있는 사람으로 양육하는 개념이다. 여기서 문화와 교육은 동일한 개념으로 간주되었다. 따라서 "문화인"이란 "개화된 사람," 혹은 "교양있는 사람"이다. 이 개념은 물질적인 것이 아니라 정신적인 개념으로 예술(문학, 미술, 음악과 같은 것)을 통해 뛰어난 교양을 갖추어진 사람을 뜻한다.

그러나 산업혁명 이후 자본주의가 더욱 발달함으로 특정한 사회적 계층과 문화가 형성되었고, 상류 계층 문화를 표본화시킴으로 "문명사회"를 강조하게 되었다. 다시 말해 문화이해가 교육적인 측면에서 개인의 내적 성숙을 위한 주제로부터 외적인 사회적 행위나 환경으로 확장하여 이해하게 되었다. 그렇게 함으로 문화에 대한

---

1 손봉호, "한국문화와 서양문화," 한국철학회 편, 『문화철학』(서울: 철학과 현실사, 1995), 122.

2 Kathryn Tanner, *Theories of Culture* (Mineapolis: Fortress Press, 1997), 3-24. 참조. Tanner는 문화의 정의를 개념적으로 "문화화된 개인(cultured person)"과 "문화화된 사회 (cultured society)" 그리고 "문화적 진화론(cultural evolutionism)"으로 나누고 역사적인 흐름 속에서 문화이해를 조사하였다. Tanner는 결국 신학의 본질과 과업을 문화적 관점에서 해석하면서 신학이란 문화에 대한 현대적 이해를 반영하면서 기독교의 정체성을 찾아야할 것을 주장하고 있다.

고찰이 사회학적 혹은 문화인류학적인 주제로 객관화된 문화연구를 하게 되었다. 그러므로 "문명사회"로서 문화이해는 더욱 복잡해지고 다양하게 표현되었고, 점점 "문화인"으로서 삶의 모델은 사회 문화 제도나 구조에 의해 형성되는 것으로 이해하게 되어 인간을 보편화된 문화적 개념으로 획일화 혹은 통일화하여 개화 시민을 만들려고 노력하였다. 개방되고 다양화된 문화의 독특성과 독창성을 인정해 주기보다 규율과 통제된 사회 문화적 행동과 모습으로 동일시하려는 경향으로 바뀌었다. 이들에게 문화의 개념이란 집단적 의미로서 "문명"(civilization)이란 말과 동일시되었다. 그래서 사회적 질서의 통일과 연합하려는 일에 높은 관심을 보였다. 그들에게 문화란 정치, 경제, 사회제도들 속에서 구체적으로 만들어진 외적인 행위들로 이해되었고, 사회적 지적, 예술적 그리고 정신적 활동과 결과로 이해하게 되었다.

그리고 19세기 진화론자들에 의해 영향을 받은 문화인류학자들은 문화이해를 발전과 진보의 관점에서 해석함으로 고등문화와 원시(하등) 문화로 구분한다. 문화 사이에 갈등과 충돌을 초래하는데 한몫을 하였다. 그들은 문화를 특별한 사회 제도—예를 들면 도덕성, 과학, 예술 그리고 종교 등—으로 유지되고 발달된다고 보았다. 이렇게 "문화발전"(cultural evolutionism)으로 이해함으로 서구문화가 고등문화로 자리 매김을 하게 되었다. 그뿐 아니라 서구 문화중심주의로 말미암아 서구문화 우월주의에 빠지게 되었다. 그들은 자신의 종족과 문화를 확장 보존시키기 위해 제국주의와 식민지화를 내세우고 다른 민족의 종족이나 문화를 말살하려는 많은 시도를 일삼아 왔다.

현대에 이르러 문화에 대한 이해는 좀더 분석적이고 다양하게 이해하게 되었다. 모든 인간은 문화를 가지고 있는 보편적 성격이 있으면서도 서로 다른 특별한 문화를 가지고 있다는 사실이 알려지게 되었다. 그리고 문화는 다양한 사회집단의 성격에 따라 다양한 문화로 나타난다는 이해를 하게 된다. 그것은 사람들의 삶의 방식이나 패턴이 다른 사회집단 구성원과 구별되는 사회적 관습과 제도를 가지고 있거나 혹은 서로 다른 사회적 지식이나 행위 혹은 신조나 가치관을 가지고 있다는 것이 주장되었다. 따라서 어느 특별한 사회집단에서 그 집단의 성원들이 경험하는 삶의 보편적인 방식이나 가치관에 있어서 문화적 패턴과 방식이 있다는 사실로부터 문화는 인간의 행동 방식과 가치관을 구성해 주는 중요한 요소가 되며 필요한 사회구성 요소로 한다.

태너(Kathryn Tanner)의 시대 변화에 따른 문화이해와 다르게 김창남은 문화에 관한 정의 방식을 네 가지로 나누어 설명한다.[3] 첫째, "뛰어남으로서 문화"이다. 이것은 "인간의 사고와 표현의 뛰어난 정수라는 의미"의 문화적 개념으로 교양을 갖춘 사람이 되기 위한 문화개념이다. 이 문화의 개념은 "산업사회가 도래하고 대중사회(mass society)가 형성되면서 문화를 갖춘 교양인의 계층적 지배가 도전받게 되었을 때 이러한 문화개념의 옹호자들은 더욱 방어적으로 물질문명과 과학기술, 정치경제와 동떨어져 독립적으로 존재하는 문화의 개념을 고수하였다"고 본다.

둘째, "문명과 문화라는 개념과 연결되거나 혼용"되면서 이해된 문화개념이다. 이 개념은 사회 진화론자의 입장과 연결되어 발전하

---

3 김창남, 『대중문화의 이해』 (한울아카데미, 1998), "제1장 문화란 무어인가" 9-18.

면서 제국주의자들의 문화개념으로 식민지화의 근거를 마련하였다. 문명사회로서 개념은 18세기 후반에 이르러 문명과 문화를 구분되기 시작하면서 문화란 정신적인 발전의 상태를 의미하는 말로 그리고 문명이란 물질의 발전 상태를 의미하는 말로 사용하게 되었다.

셋째, 문화의 정의 방식은 "예술 및 정신적 산물로서 문화"이다. 문화를 지적 활동과 예술 활동을 지칭하는 개념이다. 이 개념은 근대 산업사회의 물질문명으로부터 나와 순수한 인간의 정신문화를 강조하는 것으로 "문화를 물질적 생산과 분배를 둘러싼 사회관계와 분리"시키려는 노력을 엿볼 수 있다.

마지막으로 네 번째, "상징체계 혹은 생활양식으로서 문화"이다. 이 개념은 사회학이나 문화인류학에서 다루어지는 문화 개념으로 문화를 상징체계 혹은 생활양식으로 이해할 때 그것은 단순히 정신적 작용의 산물이 아니라 사회 내의 관습, 가치, 규범, 제도, 전통, 언어, 등을 총괄하는 총체적인 생활양식을 의미하게 된다. "인간이 한 사회의 구성원이 된다는 것은 그 사회에 이미 존재하는 상징체계를 습득하여 내면화한다는 의미이며 그 상징체계가 반영하고 있는 사회질서와 규범을 따르는 것"으로 이해한다.

이처럼 시대에 따라서 문화의 이해는 다양하게 표현되어 왔다. 이러한 문화의 이해는 옳고 그름, 선과 악, 미(美)와 추(醜)의 기준을 포함하고 있다, 사회 구성원들의 가치를 담고 있으며, 종교나 이데올로기 혹은 신화로 표현된다. 그리고 개인이 서로 의사소통하기 위한 언어이며 상징일 수도 있고, 예술과 문학 등에서 찾을 수도 있다. 또한 문화란 사회계층과 성(性)과 인종에 따라서 형성되면서 더욱 복잡하고 다양하게 분화된다.

2. 문화적 편견이란

편견 형성과 그 작용에 있어서 문화는 중요한 매체이다. 일반적으로 편견에 대해 말할 때 대상에 따라 크게 두 가지 관점에서 본다. 하나는 개인적 편견이며 다른 하나는 사회적 편견이다. 개인적 편견과 사회적 편견 문제의 원인을 문화적 편견으로 볼 때 서로 분리하여 생각할 수 없다. 그 이유는 개인과 사회는 문화적 연결고리를 가지고 있기 때문이다.

문화적 편견을 이해하고 분석하는 일은 쉽지 않다. 어떻게 개인적 편견이 문화적 요소로부터 작용했는가 혹은 사회 문화적 편견의 요소들이 어떻게 형성되었는가에 대해 살펴보는 일은 매우 복잡한 일이다. 그리고 사회적 분열이나 갈등의 원인이 꼭 문화적 편견요인에서만 오는 것으로 생각할 수 없다. 앞의 글에서 살펴보았듯이 편견을 일으키는 근원적 원인 중에 정치나 경제적 생존의 원리가 더 크게 작용을 한다. 또한 편견의 작용이 개인의 성격이나 심리적 작용에 따라 다르게 나타날 수도 있다. 같은 사회 문화적 상황에서 살고 있다고 할지라도 문화 편견의 정도가 개인 내적 심리적 상태에 따라 다르게 나타난다. 이러한 점은 편견을 측정하는 일은 쉽지 않다는 것을 말해주는 이유이다.

그러나 문화 편견 정도의 차이가 다르게 나타나는 원인이 개인적인 문제인가 혹은 사회적 환경의 문제인가에 대한 물음은 단순한 문제가 아닐지라도, 문화가 그 사회 구성원의 성격을 형성시키는데 결정적인 요인이 된다는 점에서 개인적 편견이나 사회적 편견의 문제는 사회 문화적 배경과 깊은 관계가 있다. 그것은 무엇보다도 개인이 태어나면서부터 주어진 문화와 그 문화에 의해 영향을 받고 학습을 통해서든 전통과 관습을 통해서든 삶의 방식과 태도 그리고 가치관을 형성하는데 큰 영향을 주기 때문이다. 융이 말하는 '집단적 무의식' 중에 개인은 이미 존재한 문화의 영향권에서 성장하며 사회화 과정을 통해 내면화되어 가기 때문이다.

문화란 인간의 역사와 함께 형성된 것이며 누군가로부터 새롭게 만들어지는 것이다. 끊임없이 변화해 온 문화는 지금도 변화하고 있고 앞으로도 계속 변화해 갈 것이다.[4] 문화는 자연과 역사 속에서 인간에 의해 만들어진 정신적/물질적 산물이다. 지속 생성되고 성장하며 소멸하는 과정에 있다. 인간은 이 문화의 생성과 변화의 과정에서 주체이다. 따라서 인간으로부터 문화는 생성과 변화를 가져올 수 있다. 따라서 문화의 생성과 변화는 인간의 의도와 욕망에 달려 있다. 다양한 인간의 의도와 욕망에 따라 다양한 문화가 형성될 수 있다.

그러나 문화의 주체는 인간이 되어야 함에도, 인간은 문화로부터 영향을 받게 된다. 시대와 장소에 따라서 다양한 문화의 형태 속에서 개인의 사고와 태도의 구조, 즉 삶의 스타일이 형성된다. 개인의 삶의 스타일을 형성시켜주는 요소가 문화적 영향 아래에 있다고 할 때, 문화를 분석함으로 생각하는 사고 형태를 추적할 수 있고, 반면에 개인의 사고와 행동의 구조를 알아봄으로 그 사회집단의 문화적 내용과 구조를 알아볼 수 있다.

개인이 함께 문화를 공유함으로 사회 혹은 집단이 형성되고 문화는 그 사회나 그룹의 성격과 정체성을 밝혀주는 요소가 된다. 따라서

---

4 김창남 (1998), 『대중문화의 이해』, 16

문화는 개인과 사회(집단) 사이의 연결고리가 되기 때문에 문화를 분석함으로 개인은 물론 그 사회의 집합적인 사고와 태도의 구조 그리고 집단적 사고(이데올로기)를 분석할 수 있다.

이처럼 개인과 사회적인 사고와 태도의 구조를 형성시켜주는 요소로서 문화는 때로 개인의 이기주의적이고 자기중심적인 사고와 태도가 반영되어 개인과 자신이 속한 집단을 보호하고 유지하려는 문화의 속성을 지니게 된다. 이러한 이기주의적이고 자기중심적인 사고나 태도가 사회 집단으로 반영됨으로 문화를 통해 권력과 지배의 체제를 보호하고 유지하기 위한 속성을 지니고 있다.

결과적으로 문화란 개인과 사회를 연결시켜 주는 고리로써 개인의 삶의 방식과 태도 그리고 가치관을 형성시켜줄 뿐 아니라 개인이 속해 있는 사회적 그룹의 성격(제도나 관행, 가치나 습관 등)을 구성해 주는 역할을 한다. 문화란 사회 경험적 표현들—예를 들면 계층과 성(性)과 인종의 경험—로 인간의 생각과 태도를 움직이는 힘과 제한하는 힘으로 작용해 왔다. 문화로부터 인간의 사고와 행동이 주어질 뿐만이 아니라 문화를 통해 인간의 감정(기쁨, 슬픔, 사랑, 증오, 분노, 적대감 등)이 상호작용한다. 그리고 계층과 성과 인종과 관계된 문화차별과 편견으로 개인과 개인, 집단과 집단 간의 대립과 충돌이 발생하는 이유이다.

문화 편견이란 정의는 이미 계급적 이데올로기로 형성된 문화를 통해 제도적으로 굳어진 사회적 환경에서 상호의 문화적 차이를 인정하지 않고 서로 우열과 서열을 가리며 문화적 갈등과 차별에 따른 적대감과 증오심을 갖게 되는 현상을 말한다. 문화적 편견이 심한 사회는 닫혀진 사회로 서로 다른 다양한 개인 삶의 방식과 태도들과 가치관의 차이와 사회 문화적 차이를 인정하지 않는 사회이다. 다만 자신의 생활문화나 사회 문화 패턴을 기준으로 삼고 상대 문화를 종속문화로 간주하여 획일화 혹은 일반화시켜 소외시키는 현상이다. 이러한 문화적 편견과 차별은 서로 대립과 분열과 갈등을 일으켜 '문화적 충동"의 원인이 된다.

예를 들면 "뛰어난 교양과 정신적 완성"으로 보는 교양 문화 개념으로 이해할 때 이분법적 사고로 지식인과 문맹인, 고상한 문화와 천박한 문화, 문화적인 것과 비문화적인 것으로 구분하며 갈등과 분열을 일으켜 차별과 억압을 하는 경우가 발생한다. 이에 대해 김창남 교수가 예로 제시했듯이 세종문화회관에서의 문화공연에 대한 차별화가 생긴다. "교양인이라는 선민의식" 혹은 엘리트 문화 의식에서 비롯된 문화 편견의 일종이다.[5]

문화적 편견은 기존의 사회적 차별성을 고정화시키고 절대화하는 사고방식과 관련이 있다. 그 문화의 가치나 미적 기준은 사회적 집단 이데올로기에서 형성된 관습적 제도나 체계가 근거이다. 그 가치나 미적 기준이 어느 특정한 계급이나 집단의 본질적이고 절대적인 것으로 주장하게 될 때 문화적 편견이 작용된다.

쉬운 예로 사람들은 노래를 잘 못 부르는 사람을 음치라고 한다. 음치란 결코 부끄러운 일이 아니고 놀림의 대상 거리가 되지 않는다. 왜냐하면 음계란 역사적 과정에서 형성된 것이기 때문이다. 그리고 끊임없이 변화해 오나 하나의 제도 혹은 관습에 지나지 않는 것이기 때문에 음치란 결코 부끄러운 일이 될 수 없다. 그러나 서양식 음계가

---

5 Ibid., 12.

대중문화가 된 사회에서 음치는 곤혹스러운 경험을 하게 되고 대중문화 속에서 수치심을 경험한다. 소위 음치라는 사람과 함께 노래를 부를 때 음치의 독특한 소리를 '차이'로서 받아드릴 수는 없는 것일까? 왜 문화적 차별화을 하며 음치를 나쁘거나 이상한 소리로 분리하여 소외와 놀림의 대상이 되는 것일까? 문화적 편견으로 생각해 볼 일이다.6 대중문화 속에서 일반화된 음정 체계로부터 벗어나 독특한 음정을 차별화하는 태도와 행위는 문화적 편견으로부터 오는 생각과 태도이다.

　"순수 예술과 정신적 산물"로서 이해하는 문화의 개념은 배타성, 순수성, 전문성을 강하게 주장하는 것은 문화적 편견을 일으키는 요인이 된다. 한 예로 성악가 박인수 교수가 대중가수와 음반을 취입하고 대중가수와 같은 무대에서 가요를 부르는 등 클래식과 대중음악의 벽을 깨는 작업으로 화제를 불러일으킨 적이 있다. 그 일로 국립오페라단에서 밀려나는 수모를 당한 이야기 있다.7 엘리트주의의 고급문화에 대한 사고방식으로부터 오는 문화적 편견은 아닐까? 대중문화는 질이 낮은 것이고 엘리트 문화는 질이 높은 것으로 간주하는 문화적 편견에 의한 작용이다. 다른 예로 클래식 음악애호가와 전통음악 애호가 사이에 혹은 고전음악 애호가와 현대음악 애호가 사이에 맹목적으로 서로 싫어하고 배척하는 경우를 볼 수 있다. 자신의 음악이 순수하다는 주장에서 오는 편견이라 할 수 있다.

　문화가 정치나 경제적 힘과 결부되어 사회 문화적 계급이 만들어

---

6 Ibid., 17.

7 Ibid., 38.

지고 자기 문화 중심이 형성되면서 제도적으로 집단의 권익을 위해 다른 주변 문화를 조정하고 지배하면서 문화 팽창과 확장을 하게 된다. 계층화된 문화가 정치 지배 이데올로기로서 내집단(in-group)과 외집단(out-group) 사이에 지배와 권력의 작용으로 문화적 편견과 차별로 문화충돌이 일어난다.

　문화 편견으로 많은 갈등과 대립을 가져온 사례들을 지난 역사에서 많이 찾아볼 수 있다. 문화발달이 보편적인 규칙이 있다고 보고 비슷한 문화적 현상은 항상 비슷한 결과를 가져온다고 주장하는 문화진화론자의 문화적 편견으로 제국주의와 식민주의를 부추인 결과가 되었다. 그리고 민족우월주의와 전체주의를 낳는 결과를 초래하였다. 에드워드 사이드(Edward W. Said)은 이러한 제국주의문화나 식민주의문화는 모두 지배 이념적 형성과 지식의 형태에 의해 추진되었고 주장한다. 따라서 19세기 제국주의 문화는 "열등한," "종속 인종," "복종하는 사람들," "의존," "확장," 그리고 "권위," 같은 개념과 용어들로 가득 차 있다고 말한다.[8] 제국주의의 관념과 실천의 배후에는 그들 자신의 민족과 문화의 우월성을 내세우며 다른 민족이나 문화를 종속적이고 열등하며 미숙한 발달로 간주하는 편견이 있

---

8 Edward W. Said, *Culture and Imperialism* (New York: Vintage Books, 1993). 에드워드 사이드는 문화와 제국주의가 어떻게 관계되어 있고 그러한 제국주의의 유산이 오늘날 어떻게 정치적, 사회적, 이념들과 관계되어 있는지를 문학비평을 통해 분석하고 있다. 사이드는 문화의 개념에 대해 두 가지로 문제를 지적하는데 그것은 자기문화에 대한 우월성과 과대평가를 하는 것과 문화가 일상세계를 초월하는 것으로 일상 현실과는 다른 것으로 생각하는데 있다고 본다. 사이드는 이 두 개의 문화에 대한 개념을 비판하면서 그는 문화란 정치적, 사회적 이념들과 혼합체로 간주한다. 그러므로 사이드에게 있어서 문화는 갈등과 투쟁이 존재할 수밖에 없는 싸움터가 된다. 인종적 억압과 제국주의적 종속과 같은 야비하고 잔인한 생각과 태도들이 문화와 연관되어 있다는 사실을 밝히고 있다.

었다는 것이다. 다른 지역의 문화와 사람에 대한 혐오증과 이질감을 부추이며, "우리"를 "그들"과 구별하게 해주는 제국주의 문화형성은 그 깊은 내막에 문화 편견이 자리 잡고 있었음을 보여준다.

편견으로 물든 제국주의 문화이해는 한국 역사 가운데에서도 찾아 볼 수 있다. 그 대표적인 예로 일본 제국주의자들의 한국 식민주의 정책이다. 일제 치하에 한국 민족 문화를 말살하려는 정책이 바로 그것이다. 한민족의 문화를 열등한 것으로 간주하고 우월하다 여기는 일본문화로 종속시키려는 정책은 자신의 민족문화에 대한 우월주의로부터 빚어진 문화 편견의 결과이다.

이와 같이 지난 세기 왜곡된 편견문화 이해는 자신 문화적 특성만을 전제하고 상대의 문화를 무시함으로써 빚어진 문화의 절대주의와 우월주의를 낳았다. 이러한 문화적 이해는 교육을 통하여 이데올로기화되었고 사회적으로 편견문화를 조장하였으며 문화와 문화 사이에 감정대립으로 적대감과 증오심, 억압과 차별 그리고 분열과 갈등을 자극시켜 왔다.

3. 문화 편견의 다양성

편견을 말할 때 편견과 함께 사용하는 많은 용어가 있다. 노령화에 대한 편견, 장애인에 대한 편견, 인종 편견, 성(性)에 대한 편견, 민족우월주의, 국수주의, 인종차별주의, 지역주의 등 다른 여러 말과 함께 사용하고 있다. 이데올로기로부터 무슨 무슨 주의(ism)로 굳어진 용어들은 편견의 부정적인 태도나 행위, 다시 말해 소외시키고 무시하며 차별대우와 폭력과 살인적인 태도나 행동들로 나타난 결과이다. 사회 문화에 굳어진 편견의 형태이다. 이러한 편견은 계속 개인의 삶에서 혹은 사회생활에서 이기주의적 편파주의로 함께 더불어 살아가는 공동체를 파괴하는 작용을 하며 인간 사회에 해를 끼치는 악의 축으로 이해된다.

편견 연구에 있어서 사회학자들이나 사회심리학자들이 깊게 관심을 가지고 연구하는 주제는 기본적으로 다음과 같다. 사회계급주의(classism), 민족우월주의(ethnocentrism), 인종차별주의(racism), 성(性)차별주의(gender), 지역차별주의(pro vincialism or regionalism)에 집중하여 연구하고 있다. 편견 연구가들은 편견과 차별을 연구할 때 이 연구주제들과 관련시켜 조사하며 이 주제들을 각각 개별적인 문제로 다루기도 하지만 서로 복합적으로 연결된(계급^{classism}_성^{gender}_인종^{racism}) 하나의 주제로 보고 연구하기도 한다.

1) 사회계급주의

사회계급주의란 다양한 계층으로 집단이 형성되는데 그 원인은 다양하다. 경제적 원인으로부터 자본가와 노동자집단이 형성되어 부르주아와 프롤레타리아로 계급으로 혹은 중상류와 하류 계층으로 구분하기도 한다. 또한 '가진 자'와 '못 가진 자', 억압자와 피억압자, 고용자와 피고용자로 구분하면서 계급문화가 형성됨으로 사회 문화적 정형화가 이루어져 이들 사이에 문화적 갈등과 차별행위가 발생한다. 사회계급으로부터 오는 갈등과 차별의 근본적인 원인이 경제적 불평등 기회와 분배로부터 발생한다고 볼 수 있지만 다른 한편으로 정형화 혹은 고정관념화된 문화 편견으로 갈등과 차별을 겪는 경우도 있다. 외적인 형태로 신분 계급을 구별하며 선입견으로 판단하는 경우를 많이 보게 된다. 예를 들어 유명 브랜드 상품을 입거나 가지고 다니면 상류 계층으로 간주하고 그렇지 않은 경우는 하류 계층으로 취급하는 경우이다. 그 밖에도 고급상표의 값비싼 차를 몰고 다닐 때, 고급 상품의 옷을 입고 다닐 때 혹은 고급상표 가방을 들고 다닐 때, 값싸고 오래된 차를 가지고 다닐 때, 남루한 옷차림을 하고 다닐 때 사람을 대하는 태도가 달라진다. 외모의 치장이 그 사람의 신분 수준으로 간주하고 차별대우를 하는 경우는 문화적 편견 작용에서 비롯되는 경우이다. 그리고 직업에 따라서 차별대우를 하는 태도를 볼 수 있는데 이것도 편견 작용의 원인으로 볼 수 있다. 직업의 종류에 따라 고상한 직업과 천박한 직업으로 구별하여 사람을 차별대우를 하는 생각과 태도는 편견 작용에서 비롯된다.

2) 민족우월주의

민족우월주의(ethnocentrism)로 특정한 인종이나 민족 혹은 소수 집단에 대해 편견과 차별, 때로 증오감 주며 자신의 민족에 대한 정당성을 존속시킨다.9 과거 제국주의 시대에 이 민족우월의식은 긍정적

---

9 Yinger는 자기 민족이 다른 민족보다 더 우월하다는 태도를 보일 때 민족우월주의에 빠지게 된다고 보며, Kleg는 민족우월주의란 자신의 집단은 우수하며 다른 집단은 열등한 걸로 보는 이기주의적인(self-love) 요소로 표현한다. 그래서 이 민족우월주의는 '우리와 그들' 그리고 '선과 악'으로 이원론적으로 구분하며 상대를 무시하거나 가치 절하하는 부정적 태도로 본다. 또한 Locke은 민족우월주의의 개념을 어느 한 집단의 창의성과 업적들에 대한 우월감을 주장하는 태도로 본다. 더욱이 집단분리 혹은 분열을 말하면서 Allport는 이 분열 혹은 분리의 과정은 두 개의 중심된 요소, 즉 왜곡된 일반화와 적대감에

이고 당연시되는 것으로 받아들여지는 시기도 있었다. 종종 사회적 힘을 모아 주는 수단과 역할로 근대국가의 덕목으로 자리 잡기도 하였다. 긍정적인 면에서 자신의 민족이나 집단에 대한 신념이나 믿음을 주어 다른 민족이나 집단의 침입을 막기 위해 수단으로 사회적 일치와 단합 그리고 정체성을 주는 것으로 이해되었다. 민족우월주의는 자신의 민족 집단의 가치나 규범 그리고 행동이 다른 민족 집단보다 우월하다는 의식과 차별을 불러일으켜 증오의 대상과 적대감의 대상으로 합리화시켜 폭력적인 태도를 불러일으켰다.[10] 자신의 민족에 대해서 우월감을 가지고 다른 민족에 대해서는 열등감을 갖는 편견적 태도는 '우리와 그들', '선과 악'으로 차별하며 우열을 가리는 계급적 이원론에 근거한다. 따라서 이러한 편견은 다른 민족에 대해 별로 중요하지 않고 가치가 없는 것으로 쉽게 판단하도록 만든다. 그리고 자원이나 시설에 대해 경쟁 대상으로 삼고 자신이 속한 민족의 생존을 위해 혹은 자신의 민족이 손상되거나 해를 입지 않도록 법적으로나 제도적으로 제한시키며 차별행위를 하게 한다.

3) 인종차별주의

인종에 대한 정의는 다양하다. 기본적으로 생물학적인 분류에 의해 인종을 구분해 왔다. 같은 신체적 특징(피부색, 코, 입술, 눈 혹은 머리털

서 발생하는 걸로 설명한다. Daya Singh Sandhu and Cheryl Blalock Aspy, *Counseling for Prejudice Prevention and Reduction* (1997), 26-27.

10 Richard H. Ropers and Dan J. Pence, *American Prejudice with Liberty and Justice for Some* (Plenum Press, New York and London: Insight Books, 1995), 44.

등의 모습)이나 유전적인 근원이 같은 집단으로 정의하면서 같은 인종
으로 민족을 정형화 혹은 범주화시켜 왔다. 같은 인종의 집단 속에서
도 신체적이나 유전적인 차원보다도 더 많은 차이점과 구분할 수
있는 요소가 있다.

인종 차이 혹은 차별은 생물학적인 결정에만 있는 것이 아니라
사회적 결정에 의해 이루어졌다고 볼 수 있다.[11] 사회화하는 과정에
서 받은 환경적 영향으로 같은 인종적 집단이라고 할지라도 다양한
차이점을 지니고 있다. 또한 유전적인 입장에서 순수한 인종이란
세상에 존재하기 어렵다. 신체적 혹은 유전적 특징에 기초한 인종
차이와 차별화의 강조는 정치적이거나 심리적인 개념으로 구축되
어지는 경향이 짙다. 한 예로 신체적 혹은 유전적인 요소에 기초한
인종 차이가 지적인 능력이나 성격과는 관계가 없음에도 불구하고
과학적이고 생물학적인 요소를 강조하면서 인종차별 해 왔다. 인종
에 대한 개념은 소수 민족의 지배와 억압을 유지시키기 위한 수단으
로 지배 집단의 정치적 수단으로 사용되어 교육과정이나 제도로부
터 고정관념화 시킴으로 인종차별주의 태도로 나타나게 된다.

그러므로 인종차별주의란 민족우월주의에서 비롯된 편견의 사
고와 태도이다. 한 인종 집단에 대해 열등하다고 무시하며 힘으로
지배하려는 행동을 말한다. 이러한 인종차별주의는 개인적 인종차
별주의와 제도적 인종차별주의로 구분되며 개인적 인종차별행위는
신체적 구별로부터 오는 차별 행위이다. 제도적 인종차별주의는 지

---

11 Joseph G. Ponterotto & Paul B. Pedersen, *Preventing Prejudice: A Guide for
Counselors and Educators* (Newbury Park, London, & New Delhi: Sage Publications,
1993), 5-6.

정된 특정한 집단에 대해 제도적으로 기회를 제한시키거나 불공평한 차별화 행위를 하는 경우이다. 이와 유사한 문화적 인종차별주의도 있다. 이 형태는 자기 인종의 문화유산이 다른 인종의 것보다 더 가치가 있다고 보거나 우월하다고 보는 개인적이고 제도적인 편견의 태도이다.

4) 성차별주의

우리는 태어날 때부터 남자인지 여자인지 성별이 주어진다. 이것은 신체적인 차이에서 성(性)이 결정된다. 만일 신체적인 차이가 없다고 한다면 무엇으로 성을 규명할 수 있겠는가?

일상생활에서 남자와 여자를 구별시켜 주는 요인은 신체적인 요소보다 사회적인 요소가 훨씬 더 크다. 무엇이 성의 정체성을 형성시켜주고 어떻게 우리가 행동하는가는 사회적 기대도 있다. 사회학자는 이것을 '젠더'(gender)라고 부른다.

여자가 자동차 고치기를 좋아한다든지, 과격한 운동을 좋아한다든지, 아기를 돌보기 싫어한다면 어딘가 여성 답지 못한 것 같고, 반대로 남자가 설거지하고 요리하기를 좋아하거나 시적이고 활동적이지 못하고 조용한 성격을 가지고 있다면 남성 답지 못하다고 말하는 경우가 있다. 이것은 남자와 여자가 각기 성에 따른 다른 역할을 기대하고 성에 대한 정형화된 행동이나 태도가 정해진 것처럼 보인다. 사회생활을 할 때 '남성 답지 못해' 혹은 '여성 답지 못해'라는 말을 들을 때 수치심과 소외감으로 마음의 상처를 받는다.

젠더 문제는 사회적 개념이다. 여성과 남성의 태도와 행동 그리고 성격적인 특징이나 외면적 모습은 사회적 문화에 따른 구별이다. 부모로부터 혹은 다른 가족이나 친구로부터 혹은 다른 사회 구성원과 상호작용으로 남자가 되는 법과 여자가 되는 법을 배우게 된다. 한 예로 색상에 있어서도 심지어는 어릴 때 입는 옷의 색이 핑크 혹은 붉은색이냐 아니면 푸른색이냐에 따라 남성과 여성을 구별하는 증표로 삼는다. 물론 일반적으로 푸른색은 남자이고 핑크나 빨간색은 여자 색으로 구별시켜 이해한다. 학교나 교회 혹은 직장에서 사회화 과정에서 젠더의 정체성이 주어지는데 영향이 크다. 예를 들어 가정에서 "남자는 눈물을 보여서는 안 돼!" 혹은 "여자는 얌전해야 돼!"라는 말을 자연스럽게 들으면서 성장한다. 어릴 때 노는 장난감의 경우 여자아이는 예쁜 인형이나 주방 놀이감, 반면에 남자아이는 트럭이나 총과 같은 전쟁놀이감에 관한 장난감을 구별해 준다. 종교적인 입장에서 하나님은 여성보다도 남성적인 이미지로 언급되어 왔고, 교회에서 여성이 남성들보다 더 활동적인 데 비해 대부분 보수적인 교단에서 목사는 남성들이다. 직장에서도 같은 직종일지라도 여성은 남성보다 임금이 적다든지, 여성들이 할 수 있는 일이 따로 정해져 사회적 젠더 문화가 있다. 운동경기 종목에서도 서로 남성과 여성 스포츠가 구분되어 있는 것도 그 한 예이다.

문화적인 규범과 가치 그리고 전통으로 굳어진 사회 문화적 젠더의 구별로 상호인간관계와 제도적인 상황에서 여성이 해야 할 일과 남성이 해야 할 일이 따로 구분되어 있다. 요즘은 젠더의 규범을 크게 변화하고 깨어지는 추세이다. 젠더로부터 과거의 사회 문화적 인식보다 훨씬 개방적이고 자유스러워지고 있다. 학교에서나 직장에서 혹은 다양한 사회적 상황에서 점점 젠더의 규범이 깨어지고 있다. 학과 선택이나 직업 선택에 있어서 과거보다 양성 모두에게 열려져 있다.

문제는 생활양식으로부터 오는 사회 문화적 젠더 구별은 고정관념의 성차별로 인한 편견적 사고와 태도이다. 사회 변화와 세대 교체가 이루어지면서 남녀의 역할 구분이 가정에서나 사회에서 많이 변화되었다고 하지만 아직도 가정에서 아이를 돌보는 일이나 가사 일을 하는 일이 여성의 몫으로 여겼던 편견 때문에 전업주부가 된 남자의 경우 가사 일을 하는데 어색하거나 이상한 눈으로 보는 사회 문화적 편견의 시각 존재한다. 그 반대의 경우도 마찬가지다. 남성 직업으로만 여겨졌던 분야에 여성이 담당하는 것을 이상한 눈으로 보는 사회 문화적 시각이 아직 존재한다. 물론 여성의 직업으로 여겨졌던 분야에 남성이 하는 경우도 마찬가지다. 남성문화와 여성문화의 구분은 사회 문화적으로 자연스러운 일이다. 그러나 두 문화에 대해 선을 긋고 고정관념화함으로 상대를 차별하는 태도는 사회 문화적 성에 대한 편견의 결과이다.

자본주의 사회에서 여성의 미(美)에 대한 편견적 사고와 태도를 찾아볼 수 있다. 연예계와 상업계가 함께 맞물려 여성의 미(美)를 상품화하여 소비문화를 조장하여 여성의 미(美)를 성공과 관계시켜 정형화하는 경우도 있다.[12] 여성의 성공사례가 정당한 경쟁보다는 여성의 외적인 미(美)에 더 치중하는 편견을 말한다. 여성의 몸매를 자동차나 술과 결부시켜 광고하거나 혹은 그 밖의 부의 상징을 나타나

---

12 여기에 대해서는 이반 일리치 지음 / 최효선 & 이승환 옮김, 『젠더(Gender): 젠더에서 섹스로』(서울: 도서출판 따님, 1989), 제1장 참조 바람. 여기에서 일리치는 경제학은 그 자체가 본질로 섹시스트적 본성을 가지고 있다는 점을 밝히며 특히 여성의 경제적 차별과 종속의 기원을 추적한다.

는 고가 상품에 여성의 이미지를 연관하여 판매하는 광고들도 있다.

1960년 후반에 와서 미국에서 흑인해방운동과 함께 일어난 여성해방운동은 페미니스트들을 통해 인종차별(racism)이라는 단어와 함께 나타난 새로운 단어로 '성차별'(sexism)과 함께 편견 연구를 하게되었다. 성차별과 편견에 대한 연구가 활발해지면서 여성해방운동은 중요한 이론으로 대두되었고 여성 이론의 연구가 세계적으로 확산되어 가며 조직화되어 갔다. 그러나 페미니즘의 역할과 성차별(sexism)의 이슈는 더욱 사회, 문화, 정치, 경제적으로 엮여 논쟁은 계속되고 있다.

특히 70년대부터 마르크스(Marx)와 프로이트(Freud)의 영향 아래이끌어 왔던 사회학적 연구와 정신분석학적 연구는 성에 대한 내적인 모순이 노출되기 시작했고 더이상 마르크시즘(Marxism)과 프로이디안니즘(Freudianism)이라는 두 개의 큰 주류 텍스트가 보편적이고 합리적인 중심이론이라는 견해는 편견이 되었다. 성 차별(sexism)에 대한 연구는 개인 심리분석으로부터 나와 모든 사회적 현상과 분석으로 확대되어 하나의 큰 텍스트로서 이해하는 포스트모던 사회에정착하게 되었다. 사회 문화적으로 편견적 사고와 언어를 통해 성차별을 조직적으로 구조화해온 것으로 이해하게 되었다.

언어 변화가 사회변화를 초래하는 패러다임으로 이해되었다. 사회변화를 위한 핵심적 요소가 언어 변화로부터 오는 중요한 요인으로 보고 있다. 페미니스트 이론에서 볼 때 처음에 출현한 편견 연구는편견에 대한 이데올로기적 성격으로 이해되었고, 지속적인 편견에대한 연구를 통해 인종차별의 영역으로부터 성차별(sexism)의 영역으로까지 확대하여 사회 문화적으로 정착하게 되었다.

또한 최근에 성차별 연구는 "동성애 혐오증"(homophobia)에 관심을 가진 사람들에 의해 확장되고 다시 새로운 정치 사회적 이슈로 갈등적 상황이 전개되고 있다. 1972년에 만들어진 '동성애 혐오증'(homophobia)이라는 말은 동성애자에 대한 편견을 말해주며, 동성애자들에 대한 두려움과 동성애자가 되는 두려움으로 보여주는 단어로 떠올랐다. 동성애 혐오증이 1970년대에 주제로 떠올랐을 때, 그것은 편견에 대한 주제로 이론화되었고. 포스트모던 사회의 형태로서 프로이트주의(Freudianism), 즉 수정된 프로이트주의로 인식하게 되는 계기가 마련되었다. 처음에 동성애에 관한 이론적인 작업은 1970년대 초에 '게이'(gay men)에 의해 행하여져 왔는데, "여성 해방운동"(Women's Liberation movement)의 모델로부터 "남성애 해방운동"(Gay Liberation movement)으로 부르게 되었다. "동성애 혐오증"(homophobia)은 편견의 희생자로 게이(gay men)와 레즈비언(lesbians)들을 모두 칭하는 말이 되었다. 1980년대 초에는 "이성애주의"(heterosexism)란 말이 새로 등장함으로 성차별에 대한 편견 문제가 더욱 복잡한 문제로 대두되고 있다.

5) 지역차별주의

지역차별주의는 어느 단체나 공동체에 대해 선입견이나 왜곡된 판단을 함으로 서로 함께 공존하는 원리를 파괴하는 요인이다. 지역차별주의는 더 개방적이고 포용적인 세계관에서 발생하는 것이 아니라 편협한 세계관을 가진 경우이다. 이 경우의 편견된 생각과 태도는 지역적인 축소주의나 배타주의 혹은 고립주의로 나타나게 된다.

칼라일 마니(Carlyle Marney)는 지역차별주의에 대한 기본적인 사회학적 근거를 다음과 같이 제시한다.[13] 첫째, 무력으로 강요된 상황에서 지역차별주의가 발생한다. 예를 들면, 군사적 개입이나 정복 혹은 경제적 압력이나 문화적 변화의 상황 속에서 새로운 집단이나 단체가 개입하여 주종관계의 구조가 형성되면서 편견이 발생하게 된다. 이런 상황에서는 서로를 이해할 수 있는 시간과 공간적 여유가 주어지지 않거나 공감대를 형성하기 위한 대화의 두절되기 때문에 두려움과 공포 속에서 오해와 편견을 불러일으키는 원인이 된다. 둘째, 갑작스러운 변화와 억압된 상황 속에서 지역차별주의가 발생한다. 예를 들어 경제, 이념 혹은 정당의 위기나 갑작스러운 성장으로 새로운 요구나 강요(제도나 법)과 현재나 과거의 것과 경쟁하게 되고 위협감과 같은 두려움이 생기게 될 때 지역차별주의가 발생할 위험이 있다. 따라서 환경의 변화를 통해 얻어진 새로운 지식이나 위협감과 두려움의 상황으로부터 자신이나 자신이 소속 집단과 상황에 대한 비판적인 사고의 부재나 결핍 혹은 왜곡으로부터 상대 집단에 대한 차별과 편견이 발생한다.

편견의 주제 외에도 오늘날 다양한 형태로 존재한다. 이 편견은 강한 자기 우월적인 주장이나 신념이나 혹은 열등의식으로 말미암아 다른 특정한 집단에 대해 공정하지 못한 취급을 하는 행동과 태도이다. 이 경우에 집합적 행동이나 태도를 보이기 위한 이데올로기가 형성된다. 이것을 우리는 'ㅇㅇ이즘'이라 부르며, 다양한 ~이즘의 영향으로 편견의 원인과 작용이 일어난다. 이렇듯 편견의 원인은

---

13 Carlyle Marney, *Structures of Prejudice: An Approach to Understanding and Dealing with Prejudice in Culture* (New York: Abingdon Press, 1961), 71-78.

다양하고 복잡하다. 편견은 조직적이고 문화적이다. 문화적으로 편견이 제도화 혹은 정책으로 바뀌게 될 때 이 편견을 극복하기가 더 어려워진다. 편견은 개인에게 있어서 잘못된 인식 과정이나 해결되지 않은 개인적 갈등과 폭력으로부터 나오는 결과이지만, 이 편견은 집단적 형태로 진화되어 사회 문화적 제도 속으로 파고들어 뿌리를 내려 존속하게 된다.[14]

4. 한국 사회와 문화 편견

한국적 상황에서 문화 편견은 다양하고 심각하다. 그리고 역사적으로 그 뿌리가 깊다. 직접적인 사회 심리적인 경험 조사를 하여 그 원인과 결과에 대해 말하지 않더라도 우리는 일상생활에서 쉽게 문화 편견의 현상을 쉽게 느낄 수 있다.

1) 정치적 양극화

오늘날 한국 정치사회에 만연한 극단적 불신과 반목으로 집단과 집단, 계층과 계층, 이념과 이념 사이의 극심한 대립과 극단적인 양극화현상이 나타나고 있다. 이러한 대립과 양극화현상은 정치적 이념논쟁으로부터 발생하는 것으로만 생각하기 쉽다. 하지만 근본적 뿌리를 파헤쳐 볼 때 그 원인은 사회 문화적 편견에 있다. 당대의

---

14 Ibid., 45-6.

정치적 이념이 낳은 대립과 양극화현상이라기보다는 역사적으로 이미 화석화되고 만연된 정치적 획일주의 문화와 흑백논리 문화로부터 온 결과이다. 8·15 해방 이후 역사적으로 반복되어 내려오는 적대적 편 가르기 문화와 상대방 죽이기 문화가 상극의 정치적 이념과 대립을 심화시키는 숨겨진 편견의 뿌리로 남아있다. 여당과 야당, 진보나 보수, 적과 동지, 좌파와 우파의 계급적 이분법적 대립과 갈등 구조는 역사적 문화 편견의 구조와 성격이 있다.

역사적으로 좌익과 우익을 가르는 이분법적 문화 편견은 단순한 상황으로부터 발생되었다. 프랑스 혁명 때 국민의회에서 급진파들이 좌측에 있었기 때문에 좌파라 부르게 되었고, 보수적인 귀족들이 중앙에 앉은 온건파를 사이에 두고 오른쪽에 앉아 있었기 때문에 우파라고 부르게 되었다. 군대에서 우익이란 오른쪽에 배치된 부대를 말하고 좌익은 왼쪽에 병력을 배치한 것을 말한다. 결국 우파를 우익 그리고 좌파를 좌익으로 부르게 되었다. 진보 혹은 급진세력은 좌파로서 붉은색이 상징이 되기도 하는데, 그 이유는 마르크스가 붉은색을 좋아했기 때문인 것으로 들려진다. 이렇게 우연히 일어난 구별 혹은 구분 때문에 서로 집단을 형성하고 색깔 논쟁으로 발전하였다. 붉은색은 공산주의, 혁명, 빨갱이, 좌경 등 이념적으로 전형화되었고, 문화적 상징으로 화석화되어 함축적인 의미를 담게 되었다. 정치적 상황 속에서 이데올로기와 결합하여 악용되고 왜곡되며 정치적 대립과 분열과 갈등을 일으키는 근원이 되고 있다.

한국적 상황에서 그 뿌리는 깊다. 조선 시대에 양반과 쌍놈 혹은 당파싸움에서 찾아볼 수 있겠다. 그러나 확실하게 문화적 편견으로 자리 잡은 것은 6·25 이후 군사정권으로부터 강압적이고 폐쇄적인 군사문화의 영향이다. 흑백논리와 획일주의 문화로 자리를 잡게 되면서 더욱 확실하게 굳혀져 갔다고 보여진다. 한국 현실의 정치계에서도 볼 수 있듯이 대북정책에 대한 문제는 여야대립과 갈등을 일으키는 구조적 근원이 되고 있다. 여야 상대의 비판적 언론에 대해 '극우'(極右), '우익'(右翼), '수구'(守舊) 혹은 반통일적이라고 전제하며 비이성적으로 적대시하거나 색깔 공세를 앞세워 이성적이고 합리적인 대화정치로 이끌어 가도록 하는 데 장애물이 되고 있다. 비판적 대화보다도 자신의 불리함을 회피하기 위해 '못 먹는 감 찔러나 보자'는 식으로 종종 집권 정당에 대한 비판언론의 노선과 논조에 대해 무조건적 이념적으로 적대감을 가지고 여론을 조장한다. "수구세력"이니 "반통일 세력" 혹은 "반개혁"이라고 꼬리표를 붙이고 이념공세를 한다. 이것은 이미 구조적으로 자리 잡은 고정관념화된 냉전체제의 사고와 제도에 의한 문화적 편견 작용의 결과이다. 물론 이권 다툼에서 비롯되고 현실 왜곡에서 근본적인 원인을 파헤칠 수 있겠다. 그러나 다른 각도에서 이권 다툼과 현실 왜곡 과정에서 문화 편견의 영향을 무시할 수 없다. 개인의 비판적인 시각보다 정형화(혹은 고정관념화)된 사회적 사고와 태도를 반영함으로 문화적 편견이 작용하여 언론탄압과 폭력을 불러일으키게 된다.

2) 시위문화

80년대 민중노동운동과 민주화 운동을 계기로 시작된 과격한 시위는 계속 반복되는 상황 속에서 때마다 화염병 투척과 폭력시위 양상은 어느덧 사회적 성격과 태도를 가진 문화로 자리 잡게 되었다.

투쟁적인 노조와 화염병 시위는 한국 노동운동의 상징처럼 되었다. 한국에서 노사문제로 인한 노동 파업과 시위는 사회 문화의 하나로 의식행위가 되었다. 이러한 시위문화는 시민의식에까지 확산되어 문제가 있을 때마다 대립적이고 폭력적 시위로 문제 해결이 쉬운 것으로 인식하게 되고 시위를 통해 분열과 갈등이 심화되는 경우를 보게 된다.

시위집단이 일어나게 되는 경우는 노사관계와 같이 이익 관계로 엮어진 단체생활에서 부당한 손해나 대우를 받았을 때 그에 맞서 대항하기 위한 집단이 형성된다. 이것은 법적으로 해결하기가 어렵고 개인의 대화와 협상으로 해결할 수 없는 문제로 인식이 되었을 발생한다. 그리고 집단시위를 통해 사회적 여론화를 조성하여 문제가 해결될 것이라는 대중적 의식 때문에 생겨난 시위문화이다.

집단이 형성되면 결속되면 집단적 의식행위가 요구되며 이때 집단의 권력을 결속하기 위해 개인 의견과 행동을 제한시키고 희생을 요구한다. 그러나 소속 집단의 구성원 사이에 상대 집단 구성원과 친분 관계를 맺고 있기에 혹은 시위로 자신이 희생되어 생존에 위협을 느끼게 되는 경우, 개인적으로 상대 집단의 구성원을 만나기도 하며 정보를 교환하여 이중적인 첩보원이 발생한다. 만일 단체행동과 의견에 반대할 경우나 공약이나 비밀이나 정보를 상대에게 누설하여 배반할 경우 소속된 단체로부터 제거된다. 심한 경우에는 반대자나 배신자에게 보복행위로 인신공격이나 폭력행위를 하기 때문에 두려움 속에 계속 소속 집단에 머물러 행동할 수밖에 없을 때도 발생한다.

문제점을 구체적으로 드러내고 자신의 입장을 분명하게 표면화하기 위해 적합한 인물을 표적으로 삼고 희생자를 강요하거나 누명을 뒤집어 쓰는 경우도 있다. 이쪽도 저쪽도 아닌 제삼자를 희생양으로 만들면서 제삼자의 권력을 이용하기도 한다.

단합된 권력으로 상대의 부당한 요구를 관철시키기 위해 구별화되고 일체감을 나타낼 수 있는 색다른 시위문화가 형성된다. 시위(데모)를 할 때 일반적 일체감을 주기 위해 통일된 옷차림이나 적색 머리띠와 현수막 그리고 민중의 노래와 단식투쟁, 삭발, 화염병 투척, 자살 등으로 시위문화가 정착되었다. 이러한 대립적이고 폭력적인 시위문화는 편 가르기 문화로 정착하게 된다.

3) 지역감정

일상생활에서 무의식적이든 의식적이든 우리는 무심코 던진 말들이 상대에게 상처를 주는 경우가 있다. 그 한 예로 처음 사람을 만날 때 화제 서두에 흔히 "고향이 어디십니까?" "어디에서 사십니까?" 혹은 "어디 학교를 나오셨습니까?" "어디 대학을 졸업하셨나요?" 한국 사회 문화에서 성년 남자의 경우 "어느 부대에서 군대 복무를 하셨습니까?"라는 질문을 말을 건다. 처음 만난 사람과 이런 질문으로 대화를 시작하는 것은 아주 자연스러운 일이다. 너무 일상적이어서 때로 별 부담을 느끼지 않는다. 그러나 종종 무의식적으로 평범하게 던진 이러한 질문은 상대를 불편하게 한다. 예를 들어 자신의 고향에 대해 말할 때 출신에 대해 거리낄 때가 있고, 때로 사는 곳에 대해 말하기가 어려울 상황에 놓일 때가 있다. 공부할 기회를 얻지 못한 자에게 학교에 대한 이야기를 할 때 거북할 때가 있다. 그것은 군복무의 경우도 마찬가지다. 한국 남자들 사이에 '방위' 혹은 '단기병'으로 근무를 한 사람은 군대에 대해 말하기가 쑥스럽고 꺼릴 때가 있다.

이처럼 우리는 상대를 의식하지 않고 자기중심적으로 무심코 던진 평범한 질문이 상대의 감정을 일으키고 때로 수치감이나 차별감을 느끼게 한다. 이러한 질문이 어떠한 동기에서 유발되었는지에 대해서도 생각할 필요가 있다. 그 동기는 단순히 개인적으로 상대의 신분이 궁금해서 질문을 하는 경우이다. 서로 초면이기에 서먹서먹해서 자연스럽게 이야기를 꺼내기 위해 질문한다. 이야기를 통해 만일 서로 같은 고향 출신이라든지, 학교 동문이라든지 혹은 군대 동기로 밝혀지면 대화가 자연스럽게 통하고 서로 공감대나 친밀감을 갖게 된다. 문제는 이와 같은 질문이 사회 제도나 구조에서 특정한 목적을 가지고 질문을 함으로 편견과 차별을 일으킨다. 예를 들어 결혼을 할 때라든지, 학교에 입학할 때든지, 직장에 취직할 때 혹은 다른 집단 활동을 할 때 이런 질문들은 지방색을 따지거나 혈연과 학연과 지연을 따짐으로 앞서 인간관계의 선을 긋기 위한 질문이 될 수 있다. 출신을 확인하며 서로 가깝게 사귈 것인가 아니면 거리를 둘 것인가 혹은 채용할 것인가 말 것인가를 결정하기 위한 질문의 성격이 될 수 있다.

흔히 우리 사회에서 다음과 같은 말하거나 듣는 일이 있다. "xx 지역 사람과 사귀지(혹은 거래하지) 말라" "xx 지역 사람은 뒤끝이 좋지 않아" "xx 지역 사람들은 구두쇠야" "xx 지역 사람들은 다 그래" "xx 지역 사람은 느려터져 답답해" 등 차별적 언행들이다. 이러한 언행들은 지역감정과 차별을 불러일으키는 문화적 편견이다.

현실 정치판에서 지역 편견은 심각하다. 대통령과 국회의원이 어디 출신이냐에 따라 지방 인재 등용과 지역발전의 차별과 불균등을 가져왔다. 이런 차별과 편견은 배타적인 지역감정 일으켰다. 삼국시대 이후 영남과 호남의 지역 간의 갈등과 차별은 오랜 역사를 걸쳐 발달되어 굳어진 지역주의 편견의 작용이다.

과거에 제5 공화국 이후 거의 30년 동안 경상도 출신의 대통령이 국정을 맡게 됨으로 지역 간의 차별과 편견의 골이 깊어진 것을 부인할 수 없다. 중요한 것이 어느 지역 출신의 문제가 아니라 누가 가장 적임자인가에 대해 생각하며 투표를 해야 한다. 대통령 선거나 국회의원선거 때마다 두드러지게 나타나는 지역 차별의 현상은 입후보자의 자격과 신임도에 관계 없이 우선 자기 지역 출신을 대변하는 정당만 보고 무조건 투표하는 결과를 낳았다.

지방자치제가 실시되면서 지방색 때문에 현안의 사건에 대한 잘못을 지적하기보다는 어느 특정 지역의 이유라는 맹목적 비판과 배타적인 사고와 태도가 드러난다. 지역 정당정치로부터 차별정책에 따른 반발이며 피해의식의 표현이다. 출신 지역을 볼모로 삼아 권력 다툼을 벌이는 것은 지역패권주의 편견으로부터 나온 결과이다.

한 예로 과거에 조선일보 기획연재〈3〉에서 "지역주의"라는 제목의 기사를 보면 과거에 얼마나 심한 지역 편견이 있었는지에 대해 보도해준다. "2002년 대선을 앞두고 지역주의 문제가 또다시 뜨거운 이슈가 되었던 적이 있다. 1960년대 이래 지난 과거 40여 년간 한국 지역주의는 영남 정권하의 호남 차별이 핵심이었다. 하지만 1998년 정권 교체 후에는 거꾸로 영남 차별이 이슈화되었다. DJ 정권 출범 후 호남 차별의식은 해소됐을까. 이번 대선에서 지역주의는 또 얼마나 부정적 영향을 끼칠 것인가…" 이 신문 기사에서 특히 호남 태생의 조선대 역사철학부 이종범 교수와 경북 태생의 경북대 경제학부 김형기 교수와의 대담을 통해 더욱 현실적인 영남과 호남의 지역주의의 문제의 심각성을 노출시켜 주면서 그 해결점에 대해 대안을 제시한 적이 있다.

이 대담으로부터 이종범 교수는 "호남차별은 DJ 정권이 출범 후 상당 부분 해소됐다… 하지만 문제는 서민 생활이나 체감경기에서 나아진 것이 없다는 사실이다. 서울 수도권과 지방의 격차가 더욱 벌어지면서 호남의 소외와 박탈감은 계속되고 있다"고 주장했다. "각종 비리 사건에 호남인맥이 개입됐다는 뉴스를 들을 때마다 참담하다"는 고백을 했다. 왜냐하면 현 정부의 인사고용에 있어 "호남 출신이 요직에 많이 기용됐다고 하지만, 이들은 대부분 수도권을 기반으로 경력을 쌓아온 사람들"이었다는 비판이다. 이 말은 지역주의가 "영남과 호남의 주민 간의 대립이 아니라 중앙이 지방을 차별"하는 결과로 해석하면서 그 대안을 지방 분권 운동으로 제시하였다. 더 심한 것은 "호남 출신을 '반항아' '저항아'로만 생각하는 왜곡된 인식이 문제"라는 지적을 했다. 이러한 왜곡된 인식은 역사적 배경을 두고 있다. 예를 들면, "구한 말 의병운동의 기지"였고 "일제시대에는 농민운동이 치열"했고, "광복 직후 통일운동과 민주화 운동이 활발하게 전개"됐던 사건들이다. 이것은 호남인에게 한편으로 자랑과 긍지를 심어주지만, 만일 호남인과 대면해 있는 다른 사람에게는 다른 한편으로 호전적이며, 반항적이고, 저항적인 것으로 왜곡되어 표현된다.

또한 김형기 교수에 따르면, 교묘한 정치 선동이 주민들을 자극해서 상황을 악화시킨다고 주장하면서, 그 한 예로, "광주에 갔더니 주유소에서 기름도 안 넣어준다" 혹은 "광주에는 공장 굴뚝에서 나오는 연기가 자욱한데, 대구는 연기 나는 곳이 없다는 식"으로 한 개인의 경험이나 특수한 상황을 일반화시키는 경우이다. 정부의 지역편중 인사 문제에 있어서, "저쪽도 정권 잡으면 자기들끼리 다 해먹지 않느냐. 다음 번엔 꼭 영남 정권을 만들자"는 이야기가 공공연하게 나오는 것은 지역주의 편견의 결과이며, "영남 지식인들은 TK와 PK정서에 대해선 비판하고, 호남 지식인들은 현 정권의 잘못에 대해 냉철하게 비판하면서 서로 자기성찰을 하는 노력이 필요하다"고 보았다.

이들의 대담을 통해 우리는 공감하는 점이 있다. 그것은 지방에 권력이 분산될 때 사회 통합이 가능하며, 각 지역의 역사와 문화에 대해 연구가 깊이 이루어져 상호 이해와 민족적 공감대 형성의 토대가 필요하고, 자기 지역을 사랑하고 아끼면서 타 지역의 문화를 존중하는 주민 간의 결합이 필요하다고 주장하였다는 점이다. 다른 말로, 상호 이해와 공감대 형성은 '편견의 배제'(Prejudice-free)가 이루어질 때 가능하다. 지금까지 상호 굳어진 문화적 편견이 극복될 상호 이해와 공감대가 증진될 수 있다. 따라서 여러 방편으로 편견극복을 위한 노력이 요구되는 한국 사회 문화이다.

지역패권주의나 지역감정의 또 하나의 원인은 서울 도시 집중화와 중앙화이다. 자원과 인재 그리고 권력이 중앙으로 집중되어 역사적인 중심문화로 자리 잡게 됨으로 서울 사람과 지방 사람, 서울에 있는 대학과 지방대학, 중심문화와 주변 문화라는 차별화가 일어난다. 서울 도시 집중화와 중심화를 일으키는 원인으로 여러 가지 많은 구조적인 요인이 있다. 그중에 중요한 요인으로 정치적, 경제적, 사회 문화적 구조와 제도가 도심지에 편중되어 있다는 점이다. 그러나 배후에 또 다른 중요한 요인은 차별화를 일으키는 편견 문화의 문제이다. 서울 도시 집중화와 중앙화 현상은 역사적이고 구조적인 요인도 있지만 지역 차등화와 차별화는 문화적 편견에서 비롯되는 요인이다. 도시 문화와 지방 문화의 차이가 있는 것은 분명하다. 그러나 편견으로 일으키는 차별화는 근절되어야 할 것이다.

4) 성차별

남녀차별의 역사는 단순히 농경사회나 유교 사회에서만 있었던 문제가 아니다. 오늘날 사회에서 남녀차별의 깊이는 심각하다. 직장과 가정에서 뿐만이 아니라 심지어 가장 먼저 자유와 평등을 내세우고 민주주의를 실천해야 하는 대학에서까지 아직 남녀양성평등의 원칙이 적용되지 못하고 있다. 여성 차별의 문제는 단순한 법적인 문제나 사회보장제도에 국한되어 있는 것이 아니다. 그보다 더 큰 몫을 담당하고 있는 것은 남성우월주의에서 오는 문화적 차별과 편견이다. 남성우월주의 문화는 과거 역사로부터 내려오는 가부장적 사회 문화의 유산에 근거한다. 남성 위주의 사고와 행동 그리고 남성 편의주의 생활 패턴과 관행은 사회적 사고와 태도로 굳어진 하나의 문화의 형태로 남아있다.

사람은 태어나면서부터 신체적으로 성별 주어진다. 처음 유아기에는 성별을 의식하지 못한다. 그러나 점차 성장하면서 어느 연령에 도달하면 생물학적인 변화와 차이에 대해 민감하게 인식하기 시작한다. 초기에 이러한 차이는 문제가 되지 않는다. 하지만 사회화과정을 겪으면서 성(性) 차이 문화를 경험하게 되고 이 성(性) 차이 문화는 사회 제도와 문화로부터 어느 특정한 성(性)에 대해 정형화 혹은 고정관념화(stereotyping)시킴으로 편견이 작용하여 성(性)차별 행위로 나타난다. 성별의 문제는 육체적 차이에서 오는 요인보다도 외적인 사회적 요인, 예를 들면 이미 성별로 굳어진 언어, 사회적 관습과 제도, 법과 같은 젠더 문화로 여성과 남성의 구별과 차별이 더 심하게 나타난다.

위에서도 언급하였듯이 남성우월주의 사회 문화에서 많은 여성 차별 문화를 경험하게 되는데 이것은 한국의 왜곡된 유교 사상이나 제도에서 비롯된 역사적 배경을 가지고 있다. 남존여비사상과 가부장 제도를 사회화과정 속에서 정형화시킴으로 여성에 대한 사회적 편견이 작용하여 나타나는 결과라 볼 수 있다. 가부장제도나 남존여비 사상이 담긴 문화를 의식적으로 혹은 무의식적으로 사회과정을 통해 습득하여 의식이나 가치관으로 고정관념화함으로 자연스럽게 혹은 의도적으로 여성차별행위를 하게 된다.

여성과 남성의 사회적 제도와 역할을 통해 고정관념화함으로 많은 성차별의 행위가 일어난다. 역할이 상황과 환경에 따라 혹은 필요에 따라 주어지기보다는 남자와 여자가 해야 할 일을 구분하여 고정관념화함으로 남자가 여성의 역할을 할 때 혹은 여자가 남성의 역할을 할 때 사회적 편견과 차별을 일으킨다. 예를 들어 유교적 관습에 있어서 상제는 여자가 될 수 없고, 특정하게 자격이 부여된 여자 외에 제사에 참여할 수 없다든지 혹은 직장에서 임신한 여자나 자녀가 있는 여성에 대해 차별을 두는 경우이다.

현대 사회에서 여성들이 직장생활을 하게 될 때 남성문화의 지배
문화의 영향에서 편견과 차별을 경험한다. 예를 들면 고정된 업무
배치와 같은 편견으로 여자는 고객서비스 일을 반면에 남자는 관리
직으로 생각한다든지 혹은 사무실에서 커피나 차를 타는 일이 부엌
일로 고정관념화되어 있다든지 혹은 술과 담배를 하는 여성은 자유
개방적인 여성으로 비하시킨다든지 혹은 술을 먹지 못하고 담배를
피우지 못하는 여성은 사회성이 결여된 자로 보는 태도라든지 등 우리
사회에서 여성에 대한 남성들의 성문화적 차별과 편견들이 있다.15
　　다른 흔한 예로 친목회나 가족이나 단체모임에서 음식 준비나
요리는 여성들의 일로 간주되어 부엌일은 당연히 여성이 맡는 것으
로 생각하는 것은 우리 사회에 고정관념화된 문화 편견의 일종이다.
부부간 관계가 동반자 관계라기보다는 주종관계로 차별되는 행위
에는 역사적으로 정형화된 사회적 성문화 편견이다. 그뿐 아니라
한국 사회 정치계에서 일하는 사람들 가운데 여성보다는 남성이 훨
씬 압도적으로 많다는 사실은 무엇을 말해주는가? 현대 사회 문화는
다소 여성들이 정치계나 사회활동에서 과거와는 달리 많은 정치가
가 진출하고 있다. 하지만 아직도 넘어야 할 사회적 성차별 문화와

---

15 한국 여성민우화가 지난 해 2001년 11월 30일 마련한 토론회 "성차별적 노동시장, 그
　대한을 모색한다"에서 간접차별의 구체적인 사례와 그에 대한 방안이 제시됐다. 민우
　회는 은행권, 제2금융권, 유통, 호텔, 공공기관 등 30개 사업장의 정규직과 비정규직
　여성노동자 1,500여 명을 대상으로 실시한 실태조사에 따르면, 많은 여성은 업무배치,
　순환, 교육, 승진 등에서 차별을 경험하고 있다고 발표하였다. <여성신문>, Dec. 14,
　2001/Vol. 655 (7면) 참조. 이와 같은 결과는 여성에게 적합한 일이 주로 단순하고 반복
　적이며 소위 꼼꼼한 '여성적 특질에 관계된 일로 보고 있는 고정관념과 여성이 하는
　일은 누구나 할 수 있는 단순하고 하찮은 일로 인식되며 결국 여성은 그런 종류의 일밖
　에 할 수 없는 구조로 보는 고정관념에서 오는 결과라고 생각한다.

편견의 산이 가로막고 있는 것은 아닐까?

편견의 모판은 성장 과정에서 사회화과정과 교육의 영향이다. 과거에 여성의 특성을 남성과는 달리 이성적이라기보다는 정서적인 특성을 강조하여 지적인 수준에서 남성보다 여성이 낮은 결과로 보았다. 그러한 통계들이나 주장들이 사회적 현상에서 실제로 센서스를 통해 보여지기도 했다. 그러나 그럴 수밖에 없었던 당연한 것은 어려서부터 남자 어린이와 여자 어린이에 대한 고정관념화 된 사회화 과정과 교육제도와 정책 그리고 부모와 교사의 사고와 태도로부터 원인에 있다. 왜냐하면 남자는 성장하여 사회에 나가서 일하고 돈을 버는 사람으로 그리고 여자는 아무리 공부를 해봤자 결혼하여 남편과 자녀들을 돌보는 사람으로 단순하게 생각했던 과거 역사문화에 나타난 사회적 성문화적 차별과 편견이다. 여자의 출세나 운명이 결혼한 남자에 의해 결정된다는 사회적 무의식으로부터 나온 남성 우월주의 사회에서 굳어진 문화 편견의 영향이다. 우리 사회 문화는 아직도 결혼이란 능력 있는 남편을 만나고 출세한 남자를 만나기 위한 수단으로 생각하는 일에 젖어 있는 것은 아닐까? 한국 사회에서 학생들이 직업이나 학과에 선택에 있어서 여학생들이 이공계에 진학하기보다는 어문계열을 선택하기를 아직도 많은 부모나 교사들은 여성스러운 직업을 선망하거나 망설이는 것은 고정관념으로부터 나오는 편견의 원인으로 볼 수 있다.

5) 집단 따돌리기(왕따)

유행어로 사용될 만큼 일상생활에서 많이 듣는 단어 중 하나가

'왕따'와 '차별'이라는 단어이다. 한 때 '왕따 보험'도 나올 정도다.16 말 그대로 집단 따돌림을 받았을 때 정신과 치료를 받을 경우 실질적인 치료비를 지급해주는 보험이다. 왕따 보험이 생길 정도로 우리 사회에 만연되어 있는 사회적 문제이다. 왕따의 문제를 근본적으로 해결하기보다 금전적으로 보상으로 해결하는 우리 사회현실을 보면서 안타까운 심정이다.

왕따란 집단이기주의에 의한 집단 따돌리기를 말한다. 집단 따돌리기란 한 개인이 그들의 원칙과 입장을 따르지 않거나 그들에게 불이익이 주어진다고 생각이 들 때 혹은 그들 집단의 성격과 맞지 않는다는 이유로 혹은 그들 전통과 관습을 따라 주지 않는다는 이유로 혹은 자신의 그 집단의 정당성을 유지하고 강화시키기 위해 희생양(scapegoat)으로 삼거나 집단 소외시키는 경우를 의미한다. 집단 따돌리기의 근본적인 원인은 개인과 개인 관계 속에서 심리적인 작용에서 일어나는 현상이라기보다는 개인과 집단 혹은 집단과 집단 사이에서 일어나는 편견과 차별과 깊은 관계가 있다.

집단 따돌리기 문제는 동지(同志) 아니면 적(敵)으로 극단적인 편 가르기 문화에서부터 유래한다. 극단적인 편 가르기의 원인은 심리학적으로 이권이나 질투심이나 시기심으로부터 발달되는 점도 있다. 또한 이념과 정치적인 원인 규범과 문화적 요인으로 발생한다. 집단 따돌리기 문제가 문화적 편견으로 작용할 때 그 형태는 다양하다. 예를 들어 편 가르기는 인기 문화나 대중문화의 영향이 크다. 대중문화는 TV나 영화 혹은 다른 매스컴을 통해 형성되는데 이 대중

---

16 조선일보, 2001년 2월 17일 토요일 (40판).

문화를 통해 소외감과 갈등이 일어나는 경우가 있다. 이러한 소외감과 갈등은 계층 간의 갈등으로까지 발달하게 된다. 한 예로 유명브랜드를 가진 사람이 그렇지 않은 사람을 무시하거나 호텔 혹은 어떤 기관에서 모임을 가질 때 중형차를 탄 사람이 소형차를 탄 사람보다 우대하거나 중시하는 사회적 태도이다.

아동들과 청소년들 가운데서 왕따의 원인은 신체적 결함 있거나 자신감이 없는 소극적인 아이들을 싫어하거나 반대로 성격이 특이하고 잘난척하는 아이들을 소외시키는 경우도 있겠지만 종종 유명 브랜드 문화나 인기 유명 가수들의 문화로 서로 편 가르기를 하는 경우도 본다.

6) 세대 간의 문화적 갈등

우리는 종종 X-세대니 혹은 N-세대니 하는 말을 듣게 된다. 이 말은 기성세대와 신세대를 구별 짓는 말이다. 기성세대와 신세대의 구별은 근본적으로 세대 간의 문화 차이에서 온다. 세대 간의 문화 차이는 종종 세대 간의 갈등과 차별을 일으키기도 하는데 이 차별과 갈등의 근본적 뿌리는 세대 간의 편견과 차별에 있다.

세대 간에는 세대 간의 문화가 형성된다. 같은 세대에 공유한 문화는 그들의 시대적 생활문화로부터 나온다. 세대 간의 문화는 서로 공통된 부분도 있겠지만 서로 이해하기 어려운 부분도 있다. 그래서 세대 간의 이질감과 갈등을 겪는다. 특히 요즘 IT 세대들이 쓰고 있는 용어들은 기성세대가 이해하기가 어렵다. '쌤'(선생님), '씽룸'(노래방), '비방'(비디오방), '짜져'(보기 싫으니까 사라져), '범탱'(모범생), '만빵'(만화

방) 등 청소년 사이에 '그들만의 언어'가 생겼다. 이것은 90년대 초부터 PC통신 인구가 크게 늘면서 주로 10대들의 통신상에서 특유한 '통신언어'를 주고받기에서 시작했다. 지금 IT세대의 은어는 과거의 것과 현격히 다르다. 기성 세대간의 언어괴리현상은 세대 간의 갈등이 일어난다.

그 한 예로 '일진'과 '빵 셔틀' 문화를 그 예로 들 수 있다. 1980년대 후반부터 사용되었던 일진이란 말은 "학생들 간에 패싸움을 할 때 최전방에 나설 수 있을 정도로 싸움을 가장 잘하는 아이들"을 지칭하는 말이다. 그러나 오늘날 이 말의 뜻은 다소 다른 의미에서 소위 "노는 아이들, 잘나가는 아이들"을 말하며 '일진회'란 공부도 잘하고 싸움도 잘하고 잘 노는 아이들의 모임"을 일컫는다.[17] 문제는 일진회를 통해 귀족(일진), 평민, 노예(왕따) 등으로 계급적 신분사회를 형성하여 왕따와 소외, 더 나아가 폭력행위로 이어지며 극단적으로 자살로 몰고 가는 원인이 된다는 점이다. 이러한 일진 문화는 '인증샷 놀이', '동전 놀이', '기절 놀이', '캠퍼스 놀이', '왕따 놀이' 등은 텔레비전이나 다른 영상매체를 통해 방영된 폭력 영화나 유행하는 코미디 프로그램의 내용을 흉내 내거나 따라 하며 형성된다. 특히 대다수 청소년이 즐기는 컴퓨터를 통한 인터넷 게임 프로그램을 모방하는 경우들이 그 대표적인 예다. 소위 '빵셔틀'이란 유행어가 그것을 말해준다. '빵셔틀'이란 스타크래프트라는 게임에 등장하는 수송비행선 이름인 '셔틀'에 '빵'이라 단어를 합쳐서 만들어진 신조어로서 힘센 학생들에게 '빵 심부름'을 강요당하는 학교폭력 피해 학생을 가리

---

17 문재현 외, 『학교폭력 어떻게 만들어지는가』 (서울: 살림터, 2012), 165.

킨다.[18] 이처럼 어려서(초등학생 때)부터 영상매체에 익숙한 문화에 살고 있는 한국 청소년들은 아날로그보다 디지털을 통해 이미지 영상과 기호가 더 익숙한 생활을 하고 있다.

7) 인종차별과 갈등

과거와는 달리 과학발달과 교통통신의 발달로 지역 간 거리가 단축되었고 서로 왕래가 빈번해지고 지역경제에서 국가 경제가 활발하게 일어남으로 국제화시대를 맞이하였다. 이제는 더이상 과거와는 달리 우리는 자립자족의 시대에 머무를 수 없고 상호협력관계에서 자구책을 마련할 수밖에 없는 개방 시대에 살고 있다. 이러한 개방의 물결을 타고 많은 타국 사람들이 왕래하게 되었고, 외국기업의 투자로 많은 기업이 국내에서 경제활동을 하고 있으며 타국의 근로자들이 많이 국내에 들어와 활동하고 있다.

세계화의 문이 자유롭게 열리자 많은 외국인이 한국을 방문하고 또한 한국인으로 자유로이 외국에 여행 혹은 사업차로 방문을 하고 있다. 과거에 볼 수 없었던 많은 인종의 외국인이 길거리에서 쉽게 눈에 띄게 볼 수 있다. 직장에서도 많은 다양한 외국인과 함께 일을 같이 하는 경험을 하게 된다. 그러나 종종 외국인과 함께 대화를 나눌 때나 일을 하게 될 때 이해하기 힘든 경험을 만나게 된다. 언어적인 차이는 물론 관습화된 문화적 차이에서 오는 갈등들을 경험하게 된다. 문화적 갈등이 심화되면서 차별을 하게 되고 그 차별이 심화되어

---

18 Ibid., 39

폭력이나 살인까지 발전하게 되는 경우가 발생하고 있다.

외국인에게 비추어진 태도와 자신이 경험해 온 문화는 다르고 불편하며 혹은 불이익이 주어진다는 이유로 갈등과 차별이 시작되고 불쾌감과 다툼이 일어난다. 단순히 일의 능률보다는 외국인이라는 이유 때문이다.

통계자료에 따르면 2017년 말 현재 국내 체류 외국인 수는 2,024,813명이며 외국인 등록자 수는 1,142,446명이고, 외국국적 동포 국내 거주 신고자는 382,749명, 단기체류자는 499,618명으로 알려졌다.[19] 1990년 후반부터 한국 노동 현장에 근로자로 들어오기 시작 한 외국인 이주근로자는 2020년 현재까지 사회적 문제 가운데 중요한 잇슈로 떠오르고 있다. 2001년 통계만 해도 그 수는 만 명이 조금 넘는다는 보고가 있었다. 당시 그중 25%는 연수생이었으며, 75%는 불법체류자로서 미등록 노동자들이었다고 한다.[20] 이들 중 많은 노동자, 특히 불법체류자들은 불법체류자라는 약점이 있다는 이유로 열악한 노동 현장에서 저임금과 상습적인 임금 체불 그리고 사기와 같은 것으로 시달리고 있어 사회적 문제로 대두되었다. 지금도 여전히 악덕 기업가들로부터 여권 압류와 사생활 통제 그리고 폭언과 폭행 등으로 인종차별대우를 받고 있다. 이러한 문제의 근본적인 뿌리는 잘못된 정부의 노동정책과 노동력을 싸게 수입하고 편리하게 이용하는 고용자들의 잘못된 태도에 있다. 그러나 다른 한편으로 제3 세계라고 일컫는 가난한 나라 출신이라는 고정관념과 문화

---

19 출입국, "외국인정책 통계월보", 2017년 4월.

20 외국인노동자대책협의회, "111주년 노동절 성명서" 2001년 5월 1일 참조.

편견으로부터 인종차별을 하고 있다는 점도 놓쳐서는 안 될 것이다. 특히 유교의 문과/무과, 양반/천민 차별 이분법적 이데올로기는 직업의 귀천을 차별하는 편견 문화로 뿌리를 내려온 역사적 경험으로 남아있다. 그것은 오늘까지도 같은 외국 이주노동자들일지라도 미국이나 유럽계의 노동자는 선진국에서 온 노동자로서 화이트칼라의 대우를 받고 있다. 그러나 소위 후진국이라고 불리는 몽골, 인도네시아, 파키스탄, 필리핀, 우즈베키스탄, 등에서 온 노동자는 육체적 힘든 3D(Dirty: 더럽고 지저분한 일, Difficult: 힘들고 고된 일, Dangerous: 위험한 일) 노동업계에서 몸으로 천하게 차별받고 있는 양상을 보였다.

개인적인 경험을 한 예를 들면 2001년 미국 유학을 마치고 돌아온 후 인천 남동공단에 위치한 세화복지관에서 외국인 근로자를 돕고 선교하기 위해 '글로벌 훼밀리 교회'를 개척해서 담임해 오던 중 아프리카 가나국가에서 온 제임스라는 흑인 영어 교사를 만나게 되었다. 그는 가나에서 정식 대학을 영어교육과로 졸업하고 영어 교사 경력을 가지고 있는 훌륭한 교사였다. 그러나 한국에 들어오자마자 마땅한 직업을 찾지 못하고 부천지역 'XX폐차장'에서 일을 하고 있었다. 필자는 가나 친구 제임스의 직업을 바꿔주고 싶은 마음에 외국인 현지 영어교사를 찾는 학원들을 찾아다니며 알아보았지만 모든 조건은 좋지만 흑인이라는 이유 때문에 거절당하는 경험을 하였다. 당시 얼마나 한국 사회 문화가 인종차별이 심한가를 실감하였다. 이러한 인종차별의 경험은 백인우월주의로부터 역사적 뿌리를 두고 있는 사대주의적 문화 편견 가운데 하나이다.

서구의 인종차별을 비난하면서도 우리는 지금 동남아시아 국가들로부터 이주해 온 국내 외국인노동자들을 억압하고 차별을 하고 있지는 않은가? 또한 동남 아시아권의 외국인과 국제결혼을 한 다문화가정들이 한국 사회에 많이 늘어나고 있다. 지금 이 순간에도 혼혈과 국제결혼을 한 여러 다문화가정의 아이들이 피부색이나 민족이 다르다는 이유로 집단에서 이상하게 여기며 차별과 편견을 받고 있다.

8) 노령화에 대한 편견

노령화에 대한 편견은 노인이 가지고 있는 개인적인 편견도 있지만 노인을 바라보는 사회 문화적 편견이 있다. 다시 말해 노령화에 대한 사회적 편견이 조장되어 노인을 바라보는 시각이 왜곡된 경우이다. 노령화되면서 노인들을 아이들로 비유하면서 정신적으로 무능력하고, 호기심이 없고, 외로우며, 의존적이고, 힘이 없는 사람으로 간주하여 차별화하는 경우를 종종 보게 된다. 또한 노령화된 노인들은 고집이 세고 완고하며 융통성이 없는 사람으로 보는 사회적 인식이 있다. 특히 자본주의 사회에서 노인은 정신적으로나 육체적으로 생각과 행동이 느리기에 유용성이 없다는 이유로 노인을 퇴임시키거나 경시하고 무시하는 편견이 심하게 나타난다.

IMF 시대 이후로 계속해서 50대 초반부터 직장을 잃고 갈 곳 없는 고령자들이 많아지게 되었다. 젊은이들도 취업난에 시달리고 있는 판국에 우리 사회에서 고령자가 취업한다는 것은 너무 어려운 처지이다. 사실 고령자고용촉진법상 준고령자의 연령은 만 55세이며, 노인복지법상 복지 혜택을 받을 수 있는 연령은 65세부터다. 따라서 55세와 65세 사이에 있는 많은 사람은 신체적으로나 정신적으로 노인으로 간주하지 않고 사회적으로 많은 경험을 가진 중요한 나이라 생각된다. 그러나 나이가 많다는 이유로 때문에 거부한다고 하지만, 실제적으로는 노인들은 일이 느리고 약하다라는 고정관념(편견) 때문에 일어나는 문제라고 본다.

더욱이 한국 사회에 전반적으로 나타나는 사회적 현상 중에 '연령 제한'이라든지 '나이 서열'의 문제는 참으로 심각하게 보인다. 능력(실력) 위주 사회라기보다는 나이와 서열 위주의 사회로 치닫고 있다. 이것은 나이 든 고령자에 대한 위계질서와 예우를 하기 위한 문화라기보다는 고령자들이 하잘것없고 능력 없는 사람으로 보는 사회적 편견 현상에서 오는 이유라고 생각한다. 무슨 일을 할 때, 인간관계에 있어서 한국 예절 문화의 영향 때문인지, 나이 서열과 호칭 문화가 계급주의 사회 문화로 전락하여 자기보다 나이가 적은 사람들은 함부로 편안하게 일을 시킬 수 있고, 상사보다 나이가 많으면 업무처리에 차질이 올 수 있다는 고정관념 때문에 오는 영향이 크다고 생각한다.

9) 장애인에 대한 편견

장애인에 대한 개념은 시대에 따라서 그리고 문화적 차이와 사회적 환경에 따라서 다양하게 정의하고 있다. 학문적으로 장애인에 대한 시각은 달리해 왔다. 의학과 심리학적인 면에서 과거에 장애인이란 '비정상인'(abnormal)으로 간주된다. 병리학적인 면으로 장애인으로 구분해 왔다. 신학이나 종교에서도 장애인을 '죄인' 혹은 '천벌을 받은' 혹은 '신으로부터 저주를 받은 자' 등 먼 과거 역사에서 기록을 찾아볼 수 있다. 한 때는 '병' = '죄' = '장애인'이라는 도식이 성립되기도 했다. 사회학적이나 경제학적으로 사회인을 '기능적' 인간으로 봄으로써 경제성의 원리에 입각하여 정상인과 비정상인을 구분하기도 하였다. 정상과 비정상 혹은 장애인과 정상인 사이의 구분은 대중적인 규준(평균 집단)을 정상으로 보고 이에 벗어난 경우를 비정상 혹은 장애인으로 규정하는 문화였다. 이러한 분류기준은 사회문화적으로 장애인에 대한 차별과 편견을 낳도록 하는 고정관념을 만들었다. 그리고 사회적, 경제적 가치를 기준으로 차별화하여 사회적 편견문화가 조성되었다.

장애인에 대한 편견은 사회, 문화, 경제 등 모든 영역에서 차별행위로 나타난다. 지난 과거 보도에 따르면, 2002년 1월 조선일보 기사에서 4층 기숙사 건물에서 떨어져 팔다리 장애인이 된 김동은 씨는 98년에 연세대 경영학과에 특차로 합격하고 탁월한 성적과 연수경력이 있음에도 불구하고 취업을 하려 했지만 그는 2001년 5월부터 현대 백화점, 삼성에버랜드의 취업설명회에서 지원서조차 얻지 못했다고 한다. 계속해서 2-3개 다른 기업에도 도전했지만 역시 모두 서류전형에서 낙방했고 7월에 대학원에 진학하고 희망 직장도 공기업으로 수정해 KTF(한국통신프리텔)에도 지원했지만 역시 또 낙방했다. 그 이유는 "지나치게 중증 장애여서 업무를 감당하기에 부적절하다고 판단했다"고 한다. 한국 사회에서 얻는 김동은 씨의 마음의 큰 상처를 준 것은 장애인에 대한 사회의 몰이해, 무시, 편견과 차별이었다.

장애인이란 '비정상적인 사람'으로 그 자체 단어 속에 차별의식이 담겨 있다. 사실상 정상인과 비정상인과의 엄밀한 구분은 명확하지 않다. 우리는 모두 신체적 결함이나 부족한 점을 가지고 있다. 이런 면에서 장애인이란 신체적 어느 한 부위의 결함이란 뜻에서 "장애"(disable)란 단어가 적합한 것이다. 만일 장애인의 판단 기준이 신체적인 조건이라면 신체적 차이로 인해서 정상인과 비정상인으로 구분하는 것은 차별행위이다. 그것은 사회적 문화로부터 오는 편견이다. 장애인은 객관적으로 존재하는 것이 아니라 사회적 인식의 결과이기 때문이다.

한국에서 정신질환자에 대한 편견과 차별이 심하다. 정신질환자란 정신적으로 아픈 것으로 신체적으로 불편하거나 아픈 사람이라는 의미로 동일한 입장에서 이해해야 한다. 그러나 정신질환자에 대한 사회적 따가운 시선으로 말미암아 차별과 소외를 당하고 있다. 우리 사회의 전통 속에서 정신질환자에 대해 사회적으로 냉대하며 소외와 차별을 일삼아왔다. 종종 사회적 관습이나 전통으로부터 미신적 요소 견해로 정신병자들을 불순하게 대하며 소외와 차별을 해왔던 것이 사실이다. 사회적 전통에서 사람들은 "정신병자"를 귀신 들린 자 혹은 악마에 사로잡힌 자로 보고 의학적으로는 치료가 불가능한 것처럼 판단을 내리고 "정신병자"를 은폐하는 사회적 편견문화이다. 한번 "정신병자"로 낙인이 찍히는 것에 대해 사회적 거리두기를 하며 두려워하고 기피하는 모습들을 본다.

미국의 풀러 토리(Fuller Torrey) 정신과 의사가 조사한 결과 보고에 따르면, 홈리스의 3분의 1, 감옥 수감 중 10%가 정신분열증 환자라고 한다. 정신분열증세 환자들은 사회적 지위나 학력과 관계없이 걸릴 수 있는 가능성이 있다. 특히 정신분열증세는 10대 후반부터 30대까지 발생하고 40대 이후에는 거의 발병이 일어나지 않는다고 한다.

토리는 1970년대부터 정신분열증이 '바이러스'로 말미암아 오는 것으로 주장하다가 학계에서 '이단'으로 취급받기도 하였다고 한다. 바이러스는 미생물학적인 원인이지만, 개인적 관점에서 볼 때, 정신분열증의 원인이 '사회적 바이러스,' 즉 사회 문화적 편견에 있다고 볼 수 있다. 사회 문화적 소외와 차별 때문에 오는 사회적 스트레스의 결과이다. 자본주의 시대에 과열된 경쟁과 '과잉 가능성'으로 정신적 면역력이 약한 사람들이 늘어가고 있는 추세이다. '사회적 바이러스' 란 내적으로 견디어 낼 만한 면역력이나 저항력이 없기에 인간의 정신세계로 침투하는 일종의 사회적 병리 현상으로 볼 수 있다. 면역력이 강한 사람이란 의지와 자아가 강하다. 비판의식을 가지고 있는 사람이 고민을 해결할 수 있는 강한 사람이 될 수 있다. '사회적 바이러스' 즉 사회적 편견에 저항할 능력이 없을 때 어느 한쪽에 치우쳐 몰두함으로 다른 각도의 생각을 할 수 없게 된다. 정신분열증이란 편견의 작용과 원인을 분석하고 예방적 차원으로 도움이 될 수 있지 않을까? 악의 요소들을 전염시키는 '사회적 바이러스'는 더 나아가 살인과 폭력 그리고 심지어는 자살까지도 일으키는 편견 문제의 문제로 연구의 대상은 아닐까 생각한다.

5. 종교적 배타성과 편견

한국 사회에서 심한 갈등과 마찰이 빈번한 것이 종교 간의 갈등과 대립이다. 한국 역사를 돌아볼 때, 시대가 바뀔 때마다 토속종교와 불교, 불교와 유교, 기독교와 유교, 기독교와 불교 사이에 계속 대립과 갈등을 일으켜 왔다. 대부분 종파 간의 대립과 갈등이 일어난다.

개신교와 불교의 마찰과 갈등은 지속 종종 발생해 왔다. 종교사회학자 이원규는 연구조사를 통해 한국 사회에서의 종교 갈등의 심각성을 지적한다. 그는 대표적인 실례로 오래전인 "지난 1998년 6월 제주도 원명선원에서 일어난 대웅전 불상사건"(6월 26일 S교회의 신도 김○○의 소행으로 밝혀진 화강암 불상 750기와 삼존불 훼손사건)을 예로 들면서, 무엇보다도 "한국 사회에서의 종교 갈등을 주로 개신교와 불교 사이에서 생겨나고 있으며, 그것은 이미 위험수위에 도달해 있다고" 지적했다.[21]

이원규 조사 연구 결과에 따르면, 한국 사회에서 종교 간의 갈등과 대립은 종교적 배타성의 결과이다. 이 종교의 배타성은 자기 우월주의에 근거하여 다른 종교집단을 과소평가하고 열등하게 보며 자기 소속 집단에 대해서는 충성심이 강하게 나타나는 반면, 다른 상대 집단에 대해서는 적대감과 증오감을 갖게 만든다고 본다. 이러한 자신의 종교집단 다른 종교집단에 대한 배타성을 일으키는 중요한 요인은 교리 혹은 교조주의에 근거된다. 교리를 특수화하여 차별화하고 권위를 부여함으로 자기 우월주의에 빠지게 된다. 무엇보다 교리교육(indoctrinalization)을 강조하여 반복적인 암기를 통해 전형적인 세계관을 제시하나 좁은 세계관을 주입시킴으로 편견에 빠지게 한다. 이원규는 종교적 우월감의 위험성에 대해 다음과 같이 설명한다.

이렇게 종교적 우월주의에 빠지면 쉽게 '우리/그들'(we/they)의 이분법적 사고를 갖게 된다. 그래서 '우리'는 구원받은 자, 선택받은 자, 축복받은 자, 빛의 자녀로, '그들'은 멸망할 자, 버림받은 자, 저주받은 자, 어둠

---

21 이원규, 『한국교회 어디로 가고 있나』(서울: 대한기독교서회, 2000), 242. 그의 통계자료에 의하면, 지난 1984년 이래로 사찰건물 방화사건이 19회, 불상이나 석탑 훼손사건이 18회로 통계를 제시하고 있다.

의 자식으로 구분하는 경향이 생긴다. 이렇게 하여 우리(종교)/그들(종교)의 구분이 강화되면 모두 옳은 것은 '우리'와 동의어, 모든 그른 것은 '그들'과 동의어로 보게 되고, 이에 따라 편견과 반감이 생겨나게 되는 것이다.[22]

앞서 제1부 '편견의 정의와 본질'에서 제3장 '연역적인 사고방식과 편견'이란 주제에서 서술한 바와 같이, 절대적 신념체계를 가진 종교는 자기 정당성과 진리를 가지고 출발한다. 그들은 자기 절대적 가치, 예를 들면 사랑, 자비, 관용 등을 실천하기 위해 노력한다. 문제는 자기 정당성과 진리를 주장하는 가운데, 강한 종교적 정체감이 형성되고, 자신의 종교에 대해 자부심을 갖게 되면서 부정적인 편견을 갖게 되는데, 그것은 다른 종교에 비교하면서 우월감과 배타성이 함께 키워진다. 강한 자기 정당성과 진리를 주장하는 가운데 자기와 다른 상대 종교와 대면하게 될 때, 자기 정당성과 진리를 주장함으로 다른 상대의 종교나 교파의 정당성이나 진리를 인정하지 않으려는 편협적 사고가 발생한다. 이 종교적 우월감으로부터 나오는 종교적 배타성의 문제는 편견으로 작용한다.

종교와 편견에 대해서 이원규는 "종교와 사회적 태도"라는 연구[23]에서 종교의 "특수주의," "권위주의," 그리고 "자기우월주의"와 매우 밀접한 관계가 있음을 설명해 준다. 그는 "종교적 특수주의는 우월

---

22 Ibid., 243.

23 이원규, 『종교사회학의 이해』(1997), 제7장 참조 바람. 이원규는 "가치관이나 세계관에 따라 인간관계, 사회관계에서 나타나게 되는 태도를 사회적 태도"라고 정의하면서 "종교와 사회적 태도 사이에는 어떠한 관계가 있는가," "종교는 사회적 태도에 어떤 영향을 미치는가," 그리고 "이것은 어떠한 결과를 가져오는가"에 대한 연구를 하였다.

주의와 결합되어 종교적 배타성을 강화시킨다"고 주장한다. 종교적 배타성의 성향이 강한 그룹이나 종파일수록 편견과 차별이 심하게 나타난다는 사실을 입증하였다.[24]

그의 연구 분석 결과에 따르면, 개신교인이 종교적으로 다른 종교에 비해 종교적 배타성이 더 높은 것으로 나타났다. 한국교회 개신교 지도자(목사)가 더 종교적 배타성이 더 크게 나타나는 것으로 조사되었다.[25] 종교적 배타성(타 종교에 대한 적대감이나 거부감)은 개신교 안에서도 보수적 교파의 경우가 더욱 심하고, 개신교인 중에서도 "정통주의 교리를 잘 믿는 교인일수록," "스스로 믿음이 깊다고 생각하는 교인일수록," "교회에 열심히 출석하는 교인일수록," "기도를 많이 하고 성경을 많이 읽는 교인일수록," "종교적 체험을 자주 하는 교인일수록" 타 종교에 대한 배타성은 더 강한 것으로 나타난 결과를 보여준다.[26]

특히 그는 기독교의 신학적인 내용의 성향을 1) '배타주의'(exclusivism)와 2) '포괄주의 혹은 포용주의(inclusivism)' 그리고 3) 다원주의(pluralism)을 제시하면서, 신학적 내용에 있어서 종교의 배타적

---

24 Ibid., 281. 이원규 교수는 "특수주의에 대한 정의를 진리, 지식, 선함을 독점적으로 소유하고 있다고 보는 태도"로서 "자신의 종교만이 허용될 수 있고, 모든 다른 것들은 거짓이고 어리석고 사악하다는 믿음"을 소유한 자들을 의미한다. 따라서 "다른 사람들의 종교적 정당성에 대해 편견과 차별의 태도를 만들어 낸다"고 보고 있다. 이에 대해서는 또 다른 책, 이원규(2000), 『한국교회 어디로 가고 있나』, 242-244.

25 이원규 교수는 특히 한국 개럽에 의한 조사분석들인 『한국인의 인간 가치관』(1990)과 『한국인 종교와 종교의식』(1998) 그리고 현대사회 연구소, 『우리나라 종교지도자들의 의식에 대한 조사연구』(1990) 들을 통해서 한국 사회에서 대표적인 종교들에서 나타난 종교적 배타성에 대해 조사분석 한다. 이원규(2000), 『한국교회 어디로 가고 있나』에서 "종교적 배타성의 실태" (248-250) 참조 바람.

26 Ibid.

성향의 조건을 세 가지로 분석한다.[27]

첫째, 유일신 사상으로 인한 종교적 배타성이다. 불교나 힌두교처럼 유일신 사상이 없는 종교는 유대교와 이슬람교 그리고 기독교와 같이 강한 유일신을 믿는 종교보다 종교적 배타성이 상대적으로 약하여 포용주의나 다원주의의 입장을 취하고 있다. 특히 천주교는 개신교보다 종교적 배타주의가 약한 이유는 '제2의 바티칸 공의회'(The Second Vatican Council, 1962-1965)에서 포용주의 신학 노선을 공식적으로 선포하고 실천함으로 약해졌다.

둘째, 신학적 내용 조건이 '교리나 신조 혹은 신학에 있어서 이분법적 사고구조'를 강조하는 종교일수록 종교적 배타성이 심하다. 선/악, 빛/어둠, 하늘/땅, 신/인간, 영혼/육체, 내세/현세, 정신/물질 등으로 이원론적 신학 논리를 구분하며 양자택일을 강요하는 교리의 경향이 있기 때문이다. 이러한 이분법적 사고는 본질과 비본질, 구원과 타락, 내집단과 외집단, 아군과 적군, 주체와 객체 등으로 양극화현상으로 치닫고, 지나치게 양극화는 분열과 반목, 적대감을 만들어내어 사회를 혼란과 아노미 상태로 몰아 사회해체의 위기를 초래할 위험이 있다.[28]

마지막 셋째, 선민사상(의식)이 강하게 나타날수록 종교적 우월주의가 강하게 나타나고 그 결과 종교적 배타성을 초래하게 된다. 하나님의 유일한 백성으로 선택되었다는 선민사상으로 하나님의 자녀

---

27 Ibid., "한국교회 배타성의 이념적/현실적 요인" (251-2) 참고.
28 양극화에 대한 문제는 이원규(1991), 『한국교회의 사회학적 이해』 제5장에 있는 "양극화 극복의 문제(179-195)"를 참고 바람.

종교적 배타성의 형성[29]

종교적 배타성의 형성

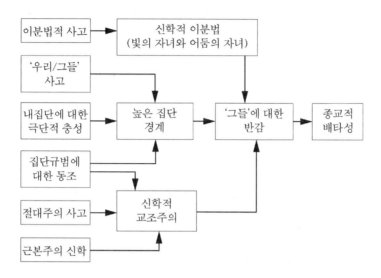

로 선택받았다는 믿음으로 받아져 다른 백성들과 혹은 다른 사람들과는 구별된 자로 생각하는 특정주의 빠지게 되고, 자신의 종교가 최고라는 우월감에 사로잡혀 타 종교나 자기와 다른 종교를 믿는 사람(집단)에 대해 강한 배타성을 갖게 된다.

이상과 같이 세 가지 신학적인 조건과 함께 이원규는 종교사회학적인 입장에서 특히 한국교회가 종교적으로 강한 배타성을 가지게 되는 이유를 종합적으로 세 가지로 요약하여 제시한다.[30] 근본적으로 1) 자본주의에 휘말려 든 한국교회가 지나치게 집단적 이기주의와 경쟁의식으로 성공주의에 집착하고 있기 때문이다. 그리고 2)

---

29 출처: 이원규, 종교사회학의 이해 (나남출판, 2001), 283.

30 이원규(2000), 『한국교회 어디로 가고 있나』, 253-254.

문화적 제국주의적 성향을 띠고 들어온 서구 신학은 한국의 고유전통과 관습 그리고 종교까지 무조건 배척하고 말살시키려는 편견으로 제국주의적 서구 신학을 무비판으로 답습해 왔기 때문이다. 그리고 마지막 3) 반지성주의 성향, 즉 지나친 감성주의로 비합리적이며 반지성적인 성향이 종교적 배타성을 조장하였다. 결국 광신적이고 맹목적인 신앙으로 말미암아 반사회적이고 몰상식한 태도는 종교적 배타성을 강화시켰다고 이원규는 주장한다.

결론적으로 이원규의 한국교회의 종교적 배타성에 대한 연구조사는 종교적 배타성의 근본적 뿌리가 이념적인 문제로 발전되어졌다고 생각할 수 있다. 종교와 종교 사이의 갈등과 종교적 적대감은 집단 이데올로기적인 적대감에서부터 나오는 것으로 이해하는 것이 더 적합하다. 이러한 이데올로기적 적대감은 편협하고, 무비판이고, 비합리적이며, 비지성적인 신앙교육의 결과이며 종교 생활을 통한 문화화의 과정에서 발생되는 것에 근본적 편견의 작용이다.

5장

교육과 편견

1. 학습이론과 편견 형성

제3장에서 진화론적 입장과 사회학적 입장에서 편견 형성에 대해 살펴보았다. 사회생활에 있어서 편견은 보편적인 현상이며 자연스러운 성격이 있다. 편견이 만들어지는 원인은 개인의 심리적인 상태나 사회 환경적 조건에서 형성되는 것을 살펴보았다. 그리고 사회화 과정에서 편견이 습득되는 것을 알 수 있었다.

편견 형성과정에서 중요한 다른 요소는 교육적인 측면이다. 편견은 학습으로 습득될 뿐만 아니라 교육을 통해 강화되기도 전수되기도 한다는 점이다. 여기에서 학습이란 외적인 교육환경과 조건을 통해 배움의 과정에서 상호작용을 함으로 습득되어진 사고와 행동 변화이다. 사회화과정은 교육과는 다르게 비의도적으로 삶 속에서 제도와 관습, 문화와 전통에 참여함으로 배움이 일어나는 과정이다. 이 장에서 중점적으로 살펴보고자 하는 것은 학습이론과 편견 형성이 어떤 관계가 있는가를 살펴보고자 한다. 무엇보다 학습이론에 기초가 되는 행동주의심리학과 인지발달론 관점에서 편견 문제를 다루고자 한다.

2. 행동주의심리학과 학습이론

행동주의심리학의 기본적 가설은 인간은 외부 환경으로부터 자극을 받고 그 자극으로부터 유기체적 반응을 일으켜 행동하게 된다는 것이다. 유기체적 인간은 외부의 자극을 받고, 자극의 반응이 강화되기도 소멸되기도 한다. 이런 과정을 조건반사이론이라고 하며 행동주의심리학이라고 한다.[1]

1) 파블로프의 조건화 이론

파블로프의 실험은 조건적 자극으로 무조건적인 반응을 일으키는 실험이다.[2] 그는 어두운 방에 개를 넣어놓고 불빛이 커질 때마다 반복적으로 음식을 주었을 때 발생하는 현상을 조사 연구했다. 그 결과 처음에 음식을 넣어주었을 때 타액 분비 반사를 일으켰다. 나중에 불빛만으로도 타액 분비 반응을 일으켰다는 실험 결과이다. 여기서 불빛은 개에게 반응하는 조건이 된다. 조건적 자극이 무조건적 자극보다 먼저 주어질 때 조건형성이 가장 잘 이루어진다. 그러나 이 실험에서 조건이 한 번 이루어졌다고 해서 조건자극이 계속 작용하는 것은 아니다. 만일 음식이 없이 불빛만 반복해서 제시했다면 불빛은 그 효과를 잃기 시작한다.

---

1 행동주의심리학자들은 파브로프(Pavlove)의 고전적 조건반사설, 손다이크(Thorndike)의 시행착오설, 거스리(Gutrie)의 접근 조건화설, 스키너(Skinner)의 조작적 조건화설, 헐(Hull)의 강화설 등이 있다.
2 William C. Crain 지음/서봉연 옮김, 『발달의 이론』(중앙적성출판부, 1983), 327-31.

물론 특정 자극만이 그 반사를 유발하는 것이 아니다. 비슷한 작가에서도 반응이 일반화된다는 실험 결과가 있다. 어떤 특정한 음조의 종소리에 대해 침을 분비하도록 조건형성화된 개는 다른 비슷한 음조의 종소리에도 반응할 수 있다는 것이다. 이것을 '자극일반화'라고 한다. 그러나 만일 음조가 다른 종소리를 울리고 음식을 주지 않았다면 개는 원래의 조건자극에 가장 가까운 음조에만 국한하여 어느 정도 선택적인 반응을 하게 된다. 이것이 '자극차별'이다. 따라서 한 음조의 소리에 음식을 주고 다른 음조에 음식을 주지 않음으로 능동적인 차별을 일으킬 수 있는 실험 결과이다.

2) 왓슨의 정서적 조건형성

생리적 반응을 연구한 왓슨(Watson)은 '정서적 조건형성'에 관심을 두고 연구를 하였다.[3] 특히 출생 직후 학습되지 않은 세 가지 정서 반응으로 공포와 분노와 사랑을 제시한다. 이러한 정서 반응은 인간의 본능적 반응으로 대부분 자극을 통한 학습으로부터 생성된 것으로 본다. 예를 들어 공포반응은 아이가 뱀을 무서워하는 것은 다른 사람이 뱀을 볼 때마다 비명을 지르는 소리에 아이가 놀랐기 때문이다. 뱀이 조건자극으로 역할을 한 것이다. 그리고 분노 반응은 처음에 학습되지 않은 반응이지만 상황과 신체적 구속이 있는 상황에서 분노를 일으킨다. 가고 싶은 곳을 강제적으로 가지 못하게 한다면 분노가 일어난다. 또한 사랑의 경우도 처음에 어떤 특정인에게 애정

---

3 Ibid., 331-338.

을 느끼지 않지만 곧 애정을 느끼도록 조건이 형성된다.

따라서 타인에게 대해 부드럽거나 긍정적인 감정은 2차 조건형성으로 학습된다. 왓슨의 이론에 따르면 아이가 성장해 감으로 사람과 사물에 대한 정서적 반응은 상당 부분 조건형성을 통해 학습되기 때문에 학습 환경의 조건이 중요한 요인으로 작용한다.

3) 스키너의 조작적 조건화 이론

스키너(B. F. Skinner)는 조건형성보다 반응적 행동에 더 역점을 두고 강조한다.[4] 그의 관심은 유기체가 자유로이 활동하고 그 결과에 따라 통제되는 조작적 행동의 본질을 탐구한다. 스키너식 조작적 조건형성이란 최초의 자극을 알 수 없고, 유기체는 단순한 반응을 방출하며 이 반응은 반응 뒤에 나오는 강화된 자극으로부터 통제된다. 특정한 자극에 의해 자동적으로 반응이 유발하는 것이라기보다 행동의 결과로부터 결정된다. 즉 강화된 자극은 행동을 통제하는 수단이다. 강화된 자극에는 음식이나 고통 제거와 같은 자연적 강화 속성을 가진 '1차적 강화자극'이 있다. 그리고 이와 다르게 강화자극에는 '조건이 형성된 강화자극'이 있다. 예를 들면 미소를 짓는 얼굴 표정이나 칭찬을 또는 주의나 관심을 주는 일이다.

일상생활에서 어떻게 차별된 자극과 결합되는지에 대한 많은 예들이 있다. 만일 사람을 만날 때 미소를 짓는 사람을 만나면 친절한 사람으로 긍정적인 반응을 하게 되고, 찡그리는 사람을 접근하면

---

4 Ibid., 338-362.

거절과 같은 혐오적인 모습을 드러낸다. 이러한 얼굴 표정은 사람을 접근할 때 그 사람에게 어떻게 접근할지에 대한 가능성을 통제하는 차별 자극이 된다. 따라서 조작적 조건형성에서 먼저 주어진 자극들이 반응을 일으키는 가능성을 높게 해준다. 자극의 일반화 과정이 있는 것처럼, 스키너 이론에도 조작적 조건형에서 반응의 일반화 현상이 일어난다. 다시 말해 강화는 특정 반응 뿐만 아니라 동일한 일반적 분류의 다른 반응에도 영향을 미친다. 예를 들어 가정에서 웃어른에게 공손히 대하도록 강화받은 아이는 강화받은 적이 없는 다른 이웃 어른들에게도 공손한 태도를 보이는 경우를 볼 수 있다.

4) 행동주의심리학과 편견 형성

자극과 반응의 원리로서 주장하는 행동주의심리학자들의 한계성은 드러난다. 오스타인(Allen C. Onstein)의 지적과 같이,5 얼마든지 자극과 반응의 효과를 방해하는 요소가 있을 수 있고, 학습자를 너무 본능적이며 기계적으로 보고 있으며, 학습이란 복잡한 사고의 과정이며 고차원적 정신 과정일 뿐만 아니라 창의적 사고와 직관과 같은 점들을 포함하지 않고 학습의 과정을 너무 단순화시켜 이해하고 있다는 점이다.

그러나 학습발달과정의 이론에서 보면, 행동주의심리학자들의 주장에서 자극에 대한 반응이론으로부터 기본적인 학습이론의 기초가 되는 다음의 세 가지로 요소가 있는 것은 사실이다. 그것은 첫

---

5 Allen C. Onstein, *An Introduction to the Foundations of Education* (Chicago: Rand MaNally College Publishing Company, 1977), 350.

째, 학습은 자극과 반응으로 이루어지는 형태의 습득이나 변화이다. 둘째, 문제 해결을 위한 학습은 시행착오를 통해 얻어진다. 셋째, 학습의 결과는 자극과 반응으로 획득된 습관이다.

만일 편견이 학습을 통한 습득의 결과로 이해할 때, 우리는 편견을 행동주의심리학 이론으로부터 통찰을 얻을 수 있다. 특히 편견의 작용이 자극과 반응의 원리로부터 습득된 습관과 관계되기 때문이다.

편견의 문제는 파블로브의 고전적 조건형성 모형에서 반복적인 조건자극으로부터 반응된 조건형성과 관련될 수 있다. 조건반응이나 무조건 반응은 더이상 조건을 형성시키지 않더라도 비슷한 자극들을 일반화하는 현상이 나타날 수 있다. 이때 지나치게 일반화함으로 발생할 수 있는 점이 편견 작용의 문제이다. 그리고 처음에 발생한 자극 일반화의 과정은 차츰 자극의 차별화 과정으로 대치되어 조건자극에 가장 가까운 것에만 국한시킴으로 좀 더 선택적인 반응을 함으로 차별화의 문제를 낳게 할 수 있다. 인종차별과 문화차별이 그 한 예이다. 같은 피부색을 가진 인종이나 동일한 문화적 환경에서 성장한 사람은 자신과 좀 더 가까운 것에 반응하여 선택적으로 반응을 하게 된다. 이러한 반응들은 민족주의나 친족주의 혹은 특정주의 등으로 반응하여 타인종이나 문화를 포용하기 어려울 것이다. 따라서 편견을 일으키는 반응 조건형성을 제거하는 일이 편견극복의 방편일 수 있다.

왓슨의 연구로부터, 사람과 사물(환경)에 대한 정서적 반응은 조건형성으로 일어난다. 편견의 조건형성이라 보이는 증오심과 적대감은 학습 과정의 결과로 해석할 수 있다. 특정 대상(사람 혹은 문화)에 대한 증오감과 적대감은 성장 과정에서 학습으로 경험된 정서적 반응으로 해석된다. 따라서 성장하는 아이들에게 사회화과정을 통해 편견의 조건형성을 탈조건화함으로 편견극복을 할 수 있도록 도울 수 있다.

마지막으로 스키너의 조작적 모형연구의 경우도 반응적 행동은 이미 알려진 자극으로 자동적 반응이 유발되는데 이것은 편견 주제와 관련이 있다. 조직적 행동이 반응적 행동에 비해 인간 생활에서 훨씬 더 중요한 역할을 한다고 보는 스키너의 이론에 비추어 볼 때 편견 작용은 조작된 행동의 결과다. 과거에 경험이나 습득된 편견의 결과에 따라 심할 수도 혹은 그렇지 않을 수도 있다. 그러나 만일 편견으로 자신에게 유리하거나 좋은 보상을 받은 적이 있다면 편견적 태도를 보일 가능성이 더 높다. 왜냐하면 행동은 그 행동의 결과로부터 결정되는 것처럼, 편견된 행동은 편견으로부터 결정되기 때문이다.

한 예로 흑인은 정신적 연령이 낮고 품행이 좋지 못하다는 편견에 동의함으로 착취적 이익을 얻게 되고 따라서 편견을 계속 유지시키는 결과를 낳는다. 그뿐 아니라 편견을 강화시킴으로 편견이 일어날 가능성을 높게 한다. 이러한 편견 강화를 통해 특정 대상(사람이나 문화)에 대해 편견적 사고나 태도를 취할 수 있고 더 나아가 동일한 일반적 부류의 다른 대상에게까지 영향을 미쳐 편견의 일반화 현상을 만들어내게 된다.

또한 인간의 사고와 감정을 사회적 통제의 산물로 보는 스키너 연구는 조작적 행동이론의 관점에서 편견은 인간의 사고와 감정으로부터 나온 것이라기보다 환경적 요소로부터 결정된 것이다. 환경적 요소로부터 편견은 조성되고 통제되기도 하지만 반면에 편견을 극복하는 요인이 된다.

이상과 같이 행동주의심리학파의 이론은 고든 올포트가 주장하는 편견 작용의 원인분석과 유사한 점을 발견할 수 있다. 그것은 올포트의 경우도 주장하고 있는 바와 같이 근본적으로 자극의 대상을 일정한 방식으로 지각함으로 편견 행위가 발생한다고 보는 견해이다. 특히 스키너의 조작적 조건형성 이론은 학습이론에 긍정적으로 유익한 점을 적용할 수 있다. 하지만 조작적 조건형성으로 행동과 사고를 조정하고 통제하여 획일적 사과 행동을 만들어 편견에 이르게 할 수 있을 뿐만 아니라 집단적 이데올로기를 편견화시킴으로 전체주의나 독재주의를 유지시키거나 강화시키는 위험성이 있다. 학습이론을 정치적 목적을 달성하려는 수단 삼아 다른 상대의 집단의 사고와 행동의 자율성을 조정하거나 통제하기 위해 조작적 조건형성을 편견에 이용할 수 있다는 점이다.

3. 인지발달주의와 학습이론

발달심리학자들 가운데 행동주의심리학자들과는 다르게 사고와 행동은 외부의 환경에 따라 형성되는 것이 아니라 내부적 요인의 결과로 보는 학자들도 있다. 예를 들면 프로이트학파는 외부 환경이 성적 행동을 자극하거나 억제할 수 있지만 원리로 내부의 생물학적 변화로부터 발생한다고 주장한다. 그리고 일차적으로 내적인 사고(인지)의 근본적 요인으로 내적인 자아를 발달적 변화의 원천으로 삼는 피아제 이론을 따르는 발달론자들이 있다. 그들은 자아의 행동 양식은 자발적 관심으로부터 시작된다. 그리고 외부 세계(환경)에 대처해 나가는데 필요한 점점 더 복잡하고 분화된 구조를 구성해 나가는 것으로 본다. 한 예로 피아제는 행동 변화의 주요 원인이 되는 아동의 자발적 호기심의 영향을 강조한다. 따라서 행동양식은 외부 세계(환경)으로부터 유형화되지 않는다.

따라서 다음으로 인간 내부의 인지적 통찰과 역동적 관계 속에서 인간의 모든 행동을 파악해보려는 인지발달론자를 살펴보려고 한다. 그리고 편견과 어떻게 관계되는지 해석해 볼 것이다.

1) 볼드윈

인지발달 이론의 근원은 다윈의 진화론에 기초하고 있다. 다윈의 진화론은 사회학, 역사학, 철학, 과학, 발달심리학, 신학에 이르기까지 광범위하게 영향을 미쳤다. 교육학에도 발달 심리학자에게 큰 영향을 주었다. 다윈의 저서, 『동물과 인간의 정서표현』(1872)에서 생물학적 구조뿐만이 아니라 행동과 정신발달에도 적용시킨다. 특히 정신 발달에 대한 연구에 있어서 신다윈주의자 가운데 홀(Hall, 1883)의 제자인 볼드윈(J. M. Baldwin, 1894)은 다윈의 진화론을 받아들여 어린이의 인지기능의 발달은 동물의 계통발생을 반복한다고 보면서 처음으로 인지발달론을 활발하게 전개해 나갔다.[6] 볼드윈은 어린이의 인지기능은 무척추동물의 인지기능 단계에서 하등척추동물의 인지기능 단계와 고등 척추동물의 인지기능 단계를 거쳐 인간

---

6 최초로 인지발달 이론을 제창한 볼드윈(J.M. Baldwin)으로부터 시작하여, 피아제(J. Piaget)과 파스칼-리온(J. Pascaul-Leone) 그리고 부르너(J.S. Bruner)와 클라 웰러스 (D. Klahr & J.G. Wallace) 그리고 캐이즈(R. Case)로 전개된다. 김신주 저, 『신 피아제론 (교육신서 169)』(서울: 배영사, 1996) 참조.

의 인지기능 단계를 통과하면서 발달했다는 주장이다.

볼드윈은 인지발달단계를 설명하기 위해 습관 형성과 조절의 개념을 설명한다. 습관 형성 과정은 여러 유형의 자극에 대한 순환반응(자극→지각적 탐색→운동기관의 활성화→자극으로 전향하는 근육운동→미세한 정향 반응 획득)이 반복되면서 자극으로 정향하도록 하는데 성공 지향으로 움직이는 습관화과정으로 보았다. 이때 내적으로 어떤 특정 자극에 대해 구조 혹은 도식이 생긴다. 볼드윈은 이것을 "스키마"(schema), 도식이라고 부른다. 이 스키마가 구조적으로 견고해지면서 자극에 대한 반응은 자동화된다. 매우 친숙한 자극들은 자동적으로 활성화되면서 곧 '동화'(assimilation)되지만, 새로운 상황에서 자극이 주어질 때, 동화의 과정이 일어나지 않고 갈등을 경험하게 된다. 이 갈등을 극복하기 위해 또 다른 도식(스키마)를 만들어 활성화시킴으로서 반복해서 적절한 새로운 스키마를 형성하여 습관 형성과정을 하게 된다는 주장이다.

인지발달론은 단순히 자극에 대한 반응을 일으키는 행동주의심리학자의 S-R 이론과 의견이 다르다. 왜냐하면 인지발달론에서 자극에 대한 반응은 수동적인 참여가 아니라 능동적이며 선택적인 참여가 일어나기 때문이다. 인지발달론자들은 행동이란 '타고난 성향'(nativism)으로 결정된다. 숙명론적인 것을 반대하며, 행동은 환경에 의해 좌우된다는 극단적인 환경적 경험론자를 비판한다. 오히려 행동 변화의 원인은 내적 외적 상호작용에 의한 결과이기 때문이다.[7]

---

7 Ruth L. Ault 지음/곽금주 역, 『아동의 인지발달』(중앙적성출판사, 1989), 19-22 참조.

2) 피아제

볼드윈의 인지발달 이론을 계승 발전시킨 피아제(Jean Piaget)는 인지기능의 보편적 변화와 이 변화에 따른 아동의 외부 세계에 대한 객관적 지식 관계를 연구하였다. 피아제 이론의 특징은 "외부 환경과 상호작용하여 발달하는 지식의 질적 변화 또는 단계"[8]로 이해한다. 피아제가 이해하는 지능의 기본적인 전제는 "인지발달이란 외계(外界)에 대한 적응양식의 발달이며, 그의 이론은 생물학적, 경험론적이면서 상호작용적 모형"이라는 것과 "모든 생물체는 조직과 적응이라고 하는 불변하는 기능을 가지고 태어난다"는 기본적인 전제가 있다.[9] 이런 전제로부터 피아제는 상당 부분에 있어서 볼드윈의 개념들—예를 들면, 스키마(schema)의 개념, 순환반응 개념, 동화와 조절의 개념, 발달단계의 개념, 질적으로 구분되는 논리 유형 개념 등—을 그대로 계승하여 발전하였다. 피아제는 생물학적 성숙과 물리적 환경의 경험 그리고 사회적 환경의 작용과 유기체에 의한 평형(자기규제) 등을 인지발달의 요인으로 삼았다.[10]

피아제의 인지발달기능 구조는 다음과 같은 기본개념과 과정으로 설명할 수 있다. 물론 그의 기본개념과 과정은 볼드윈(Baldwin, 1894)의 개념으로부터 나온 주제들임을 쉽게 알 수 있다.

---

8 Ibid., 18.
9 김현행 편저, 『피아제의 이론과 임상법 실제』(서울: 1995 배영사), 6.
10 Ibid., 9-11 참조.

(1) 보존개념(conservation)

피아제의 보존개념은 "항상 변하고 있지만, 항상 같다"(Aways changing, always the same)라는 말속에 표현되어 있다. 어려서부터 사람들은 항상 변화하는 것에 직면하게 된다. 가정에서부터 학교 그리고 사회 공동체로 이전하면서 사람들은 새로운 경험과 도전의 기회를 갖는다. 그리고 계속 성장하면서 다른 경험으로 세계를 경험한다.

변화에 대처할 능력과 열망은 '안정성'(security)에 기초를 두고 있다. 예를 들면, 아이들이 어려서부터 좋아하는 담요나 인형들을 좀처럼 새 새것으로 바꾸려 하지 않으려는 버릇이 있다. 이러한 버릇은 변화하는 세계 속에서 일관성과 보존의 욕구가 있다는 것을 명시해 준다. 일반적으로 불안정한 사람은 새로운 경험으로부터 회피하려는 반면, 안정된 사람은 새로운 상황과 변화에 잘 참고 인내한다. 개인적 안정성은 어린 시절에는 부모의 사랑과 포용력(acceptance)에 달려 있다. 부모와 항상 함께 있는 아이들은 부모가 없을 때 새로운 경험에 대해 스스로 독립적으로 해 나가기가 어렵고 힘들어하는 경우를 보게 된다.

이와 같은 점은 인지적인 차원에서도 같은 현상이다. 어떤 새로운 개념이나 지식을 탐구하려는 사람의 경우 인지적 호기심은 물리적 세계에서 보존과 일관성을 유지하려는 인식과 같다. 그와 같은 보존 개념을 찾기 위해 사람들은 현실과 외관적 모습을 구별한다. 사물이 어떤 형태를 띠고 있으며, 어떻게 존재하는지 구별한다.

일반적으로 사람들은 본질적인 보존개념이 숨기어져 있는 외관적 변화에 직면하게 된다. 피아제는 이러한 외관적 변화에 따른 보존의 개념에 대해 연구해 왔다. 그의 핵심 이론은 사람들이 지적 성장을 발전하기 위해 이성적인 도움으로 외적 변화의 보존을 발견하는 데 있다. 사람들은 자신의 경험으로부터 일어나는 이성적 판단으로 허구나 허상을 극복해 낼 수 있다. 실제적으로 사물이 어떻게 존재하는지에 대해서도 알 수 있다.

피아제의 주장에 따르면, 현실에 대한 지식은 전적으로 경험에서 뿐만 아니라 이성에 의한 작용임을 강조한다. 외면적인 변화 속에 숨어있는 보존개념은 자신의 내적인 논리의 힘을 통해 확인된다. 외적인 요소들에 의해 밝혀지는 것이 아니다. 다른 말로 바꿔 말해보면, 외적인 모습 속에 숨어있던 실재는 결코 감각에 의해 인식되는 것이 아니라, 인식적 사고나 논리에 의해 것이라는 주장이다.

(2) 동화(assimilation)와 조절(accommodation)

피아제가 이해하는 기본적 출발은 다윈의 진화론적 관점이다. 피아제는 모든 생물의 활동현상을 "물리적 환경에 적응하는 활동"이며, "환경을 조직하는 활동"이라고 생각한다. 그리고 이런 진화론적 개념을 바탕으로 "인간의 지적 발달"을 설명한다.[11] 특히 적응에는 두 가지의 기능들, 즉 동화과정과 조절과정으로 이루어져 있다. 이 두 개의 기능들에 대해, 피아제는 아동들이 외적 자극에 순응할 때마다 동화와 조절이 동시에 일어난다고 제안한다.[12] 이것은 또한 모든 정신발달의 연령층에서 발생되는 앎(인식)의 과정 다양한 형태들을 구성하는 요소가 된다. 기초적인 앎의 형태로 동화과정이란 받아들

---

11 Ibid., 7.

12 Jean Piaget, "Piaget's Theory," in P. H. Mussen, ed., *Carmichael's Manual of Child Psychology*, Vol. 1. (New York: Wiley, 1970) 참조.

인 정보를 변화시켜 이미 존재해 있는 지식의 형태에 맞추는 과정이다. 예를 들면, 개(dog)라는 개념이 알게 되었을 때, 아이들은 개라는 말을 전에 한 번도 들어보지 못했던 동물에게도 개라고 꼬리표를 붙인다. 그러나 이 경우 그는 개의 개념을 동화시킨 결과이다. 다른 예로, 자신의 의견과 같은 사람의 경우 신문 기자의 글만 읽는다든지 정치 해설가의 말만 듣는다든지 하는 경우이다. 이것은 자기 자신의 의견과 일치된 자료에 동조 혹은 동화되는 경우이다.

많은 경우에 있어서 앎(인식)의 적응성이 있는 형태는 동화를 이루지 못했을 때 조절과정이 일어난다. 예를 들어 위에서 개의 개념을 네 다리를 가진 동물로 알고 있을 때, 만일 우연히 네 다리를 가지고는 있지만 부르짖는 소리가 다른 여우를 보았다면, 그는 여우도 개의 개념으로 동화시켜 생각할 수 있다. 그러나 개의 부르짖는 소리가 여우와 다를 경우를 경험했다면 개에 대한 개념이 변화하게 된다.

환경 자극이 주어졌을 때 일어나는 동화와 조절의 관계를 종합해 설명해 보면, 유기체가 정보를 받아들였을 때, 동화과정이란 사람들이 다양한 경험을 통합해 일관된 자신의 '행동양식'에 흡수되는 것을 말한다. 이때 볼드윈이 이해한 바와 같이, 피아제의 경우도 아동이 "잠재 의식적으로 자신의 정신적 도식"에 맞는 형태를 선택하게 되는데, 이것을 피아제는 "조직화된 정보처리 양식(schema)" 혹은 "지적구조"(intellectual structure)라 부른다. 그러나 때로 내적으로 동화의 양식이 바뀔 때가 있는데 이것을 그는 '조절'(accommodation)이라 부른다. 따라서 아동의 행동 양식은 환경에 따라 바뀔 수 있다.

그러나 내적인(혹은 잠재적인) 스키마에 맞지 않는 너무나 생소하고 새로운 것이 많을 때 조절이 일어나지 않는 경우도 있다. 하지만 다른 한편으로 동화되는 것보다 조절하는 것이 더 많을 때 사람의 행동양식이 더 많이 늘어나기 때문에 성숙하게 된다. 다시 말해 새로운 경험이 이미 경험된 행동양식보다 더 큰 역할을 하게 될 때 인지발달은 더 활발하고 큰 효과와 진전이 일어난다. 그러나 물론 동화과정은 이전의 지적구조를 적용해서 새로운 대상을 이해하게 되고, 계속성을 보장해 주고 이 구조에 새로운 요소들이 통합되는 것을 보장해 준다는 점에서 동화의 과정도 매우 필요하고 중요하다.[13]

(3) 평형(equilibration)

결국 외적인 환경에 적응하는 데 있어서 두 가지의 기능, 동화와 조절은 서로 양립된 관계이다. 사람의 현 상태를 유지하면서 외부 환경이나 상황을 변하게 하려는 힘(동화)과 외부 상황을 그대로 유지하면서 사람들을 변하게 하려는 힘(조절) 사이에 긴장 관계가 있다. 이 두 긴장 관계 사이에 평형이 유지될 때 성장한다. 따라서 피아제는 동화와 조절을 중재하는 자기 조절 기제가 요구되는데, 이것을 그는 "평형"(equilibration)이라 한다. 피아제는 이 평형화를 "내적 변화에서 일어나는 혼란과 외적 변화에서 일어나는 혼란에 대한 일련의 능동적 반응"이라고 설명한다.[14]

평정은 인식 과정에 있어서 동화와 조절 사이에 관계를 다스리며 더 고차원적으로 조정을 하는 과정이다. 예를 들어, 자신이 알고 있는 기준에 따라 사물을 동화시키며, 새롭고 더 높은 동화의 수준은

---

13 Ibid., 707.
14 Ibid., 725.

물론 새로운 사실에 맞추어 조절한다. 평정은 사고의 형태를 더 넓은 범위로 인도한다. 그러므로 새로운 환경에의 적응은 이미 존재해 있는 사고의 형태와 함께 동화와 조절기능으로 평형화됨으로 통합하게 되고 새로운 도식화 혹은 구조화하게 된다. 결국, 구조화는 지식의 체계는 평형화의 과정으로부터 일어난다.[15]

(4) 구조(structure)

위에서 동화와 조절의 관계를 설명하면서 잠시 언급한 바와 같이 구조(structure)라 함은 외부 환경이나 상황에 접하게 되었을 때 사람의 내면세계에서 구성되는 지식체계를 말한다. 동화와 조절 작용에 의해 구조가 변화되며, 이때 구조는 정적이라기보다 역동성을 지니고 있다. 이 구조의 모든 요소는 상호작용을 함으로 단순한 형태에서 좀 더 복잡한 형태로 인지발달 한다. 성장은 이 구조를 구성하는 데 있어서 수동적이라기보다는 능동적인 작용이 일어날 때 일어난다. 그러므로 피아제가 이해하는 구조란 '외적인 자극과 경험만으로 작용하는 것'(empiricism)이 아니고, 또한 '본래 선천적으로 가지고 있는 관념에 의해서만 이루어지는 것'(nativism)도 아니다. 동화와 조절과정의 상호작용을 통한 평형화로 구조가 구성된다.

피아제에 주장에 따르면 또한 이 지식체계에는 '도식'(schema)과 '조작'(operation)의 두 형태를 취한다.[16] 쉽게 말해서 도식이란 조직화된 행동양식 혹은 패턴을 의미한다. 모든 사람은 동화와 조절과

---

15 Ibid.
16 Ruth L. Ault 지음/곽금주 옮김, 아동의 인지발달(1994), 37.

평형의 역동적인 상호과정 속에서 각자 자신이 터득한 행동양식이나 습관을 가지고 있다. 이 도식을 적용함으로 사람이 지식을 형성할 수 있다. 그리고 조작이란 행동과 연결되지 않은 '지적 활동이나 작용'을 말한다.

이렇게 도식과 조작으로부터 만들어진 행동양식과 습관들은 일상생활에서 상호 의사소통과 이해 혹은 각자 자신의 정체성을 보여주는 결정적이고 중요한 역할을 한다. 도식이나 습관들이 한 사회생활 속에서 객관화되면서 함께 공유될 때 문화로 자리 잡고 문화의 양식 혹은 패턴으로 제도화 혹은 구조화로 볼 수 있다.

4. 인지발달주의와 편견 형성

인지발달 이론에 있어서 편견은 볼드윈과 피아제가 이해하는 인지발달이론으로부터 편견 형성 과정과 원인을 밝히는데 매우 중요한 몇 가지 시사점을 제공해 준다. 첫째, 피아제 이론에 따르면 사람은 다양한 환경과 상황 속에서 새로운 경험과 도전을 만나게 된다. 이때 새로운 경험과 도전을 능동적으로 잘 대처해 나갈 때 성숙하게 된다. 그러나 문제는 새로운 세계변화에 대처할 능력이 주어지지 못할 때이다. 이때 내면적으로 혼란을 일으키게 되면서 편견이 조성된다. 지나치게 '일관성'(consistency), '안정성'(security)과 '보존성'(conservation)을 강조함으로 계속 외부 세계의 변화로부터 차단하고 자신의 경험이나 생각을 보존하고 수호하려는 생각에 고집이 생기고 편견적 사고나 행동으로 발달한다. 이와 같은 편견적 사고와 행동이 집단적으로 나타날 때 그것은 사회에서 정치 지배 이데올로기를 보존하려는 모습과 같다.

둘째, 편견 문제는 동화와 조절과정에서 평형화가 일어나지 않을 때 발생한다. 피아제의 주장처럼 내적 혹은 외적 혼동이나 혼란에 대한 일련의 능동적 반응을 하지 못하게 될 때, 즉 평형화가 일어나지 않은 때 편견이 발생한다. 피아제의 경우 동화와 조절과정은 환경 자극에 순응할 때마다 동시에 일어나지만, 편견은 조절과정보다 동화과정에 있어서 더 쉽게 만들어질 수 있다. 왜냐하면 새로운 환경이나 정보를 이미 경험을 통해 얻어진 기존의 사고구조나 행동 방식으로 쉽게 통합하기 때문이다. 편견이란 올포트의 정의에서 근거가 불충분한 상태에서 섣불리 판단을 내리는 사고나 행동을 의미한다. 이 말의 뜻은 새로운 정보에 대해 쉽게 동화시키는 경우이다. 다시 말해 동화과정에서 지나친 일반화나 정형화로 말미암아 편견에 빠지기 때문이다. 조정과정에서는 이전의 사고와 이미 터득된 행동방식의 요소를 수정하거나 새로운 대상에 좀 더 적절한 새로운 방법을 배우는 것으로 새로운 것을 자신의 인지구조에 동화시켜 사고나 행동보다 덜 편견적일 수 있다.

셋째, 피아제 이론에서 편견은 조직화된 행동양식, 즉 '도식'(schema)에서 일어난다. 각자 자신이 터득한 행동양식과 습관들로 편협한 사고와 태도가 되기 때문이다. 인지발달주의자들이 정의하는 바와 같이 도식이란 조직화된 행동양식 혹은 패턴을 의미한다. 모든 사람은 동화와 조절과 평형의 역동적인 상호과정 속에서 각자 자신이 터득한 행동양식이나 습관을 가지고 있다. 그러나 문제는 각자 개인이 터득한 행동양식 혹은 패턴을 타인과의 관계 속에서 혹은 사회적 관계 속에서 어떻게 작용하느냐에 달려있다. 각 개인이 만들어진 행동양식과 습관은 서로 다르게 형성될 수 있기 때문이다. 다양한 행동양식과 습관이 일정한 사회적 공간과 시간 속에서 공유되었을 때 이것을 우리는 흔히 문화양식과 규범으로 본다. 이러한 개인의 행동양식이나 습관 혹은 사회 문화적 양식이나 규범은 다양한 계층과 성(性)과 인종에 따라 차이성을 보이며, 힘의 원리가 작용하게 됨으로 소외와 차별화를 초래한다.

반복적인 도식이나 형식으로 표현되는 습관은 의식적인 면과 무의식적인 면이 함께 포함되어 있다. 무의식적으로 반복되는 습관일지라도 내면적인 의미를 담고 있다. 습관은 육체적으로나 정신적인 면에서 필수적인 요소가 된다. 문제는 습관과 대치되는 것은 창조성과 자율성의 문제이다. 창조성과 자율성은 모방과 반복으로부터 생성되는지 아니면 무의식적인 반복을 통한 습관을 넘어서 또 다른 영역의 차원, 예를 들면 영적인 차원과 관계되어 있는지 구분하기는 어렵다. 왜냐하면 종종 습관을 통해서도 창조성과 자유를 느낄 수 있기 때문이다. 아무튼 습관은 자신도 모르게 진행하는 가운데 자신과 다른 사람들의 행동양식과 습관에 대해 이질화 혹은 동일화시킴으로 편견에 빠질 위험이 있다.

그러나 행동양식과 습관은 일상생활에서 꼭 필요한 요소이다. 우리가 사물을 인식할 때라든지 혹은 관계성에 대해 생각할 때 고정적인 개념이나 틀이 요구되기 때문이다. 만일 어떤 사람이 사물이나 사실을 이해할 때 여러 가지 뜻으로 이해하게 된다면 다른 사람과 의사소통을 하는데 서로 이해하기가 어렵거나 혼돈에 빠져 갈등과 충돌하게 될지도 모른다.

편견의 주된 원인이 사고패턴과 깊은 관련이 있다고 할 때 습관화된 사고의 패턴으로 통념이나 고정관념화의 작용이 어떤 특정한 상황에서 편견 작용으로 나타날 수 있다.

1) 자기중심주의 발달과 편견

피아제의 '자기중심주의'(egocentrism) 개념과 편견은 서로 관계가 있다. 피아제의 인지발달 이론에서 자기중심주의는 일반적으로 사회적 상호작용에 있어서 주체와 객체의 차이점을 인정하지 못하는 데서 비롯된다. 다시 말해 다른 사람의 입장이나 관점을 고려하지 않고, 자기가 생각하는 대로 같은 방법으로 다른 사람도 동일하게 생각할 것이라고 앞서 판단하고, 자기 자신의 사고를 강요하거나 반영시키려고 하는 태도이다. 피아제에 따르면, 이러한 자기중심주의의 형태는 인지발달에 따라 다양한 형태로 나타난다. 그리고 이러한 자기중심주의는 정신구조의 부정적인 부산물로서 아이들의 사고와 행동의 정서적인 면과도 관계가 있다. 또한 자기중심주의에 대한 연구는 인지구조와 인격 사이에 역동적 관계가 존재한다.

피아제의 주장에 따르면, 유아기와 아동기에 나타나는 자기중심주의는 '감각운동기의 자기중심주의'(Sensory-motor egocentrism)와 '전조작기의 자기중심주의'(Pre-operational egocentrism)가 있다.[17] 감각운동기는 반사작용과 감각 능력을 가지고 주위의 외부 세계와 상호작용 하는 시기이다. 이 단계에서 나타나는 자기중심주의는 대상

---

17 William C. Crain/서봉연 옮김, 『발달의 이론』, 146-153.

과 대상으로부터 영향받은 감각적인 느낌 사이에 구별이 없을 때 일어난다. 유아기에는 신체적 감각기관을 통해 주위 환경으로부터 가치 있는 정보를 얻지만 상호작용이 일어나지 않을 때 자기중심주의로 나타난다. 자기 신체에 속한 것과 외부 세계에 속한 것이 구별하기 위해 모든 것을 자기 자신의 신체로 기준 삼아 판단한다.

전조작기에 나타나는 아동들의 두드러진 특징은 상징적인 기능의 발달 시기이다. 언어의 획득과 사용으로 말미암아 빠른 정도로 지적 성장을 가져오는 때이기도 하다. 유아기에 나타나는 자기중심주의 형태는 대상(외부 세계)의 관계에서 비롯되지만, 아동기에 들어서면서 상징과의 관계에서 자기중심주의 형태가 형성된다. 상징적 기능이란 어떤 대상물을 보여주고 존재하지 않는 다른 대상을 표상할 수 있는 능력을 말한다. 이 시기에 나타나는 자기중심주의는 특별히 아이들의 언어적 태도에서 보여준다. 다시 말해 상징과 그것의 관련된 언어 사이에 구별이 명확하지 않은 때 자기중심주의적이 된다. 그래서 어린이는 사실보다도 더 과장되게 표현하는 경우가 종종 있다.

이러한 전조작기에 나타나는 자기중심주의는 '구체적 조작기' (Concrete operational period)에 이르러서야 극복될 수 있다. 구체적 조작기에 아동은 비로소 성분과 비율의 관계를 동시에 생각할 수 있기 때문이다. 그러나 이 시기에 나타나는 자기중심주의는 아동이 생각하는 것과 인식하는 것 혹은 감지하는 것 사이에서 유래된다. 결국 구체적 조작기의 자기중심주의는 가정과 사실 사이에 구별이 일어나지 않을 때 일어난다. 아이들은 가설들이 사실인 것처럼 그리고 사실들이 가설인 것처럼 가설과 실재 사이에 구분이 명확하지 않아서 자기중심주의적 사고를 하게 된다. 이것은 아이들이 충분하지 못한 제한된 정보를 가지고 만든 가설로서 새로운 사실에 직면할 때에도 고집부리게 된다. 또한 모순된 증거를 보여주는 상황에 직면했을 때도 자신의 가설된 실재를 바꾸려 하지 않는 고집이 일어난다.

아이들은 자기가 생각하는 앎(인식)의 근원이 어디에서 유래되었는지를 깨닫지 못한다. 단지 자신이 만든 가설과 지식으로 굳게 믿고 있을 뿐이다. 어른들이 볼 때 그것은 우스꽝스럽고 볼품없는 것처럼 보일지 몰라도 아이들은 진지하고 흥미롭게 생각하고 있는 것이다. 그러므로 이 시기에 아이들은 신비적인 것이나 모험적인 것을 좋아하고, 상상할 만할 것들을 특별히 좋아하는 것을 보게 된다.

이런 확신은 아이들에게 자부심을 불어 넣어주는 긍정적인 측면도 있다지만 부정적인 측면도 보인다. 그래서 아이들은 종종 자신의 지식에 대한 자만심에 빠지는 교만한 태도로 나타날 때가 있다. 자기판단에서 옳고 그름을 분명하고, 자신의 지적 우월감과 정당성을 증명해 보이기 위해 승부를 거는 경쟁력을 보이는 것이 아이들의 특징이다. 또한 반대 개념으로 아이들은 다른 사람들은 모든 것을 다 알고 있는 것처럼 생각하고 자신은 아무것도 모르는 것처럼 생각하는 때도 있다. 이때 열등의식에 빠져 부정적인 결과를 가져오게 되는 경우를 본다. 이런 지적 자만심이나 열등의식은 편견의 작용을 일으키는 원인이 된다.

'형식적 조작기'(formal operational period)에 이르러서 자기비판을 하게 되고 인지적 자만심과 과장된 표현들이 점차 사라지기 시작한다. 형식적 조작기에 청소년은 자신의 생각을 개념화할 수 있고 가설이 임의적이고 독단적인 것임을 알게 되는 때이다. 그들은 이때 사실에 대해 가설을 증명하기 위한 규칙을 찾아내면서 사실과 가설을 다룰 수 있는 능력을 갖는다. 그래서 그들은 자신이 가지고 있는 많은 가설이 때로는 잘못되었음을 인정한다. 그리고 새로운 자료나 사실에 대해 존중하면서, 자신에 대해 비판적으로 바라보기 시작한다. 그러므로 이 시기에 특성을 살펴보면, 그들은 여러 가설을 내 세울 수가 있고, 모든 가능한 해결책을 체계적으로 검토할 수 있는 능력을 가지고 있다. 그리고 더 높은 수준의 정도로 조직화할 수 있는 가능성이 있는 시기이다.

이 시기에 특징적으로 나타나는 청소년의 자기중심주의의 형태는 자신의 생각과 다른 사람의 생각에 대한 구별을 하지 못하는 것으로부터 시작된다. 청소년은 자신의 생각을 개념화할 수 있을 뿐아니라 다른 사람들의 생각들을 개념화할 수 있다. 이러한 능력으로부터 청소년기의 자기중심주의가 태동하게 된다. 다시 말해 청소년은 기본적으로 자신에 대해 높은 관심이 있기에 다른 사람이 생각하는 것과 자신이 이미 만든 생각 사이에 차이가 있는 것을 발견하지 못한다. 이때 돌파구를 찾는 것이 자기중심주의 형태이다. 따라서 자신이 생각하는 것으로 다른 사람이 자신의 행위와 모습에 대해 생각하는 것처럼 동일하다는 생각에 사로잡히게 되고 이때 자기중심주의가 일어날 수 있다. 자신의 행위와 모습에 대해 다른 사람이 생각하고 있다고 하는 선입견으로 말미암아 청소년이 자기중심주의에 빠진다. 그 결과 사회적 상황에서 다른 사람이 자신에 대해 반응해 주기를 기대하면서, 다른 사람이 자신에 대해 열망해 주거나 비판하고 있다는 생각으로 사로잡히게 된다. 따라서 형식적 조작기에 자기중심주의에 빠진 청소년은 자신이 선정한 대상을 쉽게 빠져 우상화한다. 그리고 자신이 선정한 그 대상에게 집중하고 관심을 가지며 공상에 빠지기도 한다. 결국 청소년은 자신에 대해 비판적이기도 하지만, 자신을 선망의 대상이 되기도 한다. 따라서 그들의 허풍이나 자만심 혹은 일시적 유행을 쫓는 모습은 그들 자신이 매력적이며 그리고 다른 사람이 우러러 보이는 것처럼 착각하고 믿고 있기 때문이다.

이와 같이 스스로 자신의 관심에 깊게 빠진 공상과 우상으로 나타나는 초기 청소년기에 생기는 자기중심주의의 극복은 에릭슨(Erik H. Erikson)이 말하는 '친밀감'(intimacy)이다.[18] 친밀감으로 생기면서 점차 현실적으로 자신을 바라보게 된다. 자신의 공상적인 관심거리가 현실적인 것으로 다가오면서 벗어나기 시작한다. 일단 친밀감으로부터 상호관계가 성립되고 신뢰감이 서로 함께 이루어질 때, 자기중심주의에 있던 청소년은 타자에 대해 생각하게 된다. 다른 사람도 자신의 느낌과 같이 비슷하다는 것과 다른 사람이 겪는 고통이나 고민하는 것이 자신과도 같은 것임을 깨닫게 된다. 그러므로 청소년의 자기중심주의를 벗어나는 길은 첫째, 인지적 방편으로 자신이 가지고 있는 선입견과 다른 사람들의 생각에 대해 차이점들을 점차 밝히면서 극복될 수 있다고 본다. 둘째, 정서적인 방편으로 다른 사람의 감정을 자신의 감정으로 점차 통합함으로 극복할 수 있다. 여기에서 에릭슨이 지적한 바와 같이 친밀감은 자기중심주의 편견을 극복해 주는데 중요한 역할을 해 주고 있다. 이것은 청소년기에 이성교제나 어떤 대상에 친밀감을 갖도록 환경을 조성시켜주는 것이 무엇보다 중요하다는 사실을 말해 준다.

---

18 Ibid., 248-251. 에릭슨은 "각 시기의 가장 일반적인 단계는 아동의 성숙하고 있는 자아와 사회 사이의 접촉으로 이루어진다"고 하면서, 자신을 돌보는 부모와의 상호작용에서 아기들은 부모에 대한 "기본적 신뢰감"을 발달시킨다고 본다.

그러므로 청소년 시기와 초기 청소년기에 다양하고 풍부한 직접적인 경험을 통해 자기와 다른 상대의 다양한 의견과 모습들을 비판적 시각으로 이해하고 수용하면서 자기의 개성과 독창성을 개발하는 기회가 필요하다. 청소년기는 시기적으로 자기중심주의적 편견으로부터 벗어나도록 도와줄 수 있는 적절한 시기이다.

이상과 같이 자기중심주의와 편견과의 관계에 있어서 결론적으로 피아제의 인지발달이론에 나타난 자기중심주의의 문제는 편견의 원인과 작용을 말해주는 중요한 단서가 된다. 그리고 발달과 관계된 인지구조는 어떤 특별한 단계에서 정서적인 경험과 행동의 특성과 관계되어 있으며, 인지구조와 인격적인 역동적 관계성이 서로 작용하기 때문에 사고와 감정이 서로 엮여져 있는 편견 문제를 분석하고 해결하는 실마리를 제공해 준다.

2) 개인, 사회와 문화 그리고 교육

인간의 생각과 행위를 연구하는 교육은 개인적 차원에서 연구하든 혹은 사회적 차원에서 연구하든 간에 개인과 사회와 문화는 서로 밀접한 유기적 관련성을 가지고 교육을 접근한다. 개인과 사회와 문화의 관계가 분리된 상태에서 개인 심리학이나 사회학이나 문화인류학을 접근하기 어렵다. 서로가 밀접하게 상호 관계를 가지고 끊임없이 작용하여 나타난다. 이들 중 어느 하나를 연구하려 할 때 한계성과 모순을 극복하기 위해서는 다른 둘을 관계하여 조사해야 할 것이다. 그러나 동시에 이 세 개를 하나의 문제로 접근하기 어렵기 때문에 각각의 분야별 영역에서 설명할 수밖에 없다.

그렇지만 이 세 연구 분야의 관계를 통합적으로 이해하려는 노력들을 끊임없이 노력해 오고 있다. 사회심리학자들이나 심리학자들은 개인과 사회의 관계에 있어서 자아를 '사회적 자아'(the self as social)로 표현한다. 고전적인 사회학자 조지 허버트 미드(George Herbert Mead)나 신-피아제 발달심리학자인 로버트 케간(Robert Kegan)의 주장은 이를 잘 반영해 준다. 미드의 관심은 개인과 사회의 두 관계를 사회 집단의 제도화된 행동을 통해 개인의 행동으로 설명한다. 케간은 개인의 행동에 관심을 가지는 반면, 사회관계의 변화 과정으로 개인의 발달과정을 이해하려고 한다. 이 두 사람의 공통된 주장은 사회적인 요소가 개인보다 선행된다는 것이다. 다시 말해 사회적 요소는 자아 형성과 발달에 있어서 선행적 바탕을 이룬다.

미드는 언어나 '상징적 행동'(symbolic gesture) 혹은 정신과 사회적 요소의 관계, 즉 개인과 문화 그리고 사회적인 요소들을 관련시켜 개인을 설명한다. 미드가 보는 세 가지 관점은 첫째, 다른 사람과 대화 속에서 다양한 행동을 통해 자아와 자의식이 발달되고, 둘째, 자아와 다른 사람과의 상호작용 과정에서 의미는 물론 자아가 구조화되며, 마지막 셋째, 의미는 사회적 요소나 관계 속에 전적으로 존재하며 그리고 개인보다 선행되어 존재한다는 주장이다.[19]

심리학적 차원에서, 케간은 '개입된 문화'(cultures of embeddedness)와 사회적 의미창출에 대해 설명한다. 자아를 구성하는 관계로부터 변화하는 특별한 형식에 관한 설명이다. 그의 주장에 따르면, 개인은 문화로부터 성장하는 반면, 그 문화를 변화시키기도 한다.

---

19 George H. Mead, *Mind, Self and Society*, ed. Charles W. Morris (Chicago: The University of Chicago Press, 1934) 참조.

미드와 같이, 케간은 자아의 발달은 주체와 객체의 관계를 통해 오랜 삶 속에서 진화되어 가는 성격이 있다. 그 진화는 신체 내부의 과정뿐만 아니라 삶의 주변 환경에서 일어나는 진화과정이다. 그리고 계속 더 넓은 환경 속에서 유기체적 관계를 재구성하는 진화과정이다.[20]

특히 린톤(Ralph Linton)은 "개인과 자신의 욕구와 잠재력은 모두 사회 문화적 현상의 바탕에 놓여있는 것"으로 주장한다. "사회는 개인과 개인이 조직을 이룬 집단"이고 "문화는 한 사회 구성원으로부터 조직화되고 반복적인 반응"으로, 특히 "개인은 보다 넓은 전체 형태를 연구하기 위한 논리적 출발점이 된다."[21] 미드나 케간의 주장과 같이, 린톤의 경우도 인간의 행위는 생리적/심리적 욕구가 모든 행위의 최초의 원인이 된다. 개인적 행위의 유형과 깊이 내재한 정서적 반응은 자연환경과 인간 환경, 즉 개인이 속한 집단으로 형성된 사회와 그 집단의 특정한 생활양식(문화)으로부터 개인과 문화와 사회가 서로 역동적으로 상호작용을 하는 가운데 형성된 것이다.[22]

개인과 사회의 역동적인 관계 속에서 형성된 문화란 사회의 전체 생활 방식으로 한 사회의 가치, 규범, 상징, 제도, 인간관계, 사회적 실천 등을 결정하는 중요한 매체이다. 이러한 문화의 개념은 독립된 변수로 보기보다는 다른 많은 요소, 예를 들어 외적인 요인(풍수지리, 정치, 역사)과 내적인 요인(개인의 가치관과 태도)에 따라 영향을 받는다.

---

20 Robert Kegan, *The Evolving Self* (Cambridge, MA: Harvard University Press, 1982) 참조.
21 랄프 린튼 지음/전경수 옮김, 『문화와 인성』 (서울: 현음사, 1992), 19.
22 Ibid., 24-25.

3) 문화와 교육

문화인류학자 에르하크(Gerald M. Erchak)[23]는 문화의 특징을 다음세 가지로 표현한다. 문화란 1) "학습에 의해 습득"되고, 2) "상징적체계"이며, 3) "사회화과정"에 의해 전수된다. 첫째, 문화가 학습으로부터 습득된다는 뜻은 문화란 인간의 이성과 감정 활동의 산물이다. 인간의 신념이나 가치가 구체적인 형태로 표현된 것으로 문화란지식활동의 산물이며 생각과 행동양식이 된다. 따라서 문화가 학습으로부터 습득된다는 말은 문화는 생각과 행동의 패러다임으로 전수된다는 뜻이다. "패러다임이란 생각의 습관"이라고도 말할 수 있다. "습관이란 반복적이고 무의식적" 활동이다.[24] 반복적인 생각과행동이 형식화되면서 습관화되고 문화의 패러다임으로 자리 잡게된다. 특히 집단적인 생각과 행동의 패러다임으로 작용하는 문화는이데올로기화되며 학습을 통해 전수되기도 하고 변화시키기도 하며, 창조적으로 만들어 갈 수도 있는 대상이다.

둘째, 문화가 "상징적 체계"라는 뜻은 반복적인 생각과 행동이형식으로 습관화되면서 만들어진 문화가 복합적인 의미체계로 응

---

23 Gerald M. Erchak, *The Anthropology of Self and Behavior* (New Brunswick, New Jersey: Rutgers University Press), 4-7. 에르하크(Erchak)는 문화의 특징을 5가지로 나누어 설명한다. 첫째는 문화는 배움에 의해 얻어진다. 둘째 문화는 공유된다. 셋째 문화는 상징적 체계이다. 넷째 문화는 생존의 수단으로 적용된다. 다섯째 모든 문화는 항상 변한다. 그은 이러한 문화에 대한 정의를 내리면서 어떻게 개개인의 자아가 문화의 영향에 의해 형성되고 그 다른 문화적 특성들로 하여금 어떻게 사람들에게 인격(personality)형성에 도움이 되는지에 대해 연구를 했다.

24 Matthew Fox and Rupert Sheldrake, *Natural Grace: Dialogues on Creation, Darkness, and the Soul in Spirituality and Science* (New York: Doubleday, 1996), 94-95.

결된 상태를 말한다. 개념구조로 혹은 사상전달의 수단이 된 문화는 상징(symbols), 예를 들면 언어, 예술, 신화 그리고 의례 의식(ritual)과 같은 것으로 표현되고 구체화되면서 의미를 전달하게 된다. 클리포드 기어츠(Clifford Geertz)의 견해와 같이 문화란 삶의 태도와 지식을 발전시키고 존속시키며 의사 소통을 위한 수단으로 상징적 형태 속에 나타난 계승된 개념의 체계로서 이해된다.25 만일 세포가 살아있는 생물체의 기본이 된다면 상징이란 인간의 모든 삶의 신념과 태도의 기본적인 단위가 된다. 그러나 이러한 상징의 형태로서 문화를 이해할 때 문화란 개인적인 형태라기보다는 사회적이며 공동체적인 의식의 형태로 나타난다.

마지막으로 문화는 "사회화과정"을 통해서 전수되고 발전된다는 뜻은 문화적 환경 속에서 교육적 경험을 통해 문화를 익히며 적응해 나간다는 뜻이다. 아이들은 가정과 사회에서 사회화과정을 통해 문화를 습득하고 발전시켜 나가면서 연속적인 사회 문화적 유산을 전수시킨다. 문화적 환경 속에서 사회화과정을 통하여 사람의 인격과 자아 형성이 이루어진다. 사회화과정을 통해 문화적 패턴을 터득하게 된다.

이상과 같이 문화는 교육과 사회화과정으로 문화의 패턴을 익히고 전수하고 발달한다. 이 과정은 딜타이(Wilhelm Dilthey)26가 주장하는 해석학적 순환(삶의 체험→표현→이해)으로 삶의 의식이나 경험이 계속 반복 과정(외면화→내면화→객관화)을 통하여 삶의 스타일로

---

25 Clifford Geertz, *The Interpretation of Culture* (BasicBooks, 1973), 89.

26 Hans-Georg Gadamer, *Philosophical Hermeneutics*, trans & ed. David E. Linge (University of California Press, 1976), xiv-xv.

만들어지는 문화화 과정이다. 사회 문화적 상황 속에서 체험된 삶은 객관화된 정신으로 표현되고, 타인에 의해 창조적으로 이해되어 감으로 객관화된 삶의 스타일, 즉 문화적 패턴으로 자리 잡는다.

문화 형성과정에서 교육의 역할은 매우 중요하다. 교육은 문화를 이해하고 체험하고 전수하는 결정적인 수단이기 때문이다. 그리고 교육과 문화는 중요한 상호 관계적이다. 또한 교육은 문화전달의 수단뿐만이 아니라 문화를 비판하고 창조하는 도구도 된다. 교육은 단순한 지식전달만이 아니다. 문화의 표현, 즉 언어, 관습, 개념, 가치관 그리고 규범 등을 다음 세대에 전달하는 역할을 하는 반면에 교육은 문화를 비평하고 분석하며 수정하는 역할도 한다.

에르하크(Erchak)가 주장하는 문화이해는 상징의 체계이며 사회화과정을 통해 전수되는 요소이다. 그에게 있어서도 문화수용과 전수를 위해 교육의 역할이 중요하게 요구된다. 하지만 교육이 가치중립적으로 문화에 대한 비판적 기능을 수행하지 못할 때 문화가 지니는 부정적 속성, 예를 들면, 계층과 성과 인종 차별과 불평등 혹은 착취와 억압 등과 같은 것을 유지시키고 전수하는 결과를 가져오는 수단으로 전락한다.

5. 문화 편견을 조장하는 교육

편견의 교육적 순기능을 부정적 의미로 '문화 편견을 키우는 교육'이라고 볼 때, 우리는 교육이 어떻게 편견을 조장하고 전수하는지 생각해 볼 필요가 있다. 문화 편견을 위한 교육적 역할의 예를 설명하

기 위해 한국적 사회 문화로부터 만들어진 냉전 이데올로기 시대의
두 가지 교육 형태, '극단적 이원화 교육'과 '절대적 고정관념화'를
위한 교육을 살펴보고자 한다.

1) 극단적 이원화 교육

앞글에서 살펴본 바와 같이, 한국적 상황에서 문화적 편견의 뿌리
와 그 작용을 설명하는 것은 매우 복잡하고 많은 요소가 있다. 결정적
으로 중요한 요소 가운데 하나가 군사문화의 영향 아래 이루어진
이원론적 편견교육이다. 남북의 적대적 이데올로기의 갈등과 분열
을 초래한 근본적인 원인은 군사문화의 흑백논리에서 비롯된 이원
론적인 편견교육에 있다. 이원론적인 편견교육이란 좋고 나쁨, 선과
악, 진리와 거짓, 강함과 약함 혹은 아군과 적군, 우리(we/our)와 그들
(they/their) 등으로 인식론적 가치판단으로부터 태동한 이원론적 사
고이다. 이것을 사회화과정과 교육을 통해 무비판인 학습 과정이다.
"우리"(in-group)는 가치가 있고 진리이며 강한 것으로 표현하도록 돕
고, "그들"(out-group)은 그릇되고 악하며 약한 자로 단정 짓는 것으로
부터 시작된다. 이러한 이원론적인 사고와 태도는 상호의존적이고
상호존경을 벗어나 우리(in-group)과 그들(out-group), 주체와 객체,
동질감과 이질감, 선과 악으로 이원화하며 차별화를 하게 된다. 군사
정권 시대에 정치적 논리는 백과 흑, 선과 악, 아군과 적군 등으로
구분하며 남한은 좋고 북한은 나쁘며(혹은 남한은 나쁘고 북한은 좋은) 식
으로, 자본주의는 강하고 바람직하며 공산주의 약하고 나쁜 것(자본
주의는 약하고 나쁘고 공산주의는 강하고 좋은 것)으로 주입식 이데올로기

교육을 시킴으로 고정관화시켜 문화 편견으로 정치구조를 영속화시켜왔다.

극보수적 성향의 기독교는 선과 악의 이원론적인 세계관은 냉전 시대에 정치적 집단 이데올로기와 맞물려 정치적으로 동조함으로 남북의 이데올로기적 편견을 고조시키는데 한몫을 담당해왔다. 기독교의 극단적 이원론적인 교리는 선택받은 백성(하나님의 백성)과 저주받은 백성(이방인)으로 구분하고 우리(in-group)는 "구원"을 받고 그들(out-group)은 "심판"을 받는다는 비이성적이고 위험한 극단적인 신앙적 이념화와 교리화 그리고 지나친 단순화와 일반화하였다. 그 결과 자본주의 = 기독교 = "우리"(in-group) = 구원으로 그리고 공산주의 = 이교도 = "그들"(out-group) = 심판으로 간주하여 상대를 무조건 증오하고 비판하며 자신의 관점에서 일방적으로 상대를 심판하고 저주하며 배척하였다. 이러한 이원론적 교리 이해는 배타적으로 상대를 적대시하여 이웃(원수까지도) 사랑하기를 내 몸과 같이 사랑하라는 기독교의 기본적 원리를 실천하지 못함으로 함께 더불어 사는 공동체(하나님 나라)를 만드는 노력보다 파괴하는 원인이 되었다.

집단 이데올로기적 편견은 북한 공산주의에서도 마찬가지다. 주체 사상원리를 절대시하며 그 사상의 우월성을 강조하여 배타적인 외교관계와 남한 자본주의 사회에 대해 적대시하고 있다. 주체사상을 절대적인 혁명운동의 원리론 삼은 북한은 "우리"(in-group) 공산주의만 순수하고 옳다고 하는 강한 이데올로기 교육과 함께 "다른"(out-group) 편의 사상(자본주의)은 잘못되었다고 이원론적인 편견을 심어주었다. 그동안 남북이 같은 민족으로 형제자매임을 상실하고 이원론적 이념의 분열로 좋은 사람(good guys: 민주주의 혹은 공산주의)과 나쁜 사람(bad guys: 공산주의 혹은 민주주의)으로 나누고 증오심과 적대감을 불러일으켜 통일을 지연시키고 대화와 협력을 통한 공존을 가로막고 있다.

이러한 극단적 이원화된 사회 문화와 교육은 분단된 한반도의 군사문화가 낳은 정치적 냉전 이데올로기로부터 만들어진 편견문화의 일종이다. 군사문화를 통해 자기와 다른 상대의 견해나 입장을 적(敵)이나 악(惡)으로 단죄하는 풍토를 낳았다. 적대적 편 가르기 문화와 상대 타도문화를 객관화 혹은 일반화시켜 왔다.

계급적 이원론을 주장하는 극단적 집단 이데올로기 이원화 교육은 우리 편/상대편, 여당/야당, 흑/백, 우익/좌익, 보수/진보, 북한/남한, 영남/호남, 내국인/외국인, 남성/여성, 음/양, 하늘/땅, 선/악, 자연/인간 등 극단적 양극화현상을 부추겨 상대를 적(敵)으로 간주하고 전쟁이나 타도의 대상으로 전개하기 위한 수단이 되었다.

극단적 집단 이데올로기 이원화 교육을 통해 형성된 편 가르기 문화는 집단과 집단, 계층과 계층, 이념과 이념 사이에 극심한 대립을 초래한다. 그리고 극단적인 편 가르기 문화는 대립과 갈등을 일으키고 분열로 이어져 결국 테러와 전쟁으로 공동체를 파괴(해체)하는 가져오는 결과를 불러일으킨다.

극단적 이원화 교육을 통한 편 가르기 문화는 생존과 이권 문제와 밀접한 관계를 맺고 있다. 자신 혹은 자신이 속한 집단의 이기주의로 제한된 공간과 여건 속에서 생존을 위해 상대 집단을 적으로 간주하고 제거하여 승리할 때만 살아남을 수 있다는 적자생존과 생존경쟁의 논리가 지배하는 이기적 사회 문화 집단이다. 이러한 집단은 극심한 상호 불신과 반목, 대립과 갈등의 역사를 가져왔으며 상호 파멸을 초래하는 무서운 결과를 가져왔다.

역사를 투쟁으로 보고 적대적 편 가르기와 상대방 타도를 통하여 생존할 수 있다는 적자생존의 원리를 수용하는 지배 집단은 상대를 적(敵)이나 악(惡)으로 이원화시켜 극단적 대립구조를 이용하여 자신의 집단을 정략적으로 목적 달성하려는 의도가 숨겨져 있다. 이 과정에서 자신의 왜곡된 사실이나 이권 혹은 모순된 비리를 감추기 위해 편견을 조장시켜 위장하여 자신을 정당화하게 된다.

선의의 경쟁을 통해 상호 공존할 수 있음에도 극단적 집단 이데올로기 이원화로부터 오는 획일주의와 흑백논리를 심어주고 사회화 과정을 조장하는 교육은 편견을 조장하는 교육이다. 이러한 교육은 인간의 사고와 감정을 사회 환경적 통제의 산물로 보고 획일화된 지배 이데올로기와 문화를 심어주기 위한 수단으로 편견을 유지시키기 위한 목적이 숨어있다.

2) 절대적 범주화와 고정관념화

남북 이데올로기로부터 형성된 문화적 편견 가운데 뚜렷한 하나의 구조적 원인은 남과 북이 서로를 적대자로 '범주화'(categorizing)와 '고정관념화'(stereotyping)시키는 교육이다. "게릴라," "스파이," "공산주의자," "자본주의자," 혹은 "좌경세력," "반민족주의자" 등 꼬리표를 달아 상대 집단(out-group)을 "나쁜 사람"으로 범주화시켜 서로를 소외시키며, 탄압하고 비인간화시키는 교육이다. 이러한 정치적 집단 이데올로기의 고정관념으로부터 형성된 문화 편견은 반공 이데올로기의 주입식 교육의 산물이다. 지배정치집단을 영속시키고 권력 유지를 위한 정치적 수단으로 이용된 교육이다.

고정관념화를 일으키는 문화 편견은 가정에서 혹은 학교나 사회 단체 혹은 교회에서 특히 신문이나 서적 혹은 홍보 출판이나 대중매체를 통해 사회화과정 속에서 반복되어 지속되어 왔다. 이 고정관념화를 위한 지속적인 교육 수단은 집단 이데올로기적 편견문화를 정착하는데 중요한 역할을 해왔다. 고정관념화된 남북 이데올로기의 신념체계는 집단 이데올로기적 편견으로 정착하게 되어 증오심과 적대감 감정을 불러일으키게 되었고 더 나아가 차별적인 행동과 폭력 등으로 발전하며 많은 부정적인 결과를 낳게 되었다.

편견의 고정관념화(stereotype)는 올포트의 연구 결과와 같이 4단계로 발전 심화되어 간다.27 1) 감정을 일으키는 자극적인 언어표현의 단계(anti-locution or verbal rejection)에서 2) 차별화(discrimination)의 단계로 그리고 3) 고조된 감정을 불러일으켜 육체적 혹은 물리적인 행동(physical action)으로 심화되는 경우 그리고 상대를 제거하거나 파멸시키는 단계(extermination)이다. 이러한 심화 발전 되는 단계는 편견의 극치인 경우이다. 예를 들면, 인종 말살 정책이나 히틀러의 대량학살 사건 그리고 종교적 대량학살 또는 광주사태와 같은 예를 들을 수 있겠다. 이렇듯 작은 이데올로기에서 비롯된 편견의 불씨가 확대되어 폭력이나 살인으로 몰고 가는 경우를 우리 주변에서 얼마든지 찾아볼 수 있다. 이러한 무서운 폭력과 살인, 테러와 전쟁 뒤에는 편견의 불씨가 숨어있다.

---

27 올포트에 따르면 고정관념이 강해지면 강해질수록 편견적인 감정과 태도가 강하여 적대감이나 증오감이 더욱 강하게 나타나며 결국 4단계로 발전하게 된다고 본다. Gordon Allport, 14-16.

절대적 고정관념화는 편견이다. 개인적 차원에서 고정관념은 강한 신념과 믿음을 주고 성취동기를 더욱 강하게 지지해 준다. 그러나 사회 문화 관계 속에서 자신의 종교나 문화를 절대적 고정관념화함으로 상대 종교나 문화를 인정하지 않고 자신의 것만을 강하게 주장하게 될 때 갈등과 마찰과 대립이 일어난다. 상호 만남과 대화가 단절된다. 절대적 고정관념은 극단적 대립구조를 형성하고 결과적으로 이익 관계나 특정한 상황에서 나(우리)와 다른 집단(그들)을 적이나 악으로 이분법으로 구분하며 극단적 양극화현상을 가져온다. 이와 같은 절대적 고정관념화 교육은 양극적 이원론과 마찬가지로 독선적 획일주의와 흑백논리로 발전할 가능성이 있다.

사고의 범주화(Categorizing)와 정형화(stereotyping)를 위한 교육은 일상 생활에서 없어서는 필요한 요소이다. 왜냐하면 사고의 범주화(categorizing)와 정형화(stereotyping)가 없이 개인이나 사회적으로 혼돈과 혼란을 초래할 수 있기 때문이다. 그러나 문제는 사고의 범주화와 정형화가 자기중심주의나 집단적 이기주의로 나타날 때 함께 살아가는 공동체를 파괴하는 소외와 갈등을 일으키는 요소가 될 수 있기 때문이다. 범주화와 정형화로 파생된 편협적인 사고와 행동은 상대를 무시하고 소외시키며 갈등과 마찰을 일으키는 독소의 역할을 한다. 다른 사람의 경험과 문화를 이해하거나 경험하려고 하지 않고 아전인수(我田引水)격으로 자신의 것만이 유일하고 독특한 것으로 생각할 때 혹은 자신의 관점에서만 독단적으로 해석하고 평가할 때 발생한다. 자신의 지나친 신념이나 주장만을 내세울 때 서로 공동의 선을 이루기 위한 합의점을 찾기가 어려울 때가 많다.

특히 제도적 범주화와 정형화는 집단적 소외와 차별을 가져온다.

이것은 사회적 편견 혹은 문화적 편견을 작용한다. 제도화된 범주화와 정형화는 사회 질서를 유지하고 공동생활을 하는 데 필요하다. 그러나 어디서나 누구에게나 보편적인 것으로 적용될 수 없다. 시대와 공간에 따라 상황과 형편에 따라 제도는 바뀔 수 있다. 제도화된 범주화와 정형화가 어느 특정한 그룹이나 계층 혹은 대상을 위한 집단적 이기주의가 작용하게 될 때, 계층과 계층, 그룹과 그룹 혹은 문화와 문화 사이에 소외와 차별이 생기고 더욱 심하면 집단적 감정적인 갈등과 분열 그리고 폭력과 테러 전쟁이 발생한다.

6. 문화 편견을 저항하기 위한 교육

일반적으로 문화란 한 사회의 구성원의 삶의 양식으로 언어, 관습, 구조, 가치관, 행동양식, 인간관계, 통념, 제도 등 다양하게 가치중립적으로 표현될 수 있겠다. 하지만 다른 한편 문화는 다양한 인간관계와 사회적 경험들 속에서 계층과 성(性)과 인종의 문제와 연루되어 차별과 불평등의 구조를 만드는 도구가 된다. 이러한 차별과 불평등 제도나 구조는 문화적 편견으로 자리를 잡고 문화를 자기중심주의와 민족우월주의를 강하게 내세우며 특정한 계층의 소유물이 되기도 하며 문화를 통해 특권의식을 반영하는 역할을 한다.

올포트(Gordon W. Allport)는 편견에 대한 사회적 관계 속에서 '아무런 이유나 근거가 없이 다른 사람을 판단하거나 강요하는 잘못된 태도나 행위'라고 정의하였다. 이러한 태도와 행위는 자신의 경험과 지식을 절대시하며 지나치게 일반화시키고 상대의 경험을 무시하

거나 지나치게 강요하는 것은 편견적 태도와 행위이다. 개인적 경험
은 다른 사람들의 경험과 상호관계 속에 혹은 대립적인 관계에 있기
에 서로 대화와 이해를 통해 공동의 선과 덕을 세워야 하는 과제가
놓여있다.

편견을 좁히고 극복하기 위해 상호 이해와 대화를 위한 교육이
필요하다. 의사소통을 통해 편협성을 극복해 주는 교육이 필요하다.
경험은 서로 다른 사회 문화적 환경 속에서 경험되어지기 때문에
서로 다른 의견과 지식을 가질 수 있다. 다양한 문화적 환경 속에서
다양한 경험은 다양한 의견과 지식을 공유하며 공존을 필요로 한다.
서로 다른 경험의 차이에서 오는 다양한 의견과 지식은 우열이나
서열을 가릴 수 없다. 다양한 가치가 존재한다. 다양한 경험은 그
자체 가치와 의미가 있다. 따라서 타인의 경험과 의견을 존중하여야
한다. 자신의 경험을 기준으로 다른 사람의 경험을 판단하거나 강요
할 수 없다.

20세기의 후기에 나타난 해체론, 포스트 구조주의 혹은 포스트모
더니즘의 철학적 동향[28]은 우리 시대가 좀 더 관용과 포용의 시대를

---

28 데리다(Jacques Derrida), 라캉(Jacques Lacan), 푸코(Michel Foucault) 혹은 알튀저
(Louis Althusser)와 같은 학자의 입장으로 전통적인 주체 개념 비판 운동이다. 데리다
가 새롭게 제시하는 주체 개념은 "동일성을 갖춘 실체로서 개념이 아니라, 타자 관계를
구성적으로 내포하고 있는 변별적 개념이다." 주체에 대해 정신분석학적인 분석을 하
고 있는 라캉은 주체를 "오인의 구조로 형성된 에고(ego)로 시작하여 상상계의 나르시
시즘적 환상을 버리고 상징계—즉 문화와 언어의 상호주관적 구조—로 진입하여 욕망
의 변증법적 운동을 통해 형성되는 것으로 늘 '과정 중에 있는 주체'이다. 이처럼 주체란
사유 주체로서 절대 주체가 아니라 사회적 구조에 대해 이차원적인 것이지 이에 선행하
는 존재가 아니며, 또한 주체는 타자를 타자로 인정함으로 그리고 타자의 관점과 자기
에 대한 타자의 견해를 고려함으로 비로서 진정한 주체가 될 수 있다는 것"이다. 또한
알튀세기 비판한 주체개념은 "순수한 철학적 의미에서 데카르트적 사유 주체가 아니라
역사적 실천의 주체이다." 마지막으로 푸코는 "주체가 어떻게 대상화되고 형상화되었

요구하고 있다. "주체가 객체를 타자로 규정하고 그 타자를 자신의 동일성 속으로 전유 및 착취하는 과정"에 반기를 들고 20세기 후기의 운동이 주체의 해체 혹은 부정하는 쪽으로 진행되는 것은 "데카르트의 사유 주체(Cogito) 이래 헤겔 관념론과 후설(Edmund Husserl) 현상학을 거치면서 변화 및 구축되어온 절대 주체의 개념이 정치적 지배와 침탈 및 착취를 정당화하고 재생산하는 이데올로기(혹은 편견적 기능)"에 대한 도전이다.29

"타자를 자신의 동일성 속으로 전유 및 착취"하는 생각과 태도는 편견의 작용과 결과이다. 전근대사회의 시대적 산물로 타자에 대한 억압을 정당화하는 편견은 "부르주아적 지배," "제국주의적 지배," "절대 사회주의적 지배" 사회를 만들었고 사회 문화적 편견을 만들었고 전승하여 오늘날 사회 문화에도 무의식 세계에 자리 잡고 있다.

우리는 사회 문화적 환경 차이에서 오는 모든 경험의 다양성을 그대로 모두 인정할 수 없다. 왜냐하면 역으로 다양성을 정당화함으로 불평등한 사회 문화적 계층구조를 차별화된 다양한 경험으로 정당화하여 또 다른 차별화를 유지하고 방치하는 결과를 낳기 때문이다. 그 사회 문화 속에서 다양한 불평등한 계층차별과 성(性)차별 혹은 인종차별의 사회 문화를 경험하는 것을 숙명적인 것으로 받아들이거나 자연스러운 경험으로 정당화시켜 다른 차원의 소외와 차별, 지배와 착취를 하는 결과를 초래한다면 포스트모던 시대의 새로운

는가를 미시적으로 해명한 다음,""궁극적으로 '전체화'와 '개체화'의 함정에 빠지지 않는 새로운 삶의 양식을 구가하는 '자유의 실천'을 주장"한다. 윤효녕, 윤평중, 윤혜준, 정문영 공저,『주체 개념의 비판: 데리다, 라캉, 알튀세, 푸코』(서울대학교출판부, 1999), 제1장 참조.

29 Ibid., 3.

사회 문화적 편견이 될 것이다. 포스트모던 사회 문화로부터 생성되는 새로운 문화적 편견을 수용함으로 사회적 불평등의 구조를 재생산하는 결과를 가져올 것이다. 이러한 이해로부터 편견을 좁히고 극복하는 교육이란 포스트모던사회 문화에서 발생하는 새로운 차원의 불평등한 계층구조와 성차별 그리고 인종차별에 관한 사회적 편견들을 비판적 분석을 통해 해결의 실마리를 제공해야 할 것이다.

이러한 차별주의 문제를 분석하는 것이 바로 비평사회이론에 근거한 비판적 의식교육론이다. 비판적 의식교육의 배경은 네오 마르크스주의(Neo-Marxist)의 영향을 많이 받고 있다. 소위 "비판적 사회이론"(critical social theory)을 주장하는 프랑크푸르트학파(Frankfurt School)에 의해 발전되었다. 이 학파는 처음에 1923년 프랑크푸르트에서 조직되었고 후에 미국으로 망명했다가 제2차 세계대전 후 프랑크푸르트로 다시 돌아와 정착하였다. 이 협회에서 출신 중 많은 학자 가운데 호르크하이머(Max Horkheimer), 아도르노(Theodor Adorno) 그리고 마르크스(Herbert Marcuse)와 하버마스(Jurgen Habermas)와 같은 학자들이 있다.

하버마스(Habermas)는 초기에 프랑크푸르트학파의 영향과는 다르게 독립적으로 자신의 비평이론을 구축하였다. 그의 구별된 중요한 이론은 "지식의 구성 관심"(knowldge-constitutive interests)이다.[30] 그는 이성에 대한 비판적 실천을 해방으로 보여주기 위해 지식(앎)의 형태를 세 가지로 구분하여 설명한다. 1. 경험 분석 지식과학을 위한 지식, 2. 역사해석을 위한 지식과학 그리고 3. 비평사회 지식과학을

---

30 Jurgen Habermas, *Knowledge and Human Interests* (Boston: Beacon Press, 1971).

위한 지식으로 구분한다. 이러한 지식의 영역은 전이해 된 지식의 특별한 인지적 관심에서 동기유발된 것이다.

따라서 "경험 분석 지식과학에서는 객관화된 과정에 대한 기술적 통제(조정)에 대한 인지적 관심"[31]이며, "역사 해석적인 지식과학은 전통으로부터 유래된 자기 이해의 틀 속에서 실천한 행동가들 사이에 가능성 있는 일치에 도달하는데 관심을 가진 실천적 인지적 관심"[32]이다. 마지막으로 비판사회 지식과학과 비판철학은 해방적 관심에 있다. 그는 해방적 관심을 가지고 인간의 자율성과 책임을 위한 근본들을 추구하면서 비판되지 않은 합리화(rationalization)와 이데올로기를 찾는데 관심이 있다. 이와 같은 지식의 구성적 관심은 각기 사회적 매개체로서 "노동"(labor), "상호작용"(interaction)과 "권력"(power)과 관련되어 있다. 노동문제에 있어서는 인간과 사물 사이에 관계이고, 상호작용의 문제는 사람과 다른 사람들 사이에 관계이며, 마지막으로 권력의 작용은 다른 두 관계 속에서 작용하는 숨겨진 억압들을 인식의 비평을 통한 자유와 해방을 가져오는 작용이다.

그러나 하버마스가 주장하는 세 가지 앎의 형태 가운데 특히 '경험 분석'과 '역사 해석적 앎'의 형태를 과소 평가를 하고 있다고 생각하는 것은 잘못이다. 세 가지 앎의 형태는 각기 모두 중요하다. 단지 너무 '실증주의'(positivism)와 '역사주의'(historicism)를 지나치게 강조함으로 편견에 빠지는 것을 우려할 뿐이다.

과학과 기술을 강조하는 실증주의는 인간의 지식을 경험 분석적

---

31 Ibid., 309.
32 Ibid., 310.

방법에 국한시켜 축소하는 경향이 있고, 역사주의는 인간 역사에 대한 무비판인 태도로서 역사적으로 한정된 판단과 사건들의 의미를 말하는 사람들의 주체자와 연관되어 있거나 그들에 의해 의미가 주어지는 경향이 있기 때문이다. 이러한 경향들은 협소한 세계관에 빠져 있는 편견을 가져올 수 있다.

그러므로 경험지식과학은 한계성을 넘기 위해 인간적 요소를 고려해야 한다. 그리고 역사해석 지식과학은 '허위의식'(false consciousness)과 '왜곡된 이데올로기'의 가능성에 항상 개방적으로 노출되어 있음을 인정해야할 것이다. 비판이론과 비판철학도 서로 의존적이지만 그러나 앎의 근본적인 형태이다. 그들은 탐구의 대상으로 앎의 또 다른 형태를 가지고 있다. 그것은 자유를 위한 관심과 노동(일)과 인간 상호작용의 영역에서 인간 이성의 자유로운 실천을 위한 앎의 구성적 관심이다.

하버마스는 자율성과 책임의 문제는 언어구조 속에 있다.[33] '언어소통'은 의견일치를 성취하기 위한 의사소통의 경향성이 있다. 그래서 언어적 상호작용에는 모든 참여자가 지켜야 할 규칙이 있다고 가정한다, 이 규칙이 깨어질 때 의사소통은 불가능하다. 결과적으로 언어 그 자체는 숨겨진 억압으로부터 해방으로 인도하는 근본적인 힘을 가지고 있다. 다시 말해 특정한 이데올로기와 가치관이 내포된 언어를 사용하는 중에 특정 가치관이나 왜곡된 관심이 언어와 더불어 무의식적으로 전수된다고 보면서 비판적 언어분석을 주장한다.[34] 이것은 편견으로 점철된 이데올로기와 전통으로 굳어진 언어

---

33 Ibid., 314.

(문화)이다. 따라서 무비판으로 수용해온 왜곡된 이데올로기와 가치관을 비판함으로써 합의적인 의사소통이 실현될 수 있다. 바로 편견으로부터 해방을 의미하며 교육은 일종의 의사소통을 통해 비판적 언어분석의 과정이다.

하버마스가 주장하는 "관심으로부터의 해방"이란 다른 말로 편견으로부터 해방이다. 그의 주장으로부터 인간의 이성 활동에 있어서 두 가지의 편견을 발견했다. '기술적 통제'(technical control)와 '실용적 통제'(practical control)로부터 인간의 자유를 억압하고 있는 편견이다. 오늘날 현대 사회는 보다 효율적인 통제기술을 고안해 내려는 생산적 관심에 편중되어 있다. 또한 실용적 문제 해결에만 관심을 두고 있다. 하지만 수정되어야 할 잘못된 역사와 전통 그리고 사회 문화와 구조에 대해 무비판으로 수용하게 된다. 편견으로 말미암아 왜곡된 의식을 정당화시키고 결과를 가져오는데, 여기서 비판적 사고와 분석을 위한 교육의 역할이 중요하다.

근본적인 사회문제가 하버마스가 주장하는 바와 같이 '해석'과 '의사소통의 문제'로 볼 때 그것은 상호 이해관계의 단절과 왜곡으로부터 문제들이 발생된다. 그 단절과 왜곡은 편견에 의한 작용으로 편견을 좁히거나 극복해야 하는 교육적 과제가 남게 된다.

이러한 편견을 해결하기 위한 방법으로 하버마스는 지식 구성적 관심으로서 해방을 위한 "의사소통의 실천"(communicative action)을 소개한다.35 하버마스는 사회적 행동을 두 가지의 종류로 구분되는

---

34 이에 관해서는 Jurgen Habermas, *Communication and the Evolution of Society*, trans. Thomas McCarthy (Boston: Beacon Press, 1976), Ch. 1(What is Universal Pragmatics?) 참조.

데 1. 성공을 위한 행동과 2. 이해를 위한 행동이다. 성공을 위한 행동이란 효율성을 위한 환경의 기술적 조정이나 통제를 위한 "도구적 행동"(instrumental action)과 개인이나 집단이 특별한 목적을 성취하기 위한 "전략적인 행동"(strategic action)으로 분류한다. 그리고 "이해를 하기 위한 행동"이란 상호 주체적인 인간의 의사소통으로 억압과 지배로부터 해방과 개방성에 참여이다. "의사소통을 위한 실천"(communicative action)은 상호 이해를 위한 행동을 의미한다.

언어적 상호작용은 참여자들의 순수한 의견일치의 가능성을 믿게 될 때 이해된다. 의견일치는 의사소통이 더 나은 대화(논의나 토론)의 힘으로 순수하게 진행될 때 일어난다. 즉 참여자에게 어떤 외적 혹은 내적 억압이나 지배로부터 해방될 때 진정한 의사소통이 일어난다는 뜻이다.

하버마스의 의사소통의 실천이란 상호 이해하며 서로 의견일치에 도달하는 것으로 '개방성'과 '진실성' 그리고 참여한 모든 파트너 혹은 공동체에 '평등한 조건'이 주어질 때 상호 이해를 하게 되고 서로 의견일치를 위해 대화에 참여하게 된다. 따라서 하버마스이 비판이론에서 특히 의사소통의 실천 문제는 편견을 좁히거나 극복의 과제에 있어서 중요한 요소이다. 외적 혹은 내적인 억압이나 지배로부터 해방될 때 진정한 의사소통이 일어난다는 것은 외적 혹은 내적

---

35 Jurgen Habermas, *The Theory of Communicative Action* (Boston: Beacon Press, 1988) 참조. 그리고 그의 의사소통의 해방적 실천은 "언어와 행동에 관한 이론 (speech-action theory)"과 관계가 있다. 언어-행동 이론에 대해서는 J. L. Austin, *How to Do Things with Words* (Cambridge: Harvard University Press, 1962)과 J. Searle, *Speech Acts: An Essay in the Philosophy of Language* (London: Cambridge University Press, 1969) 참조바람.

편견이 극복되었을 때 서로 의사소통의 실천이 가능하게 된다는 말과 같은 맥락에서 이해할 수 있다.

편견과 교육을 함께 고려해 볼 때 교육은 편견에 대해 순기능을 역할을 할 뿐 아니라 저항적 역기능을 수행한다. 교육이 편견에 대해 순기능을 한다는 것은 지배 이데올로기의 유지와 전달 수단이 된다. 교육을 통해 지배권력의 문화를 형성시키고 영속화를 위한 획일화 시키는 역할을 수행하여 편견을 조장시킨다. 다른 한편으로 교육이 편견에 대해 저항적 역기능을 수행한다는 것은 사회 문화에 대해 비판적 의식과 능력을 심어줌으로 편견극복의 중요한 역할을 한다는 뜻이다.

편견에 대한 교육의 순기능으로 극단적 이원화 교육과 주입식 교육을 통한 고정관념화를 예로 들 수 있다. 극단적 이원화 교육과 절대적 고정관념을 심어주는 획일적 교육은 편견이 강화되고 정략적으로 편견을 이용하여 권력과 이권을 차지하는 도구가 된다. 이것은 교육이 지배 정치 이데올로기로부터 사회 문화적 요구를 맹목적으로 수용하고 충족시키기 위함이다. 따라서 이런 교육은 과거의 전통을 답습하고 반복하는 주입식 교육과 암기 교육을 강조하여 학생의 생각과 태도를 구조화(formating)하는 획일주의적이고 일방적이며 폐쇄적인 교육이다.

피아제(Jean Piaget)의 주장처럼 교육이란 단순히 이미 다른 사람으로부터 혹은 다른 세대로부터 만들어진 기성품에 대해 단순히 반복적인 주입식 교육이 아니라 창조적인 사고능력을 갖춘 사람을 길러내는 일이다. 교육에 있어서 가장 위험한 요소는 대중들을 선동하기 위한 강령이나 구호를 내세우고 집단적인 여론이나 의견을 강요

하거나 이미 굳어진 사고의 경향을 강요하는 것은 문제점이 있다.[36]

실존주의 철학자 쇠렌 키에르케고르은 이것을 "대중적 인간"이라고 부른다. 개인은 대중 속에서 자신을 상실하는 경우이다. 그래서 개인은 더이상 자기 삶을 형성시키는 결단을 해내지 못하고 대중 속에서 대중들로부터 맹종하는 결단이 이루어진다.[37] 개인은 "타협자"가 되어 다른 사람이 하는 것을 하고, 다른 사람들이 생각하는 것을 생각하며, 다른 사람들이 느끼는 것을 느끼게 된다.[38] 대중으로부터 밖으로 나올 때 혹은 대중여론을 거부할 때, 개인이나 집단은 대중으로부터 소외감이나 갈등을 경험하게 된다. 지배 이데올로기에 의해 조성된 대중의 여론은 자율적인 주체를 지워버림으로 개인의 사고와 태도를 규범화시키고 획일화시켜 주체성과 개성 그리고 다양성을 무시하게 된다.

집단적 여론이 형성되면서 지배 이데올로기의 여론이 표준화되고 대중문화로 상품화되면서 판단의 기준이 되고 그 여론에 의해 사회적 제도나 구조가 형성된다. 정치 집단 이데올로기로 집단적 여론이 이용되면서 매스 미디어나 교육제도나 조직에 의해 대중문화[39]로 일반화-규범화-제도화되어 간다. 제도화된 대중문화는 저

---

36 David Elkind, *Children and Adolescents: Interpretive Essays on Jean Piaget* (New York, Oxford: Oxford University Press, 1981), 29.

37 Perry LeFevre, *Man: Six Modern Interpretations*, trans. 이종성,『현대의 인간이해』(서울: 대한기독교회, 1982), 76.

38 Ibid., 77.

39 김창남은 대중문화의 이해에 있어서 어원적으로 두 관점을 소개한다. 하나는 대중(mass)문화로서 문화의 생산과정에 초점을 맞춘 개념이다. 다른 하나는 대중(popular)문화로서 문화의 소비 내지 수용 과정에 초점을 맞춘 개념으로 나누어 설명한다. 일반적 의미에서 대중문화의 개념은 'popular culture'로서 대중문화를 말한다. 김창남의

항문화가 발생될 때 기존의 대중문화의 가치체계가 위협을 받거나 붕괴 상황에 직면함으로 서로 차별과 편견이 작용한다.

대중문화와 편견 작용을 관계시켜 생각해 볼 때 대중문화는 '집단별로 나타나는 수용방식의 차이와 갈등'으로부터 편견 작용이 일어날 수 있다. 수용방식의 차이와 갈등의 원인은 문화를 바라보는 사회적인 시각(관점)으로부터 나타난다. 사회적인 시각(관점)은 다양하게 표현될 수 있다. 하지만 강압적인 여론통제와 집단적 여론을 강요하게 될 때 생존의 위협과 두려움으로 개인의 비판적 사고능력이 없어지고 자아 상실을 가져온다. 판단이 집단적 여론에 의해 결정되고, 개인의 판단과 책임이 무시될 때 비인간화가 된다. 이것은 대중적 편견(사회 문화적 편견)이라 말할 수 있다. 이러한 대중적 여론이 정치적 권력 집단으로부터 정책적으로 제도적 교육을 반영하여 교육적인 구조와 제도에서 발전시켜나가고 확대해 나간다. 교육의 과정과 목적이 사회여론의 무비판으로 받아들여지고 반영될 때 편견은 순기능의 역할을 수행하게 된다.

이때 교육의 목적은 자유와 평등을 지향하기 위한 인간화 교육이 아니다. 어떻게 현 권력 집단이나 체제에 수긍하고 적응할 수 있도록 도와줄 수 있을 것인가에 교육적 관심에 초점을 둔다. 정치적 권력 집단을 유지하기 위한 교육의 목적은 수단화되고 편견을 조장하는

대중문화 이해의 분석에 따르면 대중문화가 생산되는 과정에는 많은 다양한 문제가 발생되는데, 이를테면 "대중문화 텍스트가 생산되는 과정에 개입하는 자본과 권력의 영향력이라는 문제, 대중의 취향과 선택의 문제, 유통과정의 문제, 시장에서의 성공과 실패의 문제, 문화의 수준과 질에 관한 문제, 집단별로 나타나는 수용방식의 차이와 갈등의 문제" 등등 다양한 문제들이 복잡하게 얽혀있다고 본다. 김창남, 『대중문화의 이해』(서울: 한울 아카데미, 1998), 24-25.

비인간화된 교육으로 치닫게 된다. 어느 한 계층이나 집단을 위한 교육목적은 표준화되고 일반화되도록 편견을 심기 위한 지배 이데올로기 창출을 위한 수단이다. 교육의 목적이 어느 권력 집단의 정치적, 경제적 소유물이 될 때 몰상식한 교육으로 전락한다. 그리고 인간의 자율성과 창의성이 무시된다.

존 듀이(John Dewey)의 교육은 궁극적인 목적이 없다. 교육의 목적과 과정은 결코 끝이 없는 진리 추구의 과정이다. 교육의 유일한 목적은 "과정"(process) 그 자체일 뿐이다. 존 듀이가 주장하는 교육개념은 사고와 과정이다. 한 개인의 사고는 연속적인 변화에 있다고 본다.[40] 교육대상과 과정은 변화하는 세계 속에서 비판적으로 계속 수정되고 평가되어져야 한다.

이와 같은 주장은 화이트헤드(Alfred North Whitehead)의 과정철학에서도 찾아볼 수 있다. 화이트헤드는 현존하는 존재가 무엇인가에 대한 물음은 실재가 어떻게 생성되고 있는가에 달려 있다고 본다. '현재적 존재'(being)는 그 '생성과정'(becoming) 속에서 결정된다는 주장이다. 따라서 '존재'(being)와 '생성'(becoming)은 서로 독립해 있는 것이 아니라 상호 관계이다. 이것이 바로 그가 주장하는 "과정의 원리"(principle of process)이다[41]

존 듀이는 물론 화이트헤드의 주장은 교육의 목적이 과정(process) 그 자체라는 말이다. 현존하는 존재 자체를 항상 같은 존재로 절대적인 생각으로 고정관념화할 수 없다. 진리는 항상 역사 속에 개방되어

---

40 John Dewey, *How We Think* (Chicago: Henry Regnery, 1971), 72.

41 Alfred North Whitehead, *Process and Reality: An Essay in Cosmology* (New York: Free Press, 1978), 23.

있다. 따라서 진리를 추구하는 교육과정은 변화해 가는 사회의 요구를 수용하고 충족시키기 위해서 끊임없이 재조직되고 재구성되어야 한다. 교육은 과거에 완성된 일정한 행동의 규칙과 도덕적 혹은 정신적 가치를 전수하는 기능도 있지만 미래로 더 진리에 가깝게 다가가도록 창조적으로 개방되어 있다. 과거 역사와 전통만 수용하고 전수하는 기계적 교육이 아니다. 획일적이고 기계적인 훈련을 통한 습득은 숙련된 기술을 습득하게 해줄 수 있다. 하지만 새로운 환경과 상황에서 결정할 수 있는 개인의 능력을 제한할 수 없다. 주입식 위주의 교육과 기계적인 교육은 타성에 젖은 지식으로 화이트헤드가 말하는바, "활동성이 없는 아이디어"(inert idea)가 될 뿐이다.[42]

교육은 개인 스스로 경험을 통해서 배우는 기회를 가져야 한다. 교육은 경험의 연속적인 과정이다. 경험을 재조직하거나 재구성하는 노력이 필요하다. 물론 개인의 사고와 감정은 경험의 바탕에서 시작되지만 이 경험은 비판적이어야 한다. 왜냐하면 이러한 경험은 개인이나 사회에 어떠한 영향을 끼치게 될 것인지 다양하게 공적으로 검증해 보며 확실한 지식과 진리를 추구해 나가야 한다. 그리고 왜-무엇-어떻게 발생했는지 실험하고 관찰하고 분석하는 과정으로서 교육은 끊임없는 과학의 실험과정과 같다. 과연 효과적으로 발생하였는지 분석과 비판을 통해 다양한 실험과 경험을 판단해야 한다. 존 듀이는 이것을 "경험 재구성 방법"이라고 말한다.[43]

결론적으로 편견과 교육의 관계를 생각해 볼 때, 피아제의 "창조

---

42 Alfred N. Whitehead, *The Aims of Education* (New York, Free Press, 1967), 5.

43 John Dewey, *Experience and Education* (New York: Collier Books, 1963)과 *Reconstruction in Philosophy* (Boston: Beacon Press, 1957).

적 사고"와 키에르케고르의 "대중적 인간으로부터 실존론적 자아회복," 그리고 화이트헤드와 존 듀이의 "사고와 실체의 과정적 이해," "경험의 계속성(혹은 미래의 가능성)"과 함께 "민주적인 공동체 형성"는 편견 좁히기와 극복하기 위한 중요한 교육적인 주제이다. 인간의 사고와 경험은 항상 새로운 영역과 미래로 열려 있다. 편견은 '고인물'과 같이 흐르지 않은 때 발생한다. 사고의 유연성과 지속성은 편견으로부터 자유로워질 수 있다. 모든 경험은 과거와 현재로부터 얻어지는 반면, 그 경험을 지속 관찰 분석하고 검증하며 수정하여 다시 실천하며 시도하는 비판적 과정이 필요하다.

이런 의미에서 경험의 지속성과 개방성은 편견을 극복하기 위해 필요한 조건이다. 그리고 항상 비판적 사고와 실천이 뒤따라야 한다. 그 이유는 과거의 경험은 현재 상황에서 강요될 수 없는 모순이 있기 때문이다. 더욱이 미래의 새로운 가능성과 창조성을 위해 비판적 성찰이 필요하다. 개인의 경험이 다른 사람(공동체)의 경험과 함께 연결되어 상호작용을 하면서 상호 관계를 맺고 있기 때문이다. 따라서 교육은 바람직한 공동체 형성을 위해 만남과 대화 속에서 연속적인 비판적 성찰의 과정이 곧 편견극복의 과정이다.

특히 하버마스는 '지식 구성 관심'(knowledge constitutive interest)에 있어서 무관심한 지식을 반영하는 '객관주의자적 허구'(objectivist illusion)를 거부하고 앎의 주체로서 비판적 사고의 중요성을 주장한다. 이때 객관주의자적 허구화는 편견의 속성이다. 주체적 앎(사고와 행동)은 앎의 실천 방법으로 이것을 통하여 사회변화를 가져오는 실천이 가능하다. 여기서 편견극복의 과정이란 앎의 주체로서 비판적 사고를 통해 객관주의자적 허구로부터 해방하는 길이다.

하버마스의 견해를 교육적으로 잘 파악한 학자는 파커 파머(Parker J. Palmer)이다. 그는 지식의 본질과 성격을 설명한다. 현대 기술과학주의 지식의 모순을 비판하면서, 파머는 하버마스와 같이, '객관주의자적 허상'을 현대의 과학주의의 산물로 지적한다. 객관주의(objectivism)는 '인식(앎)의 주체'(the self as knower)와 '인식(앎)의 대상인 세계'(the world as known)를 분리시켜 왔다. 파머가 지적과 같이 인식 주체와 인식의 대상이 분리될 때 소외와 비인간화를 일으키는 편견 작용이 일어난다.

파머는 지식의 근원을 탐구(호기심)와 지배(권력)로부터 형성되는 것이 아니라 긍휼(불쌍히 여김)과 사랑에서 유래되었음 강조한다. 탐구와 지배는 앎의 주체와 대상을 이원화시켜 소외와 지배를 위한 수단으로 전락된다. 그러나 긍휼과 사랑은 생명력 있는 지식으로 유대-기독교 전통의 영적 유산이다.

사랑에서 유래한 지식은 화합과 단절된 자아와 세계의 회복을 가져온다. 긍휼에서 유래한 지식은 용서와 화해를 통한 온전함으로 회복을 가져온다. 따라서 앎의 행위란 사랑의 행위이다. 그것은 타자(이웃)의 현실을 포용하고 찾아가는 행위인 동시에 타자(이웃)가 현실 포용하고 찾아올 수 있도록 허용하고 배려하는 행위이다. 이러한 앎의 행위는 유기체적 공동체를 재창조하는 열정을 품고 있다.[44]

탐구와 지배의 근원을 가지고 있는 지식의 형태로서 현대 과학기술주의는 인식의 대상을 인식의 주체로부터 독립된 존재로 대상화시킨다. 분리된 인식의 주체와 대상의 두 관계는 수동적이고 생기가

---

[44] Parker J. Palmer, *To Konw as We Are Known: Education as a Spiritual Journey* (New York: HarperSanFrancisco, 1983), 8.

없는 관계이다. 이때 인식의 주체는 대리인에 불과하다. 그래서 인식의 대상을 이해할 수 있는 도구를 갖추고 대상의 영역으로 들어간다. 경험적 측정과 논리적 분석을 통해 대상을 관찰하고 구별시키려고 한다. 모든 관찰과 분리 과정에는 객관적일 수 있도록 진행 절차의 법칙, 예를 들면, 과학적 방법에 의해 지배받는다.[45]

이와 같은 과학적 탐구로서 인식의 방법은 인문과학, 예를 들면, 사회과학과 역사과학에서도 적용되어 왔다. 그 결과 주-객의 이분법적인 사고 구조를 낳았다. 파머는 이러한 객관주의자적 인식은 자본주의 지배 이데올로기를 부추기고 존속시킴으로 권위주의와 분열, 조정과 지배 그리고 억압과 소외의 수단으로 정치적이고 사회적인 문제를 파생시킨다.[46] 결과적으로 분리적 객관주의 지식은 편견 작용으로 권위주의 성격과 전체주의 사회를 세우는 데 역할을 담당해 왔다.[47] 객관주의로 파생된 이분법적 사고방식은 지배의 수단이 되었고, 지식으로 상대를 억압하고 조정하는 데 이용되었다.

그러나 긍휼과 사랑으로부터 나온 지식은 상호 관계적이고 책임적이며 공동체적이다. 공동체적인 진리란 객관주의적 제국주의나 주관적인 상대주의가 아니다. 다원화 현실을 존중하고 포용함으로 그리고 인내를 가지고 의사소통의 과정에 참여함으로 의견일치를 추구한다. 각 개인이 속한 유기체적 공동체 속에서 개인의 변화를 가져오는 일에 참여함으로 진리를 추구한다. 그와 같이 지식을 추구함으로 서로 격리되어 된 분열과 차이를 메울 수 있으며, 상처 난

---

45 Ibid., 27.
46 Ibid., 51.
47 Ibid., 66.

사람과 손상된 세계를 치유할 수 있다.[48] 파머의 편견극복의 핵심은 긍휼과 사랑의 지식으로 포용과 배려를 통해 가르침과 배움의 진리 공동체를 추구하는 길이다.

위에서 간단하게 살펴보았듯이, 하버마스는 지식(앎)의 형태를 세 가지, 즉 1) 경험 분석을 통한 기술과학을 위한 앎과 2) 역사해석을 위한 앎 그리고 마지막으로 3) 해방과 자유를 위한 비판적 자기성찰로서 앎으로 구분하는데, 이들 중 현대 기술과학과 역사해석은 앎의 주체를 소외시킴으로 무관심의 지식이 되어왔다. 그리고 하버마스의 비판적 자기성찰의 앎은 파머의 생각과 행동, 이론과 실천, 자신과 세계, 인간과 자연, 인간과 인간 사이를 서로 격리(분리)시키지 않는 긍휼과 사랑의 지식이다.

편견극복은 하버마스의 경우 의사소통의 실천을 통해 주관주의와 객관주의의 허상을 깨는 것이다. 파머의 경우 편견극복은 대화를 통한 반객관주의화(anti-objectivism)이며, 주관주의로부터 개인적 진리를 구원시켜 주는 길이다. 왜냐하면 진리를 깨닫는 것은 전체 창조 세계와 상호 관계의 힘으로 들어가서 온전함을 찾는 길이기 때문이다. 파머는 객관주의적 지식뿐만 아니라 개인의 편견이나 취향에 좌우되는 주관주의자적 앎을 허용하지 않는다. 파머는 하버마스와 같이 순수한 대화를 통하여 편견이 극복될 수 있다. 대화의 힘은 상호 유기체적인 진리를 깨닫게 해주고 새로운 유기체적 공동체를 재창조함으로 상호변화를 가져다주는 실체이다.[49]

---

48 Ibid., 68.
49 Ibid., 55-57.

문화적 편견극복 모델

편견 현상을 밝히고 분석하는 일도 중요하지만 편견극복을 위한 노력도 매우 중요하다. 편견극복을 위한 노력으로는 사회과학이나 상담심리학이나 다른 여러 접근이 있겠지만, 여기서는 교육적 접근을 통해 편견극복을 위한 시도를 해보고자 한다. 특히 문화 편견을 어떻게 극복 혹은 좁힐 수 있겠는가에 대해 기본적으로 두 모델을 소개할 것이다.[1] 첫째, 프레이리(Paulo Freire)의 대화와 해방교육론과 둘째, 공동체 형성을 위한 빅터 터너(Victor Turner)의 "리추얼 프로세스"(ritual process) 모델이다. 이 두 모델을 선택한 이유는 모두가 함께 속박으로부터 자유를 성취하기 위한 해방의 방식을 사용하고 있기 때문이다. 그리고 한 걸음 더 나아가 새로운 공동체를 세우기 위한 사회변혁의 이론을 적용하려는 시도 때문이다.

이 모델들은 지배 이데올로기에 의해 물들여진 편견을 넘어서 개인과 사회가 함께 변화해야 함을 강조하는 교육적 접근 방법의 중요한 방향을 제시한다. 다시 말해 프레이리는 비판적인 사고와

---

1 여기에 소개되어 있는 모델은 필자의 박사논문 (Sungjoo Oh, *Ritual Communitas for Transforming Cultural Prejudice Resulting from the Ideaological Divisions in Korea,* (Chicago Theological Seminary, 2000)에 자세히 소개되어 있다. 이 모델을 다시 요약 정리하여 새롭게 제시한 것이다.

실천(conscientization: 의식화 과정)에 근거한 해방교육을 통하여 왜곡된 문화와 억압된 사회구조를 바로잡기 위해 시도하였다. 그리고 빅터 터너는 리추얼 심볼을 분석하면서 리추얼 과정에서 발생하는 "저항(반)-구조"(anti-structure)의 현상2을 제시하여 "과도기적 상태" 혹은 "분리적 상황"을 의미하는 "리미널리티"(liminality)3에서 "하나 됨" 혹은 "함께 어울어짐"을 의미하는 "커뮤니타스"(communitas)4의 단계로 넘어가는 '리추얼 프로세스'의 특성들을 강조한다. 이 리추얼 프로세스로부터 터너는 개인의 심리적 갈등 해소와 사회 문화적 갈등 해소의 영향력이 있음을 시사해 준다. 터너의 모델은 공동체 형성을 위한 '의례 의식화 교육'(rutualizational eduction)의 중요성과 필요성을 제시해준다.

두 모델 간의 장단점을 살펴보면서 편견극복을 위한 교육적 접근으로 프레이리의 의식화 과정 모델과 빅터 터너의 리추얼 프로세스 모델을 잘 종합시켜 설명한 맥라렌(Peter L. McLaren)의 "교육적 리추

---

2 터너는 사회를 두 가지 형태로 구분하여 본다. 첫째, 기능과 가치와 지위가 계층적이고 차별적인 사회질서가 존재하는 것으로 보았는데 이것을 그는 "구조"(structure)로서 사회생활을 하는데 긍정적이고 필수적인 것으로 이해하였다. 정치적, 경제적, 법적으로 구조화되고 차별화되며 계층화된 조직으로서 사회에서는 소외와 불평등 그리고 탄압과 억압이 나타난다고 본다. 다른 형태는 반(저항)-구조(anti-structure)의 사회이다. 이 반(저항)-구조에는 "liminality"와 "communitas"가 존재하는데 애매모호한 사회관계성들이 리추얼 liminality의 과정을 거쳐 참된 만남과 관계를 이루는 참된 공동체의 모습(커뮤니타스)가 생성하는 역할로 본다.

3 liminality란 본래의 의미는 문간(threshold), 문턱, 입구(entrance), 시작, 발단, 출발점을 의미하는데 여기에서는 과도기 상태 혹은 분계 상황으로 해석하고자 한다.

4 여기에서 communitas란 일반적인 공동체의 의미와는 다르다. 터너가 말하고 있는 communitas란 일반적인 구조화(제도화)된 community란 말과는 구별된다. 특히 터너가 주장하는 communitas의 의미는 자율적이고 굳어지지 않은 어울어 짐(혹은 어울림)의 상태를 나타내주는 하나의 상징적 개념이다. 따라서 본 저자는 고유명사로서 community와 구별되어 사용하기 위해서 communitas로 그냥 사용하고자 한다.

얼 프로세스"(instructional ritual process) 모델로부터 편견극복을 위한 교육의 가능성을 찾고자 한다.

그리고 종교 교육적 모델로서 토마스 그룸(Thomas H. Groome)의 "함께 나누는 삶의 실천에 의한 기독교적 종교교육"(Christian religious education by shared praxis)[5]으로 편견극복의 교수 학습의 방법을 제시하고 한다. 토마스 그룸은 특히 최근의 저서에서 영성과 예배와 교육의 관계를 함께 나누는 실천 방법으로 풀어가면서, 참여적이고 대화적이며 나눔의 교육적 구조 속에서 영성과 예배를 설명한다.[6] 종합적으로 편견극복을 위한 교육적 접근으로 '함께 나눔을 위한 실천의 다섯 단계'를 편견극복의 모델로 소개할 것이다.

마지막으로 자아 상실의 시대에 살고 있는 오늘날 어떻게 '온전한 자아 회복'을 이룰 것인가에 대한 영적 지도와 교육을 제시하여 편견극복의 길을 안내하고자 한다.

1. 프레이리(Paulo Freire)의 의식화 교육모델

프레이리의 모델은 "문화 서클"(cultural circle)모임에서 비판적 사고를 훈련하는 과정에서 형성된다. 이와 같은 그의 생각은 1960년대의 브라질의 농민들을 위한 문맹퇴치운동 프로그램을 경험하면서

---

5 Thomas H. Goome, *Christian Religious Education: Sharing Our Story and Vision* (New York: Harper Collins, 1980).

6 Thomas H. Groome, *Sharing Faith: A Comprehensive Approach to Religious Education & Pastoral Ministry* (New York: Harper Collins, 1991), 337-374.

시작되었다. 그가 시도한 것은 사람들의 삶과는 아무런 관련성이 없는 원리를 반복하여 암기하도록 하는 기존의 주입식 방법으로 '은행 저축식 교육 방법'을 떠나 사람들에게 그들 자신의 문제를 새롭게 바라보고 스스로 문제 해결 능력을 키우는 '문제해결식 교육 방법'이다.

교육은 단지 정치적 중립으로가 아니라 정치적 구조와 과정의 차원에서 이해하고 해석할 지닐 필요성이 있다. 따라서 모든 교육의 형태는 특정한 이념과 정치적 바탕을 두고 접근해야 한다. 전통적인 수동적 개념을 지닌 '교실'(classroom)을 떠나 '문화 서클'(cultural circle)을 통해 만남과 대화로 문제 해결을 이끌어 내는 교육의 과정은 편견을 극복하는 통로가 된다.

이 문화 서클로부터 프레이리는 전통적인 교육개념을 새로운 교육의 개념으로 바꾸었다. 교사를 협력자로, 강의를 대화로, 학생을 그룹 참여자로, 일방적 프로그램을 상호 관계적 프로그램으로 바꾸었다.7 스스로 가르침과 배움이 동시에 일어나는 문화 서클 활동으로 프레이리는 참여자들에게 그들의 상황을 명확하게 이해하고 파악하여 행동을 유발하는 교육을 시도하였다. 인간의 의식변화가 곧 사회 문화적 현실변화를 가져올 것이라고 믿는 교육이다. 인간은 '사고를 하며 사고를 통하여 행동하고 환경과 세계를 변화'시킨다는 새로운 교육의 인류학적 접근이다.8

인간은 '실천적 존재'란 뜻이다. 실천이란 지식과 창조의 근원이다. 세계 속에서 세계와 함께 실천을 배우는 교육을 통해서 인간은

---

7 Paulo Freire, *Education for Critical Consciousness* (New York: The Continuum Publishing Company, 1993), 42.

8 Ibid., 3-5.

문화와 역사를 창조한다. 그것은 미래로 열린 세계를 향해 계속 가르치고 배움의 실천의 과정이다. 이런 실천적 인간은 역사-사회적 존재가 된다.

프레이리에 따르면 "인간이 된다는 것은 이웃과 세계의 관계 속에서 살아가는 것이다."9 인간을 관계적이고 변증의 존재로 바라본다. 그렇지만 인간은 현실 속에서 오는 현실적 문제들을 극복할 수 있는 자기 주도적 학습자이다. 프레이리가 말하고 있는 주체적 인간이란 현실에 적응하는 소극적인 인간이나 자기 방어적인 약한 형태를 의미하는 것이 아니다. 현실에 안주하고 적응하는 수동적인 인간은 지배 권력을 가진 사회적 제도나 권력으로 형성된 지배 이데올로기의 신화로부터 쉽게 지배받을 수 있는 노예적 삶의 존재가 된다.

만일 권력 집단의 지배 이데올로기가 피지배 집단(피억압자)에게 그동안 비밀리에 숨기고 있는 사실이나 현실이 드러날 때 지배 집단은 저항하는 피지배집단을 파괴하고 제거하려는 시도를 하게 된다. 그와 같은 비극적인 두려움 때문에 피지배집단 구성원은 그들 스스로 정당한 행동과 관계를 하고 있음에도 그들은 스스로 존재의 가능성을 의심하면서 홀로 고독한 존재로 남아 두려움과 위협 속에서 지배권력집단과 타협을 하고 관계하면서 무비판으로 모든 것을 수용한다. 그리고 지배집단(억압자)는 자신이 만든 집단을 정당한 공동체로 묵인하며 받아들이게 된다.10

지배 집단은 지배문화와 계급을 만들어 평범한 사람이나 문맹인

---

9 Ibid., 3.
10 Ibid., 6.

에게 권력으로 쉽게 조정하고 지배 권력 집단의 도덕과 지적 통솔력에 맹목적으로 적응하도록 수동적 사람으로 만들어간다. 수동적 사람이 된다는 것은 편견을 갖도록 훈련시킨다는 뜻이다.

특히 대중매체를 사용하거나 교육제도를 통해 지배계급이나 지배 집단은 사회적 자원을 조정하면서 지배 권력의 원리를 세계 보편적 공통요소로 납득시켜 모든 사람에 유익을 줄 것이라고 '이데올로기적 허구'를 만든다. 여기서 대중매체와 교육제도는 무비판으로 수용할 수 있도록 주입식 교육을 통해 편견을 심어주는 수단으로 사용하다. 이것으로 피지배집단을 조정하고 지배하기 쉽게 만들며 권력 집단을 지속 존속시키기 위한 문화적 편견으로 정착한다.

지배 집단은 문화적 편견으로 자기에게 유리한 쪽으로 치우쳐 이용하여 현실을 미화시켜 신화로 꾸미고 피지배집단을 객관화시키는 수단으로 삼는다. 프레이리는 문화란 항상 정적인 상태에서 현실과 사람을 신화화시키는 요소로 본다. 문화를 통제하고 조정함으로 현실을 속이고 부정하는 것이다. 문화를 조정함으로 지배와 억압과 존속의 과정으로 작용할 수 있다.

이런 관점에서 프레이리의 인간의 역사는 인간을 환경에 적응시키려는 요소를 극복하고 온전한 인간이 되도록 회복하기 위해 항상 갈등과 투쟁 속에 있다. 온전한 인간으로 회복하기 위한 실천적 행위는 프레이리가 주장하는 해방교육방법이 중심이다. 실천행위는 비판적으로 현실을 평가함으로 정당성을 얻고 거기에서 해방의 행위를 통해 다시 현실을 재창조하는 힘이다. 프레이리에 따르면 실천 그 자체가 저절로 해방과 인간화를 가져오는 것이 아니다. 실천은 비판적인 의식이 동반될 때 가능하다. 따라서 실천과 비판의식과의 관계는 변증법적인 과정이다.

실천은 현재 행동에 근거한 비판의식으로 시작된 그것은 해방적 행동이 뒤따르고 그러므로 비판적 사고를 깊게 한다. 실천을 통해 비판사고는 행동이나 상황을 올바르게 판단하는 능력된다. 비판적 사고로 경험의 다양한 요소를 분석하고 감추어진 원인과 동기를 파악함으로 현실 행동의 관심을 갖도록 돕는 능력이다. 이것이 프레이리가 말하는 의식화의 과정이다. 피지배집단에 속한 구성원이 현실에 대한 비판적인 의식을 하면서 해방적 행동에 참여하게 된다.

1) 암호해독의 과정과 의식화

프레이리는 의식화를 인식의 주체인 인간으로 하여금 삶의 양식을 형성해 주는 사회 문화의 실재를 인식하도록 돕고, 현실을 변화시키는 능력으로 설명한다.[11] 의식화란 "현실에 대한 비판적인 자기 개입"[12]을 통해 행동과 비판적 사고의 변증법적 과정으로 이끌어내는 실천이다. 실천을 위한 앎의 행위는 인식의 차원을 깊게 하여 행동에서 사고 사고에서 새로운 행동으로 옮겨가는 변증법적인 과정이다.[13] 의식화가 더 많이 일어나는 사람일수록 더 현실을 잘 파악할 뿐 아니라 그가 직면한 대상의 현상적인 본질을 잘 이해하고 분석

---

11 Paulo Freire, "Cultural Action for Freedom," in *The Harvard Edcucation Review* (Cambridge, 1970), 27.

12 Ibid., 76.

13 Paulo Freire, *The Politics of Education: Culture, Power, and Liberation*, trans. Donaldo Macedo, New York, Westport, Connecticut, London: Bergin & Garvey, 1985), 50.

한다.14

　기본적으로 의식화 과정은 앎의 행위(an act of knowledge)로서 문자 이해의 과정이다. 오늘날 사회에서 문맹인은 제도적인 사회 문화 속에서 주변인에 속한다. 그들은 육체적인 공간적인 측면에서 뿐만이 아니라 역사적, 사회적, 문화적, 경제적 현실에서도 주변 집단의 속한 사람들이다. "그들을 누가 제도의 중심으로부터 주변으로 소외시키는가?" 소속으로부터 밖으로 밀려난 사람들이나 주변에 있는 사람들은 자신이 선택으로 밀려나는 것이 아니라 지배 집단의 권력으로 결정된다.

　문맹 퇴치의 과정은 비판적 사고를 불러오기 위한 의식화의 과정이다. 그것은 단지 철자와 단어와 문장을 반복하거나 암기하는 것이 아니다. 오히려 언어의 심오한 의미에 대해 읽고 쓰고 대화를 통해 그 자체의 과정에 대한 비판적 성찰이다. 프레이리는 언어와 생각과 현실이라는 세 개의 인식구조가 서로 관련이 있음을 주장한다. 세계가 분리된 언어와 생각은 불가능하다. 서로 분리할 수 없는 관계이다. 왜냐하면 인간은 세계와 함께 존재하고 있기 때문이다. 따라서 말과 행동은 분리할 수 없다.

　앎의 행위로서 문맹 퇴치의 과정은 암호해독의 과정이다. 현실을 왜곡시켜 지배구조의 기만과 영속하려는 비밀스러운 이야기를 앎으로써 현실을 해독하는 과정이다. 해독을 한다는 것은 암호화된 현실 상황에 대해 비판적으로 분석하는 일이다. 암호해독의 과정은 억압된 구조를 노출시키고 그 억압자에게 억압의 비밀의 모습이 드

---

14 Paulo Freire, "Conscientization" in *Cross Currents* 24:1 (Spring, 1974), 25.

러나도록 도와준다. 감추어진(신화적) 현실의 노출시키는(비신화화) 과정이다.

암호해독의 과정은 곧 의식화 과정이다. 암호화 과정의 단계에서 현실에 자신의 견해를 드러내고 현실 문제를 변화시키고 비인간화로 만드는 억압을 제거함으로써 인간화를 성취할 수 있다. 이러한 의식화 과정은 비판적이고 역사적인 행동적 사고에 참여했을 때 가능하다.

2) 지배 이데올로기 해독과정과 해방의 의미

다른 차원에서 의식화는 "문화적 침묵"(cultural silence)과 지배로부터 허위적 이데올로기를 노출시키고 세계에 대한 잘못된 인식을 들어내는 과정으로 자유와 해방을 위한 정치적 참여이다. 그 행동은 의식화와 해방을 위한 문화적 행동이다. 자유를 위한 문화적 행동이란 현실을 비판하고 과학적으로 해석하여 언어의 베일로 쌓인 비밀과 지배 이데올로기를 노출시키는 과정에 참여하는 행위이다.

프레이리의 의식화 과정이란 허위의식을 극복하고 감추어진 비밀스러운 현실로 드러냄으로 세계를 변화시키는 과정이다. 프레이리는 인간과 현실 세계를 분리하여 생각하는 이분법적 틀을 부정한다. 오히려 변증법적으로 서로 결합하여 변화를 촉구한다. 인간은 이웃과 세계의 관계 속에서 살아가는 존재며 세계와 상호작용을 통해 인간은 자신의 정체성을 발견한다.[15]

---

15 Paulo Freire(1993), *Education for Critical Consciousnes*, 3.

이런 관점에서 프레이리는 정치적일 뿐 아니라 경제적 자본주의 지배 이데올로기를 인간 내부에 있는 것으로 외적 사회 문화를 통치하고 조정하는 요소로 본다.16 지배관계란 주관적 영역과 억압의 개관적인 조건과는 분리할 수 없는 변증법적 관계이다. 헨리 지루(Henry Giroux)의 주장에 따르면, 지배란 단순히 경찰이나 군대 혹은 법원과 같은 대행기관의 상태나 제도로부터 오는 것일 뿐 아니라 권력과 기술 그리고 이데올로기와 같은 지식의 형태나 사회적 관계 혹은 다른 구체적인 문화의 형태와 함께 만들어진 것으로 본다.17

프레이리가 이해하는 지배는 사회계급과 지배의 관계를 다루는 사회 정치적 구조로 이해하지 않는다. 그는 지배에 대한 정신의 억압적 측면에 초점을 두었다. 정신적 억압으로 지식의 내적 장애물은 물론 자신과 사회 해방을 가능하게 하는 장애물이다. 다.18 이러한 지배에 대한 프레이리의 이해는 심리학적 이해에 기초한 교육적 입장에서 바라본 이해이다.

학교교육이란 이러한 정치 경제적 자본주의 지배 이데올로기를 재생산하는 여러 중요한 대행 기관 가운데 중요한 역할을 하는 매체이다. 제도화된 학교로서 교육은 지식의 권력과 지배 엘리트주의를 키워내는 교육으로 정치적이고 이데올로기적 지배에 근거를 두고 있다. 교육은 문화와 긴밀하게 밀착되어 있고 지배 엘리트 계층의 문화를 조정한다. 특히 지배 엘리트 계층은 제도화된 문화수용 기관

---

16 Paulo Freire, *A Pedagogy for Liberation: Dialogues on Transforming Education* (New York: Bergin & Garvey, 1987), 13.

17 Henry A. Giroux, "Introducton," in Paulo Freire (1985), *The Politics of Education: Culture, Power, and Liberation*, xix.

18 Ibid., xx.

들, 예를 들면 TV, 라디오, 신문, 잡지, 학교, 스포츠, 음악, 정치 캠페인 등과 같은 대중매체를 통해 피지배 집단의 사람들을 전문용어나 어려운 논리로 어렵게 감추어 지배하는 역할을 수행한다. 지배 이데올로기로부터 형성된 지배문화는 개인적 욕구와 연결시키는 동기유발의 구조를 사회적 욕구로 제공한다. 그리고 사회를 개인과 사회적 존재의 영역으로 해석하기 위한 상징적 언어로 제공하면서 현체제의 사회적 관계나 생산적 형태를 합법화하는 역할을 한다.19

지배 이데올로기의 재생산은 현실을 애매모호 하게 만들어 사람들에게 비판적 인식을 막고 비판적 현실을 읽어내지 못하도록 방해한다. 그리고 피지배집단의 구성원들이 발견한 사실에 대한 정당성을 갖지 못하도록 사람들을 방해하는 일이다. 억압계층의 신념체계를 일반화함으로써 피억압자는 자신의 무능력함과 자신의 착취당함을 자연스럽게 인정하도록 만든다.

그러므로 해방의 목적은 비판적 사고를 통하여 현실을 직시하는 일이다. 지식은 과거와 현재와 미래에 대해 사람들이 생각하는 방법을 만들고 조정하기 위한 이데올로기와 정치적 권력이 된다. 따라서 지식과 객관적인 현실은 서로 분리할 수 없는 관계이다. 이런 의미에서 지식은 해방의 개념인 동시에 지배의 개념을 가지고 있다.

프레이리의 해방 교육 모델은 지식이 사회적 구조와 사회적 행동의 바탕으로 해석된다. 이러한 지식은 사회변화를 위한 해방의 중요한 도구이다. 해방의 방법은 현실에 대한 비판적 이해에서 출발한다. 억압의 조건을 극복하는 길은 무엇보다도 억압자를 이해하고 그들

---

19 Henry A. Giroux(1987), *Ideology, Culture, and the Process of Schooling*, 130.

이 살고 있는 사회 정치적 현실을 변화시키도록 돕는 일이다.

결과적으로 비판적 교육으로 프레이리는 사람들에게 숨겨진 것이 무엇인가 그리고 지배 이데올로기는 어떻게 재생산되는가 또한 어떻게 그것으로부터 해방하는가를 알도록 가르치고 있다. 이것이 지배 이데올로기로부터 해방의 길이며, 지배 이데올로기의 재생산을 저항하는 길이다. 해방의 목적은 지배 이데올로기가 숨겨진 현실을 밝히는 일이며 해방교육의 과제이다.[20] 해방교육은 사회를 변혁시키고 사회를 재창조 혹은 재건하기 위한 비전이다.[21]

3) 문화적 암호해독과 문화 편견

프레이리는 문화를 삶 속에서 얻은 경험으로 본다.[22] 인간 경험의 중심을 문화적 지식의 근원으로 문화의 중요성과 필요성을 강조한다. 어떻게 개인의 경험이 외적으로 표현되고, 서로 함께 나누고 문화적 힘으로 만들어지는가를 보여준다. 개인의 주관적인 삶의 문제와 관계된 객관적인 삶의 과정을 분석하면서, 문화는 내적인 삶과 외적인 세계 사이의 관계시키는 변증으로 접근을 통해 모습이 드러난다.

이러한 과정에서 지식은 사회적 제도나 구조 속에서 객관적인 정신을 반영하는 중요한 역할을 한다. 문화란 인간의 일런 된 행동을 조건으로 삼고 표출된 내적인 산물로서 사람들의 객관적인 지식을

---

20 Paulo Freire (1987), *A Pdedagogy for Liberation: Dialogues on Transformation Education*, 36.

21 Ibid., 38.

22 Paulo Freire (1985), *The Politics of Education: Culture, Power, and Liberation*, xxi.

전달하는 매체이다. 따라서 문화 자체가 결정적인 힘을 지니는 것으로 인식된다.[23] 지식을 통하여 자신과 타자 그리고 세계의 관계성과 새로운 세계 탐구해 가는 힘이다.

프레이리는 문화의 구조를 지식과 표현과 삶의 상호 관련 속에서 구조화된 조직으로 그것은 내적이고 주관적인 것으로 이해한다. 이 세 개 요소는 인간이 서로 함께 의사소통함으로 행동과 외적인 표현 혹은 언어를 형성한다. 이러한 인간의 기본적인 경험은 구조화된 정신세계에 대한 개념으로 스며들면서 내면화(경험화)되고 외면화(표현화)를 거쳐 일반화(구조화)되는 과정을 추구해간다. 지식과 삶의 경험과 표현으로 문화가 형성되고 이들은 서로 분리할 수 없는 관계이다.

이러한 프레이리의 문화이해는 어느 특정한 역사 속에서 그리고 주어진 사회적 환경 속에서 서로 다른 집단 사이에 불평등의 구조를 가져온다. 그리고 지배(갑)와 피지배(을)의 관계가 형성된다고 본다. 문화는 역동적인 힘을 지니고 있기에 사람들은 서로 다른 목적들을 정하고 성취하기 위해 개인과 집단 간의 능력을 발휘함으로 차이와 차별 때문에 불균형의 모습을 보인다. 그뿐 아니라 문화는 다툼과 모순의 영역이 되고 다양한 문화의 영역을 성취한다. 따라서 관심의 차이로 문화의 다양성뿐만 아니라 지배와 종속관계의 특성으로 형성되면서 권력의 차이와 불평등의 구조를 만들어간다.[24]

다른 한편으로 지배와 피지배의 모순된 관계는 문화적 혹은 계급

---

23 Ibid., 53-54.
24 Ibid., xxi.

적 갈등과 분열의 원인이 된다. 그 갈등과 분열은 지배자(갑)가 피지
배자(을)의 관계 사이에 본질적인 문화의 다양성과 특성을 부정하고
무시하는 경우로부터 발생한다. 문화의 본질을 부정하고 무시하는
생각과 태도는 문화적 편견으로 작용한다.

지배자(갑)는 편향된 이기주의적 규범과 법으로 자신을 정당화하
고 제도적인 체계를 통하여 피지배자(을)의 문화에 대한 부정적인
생각과 태도들을 확인시켜 준다. 지배자(갑)는 피지배자(을)에게 자
신이 속한 문화에 대한 열등의식과 하등문화라는 생각을 주입시켜
그들 자신의 삶과 문화를 부정하고 거절하도록 부추기면서 지배 집
단의 문화의 우월성과 정당성의 이데올로기를 강요한다.

프레이리는 억압의 구조의 사회화과정을 설명한다. 그리고 교육
제도를 통해 엄격하고 억압적인 사회구조가 지속된다고 본다. 사회
화과정을 통해 지배 집단의 가치나 계급의 우월성을 피지배 계층의
사회 문화생활 속에 내면화시켜 객관화에 도달하게 된다. 따라서
피지배집단은 일반화된 지배계급의 삶의 스타일을 본받아 재생산
하게 된다. 가정과 학교와 같은 제도를 통해 사람들은 지배구조의
삶의 스타일을 행동양식으로 구체화 되고 그렇게 함으로 지배계급
의 문화와 감추어진 지배 이데올로기의 비밀을 자연스럽게 전수하
게 된다. 이러한 제도는 지배계급의 우월성과 정당성을 외부로부터
그리고 지속 미래 보호장치를 수행하는 수단이 된다.[25]

지루(Giroux)의 평가에 따르면, 프레이리는 문화와 권력과 사회계
급의 문제를 관계시켜 접근하고 있다. 프레이리가 말하는 "문화의

---

25 Paulo Freire, *Pedagogy of the Oppressed* (New York: Continuum, 1993), 135.

침묵"이란 숨겨진 지배계급의 이데올로기로서 지배계급의 관심과 그들의 권력이 비밀로 숨겨진 채 특정한 문화 형태로 침묵하며 객관화하고 정당화하여 대중 매체로 공급하는 기능을 수행하게 된다는 뜻이다. 지루(Giroux)의 정의에 따르면 문화란 특별히 '성'(性)과 '인종' 과 '계급'이 서로 관계된 것으로 다른 형태의 사회적 특성으로 구성된 하나의 형태이다. 따라서 문화는 사회변화를 위한 중요한 주제이다.[26] 프레이리에 대한 지루의 평가로부터 이데올로기와 문화와 권력의 문제는 계층과 성(性)과 인종의 문제와 깊게 결부되어 있음을 알 수 있다.

만일 여기서 프레이리와 지루와 같은 방식으로 문화이해를 받아들인다면 과연 어떻게 사회변화를 가져올 수 있을 것인가? 그것은 편견 문화의 해부하여 들추어냄으로 지배자들의 억압적인 면을 심리적 그리고 사회적으로 변화를 가져올 수 있다고 믿는다. 다시 말해 문화적 권력 형성에 있어서 비판적 사고를 통한 의식적인 변화의 과정이 필요하다.

그러므로 어떻게 기술적으로 몸에 익숙하게 되고, 어떻게 몸에 익숙한 습관이 역사 속으로 스며들며 그리고 어떻게 배움의 지식으로 주체적 인식을 하지 못하도록 가로막으면서 자유로운 세계를 경험하지 못하도록 가로막는가? 이러한 질문들은 반성적 사고와 비판적 사고를 일으키는 질문이며, 파울러 프레이리가 주장하는 의식하는 과정이다.

결과적으로 프레이리의 해방교육이란 의식적이든 무의식적이든

---

26 Henry A. Giroux (1981), *Ideology, Culture, and the Process of Schooling*, 26-29.

문화형성과 실천의 과정에서 권력 집단의 정치 경제적 자본주의 이데올로기로부터 형성된 지배와 억압과 왜곡의 문화를 해석, 해독하여 억압된 세계의 비밀과 가면을 벗겨냄으로 세상을 정의와 사랑과 평화의 나라로 변화시키는 실천적 지식 활동이다. 결국 이것은 다른 방편으로 잘못된 이데올로기로부터 형성된 문화적 편견을 벗겨내는 일이기도 하다. 문화해석과 해독의 과정을 통하여 차별과 편견을 노출시키는 의식화 교육의 과정이 해방교육의 핵심이다. 암호해석과 해독의 과정에서 교실과 문화 서클에 참석한 참여자(학생)에게 문화의 침묵을 깨고 객관화된 억압의 현실을 깊게 인식함으로 사회 변화를 위한 실천을 하도록 돕는 일이다.

4) 프레이리의 사회변혁 과정과 편견극복 방법

프레이리의 사회변화의 방법은 '문화와 해방' 사이의 관계를 분석과 비판에 있다. 숨겨진 무의식 세계에서 차별과 편견의 침전물을 의식으로 불러일으켜 자아의 새로운 발견과 타자에 대한 사랑과 존경의 대상으로 존재 의식의 변화를 가져오도록 비판적 사고의 역할이 중요하다. 이러한 비판적 사고의 변화는 무의식적인 상황에서 의식의 상황으로 창조적인 변화를 일으키는 해방의 모티브가 된다. 이 해방은 억압의 문화적 실천과 문화로부터 해방을 의미한다. 이 해방의 기본적인 단계는 의식화를 통해 현실 속으로 개입하는 단계이다. 의식화 교육으로 숨겨진 억압적인 문화를 비판적으로 시각으로 바라보도록 도와줌으로 사람(학생)으로 하여금 어떻게 지배문화 속에 침묵된 문화가 만들어지고 유지되어 왔는지를 인식하고 실천하도록 도와주는 단계이다.

여기서 요청되는 중요한 교육 방법은 대화이다. 대화는 의식화 교육에 있어서 핵심적인 방법론적 도구이다. 왜냐하면 대화를 통해 사람과 사람, 세계(자연)와 인간, 자아와 타자를 만나게 해주기 매체가 되기 때문이다. 진실하고 정직한 대화를 통해 대상(상대)으로서 주객의 만남이 아니라 상호 두 주체 간의 만남이 이루어진다. 진정한 대화는 자유와 해방을 위한 문화적 행동의 새로운 길이다. 대화를 통한 소통의 단절은 지배와 통치 그리고 조정하기 위한 문화적 행동을 하게 만든다. 대화와 소통에 근거한 문화적 행위는 자아와 타자에게 의식의 변화를 주지만 대화와 소통이 없는 문화적 행위는 사람들을 통치하고 지배하기 위한 도구인 것이다. 지배와 통치, 명령과 조정을 통해 지배 이데올로기나 정치 경제 권력을 유지하기 위해 대화를 부정하는 문화적 행위를 실천하는 사람은 현실을 비밀로 감추어진 신화화시켜 그들 자신만의 숨겨진 음모와 정책을 감추려 한다. 대화란 의식화를 가져오는 길이며 상호 관계와 사회제도 변화를 가져오기 위한 필수도구이다.

상호 만남과 관계를 이루는 대화는 수평적 대화이다. 수평적 대화란 계급주의적이고 수직적인 대화가 아니다. 수직적 대화는 주입식 교육으로 지배와 통치를 위한 대화로 작용한다. 수직적 대화는 타자를 대상(상대)으로 삼고 이용하기 위한 수단으로 객관화시켜 자신만의 관심과 목적을 전달하기 위한 수단에 불과하다.

진실하고 정직한 수평적 대화는 문화 편견을 극복하기 위한 중요한 방법이다. 편견은 소통과 대화의 단절과 왜곡에서 비롯된다. 편견이란 충분히 상대에 대한 정보나 지식을 가지고 있지 않은 상태에서 선입견으로 상대를 미리 자신의 이익과 관점에서 판단하는 경우로부터 발생한다. 충분한 상호의 비판적 대화가 없기에 근원적으로 편견이 발생한다. 그러므로 대화를 통해 상호 충분히 이해하고 서로를 받아들일 때 편견을 좁힐 수 있는 가능성과 기회가 주어진다.

파울로 프레이리(Paulo Freire)가 주장하는 대화란 실존적 상황에 발생하는 필연적인 사건이 된다. 이런 대화는 사회 변화와 인간화를 위한 사고와 행동을 연결하는 만남이다. 프레이리는 대화의 조건들을 다음과 같이 소개한다.27

첫째, 대화는 깊은 사랑이 없이는 일어날 수 없다. 사랑의 결핍 혹은 병적인 요소는 억압과 지배이며 지배적 관계 속에서는 대화가 일어날 수 없다. 사랑은 용기 있는 행동이며 두려움이 없고 다른 사람들의 관심에 참여한다. 그러므로 사랑의 행위는 해방의 원인이 된다. 사랑이 없이 대화는 일어날 수 없다. 용감한 행동으로서 사랑은 감성적이지 않다. 자유(해방)의 행위로서 사랑은 조정 혹은 통제를 위한 구실이 아니다. 억압되고 지배적 상황을 제거하지 않고서는 사랑을 회복할 수 없다. 세계를 사랑하지 않고 생명을 사랑하지 않고 우리는 타자를 사랑할 수 없고 진정한 대화로 들어갈 수 없다.

둘째, 대화는 겸손한 마음이 없이는 일어나지 않는다. 자기 만족(self-sufficiency)에 빠진 사람과는 진정한 대화가 일어나지 않는다. 타자에 대해 교만이 일어난다면 대화가 진전 될 수 없다. 타자를 제외하고

---

27 Paulo Freire, *Pedagogy of the Oppressed* (New York: Continuum, 1993), 69-73 참조.

자신의 경우만 주장한다면 진정한 대화가 일어날 수 없다. 자신이 속한 집단의 구성원만이 순수하다고 생각하는 자세에서 대화가 일어나지 않는다. 자신만이 소유한 진실과 지식만을 강조하는 자세에서는 대화가 일어나지 않는다. 자신이 속한 집단만이 특권의식을 가진 것으로 주장되는 상황에서는 대화가 일어나지 않는다. 다른 사람의 노력과 공헌을 인정하지 않고 공격적이고 닫혀진 마음의 상태에서는 진정한 대화가 일어나지 않는다. 다시 말해 겸손하지 못한 상태에서 대화가 일어나지 않으며 진정한 파트너가 될 수 없다.

셋째, 대화는 강한 신앙이 요구된다. 온전한 인간이 될 수 있다는 소명을 믿는 신앙 혹은 바람직한 무엇인가를 창조하고 재창조할 수 있다는 능력을 믿는 강한 신앙이 요구된다. 사람들을 믿는 신앙은 대화를 위한 선행조건이 된다. 대화적인 사람은 타자를 만나기 전에 상대를 믿는 신앙을 가지고 있다. 그러나 그 신앙은 나약한 신앙이 아니다. 대화적인 사람은 비록 사람들이 창조할 수 있고 변화시킬 수 있는 능력을 가지고 있다고 할지라도 소외의 구체적 상황에서 사람은 그 능력을 발휘하는데 있어서 해를 입을 수 있다는 사실을 알고 있으며 비판적이다. 어떠한 위협적인 상황에서도 창조적이고 변화시킬 수 있는 힘이 다시 생길 수 있다는 확신을 가지고 있다. 그와 같은 재생되는 힘은 대가 없이 거저 얻어지는 것이 아니라 자유(해방)을 위한 투쟁 속에서 혹은 투쟁을 통해서 얻어질 수 있다.

넷째, 사랑과 겸손과 신앙에 바탕을 두게 될 때, 대화는 대화자들의 상호 신뢰성이 합리적인 수평적 관계를 이루게 된다. 만일 대화가 상호신뢰의 분위기를 만들지 않는다면 모순이다. 대화를 거부하는 주입식 교육에서는 신뢰의 관계가 일어날 수 없다. 즉 거짓 사랑과 거짓된 겸손 그리고 상대를 믿지 못하는 약한 신앙은 신뢰를 만들 수 없다. 신뢰는 대화를 통해 성취된다.

다섯째, 대화는 희망이 없이는 존재할 수 없다. 희망이 없는 것은 침묵의 상태이다. 세상을 부정하고 그것으로부터 도피한다. 대화는 희망이 없는 분위기에서는 더이상 진행되지 않는다. 대화자가 자신의 노력의 결과를 전혀 얻어내지 못한다면 자신의 만남은 무의미하고 관료주의적이며 지루하게 된다.

마지막 여섯째, 진실한 대화는 대화자가 비판적 사고를 하지 않는다면 존재할 수 없다. 이분법적이지 않고 세계와 인간 사이에 분할할 수 없는 연대감을 구별하는 생각 혹은 고정적이고 정적인 실체라기보다는 과정으로서 그리고 변화의 실체를 인식하는 생각 혹은 사고를 행동과 분리하지 않는 생각, 모험을 두려워하지 않고 항상 그 자체를 속세에 들어가 있는 생각을 말한다. 이러한 비판적인 생각은 천진난만하여 잘 속는 생각과는 구별된다. 항상 천진난만한 생각은 현실에 안주하고 규범화된 오늘에 순응하는 생각이다. 그러나 비판적 생각은 현실을 계속 인간화를 위해 변화시킨다. 이러한 비판적 사고를 생성시키는 능력이 비판적 사고를 요구하는 대화 속에 있다.

위에서 보여준 프레이리의 대화를 이루기 위한 조건은 편견을 좁히거나 극복하기 위한 중요한 요소이다. 편견과 대화는 상호 연관이 있다. 편견을 가진 상태에서는 진정한 대화가 일어나지 않는다.

진실한 대화를 위해서는 먼저 편견을 버리고 타자(상대)를 인정하고 타자의 입장과 형편에 서서 경청할 수 있어야 한다. 끝까지 인내를 가지고 상대의 말을 경청해줄 때 공감대가 형성될 수 있다. 참된 대화에 참여는 들음에서 일어난다. 듣는 중에 서로 무엇이 다른지 그리고 서로 무엇이 같은지를 알 수 있으며, 서로 합의점에 도달하기 위해 무엇이 필요한지를 알게 된다. 이때 중요한 것은 서로 다름을 인정해주고, 공존의 영역을 찾아가는 일이다. 진실과 정직한 대화를 통해 서로의 차이성과 모순성을 발견함으로 상호 이해에 들어가고 공동의 이익과 비전에 함께 참여하게 된다. 정직과 진실된 대화에 참여함으로 편견이 좁혀질 수 있을 것이다. 그러나 너무 이익 관계가 얽힌 상태에서 자기 주장만 내세우며 감정적인 대화가 일어난다. 경쟁 상대로서 이익을 추구하기 위한 대화는 참된 대화를 기대하기가 어렵다. 이런 대화를 위해서 어려서부터 가정과 사회와 학교에서 사회화과정을 통해 배워야 한다. 편견을 극복하기 위한 참된 대화를 위한 교육적 노력이 요구된다.

지금까지 우리는 문화 편견을 극복하기 위한 첫 번째 모델로 프레이리의 이론에서 문화이론을 중심으로 살펴보았다. 프레이리의 해방교육이란 정치 경제적 지배 이데올로기에 의해 만들어진 왜곡(편견)된 문화를 비판적 성찰과 의식화 교육을 통해 현실변화를 추구하는 노력이다. 편견극복의 과정이란 비판적 사고를 통한 의식화의 과정이며 암호해독의 과정으로 지배 이데올로기에 의해 숨기어진 문화적 편견을 해독하는 과정이다.

프레이리에 있어서 의식화란 사람으로 하여금 행동할 마음을 갖게 하고 그들의 역사적 경험에 대한 성찰로부터 생기는 비판적 의식을 촉진한다는 의미이다. 이것은 편견극복을 위한 기초가 된다. 편견극복의 문제는 단순히 인식론적 차원에 머무르는 것이 아니다. 그것은 실천(praxis)의 문제이다. 프레이리에 있어서 이 실천이란 "문제해결방법"(problem posing method)과 "대화"(dialogue)와 "편찬과 해석"(coding and decoding)의 방법들에 의해 이루어진다.

편견극복을 위한 실천은 의식화 과정으로 행동-성찰-반성된 행동의 원리이다. 이것은 자기 자신이 처한 상황에 대해 철저히 분석하고, 비판하며, 그 결과로 다시 행동하는 동안 그들의 인식이 심화되고 변화되어 본래의 자아를 회복하여 사회 문화를 변화시키는 과정이다. 이것은 문화 편견을 극복하고 새로운 문화를 창조하며 재창조하는 과정이다.

프레이리에게 있어서 한계성은 바로 비판적인 의식화 과정과 실천행위에 있어서 비판적 의식화의 과정이 필연적으로 행동(praxis)로 옮겨질 수 있는지 여부다. 비판적 의식화의 과정이 해방의 실천으로 곧바로 옮겨진다고 보장하기 어렵다. 해방과정이 의식적이고 인식적인 차원으로만 머무르게 되는 한계성이 있다고 본다. 물론 의식과 인식의 과정은 실천을 불러일으키는 행동이 포함되어 있다. 의식화 과정에는 비판적(인식론적) 사고 외에도 정서적(affective)이며 직감적인 차원(intuition mode)과 감정적인 차원이 있다. 문화적 편견으로 빚어진 감정적 적대감과 증오감을 의식적이고 인식적 차원으로만 해석하는 것은 한계성이 있다.

실제로 프레이리의 비판적 의식화 혹은 실천 인식론적 접근은 합리화시킨 지배 이데올로기와 비인간화 구조를 노출시키며 억압적인 관계를 정치적 힘으로 전복시킬 수 있는 강한 장점이 있는 것은 사실이다. 그러나 적대감이나 분개심 혹은 직접적으로 노출되지 않은 다른 심리학적 문제들과 '집합적인 무의식'(collective unconsciousness) 혹은 '문화적 심볼'들을 동시에 극복할 수 있는 전인적(wholistic) 접근이 요구된다.

여기에서 편견을 좁히고 극복하기 위한 의례 의식적(ritual)이거나 상담적 역할이 요청된다. 문화이해는 대중을 형성시키는 사회 문화적 요소로서 단순히 정치, 경제적인 요소 혹은 인지적인 요소로만 제한되지 않는다. 오히려 문화란 관계, 의미, 상징, 사회구조, 행동, 역할, 무의식 등 다양하고 복잡한 요소로 구성되어 있다. 문화적 편견을 극복하기 위해서는 이와 같은 사회적 문화구조와 상징 혹은 제도들을 극복해야 해야 한다.

그뿐 아니라 프레이리의 의식화를 통한 해방교육 모델에 있어서 또 다른 중요한 한계성은 한 집단이 상대 집단에 대해 혁명적인 프락시스 방법을 통해 어떻게 '공동의 선'(common good)을 위한 새로운 공동체를 이룰 수 있을 것인가? 프레이리의 해방이론에 있어서 정치 경제적 관계로써 지배자 혹은 억압자(oppressors)와 피지배자 혹은 피억압자(the oppressed) 사이에 화합(unity)의 과정이란 현실적으로 불가능한 이상적 세계이다. 프레이리가 말하고 있는 혁명적 실천을 통한 해방이란 정치 경제적 자본주의 권력으로 의존적인 관계로부터 독립적인 관계로 그리고 객체로서 관계로부터 주체적 관계로 변화를 말하고 있는데 현실의 정치적 힘의 구조 관계 속에서 지배와 피지배자간의 갈등과 적대관계는 계속 반복으로 남을 수밖에 없는 지금의 현실이다.

2. 빅터 터너(Victor Turner)의 리추얼 프로세스 모델

프레이리의 실천 인식론적 접근의 한계성을 극복할 수 있는 선택적인 모델로서 빅터 터너(Victor Turner)[28]의 리추얼 프로세스(ritual process) 모델을 소개하고자 한다. 터너는 해방의 의미를 리추얼 과정으로 이해한다. 리추얼은 강제적이거나 강압적이지 않은 상호 관계적이고 공동체적 관계 속에서 긴장과 갈등을 해소로서 해방을 돕는 중요한 매체이다. 리추얼 행위는 정치적이거나 사회 문화적 질서유지와 공동체 결속을 시켜주는 기능주의적 성격이 있다. 또한 리추얼은 사회 문화를 보존하고 과거의 사회적 사건을 상징화하여 의미를 부여해주는 역할과 기능을 한다.

그러나 한 걸음 더 나아가 터너가 이해하는 리추얼은 사회변화의 기본적인 수단으로 사회적 갈등과 분열을 관계 회복으로 이끌어 내어 재건하는 과정이다. 터너가 바라보는 리추얼이란 '사회적 드라

---

28 Victor Turner는 문화인류학자로서 종교와 리추얼과의 관계로 문화인류학을 연구하였다. 그는 영국에서 기능주의적 이성주의 학파에서 연구하여 초기에 그의 학문적 노선은 구조주의적 기능주의 접근으로 문화인류학적 현장 조사를 하였다. 그러나 아프리카 은뎀부(Ndembu)에서 그의 현장 조사 연구를 통하여 구조주의적 기능주의 노선을 떠나 사회 문화와 예술을 사회변화과정의 중요한 요소로 이해하게 되었다. 그래서 그는 미결정성(indeterminancy), 유연성(reflexity) 혹은 과정(becoming)등의 개념을 중요시 여겼다. 특히 반 간넵(van Gennep)의 "통과의례(The Rites of Passage)"의 개념에서 사회의 "진보" 혹은 "진행"의 모드를 발견하였고, 반 간넵의 개념을 개인의 통과의례의 리추얼 문제를 사회에 적용 이해하였다. 그래서 그는 리추얼 프로세스, 리추얼 심볼 혹은 사회 드라마라는 신단어들을 창출하였고 리추얼 프로세스가 사회의 변화를 일으키는 중요한 모티브로 보았다. 특히 사회 드라마로서 리추얼 프로세스는 사회의 갈등과 분열을 완화시키며 새로운 관계와 가능성을 주는 요소로 해석했다. Bobby C. Alexander, *Victor Turner Revisited: Ritual As Social Change* (Atlanta, Georgia: Scholar Press, 1991)과 Victor Turner, *The Ritual Process: Structure and Anti-Structure* (Ithaca, New York: Cornell University Press, 1969) 참조 바람.

마'(social drama)로서 리추얼이다. 사회적 드라마란 경직되거나 긴장된 사회적 갈등 구조와 관계를 풀어주며 사회 질서 조정의 역할을 하기도 하면서 새로운 사회적 변화를 생성시키는 과정이다.

이러한 변화와 해방의 힘을 주는 리추얼의 실천행위(ritual praxis)는 프레이리의 해방교육론보다 억압자와 피억압자 혹은 지배자와 피지배자간에 긍정적인 상호 관계와 상호작용을 할 수 있도록 다른 국면으로 유도해 준다. 프레이리에게 있어서 편견극복을 위한 대화는 피지배자나 피억압자들과 지도자 혹은 교사 간의 대화로 볼 수 있다. 하지만 터너의 리추얼 프로세스는 내집단과 외집단 혹은 지배자(갑)과 피지배자(을) 모두 함께 리추얼 과정에 참여할 수 있는 기회를 제공한다. 또한 리추얼 프로세스를 통하여 사회 문화적 구조를 변화시켜 계속적인 새로운 공동체를 세우고 나갈 수 있는 추진력을 가지고 있다.

1) 개인과 공동체의 구조로서 리추얼 프로세스

터너는 처음으로 "사회적 드라마"(social drama), "리추얼 프로세스"(ritual process), "사회적 반(저항)구조(social anti-structure): liminality와 communitas," "리추얼 심볼"(ritual symbol) 등 많은 새로운 용어들을 만들어 사용, 제시하였다. 이러한 용어들은 기존의 구조적 기능주의자들이 바라보는 정적(중립)인 개념으로 바라보는 견해로부터 한계성을 넘어 새로운 시각을 열어주려는 의도가 담겨있다. 한 예를 들어, 터너는 '사회'(society)라는 개념보다 '공동체'(community)라는 단어를 즐겨 사용한다. 이것은 공동체라는 개념 속에서 역동적인 사회적 관계의 특성을 강조하기 위함이다.

따라서 터너가 보는 사회 혹은 커뮤니티는 '굳어진 정적인 상태'(being)가 아니라 '계속 생성되는 과정'(becoming)으로 본다.[29] 여기서 '과정'(becoming)의 의미는 '성장'이나 '발달'이라는 개념과 같은 의미이다. 신체의 조직세포에 대한 은유를 사회 문화적 현상에 적용하여 이해한다.

터너의 '은유'(metaphor)의 개념은 매우 중요하다. 로베르트 니스벳(Robert Nisbet)[30]과 맥스 블랙(Max Black)[31] 그리고 페퍼(Stephen C. Pepper)[32]의 은유에 대한 개념을 인용하면서 터너는 은유란 '변형적'(metamorphic)이고 '변혁적'(transformative)인 잠재적인 힘과 형태를 가지고 있다고 본다. 그래서 "은유란 분리된 경험의 영역을 구체적으로 조명하고 형상으로 나타낼 수 있는 하나의 이미지로서 순간적이고 즉각적인 융합을 가져오는 수단"으로 설명한다.[33] 이러한 개

---

29 Victor Turner, Dramas, *Fields, and Metaphors: Symbolic Action in Human Society* (Ithaca and London: Cornell University Press, 1974), 24-25. 그리고 Robert A. Nisbet, *Social Change and History: Aspects of the Western Theory of Development* (London: Oxford University Press, 1969), 3-6. Turner는 Nisbet의 개념, 즉 사회와 문화적 현상을 "진행되는(becoming)" 조직세포로서 은유적으로 비유한다. 여기에서 'becoming'이라는 뜻은 '성장(growth)'이나 '발달(developmemt)'의 의미와 같은 뜻으로 본다. Nisbet의 사회학적 혹은 사회철학적 용어를 생물학적 용어로 은유하여 분석한 것을 Turner는 받아들이면서 사회를 조직적인 세계로 이해하고 그것을 식물이나 조직세포들의 삶의 주기로 은유하여 사용한다.

30 Robert A. Nisbet(1969), *Social Change and History: Aspects of the Western Theory of Development.*

31 Max Black, *Models and Metaphors: Studies in Language and Philosophy* (Ithaca: Cornell University Press, 1962).

32 Stephen C. Pepper, *World Hypotheses* (Berkeley: Univerisity of California Press, 1942).

33 Robert A. Nisbet(1969), 4.

넘적인 형태를 가진 표현이나 단어로부터 혹은 중요한 은유적 설명으로부터 터너는 '사회적 드라마'(social drama), '과정적 개념의 사회'(the processual view of society) 혹은 '사회적 반(저항)구조'(social anti-structure)라는 새로운 개념을 고안하였다.

터너의 사회개념은 인간의 정신세계와 사회 진행 과정은 둘로 나눌 수 없는 과정이다. 개인과 집단의 구조는 사람의 지능과 신경 조직 세포와 관련되어 있음을 말해준다. 사회적 기능은 인간의 뇌 밖에 존재하는 것이 아니다. 인공 두뇌학적 기능 속에 있다.[34] 뒤르켐(Durkheim)이나 래드클리프-브라운(Radcliffe-Brown)을 비롯하여 탤컷 파슨스(Talcott Parsons)도 생물학적인 비유를 통해 사회의 변화와 질서에 대해 결합된 이론을 제시하려는 시도가 있었다. 그러나 터너는 사회변화를 일으키는 동기 유발적인 기구(장치) 혹은 사회 평형 유지를 위한 조정장치뿐만 아니라 내적 성장의 원리로 볼 뿐만 아니라 내재적 인과관계의 생물학적 개념을 포함시켜 이해한다. 사회변화와 과정을 위한 기구와 장치들은 각기 특별한 사회 문화적 제도에서 생물학적 실체나 군집과 같은 것이다. 그뿐 아니라 내적인 긴장과 변형 그리고 차이와 불협화음 등 다양한 변화를 주는 원인이 있다.[35]

터너는 사회조직과 변화를 생물학적 관점을 가지고 은유적 설명을 하면서 특히 그 변화을 일으키는 기본적인 동기 유발적 장치로 리추얼을 선택하였다. 그러나 터너는 리추얼을 단순히 사회조직이나 질서를 보존시켜주는 수단만이 아니다. 그리고 리추얼 심볼을

---

34 Victor Turner, "Body, Brain, and Culture," in *The Anthropology of Performance* (New York: A Division of Performing Arts Journal, Inc. Publications, 1988), 156-178.

35 Victor Turner(1974), *Dramas, Fields, and Metaphors*, 31.

유익한 사회 문화적 가치를 응축시킨 것으로 이해하지 않았다. 오히려 리추얼 과정과 심볼을 사회적 문화와 구조에 변화를 주고 새로운 문화와 구조를 생성하도록 돕는 원리로 보았다. 그러므로 사회적 변화를 주는 역할로서 리추얼 과정은 개인과 집단이 내적인 변화에 반응하며 외적인 환경에 적응하도록 도와주는 역할로 이해한다.36

이러한 관점에서 터너는 리추얼을 사회 기능주의적 관점에서 바라보는 뒤르켐(Durkheim)이나 말리노우스키(Bronislaw Malinowski)나 래드클리프-브라운(A. R. Radicliffe-Brown) 혹은 맥스 글럭먼(Max Gluckman)과 같이 사회를 정적(static)이고 고정된 구조적 개념(being)으로 간주하지 않는다. 터너는 리추얼 프로세스와 심볼은 사회관계의 역동성(becoming)을 강조한다. 사회 문화적 현상은 "발전" 혹은 "성장"되어 가도록 하는 기본적인 동기 유발의 기구(장치)이다. 특히 터너는 문화(culture)와 인간의 두뇌(brain) 그리고 정신과 육체는 함께 상호작용하는 것으로 서로 분리하여 생각할 수 없다. 리추얼 과정에서 개인과 사회를 구성하고 변형하는 결정적인 동기가 된다. 특히 상징은 서술적이고 정적인 상징으로 보는 사회인류학자는 달리 터는 생명과 리추얼이 함께 진행하며 발전하는 "과정적 상징"(processual symbol)으로 강조한다.37

터너가 이해는 리추얼 심볼은 '다의적'(多義的)적이고 '결합력'(結合力)을 지닌 두 가지의 특징으로 나타난다. 심볼은 많은 다양한 의미를 지니고 있다. 심볼을 통해 사회적 결속을 해주는 힘을 가지고 있다.

---

36 Victor Turner(1988), *The Anthropology of Performance*, 158.

37 Victor Turner, *The Forfest of Symbols: Aspects of Ndembu Ritual* (N.Y.: Cornell University Press, 1967), 50-52.

그리고 심볼은 두 가지 중요한 상극이 있다. 첫째, 상극은 규범적이고 이데올로기적인 극이다. 이 극은 도덕적 사회적 법과 질서를 의미한다. 둘째, 상극은 생리적이고 감각적인 극이다. 그것은 감정과 생리적인 극을 의미한다. 이 두 양극은 리추얼 과정 속에서 서로 둘이 상호교류한다. 따라서 도덕적이고 사회적인 가치 규범은 생리적이고 감각적인 매력을 통해 향상되고 생리적이고 감각적인 충동은 사회적이고 도덕적인 합법성을 통해 일어난다. 리추얼 상황 속에서 상징은 본질로 '개인'(self)과 '공동체'(community) 사이에 변증적인 상호작용을 하며 사회적 과정에서 변혁적 힘을 가지고 있다. 그러므로 심볼의 행위로서 리추얼 속에 참여함으로서 개인이 내면적 변화를 조정하고 외적인 환경에 적응하게 된다. 리추얼 과정 속에서 심볼의 행위는 개인과 집단 혹은 집단과 집단 간의 사회적 결합을 시켜준다. 그리고 그 사회집단을 정체성과 연속성을 유지시켜 준다.

리추얼 과정은 과도적인 혹은 '전환기적 과정'(liminal process)에서 문화(culture)와 사고의 두뇌(brain)는 함께 상호작용 한다. 개인과 공동체를 형성하고 변혁시키기 위한 결정적인 동기화는 정신과 몸, 두뇌와 문화 그리고 개인과 사회는 리추얼 과정을 통해 역동적으로 상호작용한다.

터너는 리추얼 심볼을 사건과 관계된 시간적 연속성 속에서 좀 더 깊은 의미가 담긴 것으로 이해한다. 리추얼 심볼은 시간 속에서 구체화된 과정으로 사회적 과정과 본질로 연결되어 있다. 그러므로 심볼은 분석적이고 서술적인 개념의 틀로서 이해되기보다 사회적 관계 속에 있는 시간적 변화를 이끌어내는 힘을 포함하고 있는 과정이다. 심볼의 행위는 새로운 개념이나 신조 혹은 신념이나 이념을 만들 수 있다. 그리고 알려지지 않았던 것과 보이지 않고 숨겨진 비밀을 이끌어내는 기회가 주어진다.

프레이리는 비판적 사고를 통한 의식화 교육과정으로 암호화된 지배 이데올로기와 문화적 편견을 깨고 사회적 변화를 이끌어 내려는 시도를 하였다. 그러나 터너는 의식(리추얼) 과정에서 심볼의 행위로 개인과 공동체의 변화를 추구하려는 시도이다. 터너의 리추얼 과정은 사회 문화적 갈등해소에 있어서 좀 더 상호적이고 관계적이며 공동체적이라고 할 수 있겠다.

2) 이데올로기적 문화 갈등과 리추얼 갈등 해소의 역할

터너는 리추얼 연구를 아프리카의 은뎀부(Ndembu) 부족에서 공동체의 갈등 해소를 관찰하면서 시작하였다. 부족 공동체의 현장 조사를 통하여 사회적 갈등과 분열과 치유 그리고 친족관계 형성과 정책은 4단계의 국면으로 진행 절차의 형식을 가진 사회적 드라마로 연구조사 되었다.[38] 첫 단계는 부족 혹은 사회적 부락 단위 사이에 규칙적인 규범으로 통치하는 사회적 관계를 이탈 혹은 규범이나 관습을 깨고 불이행(breach)하는 단계이다. 둘째 단계는 첫 단계의 연장으로 갈등이 해소가 되지 않은 위기(crisis)의 단계로 발전한다. 그리

---

38 빅터 터너의 리추얼에 대한 연구는 아프리카의 은뎀부라는 사회에서 사회적 갈등을 해결하는 사회적 기제들(social mechanisms)을 연구하면서 시작되는데 은뎀부의 사회를 분석하면서 그는 사회 드라마를 네 가지의 형태로 진행하는 과정을 보여준다. Victor Turner, *Dramas, Field and Metaphors: Symbolic Action in Human Society* (Ithaca and London: Cornell University Press, 1974), 91-94 와 *Schism and Continuity in an African Society: A Study of Ndembu Village Life* (Manchester: Manchester University Press, 1957), 38-42를 참조바람.

고 셋째 단계에서는 사회 집단의 구성원을 이끌어내어 조정하며 새롭게 교정하는 기구 혹은 구조를 만드는 단계이다. 마지막으로 넷째 단계는 불안하고 혼동된 사회가 재통합(reintegration)되고 회복하기 어려운 파괴와 분열을 사회적으로 인식하는(recognition) 단계로 발전하는 과정이다.39 이와 같이 사회적 드라마가 전개되는 4단계는 사회적 갈등으로 보여지는 불안정한 사회적 질서와 구조를 안정적이고 강한 사회적 연합과 소속감을 고취시키는 방향으로 움직이는 과정이다. 여기서 리추얼은 갈등을 해소하고 좁히며 해결하여 불안하고 갈등적인 사회집단을 재통합하기 위한 중요한 수단(도구)이다.

이 4단계 중 "새롭게 교정하는 단계"는 터너의 리추얼 프로세스를 분석하는데 중심이 되는 단계이다. 이 단계에서 과도기(혹은 전환기)적인 시간과 공간(liminal space and time)은 "어중간한 상태" 혹은 "이것도 저것도 아닌"(between and betwixt) 특성이 있다. 이 단계는 위기(crisis)를 절정에 이르게 하고 진정시키는 단계이며 사건에 대한 반향과 비평을 제공해 준다.

4단계 시점에서 두 가지 방향으로 나타난다. 하나는 위기로부터 퇴행하거나 다른 하는 위기로부터 앞으로 진보시켜 나가는 방향이다. 공동체 위기의 조정이 실패했을 때 위기로부터 퇴행하여 전쟁이나 혁명이나 폭력이나 억압 그리고 폭동이 일어나는 방향으로 발전한다. 그러나 공동체 위기가 조정되어 성공적인 방향으로 움직일 때는 재통합 혹은 "커뮤니타스"(communitas)로 진보 발전하게 된다.40

---

39 Victor Turner(1957), *Schism and Continuity in an African Society*, 91-4; Victor Turner(1974), *Drama, Fields, and Metaphors*, 38-42; *Journal for the Scientific Study of Religion* (30/1, 1991), 3

터너가 주장하는 사회적 드라마는 지배 권력관계에서 사회 갈등을 변화시키는 장치로써 문학적인 드라마와 같은 의미로 해석된다. 즉 사회구조나 제도는 하나의 무대이며 사회 구성원은 연극배우로서 이해되고 드라마 내용은 사회 혹은 개인의 삶으로 볼 수 있다. 따라서 하나의 사회적 드라마로서 세 가지 패러다임을 가지고 있다. 1. 분리(위기) 상태인 '서론', 2. 교정의 단계로서 '발달' 그리고 3. 재통합으로서 '결론'으로 볼 수 있다. 사회 드라마는 사회적 사건의 연속성이다. 이런 의미에서 터너는 역사를 미완성이며 개방적으로 진보해 나가는 힘으로 이해하며, 인간의 기록은 완성되지 않은 체 계속 진행 중인 과정의 형태로 본다.

특히 갈등은 사회의 근원적인 양상이다. 습관과 관습으로부터 이탈과 분리 그리고 도덕적인 명령과 강요로부터 사회 혹은 개인의 긴장과 갈등은 사회 공동체 속에 계속 남아 지속된다. 이러한 갈등적 상황에서 사회적 드라마는 정상적이고 규칙적인 사회의 외적으로 감추어진 모순과 갈등이 폭발되어 드러나도록 고안되어 만들어진 장치이다. 이 사회 드라마는 목적을 지닌 행위나 신념의 형식으로 구조를 지니고 있다. 이 구조는 개념적이고 인지적인 구조이며 더 깊은 차원의 큰 틀을 가지고 있다. 따라서 사회 드라마의 구조는 사회구조와 정신 구조가 함께 작용한다. 개인과 사회의 구조는 사람의 머리(두뇌)와 신경 조직 속에서 인공지능의 기능으로 작용한다. 계속되는 사회적 사건 속에서 진행되는 사회 드라마는 인간의 사회적

---

40 Victor Turner Dramas, *Fields, and Metaphor* 1974, 41. 터너가 말하고 있는communitas란 community를 형성시키기 위한 과정적 심볼(processual symbol)로 개념적 구조 혹은 운동(movement)로도 표현할 수 있겠다.

행위와 태도로 이해하도록 도와준다.

사회 드라마로서 리추얼은 계속 진행되는 심볼의 행위로부터 '위기'와 '재건'과 '통합'이라는 사회적 기능을 수행한다. 리추얼 심볼 행위는 사회적 갈등을 해소하는 중요한 장치이다. 단순히 순기능으로서 기존의 사회 질서를 유지시켜 주고 강화시키는 역할만으로 간주되지 않는다. 위기와 갈등의 순간에 사회적 치유와 함께 방향을 잡아 주는 역할을 한다.

3) 리추얼 반(저항) 구조(Ritual Anti-Structure)

터너는 사회 문화의 변화를 위한 힘으로 리추얼 과정에서 리추얼의 반(저항)-구조화의 역할을 강조한다. 리추얼의 반(저항)-구조화의 작용은 두 개의 형태로 구성된다. 하나는 "리미널리티"(liminality)와 "커뮤니타스"(communitas)이다. 터너는 이 둘 중에서 리미널리티의 역할을 더 중요하게 다룬다. 이 리미널리티의 개념은 인류학자인 반 게넵(Arnold van Gennep)의 "통과의례"(The Rites of Passage)의 구조[41]로부터 인용되었다. 반 게넵의 개인 생애의 위기(life crises), 예를 들면 생애 주기에 있어서 나타나는 출생, 아동기, 성인기, 약혼, 결혼, 임신, 부모됨, 죽음 등을 분석한다. 여기서 세 가지 주요 국면(1. 분리: separation, 2. 전환: transition 그리고 3. 통합: incorporation)으로 설명한다. 게넵은 분열 혹은 격리의 의식(the rites of separation)을 "과도기 이전 의식"(preliminal rites)으로서 그리고 전환기에는 "과도기적 의

---

41 Arnold van Gennep, *The Rites of Passage* (Chicago: The University of Chicago, 1960).

식"(liminal rites)으로 그리고 새로운 세계로 통합을 위한 의식을 "후발 과도기적 의식"(postliminal rites)로 해석한다.[42]

반 게넵이 말하는 "리멘"(*limen*)이란 단어의 뜻은 라틴어의 '문턱'(threshold)이라는 말의 뜻에서 유래되었다. 이 '문턱'(threshold)라는 단어의 뜻은 문(door)의 한 부분으로 '입구'(entrance) 혹은 '기다림'(waiting)이나 '출발'(departure)의 과정을 말한다. 이러한 의식의 행위를 '통과의례'(rites of passage)라 한다. 이 과정은 계속 진행되는 순례의 여정이라는 은유를 가진 기본적인 패러다임을 가지고 있다. 다시 말해 정착된 곳을 떠나 더 깊은 의미가 있는 새로운 세계로 들어가 과거에 경험하지 못했던 미래의 차원을 바라보며 나아가는 '순례의 길'에 비유할 수 있다. 그러므로 게넵이 주장하는 '리미널리티'는 특히 사회생활과 구조를 혁신적이고 변혁적인 차원을 가져오는 중요한 개념이다. 게넵의 이론은 사회 혹은 개인의 시간적 공간적 변화에 대한 모든 과정을 연구하는 심리학과 사회학 그리고 문화 인류학적인 연구에 선구자적으로 큰 공헌을 하였다.

이러한 반 게넵의 생애 위기에서 오는 통과의례의 개념을 터너는 전환기적이고 기능적인 리추얼에 초점을 두고 결정적인 문화변화를 가져올 수 있는 결정적인 동기로 적용하였다. 그러나 터너는 (Turner)는 반 게넵이 보는 통과의례의 중요성을 생애 주기(life-cycle)를 기능적인 면으로 해석하는 차원을 넘어서 '리미널리티'의 상황 속에서 문화변화를 이끌어내는 결정적 역할을 하는 개념으로 확장시킨다. 터너에게 있어서 리추얼 프로세스는 규범적인 사회의 패러

---

42 Ibid., 21.

다임을 반영하는 거울과 같은 역할을 의미하지 않는다. 오히려 리추얼 과정은 사회 문화의 구조와 패러다임을 재구성할 수 있는 가능성을 가지고 있는 것으로 주장한다.

터너는 혼동과 아직 정돈되지 않은 상태의 '리미널'(liminal) 단계에서, 규범적이고 구조화된 상태로부터 이탈(반항)하여 이것도 저것도 아니 혼동되고 정착되지 않은 상태로 '구조'(structure)와 '반(저항)구조'(anti-structure) 사이에서 위치한 '리미널'의 상태에서 새로운 비전과 가능성을 만들어 줄 수 있는 잠재력을 가진 상태로 주장한다. 이 단계는 고정적이고 그래서 고질화된 지배구조(사회 문화구조)의 한계성을 넘어서 새로운 변화의 가능성과 잠재성을 줄 수 있는 중요한 시기이다.

새로운 실험적인 모델, 예를 들면 새로운 유토피아, 새로운 철학구조, 새로운 과학적인 가설, 새로운 정치적 패러다임, 새로운 예술 등 다양한 분야에서 다발적으로 생산해낼 수 있는 시기가 바로 이런 위기와 혼돈의 시기라고 볼 수 있는 '리미널' 시기이다. 이 결정적 시기는 기존의 세력에 의해 이끌어왔던 사회 문화적 구조나 정치 경제적 문화구조로부터 이탈(분리 혹은 분열)하는 행위가 발생하거나 사건이 발생할 때 주어지는 시기이다. 오랫동안 지배해오던 기존의 규범적(전통적) 구조와 새로운 압력과 동기(비전)에 대한 반응으로 대중의 반(저항)구조적 행위 사이에 갈등과 대립의 상황 속에서 발생된다.[43] 그러므로 이 '리미널리티' 시기에 리추얼 프로세스를 통해 전환시킬 뿐만 아니라 변혁의 가능성, 즉 미래 지향적일 뿐만이 아니라

---

43 Victor Turner and Edith L.B. Turner, *Image and Pilgrimage in Christian Culture* (New York: Columbia University Press, 1978), 2-3.

미래적 가망성이 열린 중요한 시기이다.

이 시기에 리추얼 프로세스를 통해 이상적인 새 공동체(communitas)가 발생할 수 있다. 터너가 주장하는 커뮤니타스(communitas)란 "차별화가 없고 평등하며 정(情)적인 상태로 '나와 너의 관계'(I-Thou) 혹은 '순수한 우리의 관계'(Essential We relationships)의 단계를 의미한다.44 이 단계에서 서로 관계와 구조에 대한 비평을 주고받으면서 새로운 모델과 패러다임을 제시하는 단계이다. 따라서 터너의 '리미널리티'(liminality)의 개념은 미결정된 상태와 사회구조적 애매성을 지시하는 '순수한 가능성이 열린 시간과 공간'이다. 이 '리미널리티'에서 리추얼 행위에 참여한 자에게 새로운 문화의 범주에 들어갈 수 있는 기회와 기틀을 마련해 준다. 이 '리미널리티' 상태에서 이미 주어진 기존의 사회 문화적 형식과 구조로부터 자유와 해방의 환경과 조건을 제시할 수 있고 동시에 새로운 형식과 구조를 재생산할 수 있는 잠재성이 주어지는 상태이다.45

또한 'communitas'(커뮤니타스)의 개념은 터너에게 있어서 또 다른 중요한 개념으로 소개한다. 사실 터너에게 있어서 이 두 개념(liminality와 communitas)은 모두 애매한 사회적 상태―이것도 저거도 아닌 무엇인가 될 수 있는 가능성과 잠재성을 가진 상태―로 비슷하게 상태로 보인다. 그러나 서로 조금씩 다르게 이해된다. 커뮤니타스는 사람과 사람을 상호연결시켜 주는 특징을 지니는 반면 리미널리티는 사회적 상호 교류적 상태라기보다는 개별화된 상태 혹은 고립

---

44 Victor Turner(1974), *Dramas, Fields, and Metaphors*, 46-47.

45 Victor Turner, *From Ritual to Theatre* (New York: Performing Arts Journal Publications), 84-85.

된 상태(solitude)라 볼 수 있다.[46]

터너의 커뮤니타스 이해는 현실사회 구조에 대한 변증적 대립의 관계이다. 커뮤니타스란 사람의 관념적인 공동체로 순수한 자유와 잠재성의 조건으로 상호 관계적이고 이상적인 사람들의 공동체로 말할 수 있다. 터너는 그것을 전체 구성원의 관계 속에서 일어나는 '온전함이 숨겨진 범과 규칙'[47]로 표현하기도 한다. 따라서 터너는 커뮤니타스를 사회적 상호작용과 구조의 이상적인 조건으로 제시하는 동시에 일상적 사회현실에서 실현되는 '사회조직에 있어서 필수 불가결한 요소'[48]로 제시한다.

그러나 터너는 '자발적인 커뮤니타스'(spontaneous communitas)와 '규범적인 혹은 제도적인 커뮤니타스'(normative or institutionalized communitas)를 구별한다. 그리고 자발적인 커뮤니타스를 좀 더 강조한다. 그 이유는 규범적이거나 제도적인 커뮤니타스는 전적으로 조직이나 구조로부터 구속 감금되거나 길들어져 굳어지기 때문이다. 다시 말해 규범적 통치로 커뮤니타스는 자원을 조정하고 조직한 다음에 그들의 자신의 목적을 이루기 위해 집단의 구성원을 사회적으로 통제하거나 조정하게 되는 위험성이 있기 때문이다. 그래서 터너는 조직화되거나 제도화되지 않은 자율적인 상태 혹은 개방적인 상태인 커뮤니타스를 주장한다. 이 자율적이고 개방적인 커뮤니타스

---

46 Bobby C. Alexander, *Victor Turner Revisited: Ritual as Social Change* (Atlanta, Georgia: Scholars Press, 1991), 19. 그리고 Victor Turner(1974), *Dramas, Fields, and Metaphors*, 243.

47 Victor Turner, *The Anthropology of Performance* (New York: PAJ Publications, 1988), 84.

48 Victor Turner(1974), *Dramas, Fields, and Metaphors*, 243.

란 바로 부버(Martin Buber)가 주장하는 '나와 너'(I-Thou)의 관계나 '순수한 우리'(Essential We)[49]란 개념과 같은 의미이다. 따라서 공동체란 더이상 나란히 서로 병행하여(혹은 대립하여) 있는 존재가 아니라 전체 사람들이 서로 함께 어우러지는 공동체이다.

그러나 부버가 말하는 공동체의 의미와 터너가 말하고 있는 커뮤니타스의 개념은 서로 다르다. 부버의 개념은 제도화된 구조에서의 공동체를 주장하는 반면, 터너는 제조화되지 않은 자율적인 공동체를 의미한다. 부버는 상호관계 혹은 상호교류의 경험이 '순수한 우리'의 관계로 전환되는 공동체이다. 그러나 터너의 커뮤니타스 개념은 물론 사회구조적인 면과 병렬되어 있다고 할지라도 사회구조와 별개의 상태에서 발생된다. 자율적인 커뮤니타스의 형태는 결코 구조적 형태로 묘사될 수 없다. 단지 의도되지 않고 예측 불가능한 상태, 즉 '리미널'(liminal) 상태에 남아 있다.[50]

자율적인 커뮤니타스 외에 터너는 '이데올로기적 커뮤니타스'[51]를 주장한다. 이것은 '실존론적 커뮤니타스'에 기초한 여러 이상주의적 사회모델들을 세우기 위한 형태로 소개한다. 따라서 터너가 주장하는 자율적인 커뮤니타스나 부버의 '참 공동체'(das Zwishenmenshliche)나 '이상적인 공화국'(ideal commonwealth) 혹은 기독교의 '하나님 나

---

49 터너는 부버의 'the Essential We'에 대한 개념을 설명하기를, 그것은 전체 사람 사이에 총체적 관계로 옮겨지는 모드로 본다. 터너는 이 'the Essential We'의 개념을 하나의 'liminal' 특징으로 완전히 독특하며 사회적 전이를 가져오는 틀로써 이해한다. 그러나 터너는 이 부버의 the Essential We의 개념을 구조적 형식 속에 있지 않고 자율적인 개방적인 전 사회구성원들이 참여하는 공동체로 간주한다.

50 Victor Turner(1969), *Ritual Process*, 137

51 Victor Turner(1969), *The Ritual Process*, 134-136.

라'(the Kingdom of God)는 이상적인 이데올로기적 커뮤니타스의 일
종으로 간주한다.52

4) 전환적이고 초월적이며 변형적인 방법
: 반(저항) 구조(anti-structure)와 교정(redressive action)

일반적으로 터너는 인간의 상호연결성 혹은 사회성에 대해 두
가지 주요 형태로 제시한다. 하나는 현존하고 있는 사회적 질서로
계층적이고 다양한 사회적 기능이나 가치 규범 혹은 사회적 지위이
다. 이것은 구조적 특징을 가지고 사회생활을 위한 긍정적이고 필수
적인 요소이다. 이와 같은 요소는 정치-경제-법률적 지위로 구조적
이고 차별적이며 종종 계층적인 체계로 보는 사회이다.53 이와 같은
형태에서 사회적 지위와 역할 사이에 기능적 차별화는 "소외", "차이
와 불평등" 그리고 "착취" 등이 만들어진다.54

이러한 구조와는 달리 터너는 '반(저항)구조'(anti-structure)를 제시
한다. 이것은 일상생활에서 오는 사회구조로부터 일시적으로 격리
시켜 주는 역할을 한다. 이 반(저항)구조는 두 가지의 국면 즉 '과도기
적'(liminality) 상황과 '커뮤니타스'(communitas)로 구성된다. 사회적
관계에서 혼동과 모호함은 과도기적 상황이 만들어지고, 그 후 곧
커뮤니타스를 이룬다. 반(저항)구조화를 통해 직접적이고 평등한 의

---

52 터너는 프랜치스들의 가난과 커뮤니타스의 관계를 고전적인 대표적 예로 소개한다.
　 즉 프랜치스의 커뮤니타스는 이상과 현실, 실존론적인 커뮤니타스와 규범적인 커뮤니
　 타스 관계 사이에 구조발달의 좋은 예로 본다.

53 Victor Turner(1969), *Ritual Process*, 96.

54 Victor Turner (1974), *Dramas, Fields, and Ritual Metaphors*, 274.

식과 상호 교류가 발생하는 상태로 들어가면서 현존의 사회적 질서에 대해 도전적이며 반항적으로 실존적인 한계성을 초월하면서 사회적 변화를 가져온다. 구조화되지 않고 차별화되지 않은 상태, 즉 커뮤니타스에서 평등화된 개인들의 상호교제와 진정한 대화가 이루어진다.[55]

구조화와 반(저항)구조화는 안정과 변화의 상호작용을 위한 형태로 서로 변증 관계를 맺고 있다. 개인과 집단을 구성하고 있는 사회생활은 높고 낮은 계급, 커뮤니타스와 조직적 생활, 동질성과 이질성, 평등과 불평등의 지속적인 경험이 포함한 역동적 상호작용이 일어나는 변증 과정이다.[56] 변증적 과정 속에서 과도기적 공간과 시간은 결정적인 사건이 발생하는 계기이다. 터너는 계속되는 이러한 긴장 관계 속에서 발생하는 사건으로 인간 역사를 이해한다.

터너의 사회적 변혁의 힘은 리추얼 프로세스를 통한 과도기적 상황과 이어지는 커뮤니타스로서 반(저항)구조에서 발생한다. 터너의 근본적인 사회구조의 초월성과 변혁은 리추얼 프로세스 뒤에 숨겨져 있다. 리추얼 프로세스 속에 실존적 한계성을 넘어 사회적 관계를 재구성하기 위해서 필요한 것은 현존의 사회구조를 자유롭게 임의로 해체하는 추진력이 있다.

커뮤니타스는 리추얼의 과도기적 상황(liminality)에서 발생한다. 과도기적 상황은 구조의 가장자리 끝에서, 즉 변두리 혹은 하위구조에서 발생된다.[57] 이것은 지배적인 구조와 제도화된 관계를 통치하

---

55 Victor Turner(1969), *Ritual Process*, 96.

56 Ibid., 97.

57 Ibid., 128.

는 규범의 한계를 뛰어넘는 추진력을 가지고 있다. 문화적 긴장과 다툼을 해소하면서 전례에 없었던 예상치 않은 새로운 경험으로 변화될 수 있도록 비전을 심어주는 잠재력을 가지고 있다. 리추얼 행위의 실천은 현실의 사회 문화 구조에 대해 비판적 시각을 제공해 주고 선택적인 기회를 제공해 줌으로써 중요한 사회적 변화의 근거가 마련되는 과정이다. 더욱이 리추얼 과도기적 상황(단계)에서 리추어 실천은 육체적으로 고된 일상생활에서 사회적 구조나 상황으로부터 나와 격리된 상태에서 정신적 안정과 해방을 줄 수 있다. 그리고 더 나아가 리추얼 과정에 참여한 자들에게 사회적 지배구조로부터 부과된 한계성을 넘어서 지배사회의 행위적이고 계층적 지위상태의 긴장을 저항하며 풀어주는 역할을 한다.

과도기(전환기)적 상황에서 리추얼 커뮤니타스는 단순히 기존의 지배적인 주류의 가치나 구조를 반대하고 부정함으로 이루어지는 "연합"(unity)이나 "동맹"(solidarity)의 차원이 아니다. 그것은 반(저항)구조로부터 차별화가 없고 평등하며 직접적이고 현장적이며 비합리적인 실존적인 공동체적 관계(I-Thou relationship)가 이루어지는 시간과 공간을 의미한다. 이 상태의 리추얼 커뮤니타스는 규범적이지 않고 제도화되지 않으며 추상적이지 않고 오히려 자율적이며 즉각적이고 구체적인 발생이다.

이것은 현존의 사회구조로부터 억압과 착취를 넘어 변혁과 초월하기 위한 기본적 수단이다. 프레이리의 해방 형태와는 달리 억압(주체)와 피억압(객체)의 관계를 넘어 새로운 커뮤니타스적 관계를 이루는 가능성을 가져다준다. 다시 말해 리추얼 프로세스를 통한 터너의 실천 모드는 상호 독립된 관계에 있으면서도 상호의존적인 관계로 발전하도록 도움을 준다. 특히 리추얼의 전환기(과도기)적 상황(liminality)에서 기존의 사회적 규범이나 가치를 다시 바라보는 시각(교정: redressiveness)을 줌으로 새로운 비전을 제시할 수 있고 사회 문화적 변혁를 가져올 수 있는 잠재력을 지니고 있다.

5) 리추얼 반(저항) 구조와 편견극복

터너는 처음으로 리추얼 과정과 심볼을 통해 사회생활과 조직에서 의 마찰과 갈등 혹은 경쟁으로부터 상호결합(相生)으로 이끌어내는 긍정적인 주장을 하였다. 그가 강조하는 리추얼의 힘이란 엄격한 사회 질서의 유지와 계층과 전통적인 형태들과 구별되는 창조적인 반(저항)구조(anti-structure)이다. 터너는 사회 문화구조와 관계하여 확대 해석하면서 사회적 위기나 갈등의 해소하고 새로운 재통합을 위한 과정으로 리추얼 과정을 제공한다.

특히 터너는 리추얼 프로세스에서 '리미널리티'를 강조하여 분석한다. 그는 리추얼의 기능적 이해와 과도적 변혁으로서 이해한 점은 새로운 통찰력을 보여준다. 리추얼 프로세스는 단순히 규범적인 사회의 패러다임을 반영하는 것으로 보지 않는다. '리미널리티'의 원리 속에서 사회 구조와 패러다임을 재구성할 수 있는 가능성이 있다.[58] 다시 말해 터너는 지배구조의 한계성을 넘어서 새로운 경험적 모델을 생성시키고 혁신적인 비전을 줄 수 있는 잠재력이 리추얼의 "전환기적 혹은 과도기적"(liminal) 공간과 시간 속에 있음을 제시하였다.

---

58 Victor Turner and Edith L.B. Turner, *Image and Pilgrimage in Christian Culture: Anthropological Perspectives* (New York: Columbia University Press, 1978), 2-3.

터너는 리추얼 프로세스 중에 있는 '리미널리티'를 "순수한 가능성의 시간과 공간"으로 간주한다. 이것은 기존의 사회 문화적 패턴과 구조로부터 해방과 자유를 이끌어내는 힘이며 새로운 패턴과 구조가 이 상태에서 발생하는 잠재력으로 보고 있다.

터너의 리추얼 반(저항)-구조화 현상은 '리미널리티'와 '커뮤니타스'를 통해 사람과 사람을 서로 연결시켜 주는 사회적 상호관계성 형성시킨다.[59] 리추얼 '리미널리티'의 가능성과 잠재성은 커뮤니타스로 이끌고 가는 힘이 있다고 본다. 터너에 따르면 이 커뮤니타스의 상태에서 나타나는 현상은 서로 차별이 없고, 서로 평등하고, 직접적이며, 이성적이지만은 않으며, 상호교류며 상호 관계인 상태로 이끌어낸다.[60] 리추얼 '리미널리티'의 가능성과 잠재성은 현실구조에 대한 비판과 새로운 구조의 패러다임과 모델을 제시함으로 상호변화와 새로운 상호 관계[61]가 형성된다.

리추얼 프로세스 방식을 통해 터너는 서로의 갈등과 마찰 혹은 갈등과 분열을 해소하기 위한 새로운 해방의 방식을 제공한다.[62] 그러나 터너의 해방 방식과 프레이리의 해방의 방식은 약간의 차이를

---

59 Bobby C. Alexander, *Victor Turner Revisited: Ritual as Social Change* (Atlanta, Georgia: AAA Scholars Press, 1991), 35.

60 Ibid., 18 그리고 Victor Turner (1974), *Dramas, Fields, and Metaphors*, 46-47; 243.

61 터너는 communitas 상태의 인간관계를 마틴 부버의 I-Thou 관계와 Essential We로서 관계를 표현한다. Martin Buber, *I and Thou* trans. R. G. Smith, New York: Collier Books, 1958; *Between Man and Man* trans. R. G. Smith, London and Glasgow: Fontana Library, 1961.

62 터너의 해방의 차원은 단순히 인식론적 차원을 강조하는 프레이리의 견해와는 다르다. 터너의 해방의 차원은 인식론적 차원은 물론 심리적 차원과 더 나아가 사회구조적 차원까지 포함하고 있다.

보인다. 리추얼 프로세스를 통한 해방 과정은 프레이리의 혁명적인 해방과정보다도 더 포괄적이며 포용적이라고 할 수 있다. 프레이리의 해방은 억압자와 피억압자 사이에 분열과 갈등의 요소가 계속 남아있는 반면 커뮤니타스를 형성을 추구하는 리추얼 과정으로서 해방방식은 상호관계적이고 상호보안적이며 상호변혁을 추구하는 상생(相生)의 방식이다.

터너가 말하고 있는 과도기(혹은 전환기)적 상태, 즉 "이것도 저것도 아닌 상태" 혹은 "여기도 저기도 아닌 상태"는 애매한 상태로 보이지만 이 '리미널리티'의 상태에서 리추얼의 역할은 극대화된다. 이 상태에서 이미 굳어진 기존의 사회 문화적 구조와 규범의 문제와 직면하여 저항하면서 새로운 비전과 가치 혹은 상징을 제공해준다. 갈등과 분열을 넘어 새로운 상호의존적 관계로 만들어갈 수 있는 좋은 기회로 본다.

신학자 폴 틸리히(Paul Tillich)는 낡은 형식과 새로운 형식 사이에는 혼돈(chaos)의 순간이 존재한다고 본다. 틸리히의 주장에 따르면 모든 새로운 형식은 과거의 오래된 형식의 한계성을 파괴함으로 만들어진다. 따라서 창조와 혼돈은 서로 함께 존재한다.[63] 오래된 형식을 깨뜨림으로써 새로운 형식으로 들어가는 존재로 보는 이해구조는 터너의 리추얼 속에서 반(저항)구조의 형식으로 이해할 수 있다. 창조와 무질서 혹은 창조성과 모호성은 리추얼 과정 속에 함께 존재

---

63 Paul Tillich, *Systematic Theology*, Vol. III., 50. Tillich는 존재의 구조 속에서 양극을 역학(dynamics)과 형식(form)의 구조로 설명한다. 그래서 형식이 없이는 어떤 것도 존재할 수 없으며 형식은 그것이 무엇인지를 말해준다. 그러나 형식은 계속 존재하여 남을 수 없다. 역동적인 변화의 힘이 필요하다. 그러므로 오래된 형식(형태)을 파괴함으로 새로운 형식(형태)을 낳게 하는 가능성이 주어진다고 설명한다.

한다. 틸리히의 역동성과 형식의 상호작용은 터너의 일상적 생활 구조와 반(저항)구조의 변증적 관계이다. 반(저항)구조로부터 만들어진 커뮤니타스는 비구조적인 특성을 지니고 있다. 주체와 객체의 상호연결성을 성취시킨다.

과도기적 상황은 아직 제도화되지 않고 정돈되지 않은 상태이다. 이것은 사회학자 파슨스(Talbott Parsons)가 말하고 있는 "예언자적 돌입"과 같다. 이와 같은 '돌입'은 근본적인 구조변화를 가져오는 상황에서 자발적으로 발생한다. 사회적 행동을 위한 지침으로써 근본적인 사회적 원리가 그 효력을 상실했을 때 나타나는 종교적 초월의 힘이다.

정신적 가치는 물론 종교적이고 사회적인 가치를 가지고 있는 터너의 모델은 인간의 행동과 태도의 변화는 물론 사회 문화 구조의 변화를 가져올 수 있는 초월적이고 변혁적인 힘을 제공하는 모델이다. 따라서 터너가 보는 리추얼 과정은 단지 시스템 유지와 존속을 위한 형태로만 이해되지 않는다. 오히려 저항의 리추얼 형태를 가지고 기존의 사회구조와 질서에 대한 반감을 일으키고 새로운 사회적 평등과 커뮤니타스를 가져다주는 수단이다. 터너는 커뮤니타스 상태를 계급적이고 차별화된 사회구조나 질서에서 오는 사회적 갈등과 분열을 완화시켜주고 진정시켜 주는 역할로 본다. 리추얼의 행위 속에서 "승화시키는 과정"(sublimation process)이라는 의미에서 "순수한 정신적 카타르시스의 효과"를 줄 수 있는 역할로 이해하기도 한다.64

결과적으로 터너의 리추얼 과정은 두 가지의 기본적이고 본질적

---

64 Bobby C. Alexander(1991), *Victor Turner Revisited*, 50-52.

인 리추얼의 기능으로 볼 수 있다. 하나는 현존의 사회적 상태를 반대하고 전복시키는 저항의 기능과 다른 하나는 현 상태의 적대감을 해소해 주고 진정시키면서 해방을 가져다주는 카타르시스의 기능으로도 이해된다. 현존의 사회구조를 지탱해 줄 뿐 아니라 새로운 사회 질서를 도전하고 사회변화를 일으키는 중요한 역할이다.

터너에게 있어서 새로운 사회구조나 관계를 변화시키는 리추얼 프로세스는 '리미널리티'와 '커뮤니타스'를 수반하는 반(저항)-구조화의 역할을 한다. 특히 과도기적 상태인 '리미널리티'는 초월적이고 변형적인 리추얼 모델의 중심이라는 점은 신학자 폴 틸리히의 견해와 같이 창조와 무질서가 서로 함께 존재하고 낡은 제도와 새로운 제도가 함께 공존하는 혼돈(chaos)의 상태이다. 즉 이제는 더이상 과거의 형식도 아니고 아직 새로운 형식으로 만들어지지 않은 상태이다. 모든 새로운 형식은 과거의 진부한 오래된 형식의 한계성이 깨어짐으로 새롭게 만들어진다. 이러한 분리의 과정이 리추얼의 반(저항)-구조화 과정에서 일어난다. 이러한 상징적인 힘은 구조화로부터 탈구조화 그리고 탈구조화로부터 재구조화(reconstruction)의 변화를 가능케 한다. 리추얼 과정 속에서 커뮤니타스가 형성됨으로 사회구조로부터 오는 억압과 갈등들이 해소되고 구조화되고 제도화된 규범적인 사회구조와 관계가 새로운 공동체로 이끌고 가는 가능성과 잠재성이 있다.

이런 관점으로부터 리추얼 프로세스 접근은 편견극복을 위한 중요한 방법을 제공해 준다. 리추얼 과정에서 터너의 반(저항)구조의 과정은 편견을 좁히거나 극복하는 데 도움을 줄 수 있다. 터너의 반(저항)구조는 이미 구조화된 사회 문화적 질서와 계급으로 발생하는 편견과 차별을 반(저항)구조화를 통해 새로운 공동체 이해와 실천으로 발전해 가도록 도와준다. 규범적이고 제도화된 사회적 질서나 역할은 새로운 창조적인 질서와 역할에 직면하면서 상대를 서로 이해하지 못한 채 편견으로 사회 문화적 긴장과 마찰 혹은 갈등과 분열을 일으키게 된다. 리추얼 프로세스는 이러한 사회적 긴장과 마찰로부터 해방하여 함께 새로운 공동체의 이해와 비전을 공감하도록 돕는다.

그러나 터너에게도 여전히 한계성은 남아있다. 리추얼 지도자의 신조와 태도이다. 지배 이데올로기로부터 조정될 수가 있으며 혹은 리추얼 그 자체 속에 문화적 편견을 담고 있을 수 있다. 리추얼 지도자은 자신의 강한 그릇된 신념과 태도로 변혁적 공간 주도하거나 재생산하는 역할 혹은 더 강화시켜주는 역할을 할 수 있다는 점이다. 리추얼 과정에서 지도자의 신념과 태도가 또 다른 의미로 지배 이데올로기의 산물이 될 수 있는 가능성이 내포되어 있다. 따라서 터너의 모델의 결정적인 문제는 리추얼 리더의 자세와 역할의 문제이다. 터너는 리추얼 프로세스 분석에 있어서 많은 중요한 사실을 자세히 다루었다. 그러나 터너는 리추얼 리더(ritual elder)의 관점에서는 전혀 다루지 못했다. 많은 부분에 있어서 의도적이든 비의도적이든 '리미널'(liminal) 공간과 시간 속에서 지배하고 조정할 수 있는 역할이 리추얼 리더에게 주어지기 때문에 우리는 리추얼 리더의 사고와 태도의 상태를 무시할 수 없다. 이런 의미에 있어서 의식(사고)과 지도력을 겸비한 교육자로서 리추얼 리더가 필요하다. 새로운 언어의 창출과 새로운 패러다임을 창출하는데 있어서 리추얼 리더의 역할은 결정적이 될 수 있기 때문이다. 리추얼 리더의 바른 의식과 바른 판단이 요구된다. 리추얼 리더는 상징의 언어와 행동을 리추얼의 참석자와 함께 상호작용 할 수 있는 과정과 구조가이 요구된다. 리추얼 리더의 독점적인 독백의 형태로서 리추얼 프로세스는 지배 이데올로기의 전수 혹은 새로운 형태의 지배 이데올로기를 형성시키는 위험이 따르기 때문이다.

3. 맥라렌(Peter L. McLaren)의 통합적 모델

프레이리의 의식화 모델과 터너의 리추얼 프로세스 모델의 장점들을 보완하여 종합적 고찰을 하기 위해 우리는 마지막으로 피터 맥라렌(Peter L. McLaren)의 접근을 소개하고자 한다. 맥라렌은 터너의 약점, 예를 들어 어떻게 리추얼이 동시대적 사회 문화에서 사회계급과 문화 그리고 자본주의와 노동으로 형성된 사회적 관계 그리고 인간과 인간의 상호관계성을 좀 더 깊게 연결시켜 주고 있지 못하는 점을 지적하면서 교육학적 리추얼(instructional rite)을 제시한다.[65] 맥라렌은 리추얼이란 사회적으로 조건화되고 역사적으로 얻어질 뿐 아니라 생물학적으로 구성되는 약동감으로 인간 행동과 사고를 대행해주는 은유적 대행[66]으로 심리적이며 인식론적인 관점에서 이해한다. 리추얼은 공조(공감)된 사고와 감적의 패턴을 만들고 공동의 선을 추구하는 가치를 더욱 강화시켜주는 것이다.[67]

---

65 Peter McLaren, *schooling as a ritual performance* (London & New York: Routledge, 1993), 9.

66 Ibid., 38, 39.

67 Ibid., 41.

맥라렌은 심볼과 리추얼을 사회 집단을 창조하는 과정에서의 문화적 활동으로 해석하면서 문화와 이데올로기 그리고 리추얼과 심볼의 해석은 추상적인 규범이나 법령으로서가 아니다. 일상생활에서 성립되는 구체적인 개인의 역할과 관계로 구성되어진다. 맥라렌의 이해는 일상적 삶에서 경제적인 국면과 사회적 계급까지 리추얼과 관계된 것으로 본다. 그리고 이데올로기와 문화적 갈등 상황 속에서 교육적 리추얼 실천행위를 강조한다.

헨리 지루(Henry Giroux)의 주장하는 이데올로기와 문화와 교육과의 관계[68]를 맥라렌은 리추얼과 연결시켜 이데올로기적 문화 갈등(계급^{class}, 성^{gender} 그리고 인종^{race})은 리추얼 과정과 관계를 맺고 있으며 리추얼 프로세스가 교육적인 프락시스와 연결되어야 한다고 주장한다. 이것은 교육적 리추얼(instructional rite) 행위는 교사와 학생 모두 주체적인 관계로서 현실을 이해하고 분석하며 새로운 세계를 세우고 재건하는 교육적인 과정이 된다는 뜻이다.

맥라렌은 지루의 '저항의 수업'(schooling as resistance) 모형을 '저항의 리추얼'(ritualizing as resistance)로 대치시켜 제도화된 사회구조에서의 차별화되고 쪼개어진 세계를 정화시키는 열쇠가 되는 핵심으로서 이해한다. 이 저항으로서 리추얼 프로세스는 숨겨진 긴장과 갈등을 변혁시킬 수 있는 추진력을 가지고 있다. 이러한 교훈적 리추얼에는 두 가지의 기능이 있다. 그것은 "상징적 행위"(symbolic action)를

---

68 Henry A. Giroux, *Ideology, Culture, and the Process of Schooling*, Philadelphia: Temple University Press, 1981. 지루는 이데올로기와 헤게모니 그리고 문화와 상호관계를 분석하면서 교육은 가치중립일 수가 없고 의미체계나 문화전달의 수단이 될 수 없음을 주장하며 저항으로서 교육과정(resistance of schooling)을 주장한다.

통한 의사소통과 교육적 실천으로 변혁의 과정이다.

1) 지식을 위한 리추얼과 이데올로기 그리고 문화

맥라렌은 터너와 같이 리추얼을 하나의 과정으로 이해한다. 리추얼이란 "상징과 상징의 체계" 혹은 은유적이며 형식적인 육체적 행위로부터 굳어진 패러다임이 행동으로 옮겨지는 "성육화"(incarnation)의 과정"이다. "행위적 의미의 형태로서 리추얼은 사회적, 문화적 그리고 도덕적인 존재로서 사회적 행위자에게 현상적인 실존에 대한 틀을 제공하고, 서로 협상할 수 있도록 도와주고, 현상적 실존에 대해 해명할 수 있도록 해줄 수 있는 형식"이다.[69] 이러한 교훈적 리추얼에 대한 이해는 참여자(학습자)에게 새로운 사고의 전환과 행동의 변화를 이끌어 낼 수 있는 교육의 변혁적 모델이다.

지식이란 사고와 행동의 두 개의 동기를 가지고 있다. 지식의 대상으로서 리추얼을 분석해 보면 리추얼은 행동에서 사고로 혹은 사고에서 행동으로 옮겨지는 변증적인 과정이다. 지식의 대상으로 볼 때 리추얼은 세 가지 차원의 기능[70]을 가지고 있다.

첫째, 창조적인 형식이다. 비록 리추얼 그 자체는 역사적 연속성과 전통 수용이라는 성격을 지니고 있다. 하지만 리추얼 내용과 형식을 반복하며 전수하는 것만이 아니라 관찰과 비판적 사고가 필요하다. 리추얼은 생산적이고 창조적인 형식과 내용을 조사하고 알아내

---

69 Perter McLaren(1993), *Schooling as a Ritual Performance*, 50.

70 Theodore W. Jennings, Jr., "On Ritual Knowledge," *Journal of Religion* 62/2 (April, 1982), 111-127.

야 하는 활동이다. 리추얼 행동은 이미 알려진 내용에 대해 연기를 통한 표현과 태도만이 아니라 새로운 사실을 알려주고 탐구하고 발견하기 위한 형식이다. 다시 말해 리추얼 행위나 심볼의 기능은 과거의 내용을 계속 수행해 주는 동시에 미래의 비전을 제시할 수 있는 통찰력을 주는 기능이 함께 포함되어 있다. 리추얼을 통해 사회적으로 명료화된 가치를 전수할 뿐만이 아니라 새로운 의식으로 변화를 줄 수 있는 잠재력이 있다. 리추얼 행동과 상징적인 행위를 통해 삶의 실존적 현실을 설명해 줄 수 있으며 일상적 삶의 목적과 의미를 경험할 수 있도록 도와준다. 더 나아가 사회적 변화의 가능성과 의미를 줄 수 있는 창조적인 형태이다.

둘째, 교육적 형식를 지니고 있다. 교육적 모드로서 리추얼 실행은 리추얼을 가르치고 리추얼의 내용을 배우는 구조와 리추얼 인도자(교사)와 참석자(학생)의 구조가 있다. 리추얼 인도자(교사)와 리추얼 참석자(학생)들 사이에 설명과 탐구과정의 지식은 상징적 기호와 신체적 행동과 언어적 행동, 예를 들면 언어와 기호 혹은 몸짓과 감정을 통한 의사소통이 존재한다. 이처럼 지식으로서 리추얼은 전통의 전수 뿐만 아니라 의사소통과 가르침과 배움이 일어난다. 리추얼 인도자와 참여자 사이의 순수한 관계는 순수한 대화의 참여가 일어나도록 하는 가능성을 가지고 있다. 그러므로 리추얼은 강요하는 것이 아니라 자발적이고 친절한 초청으로 안내하는 수평적 관계 형성이 전제되어야 한다. 리추얼에서 상징적 행위는 경험을 표현할 수 있으며 상징적인 이야기를 통해 현실의 삶을 조명할 수 있는 힘을 가지고 있다.

마지막 셋째, 그러므로 리추얼은 그 자체 리추얼 지식을 획득하기 위한 목적을 가진다. 리추얼 지식은 행동을 이끌어 내며 일련의 새로운 행동을 만들어내기 위한 목적이 있다. 리추얼 행위 혹은 형식화된 행위는 상징적 패러다임으로 작용한다. 패러다임을 가지고 있는 리추얼 행위는 세계 속에서 혹은 공동체 안에서 리추얼에 참석한 구성원에게 정체성을 심어주고, 리추얼 행사에 참여하도록 동기 유발을 일으켜줌으로 패러다임에 따라 움직이도록 하는 리추얼 지식을 수행하도록 해준다. 그러므로 리추얼을 통한 지식이란 리추얼의 과도기적인 전환점에서 새로운 비전이 담긴 패러다임으로 변화할 수 있도록 도와주는 역할을 이끌어낸다.

여기서 패러다임이란 하나의 습관적 행위로 볼 수 있다. 생각과 행동의 반복적인 습관이다. 습관은 정신·신체적 삶에 있어서 필수적인 일종의 무의식적인 작용이다. 리추얼은 기억과 반복을 통한 습관적인 방법을 통해 상징적인 패러다임을 만들어낸다. 이런 관점에서 문화란 생각과 행동의 반복적인 습관을 통해서 얻어지며 상징적인 패러다임에 속한다. 또한 기억과 반복을 통한 습관적 행위는 무의식적으로 사고와 행동을 함으로 정형화된다. 따라서 리추얼은 패러다임으로서 매일의 일상적 삶의 인식구조를 형성시켜 주는 변화를 가져오는 이데올로기적 성격을 지니고 있다.

그뿐 아니라 리추얼의 이러한 성격은 종종 허위 이데올로기와 지배문화를 배양하는 온상이 되기도 한다. 리추얼 패러다임 속에 이러한 습관은 문화를 형성시키고 고정관념화된 패러다임은 문화적 편견으로 작용하기도 한다. 따라서 정치적으로 지배 문화적 패러다임은 지배 이데올로기의 생산과 영속을 위한 도구가 될 수 있다. 리추얼 패러다임은 지배 집단의 이데올로기를 지지해 주는 정치적 역할을 수행하는 반면 허위 이데올로기를 보여줘 현실에 안주하고 현실의 고통과 문제를 격리시키고 비현실화시켜 주는 부정적 역할을 한다. 그래서 리추얼 지식이 종교의 아편과 같은 역할을 할 수도 있는 위험성이 있다.

맥라렌의 교육적 관점에서 리추얼은 공유된 가치나 삶의 스타일과 세계관을 심어주는 근간이 된다. 더 나아가 리추얼은 사회적 상황으로부터 필수적으로 조건화된 문화의 성격, 즉 이데올로기와 권력 그리고 지배의 역할 수행하는 매체가 된다. 그러므로 리추얼 과정 가운데 이데올로기적 차원이 상징체계와 그것을 해석하고 표현하는 사람과의 상호작용 그리고 상호관계 속에 숨어있는 신화들을 비판적으로 바라보면서 교육적 형식으로 리추얼의 과정이 필요하다.

맥라렌은 이데올로기가 교육적 리추얼 이론과 실천 속에 반영되고 있다고 믿고 있다. 이러한 이해는 지루(Henry A. Grioux)[71]의 이데올로기 개념에 대한 변증적 이해에서 찾아볼 수 있다. 지루에 따르면, 문화란 단순히 사회적 구조와 상황 속에서 "체험으로 얻어진 경험"(lived experiences)으로서 정의될 뿐만 아니라 사람들의 행동을 유발시키기도 하고 제한시키기도 하는 복잡한 사회 정치적 제도와 형태 속에서 "체험으로 얻어진 적대적인 관련성들"(lived antagonistic relations)을 가지고 있다.[72] 문화란 주어진 한 사회의 사회 문화와 정치

---

71 Henry Giroux는 John Dewey을 따르는 사회 진보 개혁가들과 함께 비판적 문화 교육방법 형태로 인식하면서 교육이란 계급과 성과 인종 등 다양한 사회적 상황에서 나타나는 차이성을 인정하고 그 차이성을 통합하는데 관심을 가진다. 여기에서 교사는 변혁적인 지식인으로 학생들에게 비판과 가능성의 언어를 사용하여 동반자로서 이해된다. 또한 학교란 지배 논리의 중립적이고 기능적인 수행의 장이 아니라 민주적 변혁을 위한 민주적 공간이 되어야 한다고 주장한다. Henry Giroux, *Teachers as Intellecturals* (New York: Peter Lang, 1988); *Living Dangerously* (New York: Peter Lang, 1993).

경제적 영역에서 체험된 경험의 표현 그 이상이다. 그러므로 문화란 인간 의식과 경험의 산물로서 정치적 권력과 갈등 혹은 투쟁을 가져 오는 복잡한 매개체로서 사람들의 일상적 삶의 형태를 만들어주는 변혁적인 추진력을 가지고 있다. 여기서 지루가 바라보는 교육 (schooling)이란 단순히 문화 편견을 유지하고 전수하는 수단이 아니라 문화비판의 행위와 실천이다.

지루에 따르면 문화나 권력 그리고 이데올로기는 다양한 경험들 (계급과 성性과 인종) 속에서 만들어진다. 그의 관심사는 사회구조와 인간존재의 관계 그리고 지배(갑)와 피지배(을) 간의 변증적 관계를 비판적으로 파헤치는 일이다. 인간은 역사의 소산물이자 생산자로서 인간의 주체는 지배 이데올로기의 희생물이 아니다. 주체적 인간이란 전수된 문화와 역사를 초월하려는 능력이 있는 사회적 대리인이 되는 것이다. 그러므로 교육이란 지식 추구이며 비판과 가능성의 언어를 방법론으로 삼고 실천하는 문화적 정치이다.

지루의 이데올로기 이해는 상반적인 두 기능이 있다. 1. 지배 이데올로기로서 지배구조를 옹호하고 유지하기 위한 기능(제사장적 기능)과 2. 자기반성과 변혁적인 행동을 유발하는 교육적 기능(예언자적 기능)이다. 사회적 재생산을 위한 관심을 둔 이데올로기의 기능은 어떻게 개인에 대해 혹은 개인을 통해서 지배 사회의 기본적 사회 기조(윤리)와 실천에 동의할 수 있도록 할 것인가라는 기능과 동시에 사회적 변화에 대한 관심을 가지고 어떻게 이데올로기가 자기 반성 (self-reflection)과 변혁적인 행동을 하도록 도와주는 새로운 창조적

---

72 Henry A. Giroux, *Ideology, Culture, and the Process of Schooling* (Philadelphia: Temple University Press, 1981), 26-29.

기능이 있다.73 따라서 교육의 과제는 어떻게 이데올로기가 개인에게 작용하고 있는지를 파악하는 일과 어떻게 이데올로기가 사회적 변혁을 위해 기능을 창조할 것인가에 달려 있다.

이데올로기는 우리가 어떻게 생각하고 무엇을 생각하는가와 관계가 있을 뿐만이 아니라 우리는 어떻게 느끼고 무엇을 기대하는가는 질문과 관계가 있다. 그러므로 이데올로기는 의식의 형태들, 예를 들면 아이디어, 느낌, 바람, 도덕적 선호 등을 생산해낸다. 따라서 지루는 어떻게 교육이 이데올로기를 유지하고 만들어내는가에 분석과 함께 개인과 그룹과의 관계 속에서 어떻게 이데올로기를 협상하고 저항하고 받아들이는가에 대한 분석을 보여준다.74

교육의 정치 윤리적 실천을 강조하는 지루의 주장에 따르면 개인은 더이상 획일화되거나 전체적으로 안정된 자율적인 자아로 남아 있을 수 없다. 계급과 성과 인종으로부터 주어진 사회 문화에서 개인은 다양한 경험을 하게 된다. 특히 문화적 차별은 역사나 기억 혹은 언어나 권력으로부터 결정되는 것으로 교실 공동체에서 문화적 다양성을 통합하는 곳이 되어야 한다. 지루가 이해하는 교실이란 민주 공동체의 모판이며 차이성과 다양성을 인정하고, 거기서부터 나오는 모순이란 무엇이며 어떻게 변화되어야 하는지를 모색하는 대화

---

73 Henry Giroux, *Theory and Resistance in Education* (New York: Bergin & Garvey, 1987), 145. 이와 같은 그의 이데올로기에 대한 이해는 마르크스주의와 구조주의를 결합시킨 사상가 Louis Altusser의 이해로부터 온다. 알튀세는 이데올로기란 "단지 어떤 사상들의 집합체인 것이 아니라 구체적이고 물리적인 실체를 가지고 생산과 재생산되는 사회적 실천"으로 본다. 김창남, 『대중문화의 이해』(서울: 한울아카데미, 1998), 68.

74 Henry Giroux, *Ideology, Culture, and the Process of Schooling* (Temple University Press, 1981), 22.

와 화해의 공동체를 만드는 곳이다.

맥라렌은 이러한 교육의 이데올로기적인 면과 문화적인 면을 주
장하는 지루의 주장에 동의하고 교육 방법론으로 교육적인 리추얼
행위를 연결하여 제시한다. 맥라렌의 교실은 리추얼 과정이다. "교
육적 리추얼"(instructional rites)에 대해 다음과 같이 말한다.

> "교육적 리추얼(instructional rites)은 학생들에게 암호화된 메시지를
> 학생들에게의사소통을 해주는 기능을 한다. 그래서 규범적인 행위을 하
> 도록 기능을 도와줄 뿐만이 아니라 학생들에게 영향력 있는 인식론적 방
> 법을 만들어 주는 길이다. 간단히 말해서 교육적 의례를 통해 생각과 행
> 동을 위한 청사진을 제공해 주는 길이다."[75]

이와 같은 견해로부터 교육적 리추얼은 권위적이고 지배적인 패
턴의 상호작용으로 만들어져 지시되는 문화적 규율을 완화시켜 주
는 기능을 한다. 그래서 소심한 교육적 분위기에 젖어 있는 학생에게
원활한 의사소통을 할 수 있도록 도와주는 모형[76]이다. 이것은 리추
얼을 교수-학습의 경험으로 연결시켜 학생들에게 지배 이데올로기
와 문화적 갈등을 해소할 수 있는 돕는 저항적 리추얼이다.

---

75 Peter McLaren (1993), *Schooling as a Ritual Performance*, 218.
76 Ibid., 7.

2) 저항(Resisting)을 위한 교육적 리추얼

지배 이데올로기로부터 왜곡된 리추얼은 지배문화에 의해 무비판으로 순응하는 습관화된 사고와 행동이 창의적이고 개방적인 못할 때 발생한다. 따라서 왜곡된 리추얼 지식과 리추얼 과정이 되지 않도록 항상 개방된 상태에서 비판적 과정이 필요하다. 비판 의식과정으로 저항적 리추얼은 제도화된 사회 구조에서 발생된 차별화되고 분열된 세계를 새롭게 정화시키는 열쇠가 된다. 이것은 교육적인 의례(instructional rites)를 통해 일어나는 변혁적 추진력을 지닌 방법으로 프레이리의 의식화 교육을 통한 해방이론과 터너(Victor Turner)의 반(저항)구조(anti-structure)와 커뮤니타스(communitas)로서 리추얼 프로세스를 종합적 모델이다. 즉 개인의 의식화 교육구조를 넘어서서 공동체적 사회구조의 변혁을 일으키는 이상적인 바람직한 모델이다. 그 이유는 리추얼 과정에서 상호 주체적 대화와 참여를 통해서 자기반성과 사회변화를 줄 수 있는 가능성이 있기 때문이다.

만일 우리가 리추얼을 상징의 체계와 문화생산의 구조로서 이해한다면 리추얼은 상징 속에 담긴 의미를 역사적으로 전달된 패턴이 되고 인간의 삶과 세계에 관한 지식과 태도들 개발하고 영속시키며 의사소통을 하는 중요한 수단이 된다. 그것은 단지 현실의 삶을 반영하는 수준에 머무르지 않는다. 오히려 현실 세계를 구조화하는 힘을 가지고 있다. 리추얼을 통해 사회적 그리고 문화적 이데올로기를 전수하는 일 뿐만이 아니라 사회구조와 관계를 변형시킬 수 있는 힘을 가지고 있다는 뜻이다. 이러한 리추얼의 추진력은 "저항으로서 교육적 리추얼 프로세스"가 주어질 때 가능성이 열려져 있다.

우리는 위에서 언급한 내용을 통해 맥라렌과 지루가 주장하는 이데올로기는 지배적 관심을 정당화하는 의미와 상징들과 관계가 있으며 또한 일상생활의 경험 구조와 실천과도 깊은 관계가 있다[77]는 사실을 알고 있다. 만일 리추얼의 경우도 사회 문화적 이데올로기를 수행한다면, 리추얼에 관한 지식과 상징적 행위 속에도 권력 집단의 지배적 이념이 담겨 있음을 배제할 수 없다. 그 이유는 리추얼이 지배적 관심을 정당화하기 위한 의미와 상징을 수행할 수 있는 계기가 마련되기 때문이다.

지루의 경우에 이것은 "저항으로서 학습"(schooling as resistance)으로 문화비평의 중요한 방법으로 소개되었다. 더불어 맥라렌에게 있어서도 "저항으로서 리추얼"(ritual as resistance)이 제도화된 사회구조의 분열과 갈등을 해소할 수 있는 핵심으로 제시하고 있다. 교육적 의례(instructional rites) 속에 숨겨진 분노와 긴장들을 변화시켜주는 힘이 있음을 강조한다.

이러한 맥라렌의 교육방식은 현실의 문제들을 변화시키기 위한 시도로서 저항을 위한 리추얼은 위에서 고찰한 터너(Victor Turner)의 반(저항)구조로서 리추얼 프로세스로부터 오는 통찰에 근거를 둔다. 반(저항)구조로서 리추얼은 사회 문화적 갈등들—사회적 억압과 불평등 그리고 차별과 편견으로부터 오는 계층, 성(性)과 인종적 문제—를 완화시켜주고 변화시키기에 적합한 것이라고 믿는다. 그리고 저항으로서 리추얼 실현을 통해 새로운 비전을 제시하고 새로운 상징을 재창조할 수 있는 사회적 대행으로 역할을 할 수 있다.

---

77 Henry Giroux(1981), *Ideology, Culture and the Process of Schooling*, 23.

3) 편견극복을 위한 "리추얼 과정으로서 교육"(schooling as ritual process)

맥라렌은 교육적 리추얼을 통해 리추얼 참석자(교사와 학생)에게 그들이 가지고 있던 고정관념이나 전이해 혹은 지배 이데올로기나 문화적 편견을 극복하는 기능이 있다고 확신한다.[78] 교육적 리추얼 과정에서 문화적인 규범을 완화시킬 수 있고 서로 주체로서 대화를 가능케 해주는 도구가 될 수 있다. "의미가 담겨 있고 기존의 형식(규칙이나 규례)을 갖추고 있는 리추얼은 사회 문화적 그리고 도덕적인 인간에게 현상론적인 실존적 사고와 태도를 제공해 주고 상호참여와 협상을 통해 변혁시키는 가능성이 있다.[79]

리추얼은 다양한 인간의 실존적 상황과 연결시켜 준다. 리추얼 지식을 함께 공유하면서 창조적인 참여의 공간과 시간을 마련해 준다. 앎의 다른 방법으로 재개념화시켜 주면서 세상 속에서 변화를 가져오도록 대행자들로 참여하도록 움직인다. 이러한 교육적 리추얼은 문화적 차별과 편견으로 인한 계층 간의 계급 갈등과 성(性)의 차별주의와 인종차별주의의 갈등을 과감히 밖으로 드러내 주고 심리적 갈등까지도 극복해 나갈 수 있도록 돕는 종합적인 모델이다.

(1) 리추얼 리더십

편견을 극복하기 위해 리추얼 과정으로서 교수-학습 모형을 생

---

78 Ibid., 123.
79 Ibid., 50.

각할 때 중요한 요소는 리추얼 리더십에 있다. 이 리더십은 프레이리와 같이 비판적 사고를 통해 정치 지배 집단으로부터 숨겨진 현실을 드러내어 억압의 구조와 비인간화된 문화를 변화시키도록 학생들을 돕는 자이다. "교사"의 역할만이 아니라 터너와 같이 사회적 드라마나 혹은 리추얼 공연을 통해 리추얼의 상징적 행위에 참여한 참석자를 돕는 리추얼 "인도자"(elder)로서 역할을 할 수 있는 리더십이 요구된다. 교육적 리추얼 인도자로서 리더십이 필요하다.

교육적 리추얼 과정에서 리추얼 지도자는 "전환기 혹은 과도기적 순간에 방향을 제시하는 섬기는 자의 모습"[80]이다. 해방자로서 '현재의 상황을 미래의 비전으로 이끄는 자' 혹은 '상극에서 상생으로 이끌어내는 자'이다. 그뿐 아니라 '기존의 사회 구조와 제도로부터 반(저항)구조를 통해 창조적 구조와 제도로 이끄는 자'이다.[81] 전환기적 모습을 지닌 종으로서 리추얼 인도자는 문화 실천가로 단순히 문화의 의미를 전달하는 자가 아니다. 오히려 문화를 설명하고 제시하며 문화를 구현하고 상징적 언어와 행위를 통하여 문화를 변혁시키며 은유적인 내용을 창조하는 역할을 한다.

교육적 리추얼 지도자란 문화적 의미를 구조화하기도 하며 반구조화 혹은 재구성하는 문화 실천가이다. 편견극복과 리추얼 과정을 연결시켜 생각해 볼 때 특히 문화적 편견을 극복하기 위한 결정적인 모델이다.

지금까지 학교에서 교육적 모델이라 함은 지식 활동에 강조를

---

80 Peter McLaren(1993), *Schooling as a Ritual Performance*, 114-121 참조.
81 Ibid., 115.

둔 교수-학습의 모델이 중심이 되어왔다. 여기서 교사는 지식과 문화전달자로서 텍스트의 내용을 이해하기 쉽게 해석하고 가르치는 역할을 해왔다. 교사는 전문가 혹은 지도자로서 이해된다. 전문가로서 교사는 아직 널리 알려지지 않은 새로운 정보나 기술 혹은 내용을 소개함으로 교사의 권위가 주어진다. 다른 사람보다 새로운 지식이나 정보를 많이 소유하거나 기억력이 뛰어나고 정보력이 좋은 교사들에게 존경과 권위가 주어진다. 누가 더 최근의 정보를 소유하느냐 혹은 누가 더 새로운 텍스트를 보유하고 있느냐에 따라 교사의 권위가 더해졌다.

그러나 기술정보교육과 입시 위주의 교육이 강화되면서 경쟁 중심이며 선발중심이 된 오늘날 비인간화 교육으로 몰고 간 공교육이 무너지기 시작한 지 오래 되었다. 그와 함께 컴퓨터 인터넷과 AI 인공지능 학습으로 교사의 권위도 무너졌다. 전문가로서 학교 교사보다 유능한 유튜버(Youtuber)에게 더 권위가 주어졌다. 그것은 교사의 권위가 단순히 지식의 소유자 혹은 지식정보활동의 전문가로서 이해되어 왔기 때문이라고 생각한다. 이러한 시점에서 교육의 참된 본질을 인식시키고 회복시키기 위한 대안으로 새로운 리추얼 리더자로서 교사의 리더십이 점점 요청되는 시대이다.

특히 오늘날 교육에서 교사의 새로운 권위를 회복하기 위해서 무엇보다도 교사가 리추얼 리더자로서 모습을 갖추어야 할 필요성이 있다. 교사의 권위적인 모습은 부정적이지 않다. 교사의 권위는 그 자체가 나쁜 것만이 아니다. 교사는 권위가 필요하다. 바람직한 교사의 권위는 학생을 무시하거나 지시하는 상관으로서 권위가 아니다. 그와 같은 권위적인 교사는 학생과 대화가 일어나지 않는다.

독백으로 대화를 이끌 뿐이다. 교사와 학생은 수직적 주종관계에 머무르게 된다. 권위적인 교사의 문제는 권위가 교사 자신으로부터 세워졌기 때문이다. 교사의 권위는 교사 자신으로부터 주어지는 것이 아니라 계시자로서 학생으로부터 존경에서 나오는 권위이어야 한다. 권위적인 언어나 행위로부터 권위가 나오는 것이 아니다.

결과적으로 교사의 권위는 교사의 삶이 본이 될 때 그 자체로부터 나온다. 언행이 분리되지 않고 진실에 대해 말할 수 있는 자에게 주어진다. 교사의 권위를 세울 수 있는 세 가지 요소란 바로 사랑과 믿음과 소망을 주는 자이다. 상처가 난 마음을 이해하고 감싸줄 때, 실수를 받아주고 용서해 줄 때, 괴로움과 아픔을 함께 나눌 때, 진심으로 학생을 사랑으로 감싸고 대면할 때 교사의 권위가 세워진다. 그뿐 아니라 어려운 현실이나 비관적 상황 속에서도 극복하여 견디어 낼 수 있는 믿음을 심어줄 때 교사의 권위가 세워진다. 이러한 교사로부터 새로운 가능성과 비전을 심어주어 소망을 갖도록 학생을 인도할 수 있다.

교육적 리추얼 모델에서 교사란 학생을 단순히 사고 활동과 사고 과정을 통해 개념이 형성하고 추상적인 작용을 하며 느끼는 이성주의적 관점으로만 이해하지 않는다. 리추얼 리더자로서 교사의 모습은 슈타이너의 인간 이해처럼 의지, 감정, 사고로 대표되는 영혼의 활동을 통해 인간은 고차원의 정신세계와도 관계됨을 인정하는 교사이다.[82] 리추얼 리더로서 교사는 그러므로 단순히 학생(리추얼 참여

---

82 로이 윌킨스, 『루돌프 슈타이너의 교육론』, 고려대 교육사/철학사 연구회 옮김 (내일을 여는 책, 1997) 참조. 슈타이너는 인간 존재의 네 가지 특성을 물질적 육체(physi- cal body), 에테르체(etheric body), 아스트랄체(astral body), 자아(ego)로 구별하여 설명

자)을 이성적이고 신체적인 방편만을 고려하지 않는다. 신체와 영혼과 정신의 온전한 존재로 인간을 파악하는 자이다. 따라서 리추얼 리더로서 교사는 학생(리추얼 참여자)의 내면세계의 갈등과 고민을 외면하지 않는다. 리추얼 리더자로서 교사는 현실의 모순을 지적하고 아픈 상처가 난 내면의 세계를 바라볼 수 있고 치유할 수 있도록 도와주는 교사이다. 더욱이 리추얼 과정 속에서 초월적인 힘과 상징적인 언어와 행위로서 개인적인 삶의 의미를 발견하고 새로운 비전을 탐구하도록 도와줄 수 있는 교사이다.

(2) 리추얼 과정으로서 교수·학습 구조

리추얼 과정로서 교수-학습의 구조는 종전의 지식과 문화 전달을 목적으로 주입식으로 가르치고 암기 교육을 중시하는 교수-학습의 구조로부터 나와 학생으로 하여금 리추얼 행위와 실천에 참여하게 함으로 자신의 삶 속에서 얻어진 경험된 이야기를 함께 나눔으로 새로운 의식과 행동의 변화를 줄 수 있는 구조이다. 리추얼 과정 속에서 아픈 이야기와 슬픈 이야기들, 고통스러운 이야기들과 억압의 이야기들, 소외당한 이야기, 차별당한 이야기들 등 다양하게 일상생활에서 경험된 이야기를 리추얼 상징적 언어와 행위를 통해 내면세계의 문제를 끄집어내어 개인의식의 변화와 사회변화를 위한 중요한 구조와 과정이다. 과거의 학교에서 단순한 지식전달을 위한 교육

한다. 그의 설명에 따르면 인간의 이해는 통합적으로 이해되어야 하는데 영혼과 정신 그리고 신체를 통합한 관계 속에서 이해되어야 하고, 인간의 우주적 본성은 지구적 본성과 함께 어우러져 있음을 설명한다. 그러므로 인간의 신체적 본성은 질료의 세계에 관계되고, 생활력은 식물에 관계되고, 감각은 동물에 관계되어 있고, 높은 정신적 차원은 신에 관계되어 있다고 본다.

을 넘어서 리추얼 과정에 참여함으로 교사(리추얼 리더)와 학생 간의
표현하기 어려운 내면의 삶의 문제를 노출시킬 수 있다.

4. 계급적 이원론의 양극화현상 극복을 위한 교육의
역할과 방향[83]

과거 역사 속에서 양극화현상은 다양하게 나타났다. 양반과 천민,
좌익과 우익, 공산주의와 민주주의, 보수주의와 진보주의 등 다양하
다. 지난 역사 가운데 가장 분명하게 정치적으로 대립과 분열로 나타
난 양극화현상은 한국전쟁 이후 냉전 시대의 남북 갈등이다. 1930년
대 이후 공산주의와 민주주의 이데올로기의 양극화로부터 싹트기
시작하였다. 그 후 한국전쟁으로 냉전체제 하에 첨예화된 남북 분열
의 대립 속에 정치적 양극화현상의 분수령이 되었다. 많은 좌익과
우익의 양극화, 보수와 진보의 이념적 갈등으로 인한 양극화를 초래
하여 1960년 이후 경제 개발이라는 명목으로 노사 간의 양극화 그리
고 정부와 재야 세력 간의 정치 경제적 양극화로 점점 확대해 나갔다.
최근 신자유주의 자본주의 체제는 국가 간의 극심한 빈부의 격차
를 일으키며 새로운 양극화현상이 출현하고 있다. 무엇보다 세계적
으로 미국에서 9.11 테러 사건 이후 중동(이슬람)과 미국(기독교)으로
인종적 그리고 종교적 양극화 양상으로 확대되어 총체적 갈등 상황
속에 놓여 있다. 그뿐 아니라 사회적으로 새로운 양극화현상으로

---

83 이 글은 감리교신학대학교 「신학과세계」 제89호(2017년 봄)에 게재한 논문을 수정하
여 수록하였습니다.

동성애의 찬반을 둘러싼 성(性)의 보수주의와 진보주의의 양극화현상이 시대적으로 새롭게 등장하고 있다. 또한 시대적으로 동떨어진 먼 이야기가 될지 모르겠지만 가까운 미래에 인공지능을 가진 "로봇 사피엔스의 시대"가 도래할 때 "호모 사피엔스"와 양극화현상이 벌어져 인간 중심에서 기계 중심으로 바뀌면서 대립과 파괴의 위험성을 예측해 본다.

양극화현상이 일어나는 오늘날 세계를 바라보며 다음과 같은 질문을 해 본다. 과연 양극화는 왜 일어나는 것일까? 그 근원은 무엇이며 어떤 과정과 결과를 초래하는가? 양극화현상의 긍정적인 측면은 없는 것인가? 어떻게 양극화 문제를 극복할 수 있을 것인가? 이러한 질문의 답을 찾기 위해 우선 양극화현상의 원인에 대해 간단히 소개해 보고자 한다. 그리고 양극화 과정과 그 결과를 살펴보며, 양극화 문제를 극복하기 위한 교육의 가능성을 제안해보고자 한다.

물론 여기에 많은 한계성이 있다. 예를 들면, 1) 오늘날의 양극화현상에 대한 구체적인 사회학적 통계자료를 근거로 전개해야 하는데 표면적으로 문헌들에 나타난 결과 내용을 가지고 분석하고 전개할 수밖에 없다는 점, 2) 양극화의 문제는 너무 다양하고 광범위하기 때문에 구조적으로 사회 문화적 요인들에 중점을 두고 기능주의 사회학적 접근 방법으로 양극화현상의 원인과 과정을 찾아보려고 했다는 점 그리고 3) 특히 교육적 대안을 찾는 방편으로 양극화 문제를 편견 문제로 환원시켜 그 극복 대안을 시도하려는 점 등 여러 한계성이 있다. 그럼에도 불구하고 양극화의 문제는 편견과 관련이 있으며, 어떻게 계급적 이원론의 양극화 문제를 교육적으로 극복할 것인가를 생각해 볼 것이다.

1) 양극화현상의 다양성

사회 문화적으로 양극화현상은 다양하고 복잡하게 일어난다. 양
극화현상을 구체적으로 조사하기 위해서 기본적으로 우리는 사회
문화적 요인을 구조적으로 분석해 볼 필요가 있다. 따라서 사회 문화
적 양극화현상을 구조적으로 살펴볼 때 1. 성(Gender), 2. 계급(Class),
3. 문화(Culture), 4. 인종(Race), 5. 종교(Religion) 등으로 구분해 볼
수 있다. 여기서 언급하고자 하는 성(Gender)의 개념은 생물학적 성
(Sex)의 개념이 아니라 주로 사회 문화적 과정에서 형성된 사회적
성(Gender)의 개념이다. 또한 계급이란 신분이나 계층과는 다른 개
념으로 생산 관계를 기반으로 형성된 경제적 차원에서의 계급이다.
다양한 양극화의 현상은 각기 다른 구조적 성격과 특징을 지니고
있다. 그러나 그 내면을 들여다보면 성-계급-문화-인종-종교의 양
극화현상들이 하나의 큰 주제로 일맥상통하게 흐르고 있다. 그러므
로 사회 문화적 양극화의 문제를 구조적 접근해 봄으로, 우리는 본질
적인 양극화현상을 일으키는 요인이 무엇이며 어떻게 양극화 과정
이 이루어지는지에 파악하고자 한다.

(1) 성(Gender)

최근 들어 한국 사회에서 여러 양극화현상들 가운데 하나로 성
(Gender)의 양극화현상은 우리 시대에 가장 첨예한 갈등과 분열을
일으키는 주제로 떠오르고 있다. 성(Sexuality)의 정체성은 보편적이
고 서로 확실한 차이성이 있다. 사람은 태어나면서부터 신체적으로
성별이 주어진다. 성장하는 과정에서 어느 연령에 이르러 생물학적

인 차이와 변화에 대해 민감하게 의식하게 되는데 초기에 이러한 성적 차이는 사회생활에 있어 문제가 되지 않는다. 그러나 성장하는 과정 중 사람들은 사회화 과정을 겪으며 자연스럽게 성(Gender) 차이를 문화적으로 경험하게 된다.

사회제도와 문화로 정형화 혹은 고정관념화된 성(Gender) 문화는 때로 사회 문화적 여건과 환경 속에서 지배와 종속이라는 성차별 행위로 나타나기도 한다. 이것은 근본적으로 생물학적 차이에서 오는 원인이라도 볼 수 있지만, 외적인 사회 문화적 관계로부터 나오는 요인이 더 강하다. 남성 중심의 사회에서 역사적으로 남성은 신체적 조건뿐만 아니라 정치 경제적 기득권을 가지고 여성을 억압하거나 차별해 왔다. 남성 중심적인 사회 질서와 규범을 성차별 제도와 체제를 유지하려고 남성과 여성의 차이를 차별로 전환시켰다.84 역사적으로 언어, 사회관습과 제도, 법 등으로 성(Gender)에 대한 차별과 불평등은 사회문화적으로 양극화현상을 불러일으키는 원인이 된다.

여성신학자 로즈마리 류터의 연구에 따르면, 성차별의 역사는 계급적 이원론을 반영하였고 다른 다양한 양극화현상의 근원이 되었다고 주장한다.85 다시 말해, 류터는 오늘날 다양한 양극화의 출발점을 성적 차별에서부터 그 역사적 근원을 둔다. 초기 인간의 문명화역사 과정에서 남성과 여성의 관계는 자아와 타자를 구별시키는 기초가 되었는 사실이다. 이것은 초기부터 개인적 의식 차원에서 뿐만

---

84 한국사회학회 엮음,『사회학』(서울: 한울 아카데미, 2008), 331.

85 Rosemary Radford Ruether, *New Woman/New Earth: Sexist Ideologies and Human Liberation* (New York: The Seabury Press, 1975); *Sexism and God-Talk: Toward a Feminist Theology* (Boston Beacn Press, 1983).

아니라 '우리'라는 집단적 의식 차원에서 자아와 타자를 구별하며 "타자성"(otherness)으로 확산되었다는 것이다. 그러므로 류터에 따르면 지배와 종속이라는 힘의 논리에 따라 선과 악을 구분하는 계급적 이원론이 발생하였고. 남성 중심의 지배 계층으로 만들어진 문화는 여성들에게 사회적 차별과 열등감을 주는 이데올로기를 모색하여 발전시켜 나갔다고 본다.[86]

이러한 여성에 대한 남성의 지배 이데올로기로 생성된 계급적 이원론은 점차 역사 속에서 정신과 몸, 초월적 영의 세계와 자연이라는 이원적 사고와 함께 사회화 과정에서 확장 전개되어 나갔다.[87] 자연스럽게 여성문화사 속에서 남성들의 지배 이데올로기는 여성을 사회 주변화로 이끌어 내는 원동력이 되어왔다. 따라서 초기 부족과 마을에서 출현하기 시작한 남성에 대한 종속관계로 보는 여성의 이미지는 사회화 과정에서 여성됨의 이데올로기화 과정을 통해 가부장적 제도와 문화를 반영시켰으며, 산업화 과정 속에서 점차 경제적 영역까지 뻗어나갔다.

여성과 남성을 계급 이분법적으로 나누고 성별 차이로 성차별 혹은 성불평등을 부여하는 문화는 그 외에도 최근에 한국 사회에서 이성애(heterosexuality)를 배타적 기준으로 삼으면서 또 다른 사회적 억압을 낳고 있다. 즉, 동성애라는 이유만으로 사회적인 차별과 비난을 받고 있다. 과거와 달리 그동안 억압되어왔던 동성애자들도 인권운동의 형태로 자신의 권리를 찾기 위해 노력하고 있다.[88] 생물학적

---

86 Rosemary Radford Ruether, *Sexism and God-Talk: Toward a Feminist Theology* (1983), 161.

87 Rosemary Radford Ruether, *New Woman/New Earth* (1975), 7.

원인의 동성애인지 아니면 사회적 원인의 동성애인지 찬반을 둘러
쌓고 보수 진영과 진보 진영 간의 양극화현상이 벌어지고 있다.

(2) 계급(Class)

사회학적으로 사회를 이해하는 다양한 접근 방법이 있다. 그 가운
데 대표적인 방법은 기능주의 관점과 갈등주의 관점으로 사회를 이
해하는 방법이다. 이 두 접근 방법의 관점에 따라 사회를 이해하는
정도가 크게 다르게 나타난다. 기능주의적 접근은 사회체제의 부분
간의 상호 의존성을 중심으로 질서, 균형, 안정을 주로 잘 통합된
관계구조나 유기체적 관계 속에서 전체 생존의 목표 지향에 강조점
이 있다. 반면에 갈등주의적 접근은 사회의 모든 구성요소, 개인과
개인 그리고 집단과 집단들이 끊임없이 갈등, 경쟁, 와해의 관계 속
에서 계속적인 변화나 새로운 질서를 찾는데 강조점을 둔다. 따라서
기능주의 이론은 사회변화에 대해 충분히 설명하지 못할 뿐만 아니
라 "권력투쟁", "계층갈등", "일탈행위"에 대해 소극적인 태도이다.[89]
그러나 갈등주의 이론에 따르면, "모든 집단은 그 구성요인이 각
기 다른 목적과 이해관계를 가지고 상호관계를 유지"하기 위해 사회
의 본질을 경쟁과 갈등의 관계로 보는 갈등주의 이론은 이익과 권력
등 가치가 있는 것을 둘러쌓고 개인과 개인, 집단과 집단 간의 경쟁과
불화가 사회의 본질이 된다.[90] 이러한 대립과 갈등은 항상 부정적인
것만은 아니다. 긍정적인 기능을 수행하기도 한다. 위기가 곧 기회라

---

88 한국사회학회 엮음,『사회학』(2008), 330.
89 김병성,『교육과 사회』(서울: 학지사, 2002), 49.
90 Ibid., 47.

는 말이 있듯이, 갈등을 통해 주의와 관심을 불러일으킬 수 있고, 갈등과 대립이 심각해질수록 해결과 극복을 위한 노력과 관심이 유발될 수 있기 때문이다.[91]

문제는 갈등과 대립으로 양극으로 치달아 어떠한 대화나 해결의 실마리가 보이질 않고 보수와 진보로 양극화되어 가는 양상이다. 마르크스의 주장에 따르면, 역사의 발전은 생산수단을 소유한 유산계급과 생산수단을 소유하지 못한 무산계급 간의 투쟁 결과로 본다. 따라서 역사 발전 과정에서 권력투쟁과 계급 갈등은 새로운 변화를 이끌어내기 위해 불가피한 것으로 보인다. 마르크스와는 달리 현대 갈등주의 이론가는 단지 자본과 노동의 문제만이 아니라 "사회적 희소 가치성(scarcity)", 즉 재화, 권력, 명예, 지위 등을 획득하기 위해 둘러싼 갈등이 영원히 지속된다는 주장으로 확대시켜 나갔다.[92] 이렇듯 갈등주의 이론가들은 갈등과 투쟁은 역사 발전에 불가피한 요소로 본다. 분명히 갈등이론은 갈등과 투쟁으로 새로운 창조적인 국면으로 들어가기 위한 역사 발전의 과정이라 할지라도 현실적으로 갈등과 대립의 양극화는 극도의 파국으로 치달아 분쟁과 살인, 폭력과 테러 등을 낳을 수 있다.

기본적으로 사회학에서 구분하는 사회계급은 자본가 계급과 노동자 계급 사이에는 중산 계급이다. 통계자료를 볼 때 한국 사회의 계급 구성의 변화는 1960년부터 1990년까지 일관된 경향을 보여주고 있다. 특히 1980년대 이후 한국사회의 계급 구성이 재벌 중심의

---

91 이원규, 『한국교회의 사회학적 이해』 (서울: 성서연구사, 1991), 189-190.
92 김병성, 『교육과 사회』 (2002), 47.

자본가 계급과 비소유 계급(노동자 계급과 신중간 계급)으로 급격하게 양분되어 중산 계급이 무너짐으로 구조적으로 양극화현상이 심각한 형편이다.[93] 그리고 2000년대 이후 과거와 달리 신자유주의 시대의 자본주의 영향으로 다국적 기업의 형태는 한국 사회 경제를 심각한 빈부의 격차를 불러일으킴으로 계급 간의 마찰로 말미암아 극심한 양극화현상이 일어나고 있다.

계급으로 분할된 사회 구성원이 집단적인 적대 의식과 동류 의식 또는 계급으로서 자의식을 갖게 되어 계급의식이 형성되고, 이 계급의식은 조직을 결성하여 저항운동이나 혁명운동을 벌이면서 궁극적으로 정치 권력을 장악하려는 경향을 띤다. 따라서 이러한 계급의 역동성은 그 사회의 경제적 관계뿐만 아니라 정치적, 이데올로기적 그리고 문화적 관계까지 영향을 미치고 있다.[94]

(3) 문화(Culture)

문화란 특정한 사회나 집단구성원이 공유하는 사고방식이나 태도 혹은 행동 양식을 말한다. 때로 문화적 구별은 차별과 배제를 일으킨다. 브르디외(P. Bourdieu)는 이것을 "구별짓기"(distinction)라 부르며 취향을 통해 계급의 차이성을 정당화한다고 주장한다.[95] 부르디외는 마르크스의 경제적 차원에서 자본 이해를 넘어서 "문화자본론"까지 확대시켜 이해한다. 문화적 자본에 대한 예를 들면, 지식, 교양,

---

93 한국사회학회 엮음, 『사회학』, 262-263.

94 Ibid., 251.

95 P. 브르디외/최종철 옮김, 『구별짓기: 문화와 취향의 사회학 상/하』 (서울: 새물결, 1996). 특별히 제3부 제5장에서 "차별화의 감각과 지배계급"(434-529)에 대해서 자세히 분석 설명한다.

기능, 취미, 감성과 같은 개인의 특성과 능력, 혹은 그림, 책, 사전, 도구, 기계와 같은 문화 상품 그리고 학교 졸업장과 같은 제도화된 상태도 문화자본으로 간주한다. 이러한 문화는 종종 경제적 불평등의 변형된 형태로 나타나기도 한다. "문화 차이는 경제적 불평등의 산물"이다. 그래서 자본주의적 계급에 따라 부유층 문화, 중산층 문화, 노동자 혹은 서민문화를 형성하여 차별화시킴으로 갈등과 대립을 유발시킨다.[96] 그리고 다른 한편 문화 차이와 계급적 차이를 정당화하는 문화적 구별 짓기는 계급적 이원론의 성격을 반영하며 "하위문화", "반 문화", "대항 이데올로기" 등 저항을 통해 양극화현상이 일어난다.[97]

문화란 전통이나 규범을 전수시키며 유지시켜 나가는 수단이다. 그러나 종종 지배 집단이 피지배집단을 지배하기 위한 수단으로 문화가 지배 이데올로기로 작용하기도 한다. 이때 집단적 문화를 대중문화라고 하며 프랑크푸르트학파는 대중문화를 "자본주의사회의 안정성과 연속성을 보장"하기 위해 "문화산업"이란 용어를 통해 "대량 문화"로 이해한다. 마르크스는 "대중문화를 지배계급의 이익을 은폐하면서 자본주의의 질서를 유지시키는 지배 이데올로기"로 본다.[98] 마르크스적 관점에서 지배 이데올로기는 자본주의 사회에서 또 하나의 중요한 갈등과 투쟁을 일으키는 사회화 과정이다. 구조주의적으로 마르크스를 해석하는 프랑스 사회이론가 알튀세르의 주장에 따르면 국가 권력 기구들, 예를 들면 군대나 경찰과 같은 억압

---

96 한국사회학회 엮음, 『사회학』, 129.
97 Ibid., 129-130.
98 Ibid., 143.

기구뿐만 아니라 학교, 교회, 언론기관, 대중매체 등 국가 권력 기구들은 지배 이데올로기의 합리성과 정당성을 학습을 통해 피지배자인 대중에게 자본주의 가치와 규범을 아무런 비판 없이 순응하도록 가르쳐 기존의 불평등 구조와 체제를 유지시키는 일에 중요한 역할을 한다. 따라서 물신주의, 황금만능주의, 이기주의적 개인주의, 소비, 차별과 경쟁 논리를 자연스럽게 받아들이도록 한다. 이러한 지배 이데올로기의 재생산 과정에서 억압되고 착취당하는 피지배 대중들이 기존의 질서나 지배 이데올로기에 대한 불만과 저항을 일으켜 "대항 이데올로기"가 형성할 수 있는 가능성을 보여준다.[99] 따라서 상위 계급, 지배계급인 국가 권력 기구와 하위 계급인 피지배 대중들 간의 계급 갈등과 투쟁으로 양극화 양상을 일으킨다.

이와 같이 문화는 특정한 집단이나 계급의 이익과 유리한 입장을 반영하거나 지지하는 지배 집단 혹은 계급 이데올로기로 작용한다. 그리고 계급적 이데올로기를 담고 있는 문화는 지배 이데올로기와 피지배 이데올로기 사이의 극단적인 갈등과 충돌을 일으키며, 이데올로기가 저항과 지배의 과정으로 점점 확대되어 발전하면 양극화 현상을 일으키는 중요한 원인이다.

(4) 인종(Race)

인종에 대한 갈등과 양극화의 문제는 소수민족의 지배와 억압을 지속시키기 위한 수단으로 지배민족의 정치적 수단으로 교육과 제도를 통해 자국민에게 민족우월주의를 심어주어 인종차별주의 태

---

99 Ibid., 96.

도를 보이는 경우이다. 인종이란 민족이란 개념과 깊은 관련이 있다. 민족이란 언어와 지역과 문화 역사를 공유하여 민족의 정체성을 가진 집단을 의미한다. 그러나 최근에 세계화의 경향은 다양한 지역성과 국가를 넘어 초국적 형태의 체제들이 증가되면서 기존의 "국민국가"의 주권을 다양한 형태로 약화시키며 제약하는 현상이 일어나고 있다.[100] 이러한 세계화 경향은 국민국가와 초국적 체제 간의 심각한 양극화현상을 불러일으킬 수 있다.

그 대표적인 예로 미국 선거 열전에서 찾아볼 수 있다. 트럼프와 힐러리의 대선후보 토론에서 트럼프의 슬로건의 경우 인종차별의 발언과 미국의 자국민 보호정책을 위한 미국우월주의를 표명하고 있다. 트럼프의 대선 행보를 시작하면서 미국에서 출간한, 그의 책 *Crippled America: How to Make America Great Again*(2015, 『불구가 된 미국』)이라는 책에서 보여주듯 총 17개의 장에서 정치적 극단적 이념과 정책을 통해 알 수 있다.[101] 또한 현재 유럽 전반에 걸쳐 이슈가 되고 있는 이민자의 문제는 극단주의로 팽배하게 전개되고 있다. 프랑스에서 미테랑 전 대통령과 같은 좌파 진영은 이민자들을 우호적으로 동등하게 대하고자 하는 성향이지만, 증가되는 이민자들과 그 2세들의 비율이 높아지자 장 마리 르펜과 같은 극우주의자들은 이민자들을 사회악으로 추방해야 한다고 주장하고 있다. 따라서 이민자들은 언제나 나치의 민족우월주의와 같은 것으로 언제 폭발할

---

100 Ibid., 426-427.

101 도널드 트럼프/김태훈 옮김, 『불구가 된 미국: 어떻게 미국을 다시 위대하게 만들 것인가』 (서울: 이레미디어, 2016). 이 책을 통해 트럼프는 미국을 더 위대한 국가로 만들기 위해서 "미국군사력을 압도적으로 강화"시켜야 하며, "불법 이민자"들을 강력하게 막아야한다는 극단적인 이념과 정책을 내세우고 있다.

지 모르는 위험과 불안한 위치에 놓여있다. 만일 계속해서 이민자 문제로 소요사태가 일어나거나 언론사 테러 사건과 같은 일이 벌어진다면 결국 극단주의의 인종혐오주의자들이 팽배해지면서 양극화 현상으로 인종청소 같은 일이 벌어질 수 있다.

한국 사회의 경우도 마찬가지다. 경제, 초국가 조직 및 제도, 문화의 세계화는 국제화 시대를 열었다. 국제화 시대에 개방화 물결을 타고 외국 기업의 투자로 많은 기업이 국내에서 경제활동을 하고 있으며, 외국의 근로자들이 일자리를 찾아 국내에 들어와 활동하고 있다. 일자리뿐만 아니라 국제 혼인으로 많은 다문화가정이 급증하고 있다. 이러한 상황에 다양한 인종들을 만나면서 언어적 차이는 물론 문화적 차이에서 오는 충돌과 갈등을 경험하게 된다. 문화적 충돌과 갈등이 심화되면서 차별이 심화되고 종국에 폭력과 테러가 발생하는 경우를 본다.

(5) 종교(Religion)

종교는 개인적이고 심리적인 성격을 지니고 있지만, 사회학적 관점에서 사회의 한 현상으로 본다. 개인적인 현상이라 할지라도 종교적 신앙은 "그것을 공유하는 사람들 사이에서 집단적으로 믿어지고, 집단적인 신앙 행위로 표출되는 경향"을 지니고 있기 때문에 사회적 현상이라 말할 수 있다.[102] 그러므로 사회적 현상으로 종교는 사회제와 변동, 계층과 문화 등 다양한 사회적 요인에 영향을 받을 수도 있고 줄 수도 있다.

---

102 이원규, 『종교사회학의 이해』, 18.

그 한 예로 민족적, 종교적, 인종적으로 강한 소속감은 그 집단과 다른 집단 사이에 구별을 강화시키는 경향이 있는데 종교는 사회 안에서 집단의 "동일화"(identification)를 중요한 근거로 보기 때문에 종교는 사회적 균열을 정당화시키는 작용하게 된다. 따라서 종교적 동일화의 과정 속에서 균열을 만들어냄으로 사회계급, 인종이나 민족, 정치적 혹은 국가적 충성과 같은 다른 갈등과 대립을 뒷받침함으로 갈등을 심화시키는 경우를 본다. 때로 종교적 갈등을 다른 사회적 갈등으로 위장하는 형태를 띈다. 예를 들면, 아랍국가와 이스라엘 사이의 갈등 관계를 이슬람교와 유대교라는 종교적 명목으로 위장하여 민족적, 인종적, 정치적 갈등을 증폭시키는 경우이다.[103]

반면에 종교사회학자들은 종교가 반사회적인 태도를 보이거나 강화시키는 다양한 경향성이 있는데 반사회적 태도로 특수주의와 권위주의 그리고 자기 우월주의가 관계되어 있다. 특정주의는 어느 특정한 종교집단이나 개인이 신조나 교리 혹은 신념과 사상이 자신의 집단에게만 소유하고 있다고 보는 태도이다. 그래서 내집단(in-group)과 외집단(out-group) 사이에 경계를 하고 외집단이 들어오지 못하도록 내집단의 정체성을 보호하기 위해 호전성을 정당화하기도 한다. 이러한 종교적 특수주의로 발생한 성전(聖戰)으로 역사 속에서 십자군 전쟁, 이스라엘과 중동 간의 전쟁, 보스니아 내전, 걸프전, 9·11테러 등을 예로 들 수 있다.[104]

또한 종교 내적 갈등이 발생하기도 한다. 이러한 갈등은 주로 보

---

103 Ibid., 241.
104 Ibid., 278.

수주의와 진보주의 사이의 갈등과 분열이다. 그 근원은 신앙과 신학적인 혹은 교리적인 견해 차이로부터 발생한다. 기독교에서 신앙의 양극화의 문제는 역사적으로 뿌리가 깊다. 구약성서에서 쉽게 발견된 양극화현상은 카인과 아벨의 제사 문제로 발생한 갈등과 대립의 이야기로부터 농경사회와 유목민 사이에 양극화현상이다. 그리고 유일신과 선민사상이 강했던 이스라엘 민족과 그의 이웃 나라, 소위 이방인들과의 대립과 갈등이 극심하여 양극화 양상을 찾아볼 수 있다.

특히 구약성서에서 보여주는 지속적인 첨예한 계급적 갈등과 대립의 양상은 두 종교 지도자 사이, 즉 제사장과 예언자 사이에서 발생하였다. 당시 정치적 집권과 경제적 상류층에 속하는 보수주의 종교 지도자들과 권력층의 비리와 부정의 그리고 부패에 대해 비판하고 도전하는 진보 세력의 종교 지도자들의 대립과 갈등이 있었다. 즉 기존의 질서에 순응 혹은 타협을 추구하면서 사회적 안정을 추구하는 제사장은 보수주의의 대변자들과 현실을 부정하며 창조적인 미래를 위한 개혁과 변화를 촉구하는 진보주의 대변자들 사이의 심각한 양극화를 보여주고 있다.[105]

한편 예수 당시에도 정치적 그리고 사회적 양극화현상이 있었음을 알 수 있다.[106] 유대인의 집단 사이에 보수주의 종교 지도자들은 당시 로마의 정권과 통치를 받들며 유대인을 지배하도록 협조하는 대제사장과 바리새파가 있는 반면에 정치적으로 반로마 투쟁을 전개하며 급진적 진보적 성향을 띤 에세네파와 열심당원이 양립해 있

---

105 이원규, 『한국교회의 사회학적 이해』, 180-181.
106 Richard J. Cassidy/한완상 옮김, 『예수 정치 사회』(서울: 대한기독교서회, 1983), 159-169.

었음을 알 수 있다. 즉 유대인에 대한 로마 지배와 통치에 순응했던 보수주의자와 반로마 투쟁을 한 진보주의자 간의 종교적 갈등과 분열로 양극화 현실을 보여준다.

이러한 양극화 양상으로 빚어지는 종교적 갈등과 분열은 오랜 역사를 가지고 오늘날까지 지속되어 오고 있다. 이것은 종교가 사회적 갈등과 분리해서 생각할 수 없으며 "사회적 갈등의 산물"로 이해된다. 종교사회학자 마두로(Otto, Maduro)의 주장처럼, 생산 방식의 지배 하에 있는 종교는 지배계급과 피지배계급의 사회적 계급을 형성하고 이들 계급 간의 갈등과 대립이 발생한다는 것이다.[107] 결국 종교란 구체적인 사회적, 정치적, 경제적, 문화적 조건과 관계되며 그 영향 아래 있다는 것을 보여준다.

2) 편견과 양극화 과정

위 글에서 구조적으로 양극화의 현상을 살펴보았듯이 사회 문화적으로 나타난 "성-계급-문화-인종-종교"의 양극화 문제의 가장 근본적인 원인은 계급적 이원론으로부터 갈등과 대립의 관계가 형성되기 때문이다. 역사적으로 "계급적 이원론"(hierarchical dualism)의 출처를 남성과 여성의 성(sex)적 차별에서부터 찾고 있는 루즈머리 류터의 주장은 우리에게 강한 설득력을 준다. 성(sex)의 차별에서부터 가부장적 지배는 사회화 과정 속에서 또 다른 차원의 성(gender)의 차별화로 발달되어 지배와 피지배의 사회계급 문화로 자리매김을

---

107 Otto Maduro/강인철 옮김, 『사회적 갈등과 종교』 (서울: 한국신학연구소, 1988).

하게 되었다는 논리이다. 결국 양극화를 형성하는 계급적 이원론이란 "차이"로부터 "차별"을 낳는 역사적 과정의 연속으로 볼 수 있다. 또한 문화란 양극화 형성과정에 있어서 중요한 요인들 가운데 하나로 나타난다. 특히 문화는 계급과 관련되어 있으며 문화의 차이와 구별 짓기를 통해 지배 이데올로기를 만들어내어 문화 차별화는 곧 사회의 지배계급을 유지 계승시켜나가면서 양극화의 문제를 일으키는 모습을 보여준다. 이러한 성과 계급과 문화는 인종과 종교에까지 확대되어 민족우월주의와 종교적 배태주의를 통해 양극화현상을 극대화시킨다.

데이비드 실즈(David L. Shields)의 통찰과 같이 양극화현상에서 드러난 실체는 편견과 차별의 과정임을 알 수 있다. 성차별과 계급차별 그리고 인종차별과 종교차별의 배후에 편견이 도사리고 있다. 오늘날 우리 사회가 세계화로 초국가적 상황에 직면할수록 서로 낯설고 이상한 사람들과 문화와 제도 그리고 종교적 형태들이 나타나면서 차별과 편견 문제가 심각하게 작용하고 있다. "여성은 남성로부터 평등을 추구하고, 유색인종은 백인의 다수 독점을 깨기 위해 싸우며, 노동자는 기업과 파업을 벌이고, 동성애자는 그들의 기본권을 인정받기 위해 행진한다. 이런 해방운동들이 직면한 공동된 도전이 바로 편견이다. 편견은 깨어진 인간관계의 원인이다."[108]

이러한 양극화 과정은 계급적 이원론과 관계되어 있으며, 편견으로 작용하는 결과이다. 양극화(兩極化; polarization)란 사전적 의미로 "시간과 공간 속에서 다양하고 복잡한 관계나 상태에서 완전히 다른

---

108 데이비드 L. 실즈/오성주 옮김,『편견극복을 위한 신앙교육: 편견을 넘어 성숙한 신앙으로』, 6.

성격을 가진 극단적인 두 개의 집단으로 나누어지는 이원론적 현상"을 뜻한다. 그 원인은 다양하다. 자연적인 현상으로부터 시작해서 물리적, 생물학적, 정신과학적, 심리학적, 사회문화적, 정치적 등 양극화 원인이 있다. 그리고 다양한 양극화현상의 원인을 분석하는 것도 접근 방식에 따라 다양하게 나타난다. 이 글에서 양극화의 문제를 삼고자 했던 것은 자연적이고 물리적인 양극화현상이라기보다 사회문화 속에서 발생하는 양극화현상을 지적하였다. 윗글에서 살펴보았듯이, 사회문화적 측면에서 특히 남성과 여성, 혹은 이동성애자의 찬반, 지배와 피지배, 주류문화와 저항문화, 보수와 진보, 자국인과 타국인 등의 양극화현상 등 다양하다. 이와 같이 양극화현상의 근본적인 배후에 계급적 이원론적 사고와 태도가 작용한다. 그리고 계급적 이원론은 편견의 작용과 밀접한 관계가 있다.

계급적 이원론적 사고와 태도는 일상생활에서 가장 단순하고 자연스럽게 나타나는 현상이다. 자아와 타자 혹은 대상과의 관계 속에서 자아를 중심으로 나와 너, 주체와 객체, 그리고 두 관계는 이해관계 속에서 좋고 나쁨, 선과 악, 진리와 거짓, 강함과 약함, 동질감과 이질감으로 구분하는 인식론적 가치판단으로부터 계급적 이원론의 사고와 태도를 보인다. 만일 이러한 보편적인 이원론적 사고와 태도가 일상생활에서 상호 관계적이고 상호 의존적이며 상호 존경심을 잃게 될 때 곧 자아와 타자와의 관계는 곧 우리(in-group)와 그들(out-group)로 구별되고, 종종 무의식적으로 갑을의 관계가 표출되어 자기중심적으로 가치 판단하며 나(혹은 우리)는 옳고 좋으며 선한 것으로 구별 짓는다. 그리고 상대인 그들은 항상 나쁘고 잘못되었으며 악의 대상으로 간주하는 경향이 있다. 그리고 그 관계는 곧 아군과

적군의 관계로 변하여 극단적으로 이원화된 양극화의 국면을 맞게 된다.[109]

현대 사회를 잘 꼬집어 분석하고 있는 한병철의 지적과 같이, "자기애를 지닌 주체는 자기 자신을 위해 타자를 배제하는 부정적 경계를 긋는다." 그는 오늘날 신자유주의 체제 속에서 성공을 지향하는 현대인의 삶에 대해 "나르시시즘적 경향이 점점 강화되어가는" 삶으로 진단하며, "나르시시즘적 주체와 타자 사이의 경계"가 무너져 "타자의 타자성을 인식하고 인정할 줄 모른다"고 지적한다.[110] 더욱이 그는 이러한 "나르시시즘적 성과주체"를 자신의 에고(ego) 속에 파묻혀 헤어 나오지 못하게 만들어 결국 이 과정에서 "성공 우울증"이 발생한다고 주장한다.[111] 이처럼 계급적 이원화는 타자를 망각하고 자기중심적 사고로부터 편견에 빠져 상호관계를 무시하고 상대를 경쟁과 경계의 대상으로 선을 긋고 지배하려는 성향을 가진다.

특히 이러한 계급적 이원화는 지배 이데올로기를 통해 재생산되어 대중매체를 통해 합리화 혹은 정당화시키며 문화로 학습된다. 문화 인류학자에 제럴드 어크(Gerald M. Erchak)의 주장과 같이,[112] 문화란 인간의 이성과 감정의 산물로 학습을 통해 습득되는 특성을 가지고 있다고 본다. 그리고 반면에 신념이나 가치들로 구체적인

---

109 오성주, 『편견 문화 교육』, 226-227.

110 한병철 지음, 김태환 옮김, 『에로스의 종말』 (서울: 문학과 지성사, 2015), 19.

111 Ibid., 20; 한병철은 오늘날 신자유주의 자본주의 시대에서 과잉 가능성을 주는 성과주의 사회체제에서 피로사회가 된 현실을 지적한다. 그리고 그 문제의 핵심은 나르시즘적 자기중심주의로 인한 타자성 상실, 즉 에로스의 종말로 표현하며, 그 회복을 다시 에로스에서 찾는다. "에로스는 타자를 타자로 경험할 수 있게 하고, 이로써 주체를 나르시즘의 지옥에서 해방시킨다"고 주장한다.

112 Gerald M. Erchak, *The Anthropology of Self and Behavior*, 4-7.

형태를 지닌 문화는 지식 활동의 산물로 생각과 행동 양식을 학습함으로 문화를 습득한다. 생각과 행동의 양식이 생기려면 반복적이고 무의식적인 습관화가 이루어져야 한다. 이러한 습관화된 생각과 행동 패러다임은 집단으로 문화의 패러다임으로 다시 자리를 잡게 된다. 학습과 문화의 순환적 과정은 상징체계, 예를 들면 언어, 예술, 신화, 의식(ritual)과 같은 것으로 표현되고 구체화되면서 의미를 전달하게 되고, 사회화 과정을 통해 문화적 사고와 행동 양식을 습득하며 전수하게 된다. 따라서 사회화 과정을 통해 계급적 이원론의 지배 이데올로기가 외면화되고, 대중매체들과 기관들을 통해 객관화되며 다시 학습으로 내면화된다. 이때 문화적 패턴의 형성 과정에서 교육이 결정적으로 중요한 역할을 한다. 그러나 교육이 가치중립적으로 문화를 유지 전수하는 역할을 할 뿐 비판적인 기능을 하지 못할 때 문화가 지니고 있는 부정적인 속성들, 예를 들면 성-계급-문화-인종-종교의 차별과 불평등 혹은 착취와 억압을 유지 전수하는 결과를 가져온다. 결국 현실에서 문화 구별짓기와 지배 이데올로기는 계급적 이원론을 형성하여 대립과 갈등이 심화되고, 성과 성, 계급과 계급, 이념과 이념 사이를 분리시키는 편가르기 문화가 심화되면서 대립은 분열로 이어져 폭력과 테러로 공동체가 파괴되는 결과를 낳는다.

"편견이 계급적이고 이원론적인 경험 방식에 기초한다."[113] 즉 편

---

113 데이비드 L. 실즈, 『편견극복을 위한 신앙교육』, 260-261. 실즈는 그의 연구를 통해 편견의 특성을 12가지로 요약한다. 1. 편견은 계급적이고 이원론적인 경험의 한 기본적인 형태이다. 2. 편견은 삶의 불확실성을 조정하려는 욕망을 반영시킨다. 3. 편견은 편견된 사람의 자존심을 부축시켜준다. 4. 편견은 사회적 권력에 대한 현재 배분을 강화시킨다. 5. 성차별은 다른 편견 형태의 근본이 된다. 6. 편견은 관계적이다. 7. 편견은 적용할 수 있는 고정관념에 의해 지탱된다. 8. 편견은 도덕적 왜곡을 반영시킨다. 9. 편견들은 비이성적 심리-역동성을 통해 안정성을 성취한다. 10.

견이란 가치판단과 인식적 차원을 함께 가지고 있다. 그래서 선과 악, 참과 거짓, 강함과 약함에 대한 가치판단은 계급을 형성하고 인식적 차원에서 편견 있는 사람은 자신의 집단이 참되고 선하며 강하다고 믿는 반면 다른 집단은 기본적으로 잘못되고 악하며 약하다고 믿는 이원론적 속성으로 경험을 조직한다는 뜻이다.

3) 양극화현상을 극복하기 위한 교육적 접근 방법

지금까지 양극화현상에 대해 구조적으로 살펴보면서, 양극화의 과정을 편견 형성의 과정과 함께 살펴보았다. 양극화의 문제는 계급적 이원화의 특성을 가지고 있다. 이 계급적 이원화의 과정은 지배 이데올로기로 탈바꿈하여 문화와 학습을 통해 고정관념화하여 편견 작용으로 강화되어가는 양극화의 양상을 보여준다. 여기서 우리는 좀 더 한 걸음 나아가 양극화현상에 대한 극복 내안은 편견극복을 위한 교육적 대안이 무엇인지 찾아보고자 한다.

양극화 양상을 극복하는 일은 다양하고 복잡하다. 앞에서 언급했지만, 사회 문화의 대립과 갈등이란 꼭 부정적인 결과만을 초래하지는 않는다. 그러나 대립과 갈등의 국면에서 대화의 길을 모색하여 창조적 새로운 길을 찾아가는 계기가 마련되지 않고 극단으로 양극화현상으로 빠져들어 헤어 나오지 못하고 정체됨으로 갈등과 대립의 골이 더 깊어짐으로 폭력과 테러로 발전하기 때문이다.

편견들은 궁극적인 기준에 호소함으로써 정당화된다. 11. 편견은 "억압자"나 "피억압자"나 모두 함께 심리학적인 부정적 결과다. 12. 편견은 육체적 결과들을 초래한다.

앞글에서 빅터 터너는 문화인류학적 접근을 통해 아프리카 니뎀부 부족의 사회 갈등 해소 방법을 조사한 결과, 모든 사회의 제의과정(ritual process)은 4단계의 과정을 밟는다고 본다. "사회적 드라마"(social drama)로서 제의 과정은, 첫째 부족들 사이에 혹은 사회 집단 사이에 규칙적인 규범과 전통으로 통치되는 사회적 관계를 이탈하거나 규범과 관습을 어기고 "불이행하는 상태의 단계"로부터 시작한다. 그리고 두 번째 국면은 계속해서 대립과 갈등이 해소되지 않은 "위기의 단계"로 발전된다. 그리고 세 번째 단계로 들어가 사회 집단의 구성원을 불러들여 조정하며 "새롭게 교정하는 기구 혹은 새로운 구조를 만드는 단계"이다. 그리고 마지막 단계는 불안하고 혼돈된 사회가 "재통합되는 단계"로 갈등과 분열을 사회적으로 인식하고 새로운 공동체로 발전하는 과정이다.114

터너는 제의 과정으로 사회적 갈등과 분열로 불안전한 사회 질서와 구조를 안정적 강한 사회적 재통합의 과정을 제의 과정(ritual process)의 필요하고 중요한 수단으로 제시한다. 특별히 "위기의 단계"에서 세 번째 단계, "새롭게 교정하는 구조를 만드는 단계"의 국면으로 들어갈 때 결정적인 단계로 두 가지 방향으로 흘러갈 가능성이 주어진다. 하나는 위기의 조정이 실패했을 때 퇴행하여 전쟁이나 혁명, 폭력이나 폭동을 일으키는 방향으로 발전될 수 있지만, 위기 조정이 성공적일 때 재통합 혹은 새로운 공동체 커뮤니타스(communitas)로 발전하게 된다는 주장이다.115

---

114 Victor Turner, *Schism and Continuity in an African Society: A Study of Ndembu Village Life* (Manchester: Manchester University Press, 1957).
115 오성주, 『편견 문화 교육』, 276.

비록 터너는 사회 드라마에서 제의 과정의 중요성을 인식하고 있지만 여기서 양극화현상에서 요구되는 과도기 전환점에서 "새롭게 교정하는 구조"가 만들어지기 위해 또 다른 한편으로 중요한 요소로서 편견을 극복하기 위한 교육이 필요하고 중요하다. 무엇보다도 교육적인 차원에서 양극화의 대립과 갈등의 문제를 어떻게 편견을 극복하여 재통합을 위한 새로운 전환점을 가져올 수 있을 것인가에 대한 문제이다.

양극화 형성 과정에서 교육적 기능과 역할은 결정적으로 중요하다. 조너선 색스는 그의 책『차이의 존중』에서 교육의 역할을 중요하게 다루고 있다. 제7장 "창조성: 교육의 책무"에서 "교육(읽고 쓰는 능력뿐 아니라 정보를 이해하고 적용하는 능력을 키워주는 것)은 인간의 존엄성에 본질적인 요소이다. 지식은 힘이기 때문에… 권력(힘)에 대한 동등한 접근성을 보장하는 선결 요건이다. 그것은 또한 창조성을 여는 열쇠이며, 창조성은 모든 사회 경제 집단이 받을 수 있는 최고의 선물이다."[116] 양극화 과정에서 차이를 극복하고 차이를 존중하는 "창조성을 여는 열쇠"로서 교육이 되어야 할 것이다.

편견극복을 위한 교육적 대안으로 데이비드 L. 실즈의 교육과정과 방법을 다음과 같이 소개 한다. 실즈는 편견극복을 위한 종교교육으로 먼저 4단계의 과정을 설명한다. 1) 교사로서 편견 경험을 노출시키기(일상적 경험 이야기), 2) 불이익을 당한 사람들의 시각을 통해 사회적 상황을 바라보도록 참여자들을 인도하기(긍휼함과 현실 참여), 3) 참여자들에게 편견과 차별적인 행동으로부터 구체화된 것을 분

---

116 조너선 색스/임재서 옮김,『차이의 존중: 문명의 충돌을 넘어서』(서울: 말글빛냄, 2007), 230.

석할 수 있는 비판적 사고와 능력을 키워주기(지배 이데올로기의 분석과 비판하기), 4) 자신의 전통에 대한 규범적인 근거에 직면하고 평가하기 위한 기회 제공하기(전통과의 변증적 상호교환하기) 등이다.

그리고 실즈는 편견 예방을 위한 교사의 태도를 다음과 같은 절차를 제안한다. 교사는 1) 권위적이지 않은 태도로 가르치기, 2) 학생들의 혼돈을 참고 인내하는 법을 배우기 3) 상호 인격적인 관계 형성하기 4) 상호의존적 관계의 필요성 인정하기, 4) 도덕적 대화와 협상하기 5) 자기 존중을 지지해주기 6) 타문화 간의 이해를 증진시키기 등 교사의 자세가 중요하다.

우리는 한국의 양극화현상의 원인을 분석하고 교육적 대안을 찾기 위해 사회 문화적 접근을 통해 구조적으로 살펴보았다. 양극화현상이란 조건과 상황에 따라 다양하며, 정도에 따라 양극화현상의 범위도 다양하게 다르게 나타난다. 따라서 다양한 성격이 다른 양극화현상을 분석하는 일은 어려운 일이다. 그럼에도 불구하고 여기서 우리는 한국의 양극화현상을 사회 문화적 접근을 통해 성(性)-계급-문화-인종-종교의 구조적인 틀로 분석해 보면서, 양극화현상의 밑바닥에 흐르는 공통된 주류를 찾아보려고 노력했다. 그 결과 양극화현상의 근본적인 이유는 계급적 이원론의 형성 과정과 맥을 같이하고 있음을 발견했다. 이 계급적 이원론의 형성은 계급적 지배 이데올로기 작용하여 문화화 과정을 거쳐 고정관념화되어 편견과 차별의 결과로 양극화현상이 발생하고 있음을 추적하였다.

어떻게 양극화의 문제를 극복할 것인가라는 질문을 교육적 차원으로 이끌어내기 위해 우리는 양극화 과정 중 위기의 전환을 돕기 위한 방편으로 편견을 극복하는 길을 찾는 노력이 필요하다. 편견을 극복하는 길로서 "차이의 존중"으로 상호이해와 신뢰를 돕는 대화와 소통의 길을 열어가는 것이다.

무엇보다 양극화현상을 극복하기 위한 교육의 역할은 온전한 타자의 발견과 이해 그리고 온전한 자아 회복을 돕는 길이 중요하다. 신자유주의 자본주의의 "성과사회"와 "피로사회"로 말미암아 비인간화되어가고 극도의 개인주의로 몰고 가고 있다. 또한 물질만능주의와 정보 기술 발달로 또 다른 새로운 형태의 통제 수단으로 은밀한 전체주의로 억압과 소외를 낳고 있다. 어떻게 물질만능주의와 과학만능주의 지배 이데올로기로 생성되는 편견 문화에 맞서 저항할 것인가? 그것은 정치 경제 사회 문화적 구조를 바꾸는 일보다 개인의 마음의 습관을 바꾸어 세상을 바로잡는 일이 무엇보다 중요하다. 파커 파머는 핵심적인 "마음의 습관"과 "정치의 마음"의 원리를 다섯 가지로 제시한다.[117] 즉 1) 우리가 모두 하나임을 이해하는 것, 2) 타자의 가치에 대해 인정하는 것, 3) 생명을 주는 방식으로 긴장을 끌어안는 능력, 4) 개인적인 목소리와 주체성의 감각을 갖도록 하는 것, 마지막으로 5) 커뮤니티를 창조하는 더욱 위대한 역량을 지니도록 하는 것이다. 이것은 오늘날 우리에게 마음의 습관의 변화를 통해 계급적 이원론의 양극화현상을 극복하기 위한 교육의 방향을 제시해준다.

---

117 파커 J. 파머/김찬호 옮김, 『비통한 자들을 위한 정치학: 왜 민주주의에서 마음이 중요한가』, 92-96.

7장

편견극복을 위한 종교교육 모델

1. 그룸(Thomas H. Groome)의 기독교적 종교교육 모델

2. 편견극복을 위한 그룸의 "함께 나누는 실천교육"
   (Shared Praxis Pedagogy)

3. 온전한 자아 회복을 위한 영성과 교육

1. 그룸(Thomas H. Groome)의 기독교적 종교교육 모델

    편견극복을 위한 기독교적 종교교육 모델은 정의와 평화를 실현하기 위한 기독교 교육으로 토마스 그룸(Thomas H. Groome)의 이론을 중심으로 살펴보고자 한다. 먼저 그룸에 모델에 있어서 출발점은 앎(knowing)의 차원에 있다. 그룸은 앎의 차원에 대한 해석으로 아리스토텔레스[1]와 하버마스의 인식 방법론[2]과 프레이리의 의식화 교육,[3]에서 그의 이론적 근거를 두고 있다. 핵심적인 그룸이 말하는 앎의 차원은 프로이트의 의식과정으로 행동-비판적 성찰-실천(action-reflection-praxis)의 순환적 원리이다. 이것은 자신이 처한 상황(문제)에 대해 철저히 비판하고 분석하여 그 결과로 다시 행동하는

---

1 아리스토텔레스의 기본 인식 방법에는 인식의 관조적 형태로서 성찰 방법은 1) theoria 와 2) 비성찰적 인식 형태인 poiesis 그리고 3) theoria와 poiesis를 결합한 praxis로 구분한다. Thomas H. Groome(1980), *Christian Religious Education*, 152-157.

2 하버마스는 모든 인식은 이해(관심)를 구성하는 지식을 가지고 있는데 인간의 기본적인 성향은 1) 재생산성(reproduction)의 성향과 2) 자아 구성 성향 그리고 3) 이 둘의 근거가 되는 제3의 성향, 즉 인간해방과 자유를 위한 욕구의 성향으로 구분한다. 하버마스가 이해하는 이론과 실제는 인식하는 주체의 이해(관심)관계를 구성하는 지식에 의해 통합된다. 따라서 인식의 주체에 대한 비판적 성찰이 절대적으로 필요하다. 이것이 그가 말하는 실천행위(praxis)의 기본적 방법이다. Ibid., 169-175.

3 Ibid., 175-177.

것이다. 프레이리의 이론에 의하면 의식화 과정이란 본래 인간으로 회복되고, 이 회복과정에서 방해하는 외적인 세계의 문제를 변혁시켜 역사의 주체자로 세워지는 것이다. 여기에서 성찰이란 행동의 결과를 비판적으로 인식하는 행위일 뿐 아니라 새로운 행동을 예시하는 실천행위(praxis)로 표현된다. 이러한 성찰과 행동을 통해서 이루어지는 실천행위는 부정적 상황을 변화시키고 재창조하는 행동이다. 그룸은 이러한 프레이리의 프락시스의 개념을 기독교적 종교교육에 적용시킨다.

그룸은 편견극복의 과제를 정의와 평화를 실천하는데 그 목적을 둔다. 그룸이 주장하는 정의(justice)의 문제는 가난한 자나 피억압자나 부자나 억압자나 모든 사람의 과제로 어떤 특정한 계층이나 사람들에게 국한시키지 않는다. 편견극복의 방법으로서 정의 문제는 교육과정에 있어서 모든 사람에게 적용되는 보편적 원리이다.

특히 그룸이 주장하는 '함께 나눔의 실천'(shared praxis)을 통한 종교교육은 사랑과 정의와 평화를 실천하는 데 있다. 정의와 평화를 실천하는 종교교육이란 편견을 극복하기 위한 근본적인 요소가 된다. 정의는 사랑에 의해 완성된다. 사랑과 정의가 없는 비판의식과 대화는 권모술수, 이기주의적 자기중심주의 그리고 권위주의에 빠지게 된다. 따라서 정의와 평화 실현을 위한 종교교육은 편견극복의 기본적인 틀을 제공해 준다.

1) 정의와 평화를 위한 기독교적 종교교육

정의(justice)란 뜻은 원래 '옳음,' '공정,' '공평,' '정당,' '타당' 등의 뜻을 가진 단어이다. 이러한 말들의 유래는 무게를 측정하는 '저울'을 기준으로 판단하는 데에서 유래했다. 그러나 역사 속에서 이 정의란 단어의 사용이 때로 애매하고 왜곡되어 사용해 왔음을 볼 수 있다. 우리가 정의란 말을 사용할 때, 이 말은 두 관계 속에서 기준이 누가혹은 무엇이 되느냐에 달려 있다. 외적인 무게는 공정하게 따질 수있겠지만, 내면적인 가치의 기준은 따지기가 어렵다. 따라서 가치를어느 쪽에 더 많이 둘 것인가에 따라 한쪽은 공정하게 볼 수 있지만다른 쪽은 공평하지 못할 때가 있다.

이러한 왜곡된 정의의 해석은 인간 역사 속에서 가진 자와 못 가진자, 억압자와 피억압자, 지배자와 피지배자, 노동자와 자본가 사이에 많은 갈등과 대립을 일으킨다. 지배 논리와 억압체제 가운데 가진자와 지배자(혹은 억압자)들은 그들의 권력을 유지하기 위해 그들에게유리한 쪽에서 정의를 해석함으로 없는 자와 눌린 자에게 부당하게적용해 왔다. 해방신학이나 기독교 교육에서 정의의 문제는 가난한자와 억눌린 자의 편에서 해석되어야 함을 주장하기도 한다.

이와 같이 정의 문제는 곧 편견의 문제이기도 하다. 편협이거나편파적인 사고와 태도는 공정하지 못한 편견적 사고와 태도이다, 불의는 정의와 반대되는 개념이다. 그리고 편견의 결과이다. 그러므로 편견극복의 문제는 정의 실천이다. 여기에서 올바르지 못하고, 공정하지 못하며, 공평하지 않고, 정당하지 않으며, 타당하지 않은사고와 행동은 편견 작용에 의한 결과이다. 편파와 아집 그리고 이기주의와 자기중심주의 상태에서는 정의는 실현될 수 없다. 정의 실천은 편견극복에서부터 시작된다.

그룹은 정의(justice)에 대한 의미 규정을 쉽게 내릴 수 없음을 인정하면서, 기독교적 입장에서 정의를 내세운다. 그의 주장에 따르면, 기독교에서 해석하는 정의란 사랑의 계명과 결합되어 있다. 인간에 대한 하나님의 관계 속에서 인간과 인간의 상호관계가 확인된다. 기독교에서 말하는 정의란 빈틈없이 따지는 무게의 저울질과 같은 것이라기보다는 요구에 대해 관대히 하며 아낌없이 주어진 선물과 같은 것, 은총으로 표현된다.4

　기독교는 처음부터 강한 사회 정의를 실천해 온 전통과 역사가 있다. 유대-기독교 전통으로부터 현대교회에 이르기까지 정의에 관한 문제는 기독교 신앙의 핵심적인 실천에 참여해 왔다. 그룹은 두 가지 원리를 제시한다. 하나는 '이웃을 사랑하는 기독교적 사랑과 정의는 서로 분리될 수 없다'는 것과 그 사랑은 '이웃의 존엄과 권리를 인정하는 정의가 절대적으로 요구된다'는 두 가지 사실이다.5 그러나 때로 기독교에서 신앙은 정의의 개념을 빠뜨린 사랑만을 강조함으로 사랑이 정의를 요구하는 것임을 망각하거나 소홀히 해왔다. 그리고 본래 정의는 어떤 편에서든지 모두에게 적용되는 것임에도 불구하고, 편파적으로 치우쳐 해석하고 적용해왔던 경우들을 주변에서 볼 수 있다.

　그룹의 정의(justice)에 대한 해석은 개인의 존엄성에 참여와 함께 사회적 현장에 참여에서 발생되는 이중적 차원이다. 그 이유는 기독교적 인간 이해의 핵심인 '모든 인간은 하나님의 형상에 따라 지음받은 자'(the image and likeness of God; the imago Dei)에서 찾기 때문이다.6

---

4 Thomas H. Groome, *Educating for Life: A Spiritual Vision for Every Teaching and Parent* (Texas: ThomasMore, 1998), 362-363.

5 Ibid., 364.

이 선언으로부터 각 개인은 양도할 수 없는 개인의 권리를 가지고 있으며, 이 권리는 사회적 상황에서 다른 사람과 관계 속에서 실천되어야 한다는 주장이다. 이러한 인간 존엄성과 권리에 대한 이해는 개인과 사회의 역동적인 관계 속에서 실천되어야 함을 보여준다.

토마스 그룸이 말하는 정의(justice) 실현은 성서에서 '하나님과 이웃을 사랑'하라는 보편적 사랑의 정신7에서 찾는다. 정의롭게 살아가고 사회적 정의 실천을 위한 가르침은 예수의 생애와 가르침 속에 나타난 아가페 사랑이 전제되어야 한다. 사랑과 정의는 같은 실체 속에 공존하며 질료와 형상의 관계로 이해하는 토마스 아퀴나스(Thomas Aquinas)의 주장과 같다. 사랑과 참된 정의는 실체로써 서로 분리할 수 없는 존재이다. 이런 관점에서 토마스 그룸은 정의 실현에 대한 기독교 신앙적 관점을 다음과 같이 설명한다.

> 정의란 사랑 속에 있는 진리를 행하는 것이다. 그 '진리'란 각 개인이 서로 서로에 대해 지켜야 할 상호 권리와 의무가 있고, 사회는 그 구성원들에 대해 가져야 할 권리와 의무가 있으며, 모든 구성원은 사회에 대해 가져야 할 권리와 의무가 있다. 그리고 우리는 이러한 권리와 의무를 단지

---

6 Thomas H. Groome, "Religious Education for Justice by Education Justly," in *Education for Peace and Justice*, edited by Padraic O'Hare (New York: Harper & Row, 1983), 70. 그리고 그룸의 *Imago Dei*와 정의(justice)의 관계에 대한 설명은 Thomas H. Groome(1998), *Educating for Life: A Spiritual Vision for Every Teaching and Parent*, 361; Thomas H. Groome(1991), *Sharing Faith*, 385 참조바람.

7 토마스 그룸은 해방신학에서 말하는 특별한 사랑, 즉 가난한 사람들과 억눌린 자들 그리고 억압된 자들을 위한 특별한 사랑을 인정하지 않는다. 그는 성서에서 말하는 예수의 이웃이란 단지 어떤 특정한 사람만을 한정시켜 말하는 것이 아니라 모든 사람을 포함된 보편적 개념으로서 이웃이다. 그러므로 그룸의 주장에 따르면, '이웃을 사랑하라'는 뜻은 보편적 사랑의 정신을 말한다.

사고를 위한 이념에 머무는 것이 아니다. 자신을 사랑하는 것과 같이 다른 사람들을 사랑하는 보편적인 아가페 사랑의 복음의 정신을 실천하는 것이다.[8]

결과적으로 위와 같은 그룹의 정의(justice)에 대한 이해는 데이비드 홀렌바흐(David Hollenbach)의 세 가지의 정의 개념을 따르고 있다. 1, 상호적 원리에 입각한 정의 개념, 2, 배분적 원리에 입각한 정의개념 그리고 3. 사회적 원리에 입각한 정의 개념으로 요약된다.[9] 정의란 각 개인이 진리를 인정하고 상호로 각 개인의 권리와 의무를 지켜주고 보장해 주는 것이다. 그리고 더 나아가 한 사회는 모든 구성원에게 정당한 권리와 의무를 부여하며, 마지막으로 각 구성원은 정당한 사회적 권리와 의무가 있는 것이다.

그룹은 이러한 정의를 실천하기 위한 기독교적 종교교육으로 2가지 과제를 제시한다. 하나는 모든 종교교육의 내용이나 교육과정이 어떤 경우든 간에 '정의를 위한 내용과 프로그램'이 되어야 하며, 다른 하나는 정의를 위한 종교교육은 그 자체로 '정당한 교육행위'를 해야만 한다는 두 가지 과제가 있다.[10] 그리고 정의와 평화를 위한 기독교적 종교 교육 접근을 위한 근거를 다음과 같이 제시한다.[11]

---

8 Thomas H. Groome(1983), "Religious Education for Justice by Education Justly," in *Education for Peace and Justice,* edited by Padraic O'Hare, 71.

9 Ibid., 70-71. 토마스 그룸은 그의 정의에 대한 개념을 David Hollenbach의 저서, *Claims in Conflict: Retrieving and Renewing the Catholic Human Rights Tradition* (New York: Paulist Press, 1979), 145-152에서 인용하고 있다. 또한 Thomas H. Groome (1998), *Educating for Life: A Spiritual Vision for Every Teaching and Parent,* 372-373 에서도 잘 설명하고 있다.

10 Ibid., 71-72.

2) 성서신학적 근거

　　그룹은 '하나님 나라'의 개념에서 기독교 신앙공동체가 정의 (justice)를 실천하기 위한 교육가 되어야 하는 근거를 찾고 있다. 이 개념은 예수의 삶과 가르침이 중심 주제이다. 그룹의 관점에서 볼 때, 히브리 성서에서 하나님 나라의 개념은 히브리인의 신념 속에서 두 가지로 표현된다. 첫째, 창조자와 역사의 주관자로서 이 세상을 다스리시는 하나님의 통치로 표현된다. 그리고 둘째, 하나님의 뜻이 완전히 성취되었을 때 창조의 마지막 때 완성으로 표현된다. 하나님 나라의 개념은 이미 현재 시간 속에서 하나님의 통치가 이루어지고 있으며, 동시에 확실히 앞으로 미래 마지막 때에 완성될 것으로 믿고 있다.

　　히브리인은 하나님 나라를 하나님의 선물(은혜)로 받아들였다. 그들은 하나님으로부터 선택된 백성으로 다른 민족과는 다른 백성으로 믿었다. 그리고 하나님의 백성이 된 그들은 창조를 위한 하나님의 뜻에 따라 살아야 한다는 확신으로 살았다. 이와 같은 확신은 선택과 계약의 종교적 신앙으로 형성되었다. 하지만 지나친 자기 민족 우월성에 빠져 주변 국가(이방인)와 지속적인 갈등과 대립의 양상을 보여주었다.

　　그러나 그룹의 주장과 같이 성서에서 말하는 창조를 위한 하나님의 뜻을 이루는 하나님 나라의 실천은 바로 이 땅에 평화와 정의를 실현하는 것이다. 이스라엘 백성과 하나님과의 계약이란 이 평화와

---

11 정의(justice)를 위한 기독교적 종교교육의 근거는 Ibid., 72-77 참조 바람. 그리고 정의 (justice)에 대한 구약과 신약성서 이해는 그의 책, *Sharing Faith* (1991), 380-385와 *Educating for Life* (1998), 365-370.

정의를 성취를 위한 계약이며 궁극으로 하나님의 나라가 완성될 때까지 평화와 정의를 실천하며 살아가라는 계약으로 설명된다.

예수의 삶과 가르침 속에 이러한 하나님 나라에 대한 히브리적 성서의 전통이 반영되어 있다. 그의 생애를 통해 구체적이고 역동적인 현실 속에서 구현되었다. 신약성서에서 예수는 모든 창조물에 대한 하나님의 뜻을 완성하기 위해 역사 속에서 하나님의 구원 활동을 통하여 하나님 나라를 보여주었다. 예수께서 삶으로 보여준 하나님 나라는 '이미', '벌써' 그러나 '아직' 실현되지 않은 실체이다. 자신의 사역과 행적에 하나님의 나라가 이미 벌써 확실히 도래되었음을 보여주었다. 이러한 예수의 하나님 나라는 히브리인의 전통을 넘어서 보편적인 신앙의 실재이다. 다른 말로 예수는 자신 스스로 역사 속에서 하나님 나라를 위한 하나님의 결정적인 사역으로 보여주었다. 히브리인의 이해와 마찬가지로 하나님 나라는 항상 하나님의 선물(은혜)이지만, 인간에 노력의 결과로 얻어지는 것이 아니다. 명확히 그것은 현재 역사적인 시간 안에서 믿음의 결단을 촉구하는 예수를 믿는 신앙에 나타난 하나님의 선물이다.

"하나님 나라는 미래에만 속한 것만도, 현세에만 이루어지는 사건도 아닌, 오히려 현실과 미래의 긴장 속에서 우리가 얼마나 하나님의 통치(승리)를 기대하고 염원하며 그 현실성을 획득하기 위해 생명력 있는 믿음"에 존재한다.[12] 우리는 하나님의 피조물로서 하나님의 뜻에 순종하며 말씀을 실천하며 살아야만 한다. 그것은 하나의 법이 되었고, 그 법은 사랑이다. 이 사랑은 단순한 개념이 이념적 법을

---

12 이정배, 『평신도와 함께 하는 생명신학』 (기독교대한감리회 홍보출판국, 2001), 201.
이탤릭체는 필자가 덧붙여 강조한 말.

의미하지 않는다. '자신과 몸같이 이웃을 사랑함'으로 하나님을 사랑하는 법이다.

토마스 그룸에 따르면 사랑은 예수의 삶과 가르침의 중심적 주제였음에도 불구하고 초대 교회 신앙공동체에 중심된 주제로 나타나지 않았다. 그다음 여러 세기에 걸쳐 매우 약하게 나타났다. 초대교회는 예수를 구원자로서 주님을 가르치는데 더 역점을 두었을 뿐이다. 예수가 선포한 하나님 나라에 대한 가르침이 약했다고 그룸은 역사적으로 지적한다. 단지 하나님 나라의 개념은 예수가 선포한 케리그마(말씀) 속에 함축하여 표현되었을 뿐이었다. 예수께서 하나님 나라를 선포하였을 때, 제자들과 초대교회 신앙공동체는 역사적인 성격과 역사 속에서 하나님 나라의 도래함을 간과하였다. 초대교회는 '이미' 그러나 '아직' 도래하지 않은 하나님 나라에 대한 예수의 주장을 충분히 나타내지 못했다. 그것은 예수의 죽음 이후의 다른 나라의 실체로서 환원시켜 이해했다고 그룸은 지적한다.13

하나님 나라의 중심성과 역사성 상실의 회복을 위해 이제 하나님 나라에 관한 중심 주제는 예수의 복음 선포다. 그리고 하나님 나라는 단지 죽음 이후에 있는 천국(天國)이 아니라 더 구체적이고 분명하게 역사 속에서 일어나야 하며 반영되어야 할 실체로서 가르침의 주제로 회복되어야 한다. 비록 마지막 때에 이루어져야 할 아직 온전히 완성되지 않았지만 앞으로 완전을 향해 움직여 나가야 할 주제로 지금 사랑과 정의 평화 실현을 위한 하나님 나라에 대한 가치를 부여해야 할 새로운 교육이 필요하다.

---

13 Thomas H. Groome(1983), "Religious Education for Justice by Education Justly," in *Education for Peace and Justice*, edited by Padraic O'Hare, 73.

가르쳐야 할 대상(학생)과 교사는 마지막 하나님 나라를 위한 하나님의 동반자로서 역사적 활동을 하고 있는 자로 이해되어야 한다. 이것은 하나님 나라를 실현하는 데 있어서 하나님과 동등한 자를 의미하지 않는다. 하나님 나라는 그의 은혜로 완성되어지기 때문이다. 하나님이 인간의 역사 속에서 그의 나라를 위해 인간의 활동을 통해 일하시고 계신다는 믿음 때문이다. 하나님은 역사 속에 우리와 함께 동반자가 되어 하나님의 뜻을 이루기 위해 사랑과 은혜로 신비롭게 다가오신다.

토마스 그룹이 제시하는 성서신학적 근거로부터 기독교인의 믿음과 의식 속에 하나님 나라의 중심 회복과 우리에게 주어진 하나님 나라에 대한 역사적 책임을 인식하는 일이 어떻게 그리고 왜 우리는 기독교적 종교교육을 해야 하는 이유와 방법이다. 따라서 기독교 교육의 과제는 사람들로 하여금 역사 속에서 하나님 나라의 가치를 위해 그리고 그 가치로 살아가도록 도와주는 것이며 그리고 하나님의 은혜로 말미암아 하나님 나라의 통치가 도래에 삶에 참여하도록 도와주는 일이다.

3) 교육과 정치적 근거

인간의 역사 속에서 우리에게 위임된 하나님 나라는 사랑과 정의로 평화를 성취하는 행동이다. 이것은 예수 그리스도의 가르침과 선포이며 하나님 나라는 예수께서 가르치신 중심 주제이다. 만일 기독교 교육의 궁극적인 목적인 하나님 나라 사역으로 이끌어 들이는 것이라고 한다면 그것은 사랑과 정의와 평화를 위한 교육이 되어야 할 것이다. 이를 위해 교실에서 교육적 행위는 교육 내용으로 정의를 위한 교육이 되어야 하며, 교육과정에 있어서 정의롭게 교육행위가 되도록 해야 한다. 가르침과 배움의 과정은 사랑과 정의로 실천되어야 하는 과정이다.

예를 들면, 전인적 인격을 개발하고, 사람을 존엄히 여기며, 타자에 대한 존경과 권리와 책임을 가르치는 길이 정의실천 위한 교육이다. 사람에게 사회에서 가난한 자와 억눌린 자를 이해할 수 있도록 도와주고 책임을 다할 수 있도록 도와주는 일이다. 어떻게 불의의 사회구조와 억압된 문화적 관습을 변화시킬 수 있을 것인가를 제시해주는 일, 정의 실천을 위한 교육이다.

그뿐 아니라 올바른 책임적 관계성을 반영시켜주는 교육 공동체와 공동의 선(common good)에 대한 책임을 가르치는 일, 이것은 정의 실천의 교육이다. 정의롭게 살도록 가르치는 방법과 모델을 제공해주기 위해 전통 속에 나타난 정의에 관한 좋은 모델을 찾아 가르쳐 실천하도록 돕는 것, 이것은 정의 실천의 교육이다. 또한 진리를 알고 선을 깨닫도록 돕는 지혜에 도달하기 위해 자신을 돌아보며 윤리적 주제에 관해 반성적 사고를 하도록 학생에게 격려해 주는 교육적 이성의 활동은 정의 실천을 위한 교육의 모습이다. 그리고 마찬가지로 영적 생활이란 올바른 관계 회복으로, 정의롭게 살아가기 위한 능력 있는 영적인 삶을 살도록 가르치고 도와주는 것도 정의 실천이며 교육적 행위이다. 정의 실천을 위한 교육을 "너희는 먼저 그의 나라와 그의 의를 구하라"라고 말한 마태복음의 내용에서 찾아 볼 수 있다. 마지막으로 온 인류를 사랑하고 돌봐주며 다양성을 존경하도록 하는 것, 이것은 하나님 나라를 이룩하기 위한 정의 실천이며

교육적 행위인 것이다. 교육은 곧 정의 실천이다.[14]

그룸은 프레이리의 주장과 같이 기독교교육의 행위를 정의를 행하도록 돕는 정치적 활동으로 이해한다. 여기서 정치적 행위란 사람들의 삶 속에 의도되고 구조화된 개입을 말한다. 이 정치적 행위로 말미암아 사람들이 사회 속에서 어떻게 살아갈 것인가에 대한 영향력을 준다. 교육은 항상 그와 같은 영향력을 주기 위해 어떤 사회 집단으로부터 실천해온 역사적 활동이 되기 때문에 교육은 현저하게 정치적이다. 우리가 가르치는 것은 무엇인가 혹은 가르칠 수 없는 것이 무엇인가라는 질문 그리고 우리가 어떻게 그것을 가르칠 것인가라는 질문에 해답을 찾는 교육은 사회적이고 정치적인 결과에까지 광범위하게 미친다.

따라서 교육은 결코 정치적으로 중립적일 수 없다. 그것은 가치중립일 수 없고, 항상 가치를 반영하는 사회적 활동이다. 교육은 사람들이 현재 존재하고 있는 사회적 실정에 적응하도록 하는 것은 필수 불가결한 요소이다. 비록 교육이 정치적 상황을 유지하고 침묵하도록 하는 역할이 있다고 하지만 교육은 변혁을 추구하며 실천하는 정치학이다. 교육은 어떤 경우더라도 사람들을 비판적으로 그리고 창조적으로 사회변혁을 위해 역사 속에 참여하도록 돕고 준비시키는 일이다.

기독교 종교교육자 가운데 '교육은 정치적이다'라는 말을 할 때 일반 교육의 과제로 보고 종교교육은 정치적이지 않다고 주장하는 사람도 있다. 그래서 종교교육은 단지 비정치적인 것으로만 보고

---

14 Thomas H. Groome(1998), *Educating for Life*, 380.

영적 생활만을 가르치는 과제로 본다. 그와 같은 태도는 종교와 삶을, 개인과 사회 그리고 구원의 역사와 인간의 역사를 온전하게 보지 못하는 이분법적으로 사고와 태도이다.

토마스 그룸은 기독교 종교교육의 교육과정과 내용에 있어서 중요한 세 가지 함축적인 내용을 소개한다. 첫째, 종교교육에 있어서 교육과정 선택이 무엇이든 간에 개인과 사회를 위한 정치적이고 사회적인 내용이 함축되어야 할 것이다. 둘째, 정의를 실천하기 위한 교육은 단지 기독교적 종교교육의 내용과 활동에 있어서 많은 다른 주제들 사이에 하나로 고립된 주제가 될 수 없다. 정의는 분리된 주제가 아니다. 정의를 위한 교육은 단지 교육 과정에서 많은 것 중에 하나로 선택해야 하는 것으로 다룰 수 없다. 셋째, 교육이 사회적이고 정치적 활동이라고 한다면 정의를 위한 교육도 그 자체 정의를 실천하는 정치적 실천 행위가 되어야 한다. 교육행위 그 자체가 정의를 실천하지 못한다면 그것은 정당하지 못한 결과를 낳는다. 예를 들어 프레이리의 지식 암기식 위주의 교육("banking method")의 방법으로 정의를 위한 교육을 한다면 그와 같은 교육적 실천행위는 사람의 말을 강탈해 가는 행위이며, 수동적으로 공식화된 정보를 받아 저장하도록 하는 본래 부당한 교육행위이다. 정의를 실천하기 위한 교육을 실천하기 위해 기독교적 종교교육은 올바른 참교육이 되어야 할 것이다.

2. 편견극복을 위한 그룹의 "함께 나누는 실천 교육"(Shared Praxis Pedagogy)

이상과 같이 그룹이 말하는 기독교적 종교교육의 정체성이란 기독교적 인간이해(Image of God: imago Dei)와 하나님 나라(the kingdom of God)의 두 개념에서 찾고 있다. 이 두 개념 속에서 나타난 중심 내용을 '정의'(justice)와 '사랑'(love)과 '평화'(peace)로 보면서, 기독교 종교교육의 방향을 제시한다.

그룹은 기독교적 종교교육에 있어서 정의 교육에 중점을 두고 있는데, 그가 주장하는 정의 개념은 편견극복을 위한 기본적 원리가 된다. 인간의 존엄성과 개인의 권리를 약탈하거나 인정하지 않는 것은 편견 작용으로부터 나오는 결과이다. 자기 우월주의나 열등의식에 빠져 다른 상대의 인격과 독특성을 인정하지 않고 무시하거나 차별시키는 사고와 태도를 말한다. 이것은 '모든 인간은 평등하고 존엄하다'는 기본적이고 보편적 원리를 무시하는 사고와 태도이며 편견적 사고와 태도의 결과이다. 지나친 정치 경제적 인간 이해를 고집함으로 인간을 하나님의 형상에 따라 지음을 받은 자로 인간의 존엄성과 평등성을 무시하며 노동 수단, 이용 수단, 지배 수단으로만 치우쳐 보는 사고와 태도이다. 이러한 편견으로 인간을 비인간화시킨다. 이것은 타자를 본연의 있는 그대로서 받아들이지 않을 때 일어난다. 그러므로 정의 실현은 자기 우월주의로 인한 편견을 넘어서 인간의 존엄성과 권리를 회복시켜 주는 길이다. 편견이 없는 사회란 각 개인의 독특성과 인격을 존중해 주고, 공동의 선을 위해 서로의 존엄성과 권리를 장려하는 정의 사회를 말한다.

정의 실현을 위한 기독교적 종교교육의 근거는 '하나님 나라' 실현
이다. 이것은 또한 편견극복을 위한 중요한 근거가 된다. 그 이유는
'이미,' '벌써' 그러나 '아직'이라는 개념으로서 하나님 나라의 이해는
완성으로서가 아니라 창조적인 미래로 열려진 것으로 함께 이루어
나갈 과제가 되기 때문이다. 하나님 나라는 다가오는 미래를 향해
성취되어 가는 과정(process 혹은 pilgrimaging)으로 이해될 때 역으로
지금의 어떤 공동체도 완성된 완벽한 제도는 없다는 뜻이다. 절대적
인 완전한 제도를 신봉하게 될 때 이것은 우상이며 편견에 빠진다.

기독교 신앙에서도 어느 특정한 상황을 만들어 하나님의 나라를
절대적으로 신봉하도록 형상화시키며 강요하는 신앙은 우상화이며
이러한 신앙으로 편견적 사고와 태도를 보인다. 그러므로 하나님
나라를 하나님의 은혜와 선물로 이해하는 것은 중요한 신학적 교리
이다. 하나님 나라의 건설, 즉 정의가 실현되는 나라는 인간의 노력
에 의해서만 이루어지는 것이 아니라 하나님의 은혜로 성취되는 것
이다. 그리고 어느 특정한 사람에 의해 이루어지는 것이 아니라 공동
체가 서로 함께 이루어 가야 할 과제이다.

결론적으로 정의 실천을 위한 교육이란 편견극복의 문제이다. 그
룸이 제시하고 있는 기독교적 종교교육의 핵심은 인간성 회복의 문
제와 하나님 나라 성취이며 정의와 평화 교육은 편견극복의 과제이
다. 다음은 그룸이 주장하는 "함께 나누는 삶의 실천"(shared praxis)을
위한 5단계의 과정을 편견극복을 위한 교수학습 과정으로 설명하고
자 한다.

첫 단계, '현재적 행동'(present-action)으로 실제 경험한 편견에 대
해 함께 말하고 듣는 단계이다.[15] 참여자(학생)들이 그들의 일상생활

속에서 경험한 개인적 편견이나 사회적 편견의 모습들을 노출시키는 첫 단계이다. 이 단계에서 편견적인 행동이나, 생각이나, 느낌이나, 감정이나, 반응이나, 관계 등을 질문과 대화를 통해서 이끌어낸다. 이때 무엇보다도 중요한 것은 참석자들 사이에 공동 학습자 참여자로 수평적 대화와 상호 신뢰감이 중요하다. 또한 자유스럽고 친절한 분위기로 환대의 마음으로 진행시켜 나가는 일이 중요하다.

둘째 단계, '비판적 성찰'(critical reflection)을 하는 단계이다.[16] 첫 단계에서 이야기한 편견의 생각과 태도들을 다시 생각해 보면서, 왜 그와 같은 행동을 하였는지? 그 사고와 행동의 의도는 무엇이었나? 등의 질문을 하는 단계이다. 다시 말해 비판적인 사고를 통해 현재 행위에 관한 분석과 그 행위 이유와 그 행위의 결과를 성찰하도록 도움을 주는 단계이다. 이 단계에서 필요한 것은 분석적인 사고력이다. 참여자로 하여금 편견이 생기게 된 동기나 사회적 조건, 규범, 가정 혹은 기타 관심이나 가설이나 정치 경제적 지배 이데올로기를 밝히며 분석하는 일이 중요하다. 그리고 현재 편견 된 사고와 태도의 기원과 작용을 규명하면서, 그와 같이 편견 원인이 되는 사회 문화적 영향을 노출시켜 드러내며, 창조적인 상상력을 통해서 이전에 억압되었던 상태로부터 미래의 해방 모티브를 찾는 중요한 단계이다. 프레이리에 의하면, 이 단계를 비판적 사고를 통하여 암호화된 (coded) 문화적 편견이나 지배 이데올로기를 해독(decding)하는 의식화 교육의 단계이다.

---

15 Ibid., 208-210.

16 Ibid., 211-2.

셋째 단계, 기독교 신앙공동체 이야기(성서)를 연결시켜 제시하는 단계이다.17 기독교적 종교교육의 상황 속에서 기독교 신앙공동체가 편견극복을 실천해 온 모습들(생각과 행동)을 연결하는 단계이다. 이 단계에서 편견 문제와 편견을 극복하기 위한 기독교 신앙 이야기와 비전을 연결하여 은유적 사용하여 제시하는 일이다. 예를 들면, 창조 이야기를 통하여, 신과 인간, 자연과 인간, 인간과 인간 사이에서 나타난 하나님의 창조 의도와 섭리를 반영하는 삶의 조화와 관계성을 보여주며, 다른 한편으로 신앙공동체에서 원래 하나님의 창조 의도와 섭리와는 다르게 나타난 소외와 갈등, 대립과 파괴 등 다양한 문제를 일으킨 편견 문제와 그 편견극복을 위한 노력을 신앙적 실천을 찾아보는 것이다.

또한 하나님의 형상으로 지음 받은 인간에 관한 이야기를 통하여, 모든 사람의 인격 존중과 평등이 요구되며, 우상과 편견으로 타락하고 왜곡된 인간의 모습을 보여준 이야기와 편견극복으로 하나님의 형상으로 지음 받은 인간의 모습의 회복을 보여주는 비전의 이야기를 찾아보는 노력이다. 그리고 죄와 구원에 관한 이야기를 통하여, 편견에 사로잡혀 죄의 노예가 된 인간의 모습과 진리를 통해 아집과 편견으로부터 해방하여 자유를 얻는 구원의 행위 이야기와 비전들 그리고 용서와 화해에 관한 이야기, 사랑과 나눔의 이야기, 정의와 평화에 관한 이야기, 하나님의 나라에 관한 이야기들을 통하여 편견극복의 방법과 노력을 보여준 기독교 신앙공동체의 이야기와 비전을 보여주는 단계이다. 기독교 신앙공동체 이야기와 비전속에 비춰

---

17 Ibid., 214-217.

진 죄와 편견 문제, 우상과 편견 문제, 신앙공동체와 편견 문제 그리고 교리와 편견 문제뿐만이 아니라 구원과 편견극복의 과제, 계급적 이원론적 신앙과 편견 문제, 정의/평화와 편견극복의 과제, 사랑/나눔과 편견극복의 과제 등을 반성적 사고를 통해 고찰해보면서 하나님이 그의 백성들과 어떻게 함께 하셨고 그의 백성들이 하나님의 활동과 의도에 어떻게 응답해 왔는가에 대한 이야기를 끌어들이는 단계이다.

한 걸음 더 나아가 이 단계에서 비전에 대한 깊은 성찰이다. 비전이란 우리를 하나님의 나라로 향해 부르신 이야기로부터 나온 것이다. 이 기독교의 이야기와 비전은 자기 정체성과 현실적 편견의 문제를 노출시키며, 편견극복의 방법을 통해 개인과 사회의 관계를 변화시키는 잠재력과 미래의 창조적인 삶의 방향과 패턴을 제시해주는 가능성을 준다. 이 단계에서도 다른 단계와 마찬가지로 정보 주입식 방식의 전달이 아니라 기독교 신앙공동체의 이야기와 전통 속에 나타난 편견의 모습과 편견극복의 모습을 대화방식의 이야기를 통해 보여주는 일이 중요하다.

넷째 단계, 기독교 신앙공동체 이야기와 비전으로 참여자들을 초청하여 그들의 삶과 상황에 발생한 편견과 편견극복의 문제를 개인적으로 평가하는 단계이다.[18] 이 단계에서는 자신이 설명한 삶의 이야기와 비전과 기독교 신앙공동체의 이야기와 비전이 서로 바른 진리를 탐구하기 위한 바탕이 되고 상호 수정과 창조의 관계가 된다. 단지 기독교 신앙공동체 이야기와 비전이 하나의 이데올로기적 허

---

18 Ibid., 217-220.

구나 그 외에 어떤 다른 것을 생각할 수 없게 하는 일방적인 최종적 말로서 사람들의 삶을 강요하는 것이 아니다. 오히려 참여자가 스스로 설명한 그들의 삶의 문제나 편견의 문제에 대해 기독교 신앙공동체의 이야기와 비전에서 나타난 편견과 편견극복의 문제를 상호 대화와 관계적 접근으로 비판적 평가하는 단계이다. 만일 이와 같은 상호적 대화가 없다면 참여자의 말은 일관되게 침묵을 지킬 수밖에 없고 교사나 지도자의 말은 이미 일방적으로 굳어진 이데올로기가 되고 말 것이다. 참여자가 지정한 편견의 문제와 기독교 신앙공동체 이야기에서 나타난 편견 문제와 그 극복의 노력을 상호적이고 수평적 만남과 대화를 살펴보면서 어떻게 우리 자신의 편견에 관한 이야기를 신앙공동체 이야기에 응답해야 하는가를 생각하는 단계이다.

다섯째 단계, 미래를 위한 개인적 신앙 응답과 결단을 선택할 기회를 부여하는 단계이다.[19] 이 단계의 목적은 현재 행동 속에서 구체화된 편견극복의 비전을 하나님 나라의 비전에 비추어 반성적 사고를 통해 비판하고 그 비전에 고백적인 응답으로 편견 없는 세상 만들기를 위한 미래의 행동을 결단하는 것이다. 편견을 좁히기 위해 앞으로 어떻게 행동을 해야 하는가를 결단하는 단계이다. 정의와 평화를 실천하기 위한 새로운 앎의 단계이다. 비판적 성찰이란 우리 자신의 이성과 회상과 상상만이 아니다. 하나님의 활동에 비추어 하나님의 창조 의도에 대한 실재를 깨달아 그 실재를 변화시켜 나가는 것이다. 이것이 바로 우리 안에 역사하시는 성령의 능력이요 은혜인 것이다. 근본적으로 편견극복의 과제는 기독교적 관점에서 사랑의 행동으

---

19 Ibid., 220-223.

로 옮겨질 때 이루어진다. 그것은 단순히 진리나 사랑에 관해 사변적으로 알고 있는 상태가 아니라 실천 행동으로 옮겨졌을 때 일어난다. 기독교적 종교교육에 있어서 편견극복을 주력하기 위해서 우리는 참여자에게 편견극복을 위한 결단과 행동과 참여를 하도록 안내하고 인도해야 한다. 단순한 관념이나 생각에 머무르는 것이 아니라 기도와 실천 행위(praxis)으로 초청해야 한다. 이것은 정의와 평화를 이 땅에 이루기 위한 의도적이고 의식적인 편견극복을 위한 교육과정이 되어야 한다. 물론 편견극복을 위한 교육을 주장하는 데 있어서도 인문사회과학적인 인접 학문들과 통합적 고찰을 통해 또 다른 편견에 빠지지 않도록 기독교 종교교육의 획일적인 방법만을 고집하는 일이 없어야 할 것이다.

3. 온전한 자아 회복을 위한 영성과 교육[20]

무엇보다 편견의 문제가 사회적 편견보다 개인적 편견으로부터 발생한다고 할 때, 그 근원은 자아에 달려 있다. 자아의 다양한 문제, 즉 왜곡된 자아, 상처난 자아, 교만으로 부풀린 자아, 거짓된 자아, 억압된 자아 등 다양한 자아의 문제로부터 그 원인을 찾을 수 있다. 따라서 어떻게 온전한 자아를 회복함으로 타자의 관계를 회복할 것인가에 대한 문제는 편견을 극복하는데 근본적인 접근 방법이다. 다음으로 온전한 자아 회복이란 무엇이며, 어떻게 회복이 가능한

---

20 이 글은 「신학논단」 제85집 (2016. 9. 30.): 195-225에 수록된 원고를 수정, 보완한 논문임을 밝혀둔다.

것인지에 대해 알아보고자 한다.

오늘날 우리는 자아 상실의 시대를 살고 있다. 한병철은 이 시대를 가리켜 "우울 사회" 혹은 "피로 사회"로 지적한다. 그는 그 원인을 성과사회로의 전환에서 찾는다. 성과사회의 심리적 질병은 "오직 자기 자신이 되어야 한다는 명령이 아니라 성과를 향한 압박이 탈진 우울증을 초래한다"[21] 또한 이러한 우울증은 "긍정성의 과잉에 시달리는 사회의 질병"들 가운데 두드러진 질병이다.[22] '성과사회'에서 '긍정성의 과잉'은 자아를 부풀리거나 자아를 축소하여 결국 왜곡된 자아와 자아 상실을 초래하게 하여 현대인의 병이 되고 있다.

자아를 찾는 노력은 역사 속에서 끊임없이 이어져 왔다. 그것은 "인간이란 무엇인가?"에 대한 또 다른 면이기도 하다. 자아란 존재하는가? 그리고 온전한 자아란 무엇인가? 자아(自我)란 뜻은 사전적으로 다음과 같이 정의한다(네이버 국어사전). 자아(ego)란 "자기 자신에 대한 의식이나 관념"을 말한다. 특히 "정신분석학에서 자아는 이드(id), 초자아(super ego)와 함께 성격을 구성하는 한 요소로, 현실 원리에 따라 이드의 원초적 욕망과 초자아의 양심을 조정한다." 철학적인 개념으로부터 자아란 "대상의 세계와 구별된 인식–행위의 주체이며, 체험 내용이 변화해도 동일성을 지속하여, 작용–반응–체험–사고–의욕의 작용을 하는 의식의 통일체"라고 정의한다. 이와 같이 자아와 관련된 용어들은 다양하다. "자기," "주체," "주관," "자의식," "나" 혹은 "에고"라는 용어로 다양하게 사용된다. 자아에 관한 이러

---

21 한병철 지음/김태환 옮김, 『피로사회』 (서울:문학과지성사, 2012), 27.
22 앞의 책, 28.

한 개념들과 다양한 용어들은 인간이란 무엇인가를 연구하고 접근하는 방법에 따라 다르게 나타난다. 그 결과 자아에 대한 이해가 다양하게 나타나기 때문에 자아란 무엇인가를 한마디로 정의하기가 쉽지 않다. 그러나 자아 연구가들은 자아에 대한 명확한 정의를 밝혀냄으로써 자아의 손상을 막고 자아가 성숙에 이르도록 도움으로써 온전한 삶을 살아가도록 돕고자 한다.

온전한 삶이란 다른 말로 건강한 자아를 회복하거나 성취하는 일이라고도 볼 수 있다. 여기서 온전한 삶이란 내적 개인의 차원, 대인관계의 차원 그리고 개인 외 사회 문화적인 차원 그리고 초개인적인 차원 등으로 삶의 전체성을 말한다. 이런 관점에서 온전한 삶이란 "전인적(wholistic) 삶"이라고 본다.23 영성 교육적 차원에서도 영성의 개념을 "초월과 내재 사이의 균형과 일치를 지향하는 총체적 차원의 영성"(spirituality in wholeness)을 강조하고 있다24. 온전한 삶이란 다차원적인 삶의 전체성을 아우르는 참 자아를 찾는 길이다. 문제는 자아를 어떻게 이해하느냐에 따라 전인적 삶의 차원이 다르게 경험되어질 수 있다. 그러므로 이글은 온전한 삶을 추구하는 자아란 무엇인가에 대해 다양한 간학문적 연구(심리학, 철학, 윤리학, 신학)를 통해 좀 더 구체적으로 자아에 대한 이해를 알아보고, 자아 개념에 대한 이해의 한계성과 문제점을 지적한 후, 신학적 관점에서 어떻게 온전한 자아를 회복하고 성숙을 도울 것인가를 살펴보고자 한다.

---

23 일본홀리스틱교육연구회 지음/송민영·김현재 옮김, 『홀리스틱 교육의 이해』(도서출판 책사랑, 1995), 54.

24 옥장흠 지음, "통전적 영성교육을 위한 교수방법에 관한 연구," 『기독교교육 논총』한국기독교교육학회, (제36집 2013. 12.), 347.

1) 자아 개념에 대한 다양한 접근

(1) 심리학적 접근

자아를 연구하는 대다수 심리학자는 기본적으로 경험된 내면의 의식적 자아와 무의식적 자아의 상태를 구분하여 이 둘의 상호관계 속에서 일어나는 다양한 자아의 속성을 보여준다. 따라서 심리학적 측면에서 다양한 차원에서 자아를 설명한다. 이 다양한 자아의 개념을 데이비드 월린(David J. Wallin)은 그의 책, 『애착 심리치료』(*Attachment in Psychotherapy*)[25]에서 네 가지 차원으로 애착을 분석한다. 첫째 "몸의 자아"(the somatic self), 둘째 "감정적 자아"(the emotional self), 셋째 "표상적 자아"(the representational self) 그리고 마지막 넷째 "성찰적 자아와 명상적 자아"(the reflective self and the mindful self)로 구분하여 설명한다. 여기서 몸과 감정은 서로 분리된 자아라기보다 상호관계하며 상호작용하는 자아의 성격을 지닌다. 그러나 몸과 감정적 자아의 모습은 표상적 자아를 통해 자기 인식의 과정이 필요하다. 자기와 타인 그리고 내적 세계와 외적 세계 사이의 구별하는 정신적 표상의 발달로 말미암아 인식과 행위의 주체를 인식하게 되고, 비로소 자신과 타인에 대한 통합된 표상을 통해 의식의 통일체를 이루는 자아가 된다. 그리고 한 걸음 더 나아가 자아란 성찰적이며 명상적 자아이다. 이 자아는 신체적, 감정적, 표상적 차원의 자아와는 다르게 성찰적이며 명상적 자아의 특징은 유일하게 잠재적으로 접근할 만한 것이며, 다른 방식들로 생각하기와 마음가짐이 서로 비슷하게

---

25 David J. Wallin, *Attachment in Psychotherapy*(New York/London: The Guilford Press, 2007).

내면의 안정을 찾는 기초와 관련되기에 결정적으로 중요하다. 그뿐 아니라 통찰과 공감, 정서 조절과 개인적 행위에 대한 자각, 내적 자유함과 우리의 삶이 처해있는 복잡하고 종종 어려운 처지에 적합한 유연성으로 반응하는 능력을 키울 수 있다. 그러므로 성찰적이며 명상적인 자아는 심리학적 해방의 통로이다.[26]

이러한 월린의 다양한 자아 이해는 근본적으로 애착을 통한 대상 관계로부터 형성되어가는 것으로 관계적으로 구조화되어가는 자아이다. 월린의 자아 구별은 프로이트의 접근 방법론과 같이 이원론 구조의 성격을 띤다. 다시 말해 외적 자아(신체적 자아)와 내적 자아(감정적 자아 & 표상적 자아)로 구별하여 설명한다. 그리고 내적 자아의 경우 의식적 자아와 무의식적 자아의 상호작용을 구별하여 설명하면서 더 깊은 무의식적 차원으로 초월적 자아(성찰적 자아와 명상적 자아)를 건강한 자아를 위한 잠재적 능력으로 본다.

(2) 철학적 접근

철학적 측면에서 자아란 무엇인가? 자아의 역동적 관계와 작용에 초점을 둔 심리학접근과는 달리 존재론적으로 밝히는 존 R. 설(John R. Searle)은 그의 책, 『마인드』(*Mind: A Brief Introduction*)[27]에서 마지막 부분에서 "자아"에 대해 철학적인 입장을 밝히고 있다. 먼저 그는 "자아란 정확히 무엇인가?", "나에 관한 어떤 사실이 나를 나로 만드는가?"에 대한 물음을 묻고, 현대 철학자들이 기본적으로 동의하는

---

26 앞의 책, 61-68.
27 존 R. 설/정승현 옮김, 『마인드』(서울: 까치, 2007).

대답으로 흄이 내린 결론을 따르고 있다고 자신의 입장을 밝힌다. 기본적으로 존 설은 자아에 대한 이해를 기본적으로 경험주의 철학자의 입장에 동의한다. 즉 자아란 신체적 경험 외에 어떤 것도 아닌 것이다.

그러나 존 설은 한 걸음 더 나아가 자아에 대한 세 가지 필요한 논쟁주제들, 즉 1) 과거와 현재의 사람의 동일성에 관한 문제, 2) 신체적인 것 외에 주체적인 "나"에 관한 문제, 3) "나를 나로 만드는" 정체성 개념의 문제 등 자아를 설명하는데 필요한 철학적 논쟁 주제를 소개한다.[28] 특히 그는 "인간적 동일성에 관한 특수한 문제"를 제시하면서, 1) "신체의 시간적, 공간적 연속성," 2) "신체 구조의 상대적인 시간적 연속성," 3) "기억"의 지속성 그리고 4) "인성의 연속성" 등 네 가지 영역으로 구분하여 인간적 동일성에 대해 설명한다.[29]

결론적으로 존 설에 주장에 따르면 인간적 동일성이란 전부 개별적 경험들의 동기로부터 발생한 산물로서 개별적 경험들 외에 자아의 경험은 전혀 없다는 흄의 경험주의 철학에 동의한다. 그러나 동시에 그는 "우리는 경험의 산물 외에 자아를 절대적으로 상정해야만 한다"고 주장한다.[30] 이때 그가 주장하는 자아의 개념은 "실질적"이라기보다 "형식적"이며 동시에 "복합적"인 "실체"(entity)이다. 따라서 존 설이 이해하는 자아란 "의식, 지각, 합리성, 행동의 실행 능력, 감각과 이유를 조직할 수 있는 능력, 그래서 자유의 전제조건에서 자발적 행위를 할 수 있는 능력을 가지는 그런 실체"이다.[31] 그뿐

---

28 앞의 책, 298-299.
29 앞의 책, 300-306.
30 앞의 책, 311.

아니라 존 설은 그 밖에 자아 개념의 특징으로 중요한 두 가지 요소를 더 첨가시킨다. 그것은 1) 행위에 따른 개인의 책임적 자아 그리고 2) 시간을 조직할 수 있고 미래를 위한 계획을 세울 수 있는 자아로서 자신의 계획을 실행하여 미래의 존재를 만들어가는 미래에 투사된 자아이다.[32]

철학적 접근을 하는 존 설의 주장에 의하면 의식이란 기본적으로 생물학적인 측면에서 인간의 삶의 한 측면으로 설명되지만 인간의 존재를 의미 있게 만드는 핵심적 본질은 의식이다. 따라서 "마음의 본질은 의식이다."[33] 인간의 의식은 자아의 정체성과 존재를 경험을 통해 얻어진 실체인 동시에 정신적으로 자기를 투사할 수 있는 초월적이고 이상적인 자아를 가리키고 있음을 알 수 있다. 따라서 계속 미래를 향해 온전한 자아를 형성하도록 열려 있는 자아이다. 이러한 철학적 자아에 대한 이해는 앞서 살펴본 심리학적 자아 이해가 말하는 초월적 자아를 무의식적 깊은 차원에서 반성적 성찰과 명상적 자아로 이해하는 것과는 다르다. 철학적 접근에서 자아란 오히려 형이상학적 차원으로부터 설정된 초월적 자아이다.

(3) 응답적(책임적) 자아

위에서 존 설이 주장하는 철학적 자아 이해의 마지막 두 가지는 책임적 자아와 미래 창조적 자아이다. 이러한 자아 이해는 라인홀트 니부어(H. Richard Niebuhr)의 책, 『응답적 자아』(The Responsible Self)[34]

---

31 앞의 책, 315.
32 앞의 책, 316.
33 앞의 책, 174.

에 잘 반영되어 있다. 그는 인간의 모든 사회적 삶의 차원에서 자아의 개념을 설명한다. 즉 자아를 사회적 관계 속에서 찾는다. 대행체로써 자의 개념은 사회적 응답이 요구되며 많은 역할로 다양하고 복합적인 자아의 성격을 띤다. 따라서 인격이라 부르는 복합적인 조직체로서 자아는 통일성을 이루며 형성해가도록 자아를 가꾸어 가는 일은 개인이 직면해 있는 삶의 중요한 도전이다. 사실상 그것은 외적인 규칙과 규범이 없이는 형성될 수 없을 뿐만 아니라 내적인 응답과 자기규정이 없이는 이루어질 수 없다. 이러한 자아의 이해는 대부분의 심리학자나 도덕가들이 갖는 관심이다.[35]

라인홀트 니부어는 크게 세 가지 유형으로 자아의 개념을 설명한다. 1) "최고의 선"(the highest good)을 추구하며 삶을 가꾸어 가는 자아(self-the-maker)의 모습이다. 인간은 목표를 향해 나가는 자아이며 능동적으로 무엇인가를 만들고 가치를 만들어내는 목적론적 자아이다. 2) 아무리 최고의 선을 추구하는 일이라 할지라도 인간은 현실의 규범이나 "옳은" 법(right laws)을 지키며 시민으로 살아가야만 하는 자아(self-the-citizen)이다. 이것은 절대적 도덕적 규범과 명령을 지키며 순응하는 의무론적 자아의 경우이다. 3) 책임적 자아로서 주어진 관계들 속에서 반응하는 응답적 자아(response-relations)로서, 니부어는 목적론적 자아와 의무론적 자아보다도 이 응답적 혹은 책임적 자아의 중요성을 강조한다. 응답적 자아란 모든 개인이나 집단이 그들 자신이 누구이며, 어떤 특징을 띠고 있는지, 그들의 정서를 어

---

34 H. Richard. Niebuhr, *The Responsible Self: An Essay in Christian Moral Philosophy* (San Francisco: Harper & Row Publishers, 1978)

35 앞의 책, 54.

떻게 발전시킬 것인지 그리고 자신이 행한 것이 무엇이며 어떤 적합한 행동을 해야 하는지를 해석하는 자아이다.36

니부어는 "책임성"(responsibility)에 대해 세 가지 요소로 설명을 덧붙인다. 즉 "응답"(response)과 "해석"(interpretation)과 "책임성"(accountability)이다.37 자아란 타자와의 관계 속에서 단지 '응답적 행동'(responsive action)을 하는 존재일 뿐 아니라 대답이 주어진 질문에 대한 해석과 일치된 응답적 행동을 하는 존재이다. 따라서 "나의 목적은 무엇인가?" "무엇이 나의 궁극적인 규범인가?"라는 질문보다 "무슨 일이 일어나고 있는가?" 혹은 "나에게 일어난 일이 무엇인가?"에 대해 우선적 질문을 하면서 "나는 무엇을 해야 할까?"라는 질문에 책임성 있게 대답을 시도하는 존재이다.

니부어의 관점에서 볼 때, 자아란 행동으로 반응을 보이는 존재이며, 그 행동을 해석하고, 또한 해석된 행동들에 대한 반응을 보일 뿐만 아니라 질문의 대답에 대한 또 다른 대답을 기대 혹은 예측하는 응답적 자아이다. 이러한 자율적 수행과정으로서 자아란 니부어의 말에 따르면 "에이전트 액션"(대행적 행위)이란 개념이다. 이 에이전트 란 뜻은 "스스로 환경의 변화를 인식하고 그에 대응하는 행동을 취하며, 경험을 바탕으로 학습하는 기능"(네이버 지식백과)으로 설명한다. 니부어는 "에이전트 액션"이란 뜻을 "대화로부터 산출된 진술(statement)"이란 뜻으로 확장시켜 설명한다. 여기서 니부어가 말하는 진술이란 이미 이루어진 것뿐만 아니라 앞으로 이루어질 것에 대해

---

36 앞의 책, 60.
37 앞의 책, 61-63.

반대하거나 긍정하거나 교정하기를 기대하는 것으로, 앞으로 나가 도록 이끌며 일반적으로 의미를 지닌 전체 대화를 이끄는 역할이 다.[38]

니부어의 자아 이해는 관계적 자아, 응답적(혹은 책임적) 자아 그리고 사회적 자아로 보았다. 니부어는 사회심리학자 미드(George Herbert Mead)의 자아 개념을 통해 자아란 "반사적 언어"(a reflexive word)이며 "반사적 사실"이라고 지적한다. 사회심리학적 접근으로부터 윤리학적 자아를 이끌어 내는 니부어는 철학적 접근과 개인 심리학적 자아 이해가 갖는 한계성을 지적하고 있다. 다시 말해 심리학적 접근의 경우 대상 관계로 자아를 이해할 경우에 자기중심적 혹은 이기적인 자아로 빠질 위험성이 있을 뿐만 아니라 철학적 접근의 경우에는 자기 동일성의 이해를 자칫 이상주의적이고 초월적 자아를 설정시 킴으로써 타자를 "전체주의적 자아"로 동화 혹은 통합시키는 위험성 에 빠질 수 있다.

(4) 신학적 접근

자아에 대한 이해를 심리학과 철학의 관계 속에서 통전으로 신학적 접근을 시도하는 틸리히(Paul Tillich)는 『신앙의 역동성』이란 책에서 "궁극적 관심으로서 신앙이란 전 인격의 행위로서 자아의 삶의 중심에서 발생"하며, "전 인격체의 행위로서 신앙은 자아의 삶의 역동성 속에 참여"한다고 주장한다.[39] 신학적 접근에서 특히 틸리히의

---

38 앞의 책, 64.

39 Paul Tillich, *Dynamics of Faith*(Harper Torchbooks: Harper & Row, Publishers, 1957), 4.

설명에 따르면 자아란 신앙의 역동성과 관련이 있다. 이러한 자아의 신앙적 역동성은 여러 가지 방식들로 설명될 수 있지만 틸리히는 신앙의 역동성과 관련된 자아에 대한 이해를 기본적으로 분석심리학자들의 설명을 따른다. 즉 자아의 중심된 행위로서 신앙이란 무의식 차원의 요소의 작용 없이 상상할 수 없다고 주장한다. 따라서 무의식적 요소들은 항상 현존하며 신앙의 내용을 결정한다. 그러므로 신앙이란 의식적 행위이기도 하지만 다른 한편으로 단지 무의식적 요소들의 각 차원을 초월하여 자아의 중심에 이르게 될 때, 그 무의식적 요소들은 신앙 형성을 하는 역할을 하게 한다.[40] 틸리히의 주장에 따르면 신앙이란 자아의 모든 중심된 행위이며, 무조건이고 무한하며 궁극적인 관심의 행위가 된다.[41]

자아의 주체적인 행위로서 신앙이란 이성적 구조와 관계되어 있어서 의미 있는 언어로 표현하는 능력과 진실을 알고 선을 행하는 능력 그리고 아름다움과 정의에 대한 의식과 관계되어 있다. 따라서 이성적 자아는 분석하고 계산하며 주장하는 능력을 발휘한다. 그러나 이러한 정신의 이성적 특성을 지니는 자아라고 할지라도 인간의 본질적 본성이 정신의 이성적 특성과 일치한다고 말할 수 없다. 왜냐하면 자아는 이성에 순응하거나 이성에 역행하기도 하며, 이성을 초월하거나 이성을 파괴할 수도 있기 때문이다. 이러한 능력이 있는 자아는 모든 요소와 결합된 관계적 자아(self-relatedness)이다. 인격의 중심인 행위로서 신앙적 자아는 이성적이고 비이성적인 요소들을

---

40 앞의 책, 5.

41 앞의 책, 8.

초월하는 행위이다. 따라서 이러한 신앙적 자아는 비이성적 무의식의 충동과 이성적 의식의 구조들을 초월하는 힘이 있다. 초월적 자아는 신앙적 황홀경을 경험한다. 황홀경의 경험이란 개인적 삶의 중심 속에 결합된 모든 요소와 함께 자신이 되려는 자아를 포기하지 않고, "자신으로부터 초월해 있는 상태"(standing outside of oneself)를 의미한다.42

틸리히는 자아의 중심에 신앙이 있으며, 인간의 실존 속에서 일어나는 모든 요소가 신앙과 결합되어 있다고 주장한다. 그리고 자아의 통일성과 균형성을 이루기 위한 신앙적 자아의 중요성을 역설한다.

2) 자아 개념의 한계성과 문제점

이상에서 살펴본 바와 같이 자아에 대한 이해에 있어서 기본적으로 우리는 몸에 일어나는 생물학적 이해부터 내면에 일어나는 복잡한 변화의 문제까지 파악할 때 총체적으로 이해할 수 있다. 인간의 생물학적인 다양한 변화의 차원들을 넘어서서 좀 더 깊이 있는 자아에 대한 이해를 살펴보았다. 우선 감정과 의식과 의지 등 정신적 차원에서 자아를 이해해보려는 심리학적 자아 이해를 살펴보았다. 심리학적 자아의 개념에 대한 이해는 자아와 초자아의 구분하는 반면에 철학적 측면에서는 형이상학적 자아 이해와 존재론적으로 자아 이해를 관계시켜 파악해 보려는 시도하고 있음을 통해 자아 이해는 단순하지 않음을 알 수 있다. 이와 같이 자아를 연구하는 근본적 이유

---

42 앞의 책, 6-7.

는 온전(건강)하고 행복한 사람이 되기 위한 길이 무엇인가를 찾기 위함이다. 이런 면에서 윤리적 차원과 신학적 차원에서도 자아를 이해할 필요성, 즉 존재 이유와 삶의 목적성을 찾기 위해 신학적인 차원의 자아의 이해는 중요함을 알 수 있다.

위에서 살펴본 자아 이해를 종합해 보면 어떻게 자아를 이해할 것인가에 대한 접근 방법론적으로 크게 네 가지 방식으로 생각해 볼 수 있다. 그것은 자아와 초자아 혹은 의식과 무의식의 세계를 나눠 이원론적으로 자아를 볼 것인가 혹은 진화생물학적인 자아 이해를 중심으로 정신을 물질(육체)로 환원시켜 보는 일원론적으로 볼 것인가 아니면 심신 관계적 일원론으로 통전의 시각으로 자아를 볼 것인가라는 문제이다. 이 논쟁은 심리학적 자아 이해와 철학적 자아 이해를 논하는 데 있어서 중심 주제다. 그리고 자아를 이해하는 데 있어서 더 깊은 논쟁은 관계론적인 접근 방식으로 심신관계뿐만 아니라 사회심리학적인 관계론과 형이상학적 차원의 관계론으로 접근하는 방식이다.

이 접근방식들의 한계성과 문제점들은 다음과 같다. 첫째, 일원론적 입장이다. 즉 자아란 가장 기본적으로 몸과 관련되어 있다는 점이다. 그것은 프로이트가 이해하는 자아(ego)와 같다. 본능(id)와 자아(ego)의 작용이 일어나는 것으로 몸이 없는 자아는 존재할 수 없다. 정신분석학적 접근은 생물학적 몸과 관련된 생물학적 조직체를 전제로부터 떠나서는 생각할 수 없다. 따라서 신체적 몸의 기능과 작용을 통해, 사람들은 다음과 같은 여러 가지 질문들, 예를 들면"어떻게 느끼고 생각하고 행동하는가?" "인간이 느끼고 생각하고 행동하도록 하는 것은 본능적인 것인가 혹은 반응적인 것인가?" "그 본능과 반응은 어떻게 일어나는가?" 등 복잡하고 다양한 질문들을 통해 자아 이해를 찾고 있다.

그뿐 아니라 몸에 대한 자의식(self-consciousness)을 자아라고 정의를 내릴 때 이 자아에 대한 정의는 더욱 복잡해진다. 왜냐하면 그것은 육체(몸)의 구조와 기능뿐만 아니라 정신(마음)세계의 관계를 통해서 이해하려고 하기 때문이다. 살아있는 몸이란 육체와 마음이 상호작용하는 복합적인 실체이다. 그렇다고 그것은 기계적이지 않다. 이에 대해 길버트 라일(Gilburt Ryle)이 데카르트식 즉 몸-마음 이원론에 대해 다소 비꼬는 투로 두 관계성에 대해 지적한다. 데카르트식 몸-마음이란 "기계 속의 유령에 관한 도그마"와 같다고 말한다.[43] 여기서 기계란 몸을 뜻하며 유령은 정신이나 마음을 뜻하는 비유이다. 길버트 라일의 지적에 따르면, 데카르트식 몸과 정신의 이원론적 관계는 인간의 '철학적 신화'를 만들어냈으며, 이것은 '범주적 오류'라고 지적한다. 다시 말해 "사람은 기계가 아니며, 더욱이 유령을 간직한 기계는 결코 아니다."[44] 라일의 주장에 따르면 몸과 정신이란 이원론적으로 서로 뚜렷하게 영역별로 구별하여 장소 개념으로 말할 수 없다는 것이다.

오늘날 많은 학자는 '몸의 철학,' '몸의 신학,' '몸의 정치학' 등 몸에 관한 관심을 갖고 있음을 알 수 있다. 특히 메를로-퐁티는 "자기의 신체"(corps propre)를 "자기"로 부른다. 몸을 더 강조하는 말로서 "자아"(自我)라는 개념보다 "자기"(自己)라는 말을 사용한다. "자기"란 말

---

43 길버트 라일 지음/이한우 옮김, 『마음의 개념』(서울: 문예출판사, 2004), 19.
44 앞의 책, 101.

은 자아보다 더 구체적으로 몸과 깊은 관련된 개념이다. 개인의 몸을 뜻하는 말로서 자기란 자아를 이루는 틀이다.

헬라어에서 "소마"($\sigma\hat{\omega}\mu\alpha$/몸)란 말은 "사르크스"($\sigma\acute{\alpha}\rho\xi$/육)라는 말과 구별하여 사용한다. 그리고 몸이란 뜻으로 번역되는 '소마'란 육체란 뜻을 지닌 '사르크스'와는 다르게 '인격적 존재' 그 자체를 뜻한다. 육체와 비교되는 몸이란 "사람의 형상을 이루는 인격의 전체"를 의미한다. 여기서 인격이란 사람(몸)의 격(格)을 말하며, '격'이란 사람됨의 성품, 즉 "사람됨의 바탕과 성질 혹은 기질"이다. 따라서 몸이란 육체와 정신, 감각과 감정, 욕망과 의식, 사고와 의지 등 전체 하나로 결합되어 있는 주체로서 몸이다. 몸으로부터 모든 다양한 자아가 발현된다. 몸을 어떻게 이해하고 해석하느냐에 따라 자아의 생물학적 특성, 철학적 특성, 심리학적 특성, 사회 문화적 특성 그리고 신학적 특성으로 설명할 수 있다.

둘째, 이원론적 혹은 삼원론적 자아 이해다. 몸과 관련된 자아에 대한 고찰을 할 때, 우리는 자아를 다양하게 구조적으로 분리하거나 구별하여 분석하는 일이 가능할 것인가라는 점이다. 위에서 살펴본 바와 같이 정신분석심리학자들은 자아를 몸과 분리하고 구별하여 분석하려는 시도를 한다. 이러한 시도에 기초한 분석심리학자들은 손상된 정신적 문제를 접근하기 위해 자아를 행동과 의식을 구분하여 상호관계성을 분석하며 더 나아가 이성과 감정을 나눠서 생각한다. 예를 들어, 프로이트의 경우 자아를 개념적 구조 분석하여 본능, 자아, 초자아로 구분하며 특히 상호 역동적인 관계로부터 나타나는 자아의 모습들을 설명할 뿐만 아니라 의식을 전의식과 무의식 등 3차원의 구조로 구별하여 제시한다. 프로이트는 정신적 질환의 증상을 찾기 위해 자아를 분석하며 근본적인 자아의 문제 원인을 규명하여 정신 치료하기 위한 접근방식을 사용한다. 이원론적 혹은 삼원론적 차원으로 자아를 가설하여 설정시켜 놓고 이해하려는 정신분석심리학자의 경우 자아란 무엇인가? 사실 정신분석심리학에서 자아에 대해 말할 때 어느 특정한 하나의 현상으로 그것을 대변하기에는 애매모호한 점이 많다. 정신분석심리학에서 말하는 이상적인 자아란 정신적 질환이 없는 건강한 자아로서 그 자아가 어떠한 것인지에 대해 정확히 표현할 수 없다. 단지 내적 복합적인 다양한 자아로 구별시켜 놓고 그 자아의 역학적 관계로 특성들을 살펴볼 뿐이다. 이런 관점에서 볼 때 정신분석학적 대상으로 자아란 강한 독립적 자아 형성을 건강한 자아로 삼고 있지만 병적인 원인으로 무의식의 작용과 해석의 문제는 늘 해결하지 못한 체 남아있다.

셋째, 통전적인 자아를 찾아보려는 시도이다. 전체 통일성 있는 지속 가능한 의식으로부터 자아를 인식하는 개념으로 자아를 설명하고자 시도한다. 다시 말해 체계적이며 관계적이고 역동적인 의식의 흐름 속에서 통전적 자아를 파악하고자 노력한다. 밖으로 드러난 다양한 부분적 자아만을 가지고 전체 자아를 이해할 수 없는 한계성이 있다. 이러한 관점은 베르그송의 주장과 같이 자아의식이란 생의 흐름 속에서 지속 가능한 것으로 파악할 수 없는 대상으로 보이기 때문이다.[45] 여기서 자아란 동일하게 지속적이며 통일된 생의 전체를 말한다. 이 자아를 이해할 수 있는 길은 해부하고 구별하고 분별하는 지성이 아니라, 내면에서 순간순간 나타나는 직관으로부터이다.

---

45 Henri Bergson, *An Introduction to Metaphysics: The Creative Mind*(Totowa, Helix Books, New Jersey: Rowman & Allanheld, 1983).

표상에 떠오른 부분적인 의식적 자아는 지성으로 설명 가능할 수 있겠지만, 전체로 융합되어가는 지속적 흐름 속에 있는 자아, 즉 미래를 향한 창조적 진화의 과정에 있는 온전한 자아를 파악하는 일은 쉬운 일이 아니다. 따라서 자아란 목적을 가지고 지향해 나가며 조화와 균형을 찾아 통합되어가는 과정이다. 고정되거나 변하지 않는 것이 아니라 끊임없이 변화의 과정에서 온전함을 향해 창조적 진화되어 가는 과정에 있는 자아이다.

그러나 창조적 진화의 과정에서 자아를 원인론적으로 파악하기보다 목적론적으로 통합적 자아로 이해하려는 시도는 차이와 다름을 자아의 영역으로 통합시켜버림으로 자연히 주관주의에 빠지게 된다. 그래서 바람직한 목적론적 자아가 무엇을 말하는지 설정하기 애매한 상태에 놓이게 된다. 또한 타자에 대한 인식까지도 자아의 동일자로 환원된다는 문제점이 남게 된다.

넷째, 자아의 내적 심신관계론적 접근뿐만 아니라 자아와 타자 혹은 외적 대상과의 관계론으로 이해하는 관점이다. 정신분석학자 코후트(Heinz Kohut)가 주장한 바와 같이, 정신분석학적 상황 속에서 나타나는 것으로 자아(self)란 정신적 작용의 내용이기는 하지만 정신적 대행체들 가운데 하나는 아니다. 정신적 대행체는 아니지만 그것은 하나의 정신적 구조가 있다. 왜냐하면 자아란 본능적 에너지에 집중되어 있으며 시간 속에서 지속되는 연속성을 띄고 있기 때문이다. 더욱이 정신적 구조를 이루기 때문에 또한 정신적 위치(장소)가 있게 마련이다. 자아의 표상들이 더 특별하고 다양하게 나타나기 위해 본능(id)과 자아(ego) 그리고 초자아(superego) 속에 존재할 뿐만 아니라 정신적 유일한 대행체로 존재하기도 한다. 그래서 때로 의식적이고 전의식적인 모순된 자아의 표상들, 예를 들어 과장되거나 열등한 것으로 나타난다.[46] 인격 장애자들은 자아 영역과 낡은 과거의 대상, 즉 낡은 과거의 자아와 계속 친밀하게 결합된 자기도취적 리비도로 말미암아 집착된 지나간 낡은 과거의 대상(self-objects), 즉 자아와 구별되고 독립된 것으로 경험되지 않는 대상의 영역에서 고통을 받고 있는 자아들이다. 따라서 그들은 낡은 과거의 자아 구성에 고정되어 있거나 혹은 낡고 과대평가된 자기도취적으로 집중된 대상에 집착된 자들이다. 이러한 환자들은 "미숙한 자기애"로 말미암아 "자아도취적 인격장애" 혹은 "경계성 인격장애" 등에 빠지게 된다는 것이 코후트의 주장이다.[47]

타자윤리학자인 레비나스(Emmaneul Levinas)의 자아 이해는 코후트의 문제점과 한계성에 대해 뒷받침해 준다. 레비나스에 따르면, 자아(self)를 의식적인 표상을 객관화하거나 주체화 혹은 대상화 하는 인식론적 자아로 동일시할 때 왜곡된 자아는 "탈신체화" 혹은 "자아상실"을 초래한다는 주장이다.[48] 따라서 코후트의 정신분석학적 미성숙한 자기애로부터 나오는 자아도취적 인격장애의 문제점을 레비나스는 "형이상학은 존재론에 선행한다"는 명제로부터 그 실마리를 찾는다. 즉 형이상학적 관계는 존재와 의식을 넘어선 타자적 존재자로 초월을 통해서만 가능하다. 레비나스가 주장하는 온전한 자아란 자아의 의식과 표상의 작용보다 타자와의 초월적 관계가 더

---

46 Heinz Kohut, *The Analysis of The Self*(New York: International Universities Press, INC, 1971), Preface, xv.

47 앞의 책, 3.

48 김연숙,『레비나스 타자 윤리』(서울: 인간사랑, 2002), 38.

선행한다.[49] 레비나스는 형이상학적 존재론으로부터 형이상학적 윤리로 전환시켰다.

그렇다면 어떻게 타자를 자기 안으로 동화시키고 통합하는 이기주의적 자아의 과정과 구조 속에서 타자의 타자성을 인정하면서 타자와의 상호 주체적 관계를 맺을 수 있겠는가? 레비나스는 타자란 절대적 다름과 차이성을 지니고 있기에 절대적 타자와 자아를 연결시켜주는 것은 "초월"(transcendence)의 힘이다. "타자로의 열망과 초월"을 통해 자아의 동일자 안에 타자가 포함되는 것을 막는 대신 그들 사이의 관계를 분리하면서도 연결하는 것으로 전환이 발생한다. 이러한 전환에 대해 레비나스는 "시각의 전환," "마음의 전환," "지성의 전환"이라 칭한다.[50]

레비나스의 "타자와의 초월적 관계"란 마르틴 부버가 주장하는 "I-You의 관계"이다. 타자를 소유하거나 지배하거나 통제하는 대상으로서 관계가 아니라 타자를 향한 온전한 자아의 관계 I-You의 관계이다. 데리다의 주장과 같이 자아와 타자와의 관계란 대립적이지 않고 자아의 동일성을 갖춘 실체로써 개념이 아니라 "타자와 주체의 구성적 상호 관계성을 기초로 한 변별관계"이다. 즉 자아란 "관계성, 변별성, 타자성을 포함한 열린 주-객체의 혼합 개념"이다.[51] 레비나스는 인간이란 자기중심적 내면성을 지닌 자아인 동시에 자아 밖으로 타자를 향해 나가는 존재로 본다. 타자로 뻗어나가는 자아의

---

49 앞의 책, 61-62.

50 앞의 책, 110-111.

51 윤효녕 외 3인 지음, 『주체개념의 비판: 데리다, 라캉, 알튀세, 푸고』 (서울대학교출판부, 1996), 52-53.

열망과 초월의 힘이야말로 낯선 자를 향하는 것이며 타자의 다름을 수용하는 힘이 되는 것이다.

이렇듯 레비나스의 주장에 따르면 온전한 자아란 타자에게 소외되거나 지배되거나 종속되는 것이 아니다. 오히려 타자에게 온전히 "응답하는 자아"이다. 즉 타자를 위한 책임을 지는 "윤리적 자아"로 존재할 때 온전한 자아를 이룬다. 이와 같은 레비나스의 주장[52]은 타자에 대한 윤리적 책임을 갖게 자아로 이해하는 라인홀트 니부어의 주장과 일치한다.

예수께서 말씀하신 두 가지의 큰 계명은 니부어의 주장과 레비나스의 주장을 뒷받침해준다. 마태복음 22장 37절에서 "예수께서 이르시되 네 마음을 다하고 목숨을 다하고 뜻을 다하여 주 너의 하나님을 사랑하라 하셨으니 이것이 크고 첫째 되는 계명이요 둘째도 그와 같으니 네 이웃을 네 자신과 같이 사랑하라 하셨으니…." 이 계명을 지키는 일이 예수께서 가르쳐주신 온전한 자아가 되는 길이다. 이것은 레비나스가 주장하는 "타자와의 초월적 관계로의 전환"이란 하나님 사랑이며, "타자를 향한 응답적 자아"란 이웃사랑을 통해 온전한 자아를 이루는 길이다. 하나님 사랑과 이웃사랑을 실천하는 온전한 사랑만이 온전한 자아가 되는 길이다.

3) 온전한 자아 회복을 위한 영적 지도와 교육

그렇다면 신학에서 말하는 온전한 자아란 무엇인가? 온전함이란

---

52 김연숙, 『레비나스 타자 윤리』 (서울: 인간사랑, 2002), 197.

부분적 이해가 아니다. 전체로 이루어진 상태 혹은 하나로 통일된 상태이다. 어원적으로 "홀리스틱"(holistic) 혹은 "홀리즘"(holism)이란 단어의 어원은 그리스어 '홀로스'(holos, 전체)란 뜻으로 오늘날 "전체"(whole), "건강"(health), "치유"(healing), "거룩"(holy)이라는 단어의 어원이다. 성서에서 온전함이란 뜻은 홀리즘의 어원들과 가장 가깝다. 성서는 그 온전함을 거룩함이라고 말한다. 레위기 11장 45절에서 거룩한 하나님은 우리도 거룩하게 되기를 원기를 원하신다. "나는 너희의 하나님이 되려고 너희를 애굽 땅에서 인도하여 낸 여호와라 내가 거룩하니 너희도 거룩할지어다." 특히 출애굽의 사건은 온전함으로 회복하는 하나님의 섭리를 보여주는 결정적인 사건이다. 다시 말해 애굽의 노예 상태에서 건져내신 하나님은 거룩한 분으로, 물질만능주의로 비인간화되고 병들어가는 인간을 구원하시기 위해 이스라엘 백성들을 애굽으로부터 건져내신 온전한 분이다.

그뿐 아니라 예수께서도 제자들에게 하나님의 온전하심을 가르쳐주셨다. "그러므로 하늘에 계신 너희 아버지의 온전하심과 같이 너희도 온전하라"(마태복음 5장 48절). 여기서 "너희도 온전하라"는 뜻은 물질과 돈으로 우상이 되어버린 정치 권력과 지배의 노예 상태로부터 빚어지는 악의 구조, 즉 죄와 소외, 비인간화와 공동체 파괴로부터 자유와 해방하라는 뜻이다. 따라서 "하나님께서도 온전하심과 같이 너희도 온전하라"는 뜻은 거룩함으로의 회복을 의미한다. 거룩하시고 온전하신 하나님은 사랑이다. 그 하나님의 사랑은 두려움이 없고, 온전한 사랑이 두려움을 내쫓는다. 두려움에는 형벌이 있기 때문에 두려워하는 자는 사랑 안에서 온전한 자아를 이루지 못한다 (요한일서 4장 18절).

토마스 머튼은 심리학적 특성들 가운데 "거짓 자아"(the false self)의 두 가지 가장 강한 특징이 있는데, 그것은 "죽음에 대한 두려움"(fear of death)과 "자기 긍정성의 욕구"(the need for self-affirmation)이다. 이런 거짓 자아는 '존재'와 '성취'라는 그 자체 근원이 될 뿐만 아니라 상호작용에 의해 지배하거나 직면한 모든 것을 진정시키면서 그것은 도전과 반항으로 나타난다.53 그 결과 거짓 자아에 사로잡힘으로 "속임수와 간사한 유혹에 빠져" 권력, 탐욕, 공격, 분열, 시기, 질투를 불러일으킨다. 성서 야고보서 1장 14-15절에 기록된 바와 같이, "오직 각 사람이 시험을 받는 것은 자기 욕심에 끌려 미혹됨이니 욕심이 잉태한 즉 죄를 낳고 죄가 장성한즉 사망"에 이르게 된다. 거짓 자아는 자기도취적 자기애에 빠져 욕심으로 죄를 낳고 죄의 삯은 사망에 이르게 된다. 따라서 사도 바울은 에베소서 5장 25절에서 "그런즉 거짓을 버리고 각각 그 이웃과 더불어 참된 것을 말하라 이는 우리가 지체가 됨이라"고 강조한다.

머튼이 거짓 자아의 근원으로 자기 긍정성을 지적하는 내용은 위에서 살펴본 레비나스나 마틴 부버(Martin Buber)의 주장과 유사하다. 부버는 나와 너(I and You)라는 책에서 진술하기를 "나"(I)라는 자아가 또 다른 타자인 "너"(You)와 직접적이고 순수한 관계로 들어갈 수 있는 능력은 "자기긍정성"을 향한 그릇된 강한 충동을 포기할 때 이뤄진다.54 위에서도 언급한 바와 같이 이와 같은 부버의 이해는 레비나스의 경우에도 같은 입장에서 자아와 타자와의 관계를 자기

---

53 Thomas Del Prete, *Thomas Merton and the Education of the Whole Person* (Birmingham, Alabama: Religious Education Press, 1990), 36.

54 Martin, Buber, *I and Thou*(New York: Charles Scribners Sons, 1970), 126.

긍정성(가능성) 실현으로부터 오는 "자기 주체화는 타자의 외재성을 자신의 것으로 동화 혹은 통합시킬 위험성"을 지적하였다.[55] 즉 자기 도취적 자아의 위험성을 말한다.

이런 배경 속에서 한병철은 오늘날 우리 사회를 나르시시즘적 경향이 점점 강화되어 가는 사회로 진단하면서, 자기애에 몰입해 있는 자아는 자기 자신을 위해 타자를 배제하는 부정적인 경계선을 긋는 반면, 나르시시즘적 자아는 명확한 자신의 경계를 확정하지 못한다고 지적한다.[56] 즉 타자의 타자성을 인식하고 인정할 줄 모르는 이기주의적 자아 중심성으로 타자를 자기화해 버리는 폭력성을 고발한다. 한병철은 그 대안을 "에로스"(사랑)에서 찾는다. 그에게 있어서 사랑이란 "나의 지배영역에 포섭되지 않는 타자를 향한 것"으로 자아와 타자를 연결해주는, 절대적으로 다른 타자로 향해 나가도록 해주는 초월적인 힘이다. 따라서 사랑은 모든 두려움을 내쫓을 뿐만 아니라, 한병철의 주장과 같이 "우울증은 사랑의 불가능성을 의미"하며, "불가능한 사랑은 우울증을 낳는다".[57] 그 우울증은 에로스(사랑)로 말미암아 "타자를 타자로서 경험할 수 있게 하고, 이로써 주체를 나르시시즘의 지옥에서 해방" 시킬 수 있는 유일한 길이다. 왜냐하면 "에로스를 통해 자발적인 자기부정과 자기 비움의 과정이 시작"되기 때문이다.[58]

또한 토마스 머튼은 거짓 자아와는 다르게 참 자아를 소개한다.

---

55 김연숙, 『레비나스 타자 윤리』 (서울: 인간사랑, 2002), 97.
56 한병철 지음/김태환 옮김, 『에로스의 종말』 (서울: 문학과 지성사, 2015), 19.
57 앞의 책, 22.
58 앞의 책, 20.

참 자아란 "대상"으로서 타자를 조정하거나 지배하지 않는 자아이다. 오히려 그 자아는 주체로서 타자가 함께 내재적 동기를 가지고 상호 주체성 속에서 공유하면서 타자와 동일시한다. 내재적 동기화된 주체성이란 주어진 과제 자체와 성취감을 즐길 뿐 활동 자체가 보상이나 어떤 처벌이나 유인책도 필요하지 않다. 이러한 상호 주체적 자아와 타자는 함께 살면서 하나님 사랑의 현존을 나타낸다. 따라서 참 자아란 함께 서로 듣고 더 충분하게 사랑에 응답할 수 있도록 타자와 대화로 이끌어간다.[59]

성서에서 이러한 참 자아의 모습은 예수 그리스도의 겸손에서 나타난다. 예수 그리스도의 삶을 본받을 때 참 자아를 회복할 수 있다. 예수 그리스도 안에 "마음을 같이하여 같은 사랑을 가지고 뜻을 합하며 한마음을 품어 아무 일에든지 다툼이나 허영으로 하지 말고 오직 겸손한 마음으로 각각 자기 일을 돌볼뿐더러 또한 각각 다른 사람들의 일을 돌보아 나의 기쁨을 충만하게 하라"(빌립보서 2장 2-5절). 이 본문은 니부어와 레비나스 그리고 토마스 머튼이 주장하는 내용과 일치한다. 즉 자아란 주체로서 타자와 함께 내재적 동기를 가지고 상호 주체성 속에서 공유하면서 타자와 동일시하는 모습이다.

그뿐 아니라 온전한 자아가 되기 위해 꼭 필요한 이해는 "생성하는 자아"(the emergent self)에 대한 이해이다. 자아란 성숙을 요구하며 아직 완성된 자아가 아니기 때문이다. 생성되어가는 과정에 놓여있는 불완전한 상태의 결핍된 자아이기 때문이다. 이러한 자아는 온전함을 충족하기 위한 진행하는 자아로서 카암(Adrian van Kaam)과 크

---

59 Thomas Del Prete, *Thomas Merton and the Education of the Whole Person* (BIrmingham, Alabama: Religious Education Press, 1990), 47.

룬넨버그(Bert van Croonenburg) 그리고 무토(Susan Annette Muto)는 주장한다. 그와 같은 자아를 그들은 "생성하는 자아"(the emergent self)라고 본다. 이러한 자아는 계속되는 사건이며, 우리는 결코 온전한 자아에 도달할 수 없다. 단지 온전한 자아로 생성되어갈 뿐이다.[60]

다른 한편으로 온전한 자아란 용기와 훈련을 통해서 얻어지는 배움의 자아(learning self)이다. 가르침과 배움을 통해 온전한 자아를 회복하고 성숙의 길로 나아가게 된다. 빌립보서 3장 12절에서 사도 바울은 생성하는 자아의 모습에 대해 그러므로, "내가 이미 얻었다 함도 아니요 온전히 이루었다 함도 아니라 오직 내가 그리스도 예수께 잡힌 바 된 그것을 잡으려고 달려가노라"고 말한다.

이런 흐름 속에서 볼 때, 영성신학자 마이클 다우니가 말하는 영성의 두 가지 측면으로 이해하는 것은 중요하다. 첫째는 영성이란 초월적 세계가 존재한다는 인식이 있는 일이며, 둘째로 분열과 비인간화하려는 힘 앞에서 자아의 온전성을 추구하려는 노력이다.[61] 첫번째 측면은 기도를 통해 초월적 세계를 경험할 수 있으며, 둘째는 교육의 과정을 통해 자아의 온전성을 추구할 수 있다. 이런 의미에서 파커 파머가 주장하는 "가르침과 배움의 영성"이란 말은 영성과 교육이 분리할 수 없는 중요한 면모이다.

결국 온전한 자아를 회복하거나 추구하기 위해서 배움의 자아(learning self)가 요청된다는 결론에 이르게 된다. 배움을 통한 자아란

---

60 Adrian van Kaam, Bert van Croonenburg, Susan Annette Muto, *The Emergent Self* (Wilkes-Barre, Pennsylvania: DIMENSION BOOKS, INC, 1968), 25.
61 마이클 다우니 지음/안성근 옮김, 『오늘의 기독교 영성이해』(서울: 은성출판, 2001), 30.

변화와 성숙을 추구하는 자아이다. 배움을 통해 온전한 자아로 형성해가는 과정이 곧 교육이다. 따라서 참 자아의 발견과 성숙의 과정은 변증적이며 관계적이다. 기독교에서 참 자아는 말씀과 기도를 통해서 발견된다. 말씀의 성찰과 직관으로 참 자아의 모습을 발견하고 기도를 통해 내면의 깊은 곳에서 하나님의 사랑과 은혜의 현존을 체험하면서 개인적 성화와 사회적 성화를 이루게 된다.

온전한 자아를 이해하기 위해 우리는 영성과 교육을 함께 관계적으로 풀어가는 것이 중요하다. 영성과 교육을 가장 바람직하게 풀어가는 것이 영적 지도이다. 이것은 내적 교사인 성령의 인도하심에 따라 하나님의 현존하심을 느끼고 만나는 가르침과 배움의 영성과정이다. 한스 게오르그 가다머(Hans-Georg Gadamer)의 주장하는 것처럼, 이것은 일종의 "자기교육"의 과정으로 해석할 수도 있다. 즉 자기 교육이란 "자기 활동성을 통하여 자기가 지니고 있는 결함을 극복할 수 있도록 능력을 길러주는 일"이다. 그래서 자신의 한계성을 지각하고 자신의 힘을 강화시켜 줌으로 자기 가능성과 자기 긍정성을 키워주는 교육이다.[62] 그러나 이러한 교육은 위에서 지적한 것처럼 지나친 자기 긍정성 혹은 가능성으로 인해 "나르시스적 자아" 혹은 "거짓 자아"로 휩말릴 위험성이 있다. 따라서 여기서 타자란 나를 위한 이용의 수단과 대상이 될 수 있다. 그러므로 내적 교사로 성령의 인도하심을 전제로 하는 영적 지도는 기도를 통해 나르시스적 자아나 거짓 자아에 휩쓸리지 않고 스스로 배울 수 있는 가능성을 열어준다. 왜냐하면 내적 교사인 "성령은 우리의 연약함을 도우시고

---

62 한스 게오르그 가다머 지음/손승남 옮김, 『교육은 자기교육이다』(서울: 동문선, 2000), 29.

말할 수 없는 탄식으로 우리를 위하여 친히 간구"(로마서 8장 26절)하시기 때문이다.

결론적으로 온전한 자아를 회복하기 위한 영성 지도는 성령의 인도함을 받아 진정한 자아를 만날 수 있도록 돕기 때문에 기도가 핵심이다. 안토니 블룸의 주장에 따르면, 기도란 "안으로 향하는 것"으로 "나 자신을 통해 나의 가장 깊은 속에서부터 하나님이 계신 곳으로 가서 그곳에서 하나님과 내가 만나기 위한 여행을 하는 것"[63]이다. 그러므로 기도란 물질 축복이나 마음 수양을 위한 것이 아니다. 기도는 자아를 발견해 가는 배움의 과정이다.

파커 파머는 "교육이 기도로 충만하지 않을 때, 즉 교육이 초월성에 중심을 두지 않을 때, 교육은 자아와 세계 사이에 진정하고 자발적인 관계성을 창조하는 데 실패한다"고 주장한다.[64] 다시 말해, 기도란 내면에서 접하게 되는 생명의 원천으로부터 자아와 세계를 알게 될 때 그리고 우리의 기도를 통해 그 원천으로부터 하여금 우리를 알도록 허용할 때 우리는 비로소 상호지배의 고리에서 자유로울 수 있으며, 세계와 다른 사람과 우리 자신을 자유롭게 사랑할 수 있게 된다는 뜻이다. 그래서 이러한 초월성 안으로 들어가도록 인도하는 교육은 삶의 외관을 넘어 삶에 숨어 있는 내적 실재들을 경험하도록 도와준다. 파머가 이해하는 초월이란 '사랑의 영'이 우리 실존의 심장부로 뚫고 들어오는 것, 불어 들어오는 것이다. 즉 자신과 타자를 전보다 더 깊은 신뢰와 더 확실한 희망으로 바라보도록 성령 안에

---

63 안토니 블룸 지음/김승혜 옮김, 『기도의 체험』(서울: 가톨릭출판사, 1974), 55.
64 파커 파머 지음/이종태 옮김, 『가르침과 영성』(서울: Ivp, 2000), 63.

거하는 상태를 말한다.[65] 이것이 레비나스가 주장하는 "타자로의 열정과 초월"이다. 안윤택의 주장과 같이, "하나님의 신비적인 초월성과 인간의 초월적 윤리행위 모두 중요하다." 왜냐하면 "초월과 내재의 구분과 긴장" 가운데 "하나님의 초월성과 내재성이 모두 의미가 있기 때문"이다.[66]

그러므로 기도로 충만한 교육은 자기중심적 자아로부터 상호주체적 타자의 관심과 배려로, 시들어가는 열정과 희망을 넘어 창조세계의 공동체를 갱신하는데 필요한 사랑을 경험하게 한다. 기도란 사랑 그 자체를 받아들이도록 온전한 자아를 열어주는 것이다. 성령의 인도함을 받는 영적 지도를 통해 분열되지 않은 온전한 자아를 향하는 여정 속에서 숨겨진 참 자아의 온전성을 회복할 수 있다.

그러므로 자아 성찰의 기회를 제공하기 위한 온전한 자아의 발견과 회복의 노력은 생물학적, 심리학적, 철학적 차원을 넘어 윤리적이며 신학적 접근이 요청된다. 그뿐 아니라 교육적 차원도 함께 고려해야 할 중요한 면이다. 온전한 자아 회복을 위한 영적 지도와 교육은 기도를 통해 자아의 편견극복의 가능성이 주어질 수 있다.

---

65 오성주 지음, 『교육신학』(서울: 대한기독교서회, 2013), 463.
66 안택윤 지음, "부정 신학적 '신적 초월'의 포스트모던적 이해에 대한 비교연구," 「신학논단」 81(2015. 9.), 165-166.

다양성과 공존을 위한 교육

20세기를 마감하고 21세기로 새로운 역사의 문턱에 들어선 오늘날 우리 사회는 점점 복잡해지고 다원화된 세계에 살고 있다. 예측 불가능한 체제 혹은 네트워크 시대를 맞이하고 있다. 이 시대를 많은 사람은 이러한 시대를 '포스트모더니즘 시대'[67] 라고 말하기도 하며 "전환기"[68]로 표현하기도 한다. 이와 같은 새로운 시대적 흐름은 모더니즘의 모순—즉 기계론적이고 결정론적이며 객관적 진리의 절대성과 일치성 혹은 일관성을 강조하여 획일화되고 표준화된 문화와 사회제도를 만들려는 시도에서 발생된 모순[69]—을 극복하기 위한 대안으로 다양한 분야(과학, 철학, 사회과학, 수학, 경영학, 문학, 인문과학, 미술, 건축)에서 체질 변화를 위해 몸부림치고 있다.

포스트모더니즘이란 모더니즘의 사고 양식에 대한 비판적 재평가를 함으로써 새로운 패러다임의 전환[70]을 의미한다. 이러한 모더

---

67 Ihab Hassen, *The Postermodern Turn: Essays in Postmodern Theory and Culture* (Columbus: Ohio State University Press, 1987); David Harvey, *The Condition of Postmodernity* (Cambridge, MA: Basil Blackwell, 1989; Patricia Waugh, *Postmodernism: A Reader* (London: Edward Arnold, 1992) 참조 바람.

68 김욱동, 『전환기의 비평논리』현암사 1998.

69 일반적으로 Isaac Newton의 경험주의와 Rene Descartes의 합리주의에 기초를 둔 과학을 말한다.

70 Thomas Kuhn의 용어를 빌리면 패러다임이란 어느 한 공동체가 지니는 많은 신념이나

니즘의 사고 양식은 자본주의적 가치관과 사회구조를 세우는 데 큰 역할을 했으며 산업구조에 있어서 대량생산성과 효율성을 강조함으로써 물질적 풍요와 과학기술의 편리함을 가져주었다. 그러나 다른 한편으로 신자본주의 대량생산과 소비라는 병폐는 공업화와 도시화를 부추겼으며 이기주의적 자본주의와 결탁한 과학기술의 개발은 생태계 환경을 파괴하였고 비인간화시킴으로써 자연과 노동과 이웃으로부터 소외시키는 결과를 계속 초래하고 있다.

이러한 신자본주의 경쟁체제에서 과열된 성과주의 사회로부터 소외과정은 개인주의와 이기주의를 불러일으켜 함께 더불어 사는 공동체 의식을 깨뜨렸다. 또한 사회 제도적 규범화와 가치체계의 일반화시킴으로 인간의 자율성과 창조성을 무시하고 문화의 다양성을 무시하게 되었다. 결국 신자본주의 체제의 포스트모더니즘 사회는 인류가 함께 더불어 살아가는 공동체임을 망각하고 상대를 경쟁의 대상으로 보고 양극화시킴으로 엄청난 대립과 갈등의 역사를 만들어가고 있다. 미국 세계금융의 상징물이었던 쌍둥이 빌딩 9·11 테러 사건 이후 제4차 산업혁명으로 AI 인공지능 출현과 전 세계적 코로나바이러스(COVID-19) 감염 그리고 온난화와 생태계 파괴로 초래하는 기후재난으로 세계 경제가 휘청거리면서 21세기 세계화시대는 새로운 패러다임으로 변화할 조짐을 보이고 있다.

21세기는 대량생산에 의한 획일적 생산과 소비문화의 패턴에서부터 벗어나 개개인의 취향과 요구에 따르는 다양한 상품의 개발이

가치 혹은 기술뿐만이 아니라 이 공동체가 사용하는 방법이나 문제 혹은 기준을 통제하는 것을 의미한다. Thomas Kuhn, *The Structure of Scientific Revolutions* (Chicago: University of Chicago Press, 1970) 참조.

요구되는 것처럼, 획일적 주입식 교육에 의해 굳어진 사고의 사람이 아니라 열린 마음을 가지면서도 배려와 포용을 실천하는 개성이 뚜렷한 인격이 요구되는 시대이다.[71]

김성곤은 "21세기 문화와 세계화의 과제"라는 글에서 한국은 "여전히 인종과 지역 그리고 여성과 아동, 또는 장애인과 나이에 대한 편견을 청산하지 못하고 있다"고 지적하면서 "21세기 문화의 특징은 모든 편견의 부재와 인류의 공존이 될 것"이라고 낙관적으로 전망한다.[72] 그러므로 "폐쇄적이고 국수주의적인 사고방식에서 벗어나 이제는 우리도 인류공존의 생활방식을 배워야만 하고 타문화를 이해하고 인정하면서 포용해야만 한다"는 주장을 한다. 그 이유는 21세기 국제사회에서는 그와 같은 편견이 결코 다시 허용되지 않아야만 하기 때문이다.[73]

그러나 21세기를 넘어 다음 세대의 문화의 특징이 모든 편견의 부재와 인류의 공존이 될 것이라고 보지 않는다. 편견은 역사에서 사라지지 않을 것이다. 그리고 편견극복은 불가능하다. 분명한 것은 그렇지만 우리는 악의 축인 편견 문제와 싸워야 한다. 그 원인과 해결책을 위해 다양한 방편으로 연구하고 실천해야 한다. 그러한 노력으로 그나마 편견은 좁혀지거나 극복될 수 있는 것이다.

편견은 고인 물과 같아서 사회를 부패하게 만든다. 좁은 세계관과 획일적 주입식 교육에 의해 굳어질 때 편견에 사로잡히게 되고 이 편견으로 말미암아 개인과 개인, 집단과 집단 그리고 문화와 문화

---

71 변윤식, "21세기, 희망의 과학기술," 「時兆」 2000년 1월호 제89권 1호, p. 22.
72 김성곤, "21세기 문화와 세계화의 과제," 「계간 사상」 (2001호 봄호), 32.
73 Ibid., 39.

간의 대립과 갈등을 일으키는 원인이 된다. 편견은 편견을 낳고 서로 차별화하고 이질화시킴으로 적대관계를 형성하게 되어 악을 악으로 갚기 위해 폭력과 살인, 테러와 전쟁을 불러일으킨다. 편견으로 꽉 막힌 사고와 태도는 다양성과 공존의 원리를 실천할 수 없도록 만드는 인간 사회를 병들게 하는 방해물이다.

특히 21세기 이후 새로운 패러다임 전환을 위한 교육[74]은 개방적이고 창의성과 창조성을 지닌 교육, 즉 다양성과 공존의 원리를 실천할 수 있는 교육으로 전환되어야 할 것이다. 좀 더 가까워진 국제사회와 다원화된 문화적 상황은 계속될 것이다. 이때 다양성과 공존의 원리에 입각한 교육이야말로 앞으로 21세기 이후 교육의 기본실천 강령이라 할 수 있겠다.

결론적으로 편견극복과 좁히기를 위한 다양성과 공존의 원리를 실천하는 교육의 기본적 지침을 다음과 같이 제안하고자 한다.

첫째, 정직한 대화를 위한 교육이 필요하다.

정직한 대화는 서로 다른 사람으로부터, 서로 다른 문화로부터, 서로 다른 종교로부터 편견을 넘어서 상대를 이해할 수 있는 폭넓은 세계관을 얻을 수 있는 기회를 준다. 프레이리가 제시한 바와 같이 대화란 일방적일 수 없다. 대화는 상호 만남과 이해의 과정이다. 대화를 서로 주고받는 과정에서 이해의 지평이 넓어지고 공감대가 형성된다. 상대를 무시하는 수직적인 대화와 권위적인 독백은 강요함으로 언어폭력을 낳는 길이다. 그것은 언제나 자신의 의견이나 주장

---

74 이러한 새로운 패러다임의 요구는 교육과정에서도 요구된다. William E. Doll, Jr., *A Post-Modern Perspective on Curriculum*, 김복영 옮김, 『교육과정과 포스트모더니즘의 시각』(교육과학사, 1993), 참조.

을 주입시키고 관철시키기 위해 상대를 항복하여 길들여지도록 강요하는 수단이 된다.

참된 대화가 이루어지기 위해서는 진실하고 정직한 대화가 필요하다. 거짓되고 정직하지 못한 대화는 상호 불신과 대화의 단절을 초래한다. 정직한 대화는 편견 없는 정직한 사회로 가는 길이다. 정의 사회실현은 정직을 실천하는 데서 온다. 정직이란 사실 그대로를 전달하고 자기 잘못을 시인하는 것이다. 거짓을 버리고 각각 그 이웃과 함께 더불어 참된 것을 말하는 사회가 편견을 극복하는 첫걸음이라 생각한다.

성서에서 가르쳐주고 있듯이 '예'할 때는 '예'라는 말만 하고, '아니오' 할 때는 '아니오'라는 대화를 해야 한다. 이보다 지나친 것은 안에서 나오는 거짓과 위선이라고 성서는 말해주고 있다.75 권모술수나 음모를 꾸미기 위한 대화는 위선적이고 공격적인 대화가 된다.

정직한 대화는 참 만남을 가져다준다. 서로를 이해할 수 있고 서로의 잘못을 용서할 수 있는 기회를 준다. 그러나 거짓이 섞인 대화는 불신을 낳고 감정을 유발시킨다. 정직한 대화는 현실을 미화하거나 과장하지 않는다. 각자의 정직한 대화는 상대에 대한 이해와 배려를 주고, 그러한 배려를 통해 사회는 상호 다양성을 존중하고 인정하는 사회가 된다.

이러한 정직한 대화는 하루아침에 이루어지는 것이 아니다. 어려서부터 가정과 사회에서 정직한 대화를 하는 모습을 본받고 훈련함으로 양육되는 것이다. 정직한 대화법을 어려서부터 본받아 배워야

---

75 마태복음 5장 37절 참조.

한다. '6살 때 버릇이 여든까지 간다'는 속담이 있듯이, 어려서 배우지 못한 위선적 대화는 결국 성인들의 생활 속에서도 문제로 남아있게 된다. 직장에서, 상거래에서, 사업장에서, 정치계에서, 학교에서, 교회에서 여러 사회적 상황에서 근본적인 문제의 원인은 정직한 대화가 이루어지지 못하는 데 그 이유에 있다. 정직한 대화법의 결핍된 사회이다.

둘째는 정확한 표현력이다.

진실하고 정직한 대화가 일어나기 위해서는 먼저 묘사할 사건이나 대상에 대해 혹은 자신의 생각에 대해 정확하게 표현할 수 있도록 배움이 필요하다. 이것은 상대가 오해하는 것을 막기 위한 길이다. 또한 정확한 표현력으로 전달했을 때 편견의 폭을 좁힐 수 있다.

사건이나 사물의 묘사 혹은 자신의 입장이나 생각을 표현할 때 정확하게 표현하기 위해서는 상황에 적합한 언어선별과 사용법이 중요하다. 한국어에서 '아'와 '어'의 말이 다른 것처럼 언어를 사용할 '때'와 '장소'가 다양하게 나타날 수 있다. 무엇보다도 언어의 정확한 개념을 이해하는 것도 중요하지만, 언어를 적절하게 상황에 맞게 이해하도록 선별하여 표현하고 사용하도록 가르치고 배우는 일이 무엇보다도 중요하다.

대화는 언어 매체를 통해서 비롯된다. 언어가 통하지 않는다면 참된 대화를 기대하기는 어렵다. 언어가 통하지 않을 때 더욱 차별과 편견의 태도가 심하게 나타난다. 예를 들면, 우리가 살고 있는 사회는 점점 다원화로 향해 가면서, 언어의 다중화 현상이 일어나고 있다.[76] 1990년대 후반부터 본격적으로 이주 노동자로 많은 외국인이 한국 기업에 들어와 일은 하는 실정이다. 현재 대다수 외국인 근로자은 근무 환경이 열악한 3D 업종이나 저임금 중소기업들은 외국인 노동자들의 노동을 많이 의존하고 있다. 이들 가운데는 불법체류자로 신분상의 약점으로 인하여 고용주의 횡포로 말미암아 어려운 상황에 중노동에 시달리고 있다. 이러한 차별과 횡포는 근본적으로 언어소통의 어려움에서 시작된다고 보고 싶다. 물론 외국인 노동자 고용과 관련된 법제가 제대로 갖춰지지를 못해 이들을 체계적인 관리가 이루어지지 않고 이로 인해 심각한 사회문제를 야기하고 있다고 보는 것도 사실이다. 그러나 근본적인 또 다른 문제의 원인은 언어소통의 마비에서 비롯된다고 본다. 언어소통보다도 노동력과 기술면에만 치우쳐 일을 시키고 고용하는데 더 큰 문제가 있다. 의사소통이 이루어지지 않은 상태에서 어떻게 바람직한 노동계약이 이루어질 수 있으며, 열악한 노동조건과 중노동에 대해, 임금 체불에 대해, 폭행과 모욕에 대해, 산업재해 치료와 보상에 대해 어떻게 요구할 수 있겠는가! 오죽하면 외국인 근로자들이 '제발 때리지 마세요'라고 쓴 피켓을 들고 인권위원회에 찾아갔다는 뉴스가 방영되었을 정도이다.

언어표현 정도는 사상의 깊이와 관계가 있다. 깊은 내면의 세계나 감정을 표현하는 데 있어서 자신의 입장이나 생각을 정확한 언어매체를 통하여 상대가 이해할 수 있도록 말이나 글로 표현한다는 것은 쉬운 일은 아니다. 결국 자신의 깊은 사상이나 감정의 세계를 구체적으로 이해하기 쉽게 표현하기 위해서 비유법이나 직유법을 써서 표현해야 할 수 있어야 한다.

예수께서도 제자들에게 깊은 영적인 세계나 하나님 나라에 대한

---

76 유네스코 21세기 세계교육 위원회 편/김용주외 공역,『21세기 교육을 위한 새로운 관점과 전망: 유네스코 21세기 세계교육위원회 종합보고서』(오름출판사, 1996), 51.

설명을 구체적으로 표현하기 위해 비유나 직유를 써서 설명한 모습을 성서에서 찾아볼 수 있다. 자신의 깊은 사상이나 감정의 세계를 구체적으로 표현하기 위한 훈련과 노력이 필요할 뿐만이 아니라 자신의 신앙적 경험을 조리 있게 잘 표현할 필요가 있다. 수동적인 신앙교육으로 말미암아 획일화된 신앙보다는 자신의 다양한 신앙적 체험을 표현하여 더욱 하나님의 폭넓은 이해할 수 있는 기회가 필요하다. 이런 표현력을 위해 독서가 생활화되고 어려서부터 책을 읽고 서로 내용에 대해 깊이 있는 대화 할 수 있도록 훈련의 과정이 중요하다. 대화는 아무런 훈련 없이 자연이 얻어지는 것이 아니라 끊임없는 노력과 훈련의 결과라 생각한다.

셋째는 상호인격과 의견을 존중하는 듣는 교육이 필요하다.

우리가 상대의 말을 진심으로 들으려 한다는 것은 각자 개성이나 독특성을 인정하는 데서부터 시작된다. 이것은 나이 서열이나 직업의 귀천이나 남녀 성의 구별과 관가 없다. 어린아이는 어리다는 이유로 어른들의 말을 일방적으로 들어야만 한다는 것은 문화적 편견에서 온다. 상대가 어리다고 무시하며 지시하는 경우는 상대의 인격과 의견을 존중하는 태도가 못 된다. 장유유서의 부정적인 지배 이데올로기로부터 만들어진 한국의 나이 서열문화는 나이가 많은 사람 앞에서는 나이 어린 사람이 수동적으로 듣고 따라야만 한다는 권위주의 사회에 의해 만들어진 사회문화적 유산이다. 나이가 많다는 것은 세상 경험을 더 많이 했기 때문에 세상을 사는 지혜나 이치를 깨달은 자로 존경의 대상이다. 하지만 나이가 많다는 것이 다른 사람보다 높은 인격을 지니고 있다든지 혹은 더 많은 재능을 가지고 있다고 본다는 것은 모순된 생각이다.

서열문화는 권위주의적 남성 가부장적인 문화에서부터 온다. 여자는 무조건 순종해야 한다는 남성 권위주의적 사회에서 여자는 남편의 수동적인 인간이 된다. 여자는 무조건 남편의 말을 듣고 따라야만 한다는 것은 여자를 같은 남자와 똑같은 인격체로서 보지 않고 여자의 인격과 의견을 무시하는 처사이다. 여기에서 상호 진실한 대화가 일어나지 않는다.

직업의 귀천과 계급에 따라 상대의 인격이나 의견을 무시하는 경우도 있다. 가정부나 심부름꾼이나 청소부와 같이 남의 수종을 드는 직업에 종사한다고 해서 돈이나 재산 혹은 지위로 말미암아 상대의 인격이나 의견을 경청하지 못하고 무시하는 경우는 대화가 일어나지 않는다. 타자의 외면적인 모습이나 자격에 의해 좌우되는 대화는 참대화가 일어나지 않는다. 따라서 타자의 인격과 의견을 존중해 주는 언어의 표현은 나이가 많은 사람이나 어린 사람이나 여자나 남자나 직업의 귀천이 없이 모든 사람에 적용되어야 한다. 타자에 대해 고정관념화되어 있거나 자신의 의견이나 생각에 몰입하여 닫혀 있으면 듣지 못하고 대화가 일어나지 않는다. 고정관념을 가지고 있는 사람은 상대의 말을 들으며 깊이 이해하려는 태도가 약하다. 정형화 혹은 고정관념화는 상대를 충분히 이해하는 태도를 막는다. 편견 없이 상대를 있는 그대로를 받아들이는 듣는 태도는 상대의 존재를 인정하는 태도이다.

한국 속담에 "열 길 물속은 알아도 한 길 사람 속은 모른다"는 말이 있듯이, 내가 알고 있는 짧은 지식으로 상대를 쉽게 판단할 수 없다는 뜻이다. 잘 알지도 못하면서 외관상으로 서투르고 쉽게 판단을 내리는 것은 편견적 태도이다. 다른 사람들도 자기와 마찬가지로 세상을 보고 느낄 것이라고 믿는 사람이다. 그런 사람들은 자기 우월주의에 빠진 사람들에게서 보인다. 자기 우월주의적인 사람은 자기가 알고 있는 지식만을 고집하며 다른 사람들을 쉽게 판단하고 자신의 주장을 강요하는 사람이다.

자기 자신보다 물질적으로 가난하거나 교육 수준이 낮은 사람들의 인격을 무시하고 멸시하는 교만한 태도는 편견에 빠질 위험이 높다. 또한 자기가 이해하기 어려운 행동을 하는 사람에 대해 이상히 여기고 소외시킨다. 그래서 자기보다 못한 자에 대해서는 열등하다고 생각하고 때로 무식하다고 생각하고 자기 주관과 방식대로 독단적으로 이끌고 가려는 태도를 보인다. 반대로 자기보다 우월하다고 생각하는 사람에 대해서는 아첨하며 자신을 축소하려는 비굴한 태도를 보인다. 혹은 나의 주장과 견해가 타자의 입장에 대해 흠을 잡거나 나쁜 소문을 내어 상처를 줌으로써 자신에게 유리한 입장이 되도록 음모를 꾸미기도 한다.

상호인격과 의견을 존중할 때 참된 대화와 만남이 시작된다. 선입견을 버리고 순수하게 상대를 나와 같은 사람으로 존중하게 될 때 대화의 문이 열린다. 상호 인격과 의견을 존중한다는 것은 먼저 듣기에서 시작된다. 듣는 것이 말하는 것보다 선행될 때 참된 대화가 진행된다. 이해는 들음(경청)에서 일어난다. 영어 단어에서 이해란 말은 'understanding'이란 단어이다. 이 단어는 '아래'를 의미하는 'under'의 말과 '서다'라는 뜻의 'stand'라는 말의 합성어로 본다면 '아래에 서 있다'라는 의미로 풀이해 볼 수 있다. 이해란 뜻은 타자의 인격과 의견을 존중하여 아래에서 겸손하게 듣는 데에서 시작된다. 아래에서 겸손히 경청할 때 깊은 이해가 일어난다. 이러한 듣는 자세는 타자에게 친절(환대)을 베푸는 태도이다. 친절은 듣기에서부터 시작된다. 타자의 말을 경청하려는 노력은 그 사람이 말하는 의미나 요구를 파악하기 위해 들어가는 태도이다.

넷째는 합리적이고 논리적인 사고를 위한 비판 교육이 필요하다.

특히 비판적 견해를 가지고 듣는 태도는 중요하다. 듣는다는 것은 단순히 수동적인 태도만을 의미하지 않는다. 능동적인 들음으로 문제를 파악할 수 있고, 진지하게 들음으로 논쟁으로 들어갈 수 있으며, 비판적이고 분석적으로 이해할 수 있게 된다. 무조건 듣고 받아들이는 것이 아니라 자신의 입장에서 비판적 사고로 정확하게 사리를 판단할 수 있어야 한다. 여기에서 비판적 사고란 타자의 흠을 잡기 위한 것이나 단점을 꼬집어내기 위한 것이 아니다. 상호 대화의 목적을 달성할 수 있도록 혹은 상호 공동의 이익을 가져올 수 있도록 거짓이나 음모나 혹은 지배적 요소나 개인(집단) 이기주의적 요소를 배제할 수 있도록 비판적 사고가 요구된다.

특히 감정에 치우친 대화는 이성을 잃게 되기 때문에 대화가 합리적이고 논리적이지 못할 경우가 있다. 감정적인 대화에 빠지기 쉬운 요소는 음모나 비방이 섞인 대화에서 일어난다. 대화의 초점이 문제에 쟁점에 있는 것이 아니라 타자의 인격을 흠잡거나 욕설이 나올 때 감정적인 대화로 치닫게 된다. 각기 다는 환경과 처지에 있는 상태에서 논의가 결실을 맺고 합의점을 이루기 위해서 중요한 또 다른 것은 대화가 이성적이어야 한다. 상대방의 흠을 잡기 위해 인신공격을 목적으로 감정적인 언어가 먼저 앞서게 되면 심각한 언어 폭력이 발생하게 된다.

합리적이고 논리적인 대화는 감정이 배제된 상태에서 지속될 때 상호 이해를 증진시킬 수 있다. 더욱이 합리적인 대화가 되기 위해서는 서로 이해할 만한 타당성 있는 근거를 가지고 대화에 참여하여야 한다. 그렇지 않고 충분한 사실적 근거와 자료도 없이 막연한 추측과 가설만을 가지고 자기주장만을 내세울 때 대화가 진전되지 못한다. 문제 해결을 위한 대화가 되지 못하고 인신공격과 타자의 흠을 잡는 대화로 맴돌게 된다. 편견이란 충분한 사실적 근거나 경험이 없는 섣부른 판단에서 시작되는 것처럼 편견을 사전에 막기 위해서는 충분한 사실적 근거나 자료를 확보하는 일과 합리적이고 논리적으로 서로 대화에 참여하는 길이다.

다섯째는 인내와 관용을 위한 교육이다.

무하마드 간디(Mahatma Gandhi)는 영어에서 편견의 반대말을 찾기 위해 오랫동안 열심히 노력한 끝에 그가 선택한 단어는 "평정 혹은 초연"(equimindedness)이라는 단어였다고 한다. 이것은 자신만이 가진 확고한 신념과 같이 타자가 가진 다른 확고한 신념을 동등하게 취급해 주는 '관용'의 상태를 의미한다. 간디의 말은 예수의 제자들에게 "둘 다 추수 때까지 함께 자라게 두어라"[77]라고 말과 같다. 예수는 그의 제자들에게 비유를 들어 말하기를 알곡과 쭉정이의 구별은 추수할 때 추수꾼들이 와서 거둘 때까지 함께 성장하도록 놔두어야 한다는 것이다. 이 말은 끝까지 참고 기다린다는 자비와 인내에 관한 규율이다. 이러한 인내와 관용에 관한 이야기는 사도 바울이 고린도 교회에게 말한 내용에서도 찾을 수 있다. 그는 "그러므로 때가 이르기 전 곧 주께서 오시기까지 아무것도 판단치 말라"[78]라고 말한 표현

---

77 마태복음 13장 30절.

이다. 우리는 누구도 추수할 때까지는 궁극적인 가치에 대해 판단할 수 없음을 말해준다. 단지 우리는 그날이 이를 때까지 기다리며 서로 평화롭게 함께 성장할 뿐이라는 것이다.

그러므로 때로 타자의 인격과 의견을 존중해 주는 태도에는 인내와 관용이 따라야만 한다. 비록 자신이 이해할 수 없는 말이나 태도를 보인다고 할지라도 무시하지 않고 아량으로 받아들일 인내와 관용이 필요하다. 인내와 관용은 편견을 좁히거나 극복하기 위한 좋은 훈련이라 믿는다.

자신의 생각을 타자에게 관철시키려는 욕망보다도 타자의 의견이나 주장을 인내로써 경청해주는 미덕과 모든 사람 앞에서 선을 도모하고 모든 사람과 함께 평화를 위하여 관용이 필요하다. 기독교에서 주장하는 '사랑'이란 말은 인내와 관용을 내포하고 있다. 특히 사도 바울은 사랑은 인내와 관용을 일으킨다고 본다. 그래서 그는 "사랑은 모든 것을 바라며 모든 것을 견디며 모든 것을 견디어 낸다"고 주장한다.

마지막으로, 여섯째는 화해와 공존을 위한 평화 교육이다.

팔레스타인과 유대인에게 평화 교육을 하며 함께 사는 법을 가르치고 있는 사라 오자키-라자르(Sarah Ozacky-Lazar)라는 유대-아랍인 평화센터 소장이 있다. 그녀는 "평화 교육은 화해의 씨앗"을 주장하며 팔레스타인과 이스라엘의 공존을 위해 노력해온 평화 운동가이다. 1949년 이스라엘 중부 소도시 하데라(Hadera)에 설립된 평화센터는 매년 청소년, 성인, 교사 등 3만여 명에게 유대인과 팔레스타

---

78 고린도 전서 4장5절.

인이 더불어 생활하는 교육을 펼치고 있다. 9·11 테러로 문명 간의 충돌과 조화가 초미의 관심사로 부각된 시대이기에 이 센터의 역할은 더욱 주목을 끌고 있다.

또한 오래전 2001년 12월에 방문한 남북문제의 전문가 웨이 융 대만 국립교통대 교수가 방문한 적이 있다. 그에 따르면 한국 남북의 문제는 "아직도 남한과 북한은 제도나 체제의 차이가 크고, 북한은 폐쇄국가에다 과거 불미스러운 경험도 많아 남한 국민이 북한을 신뢰하지 못하는 문제가 있다"고 말하면서 중국이나 한국을 분단국가나 분열국가로 부르는 것은 옳지 않다고 지적했다. 의식구조가 다른 사람들이 공존하고 있는 한 개의 국가, 즉 다체계 국가로 이해해야 한다고 주장한다. 결국 남북의 문제 해결은 웨이 융의 주장과 같이 인적교류는 물론 물적 교류를 통하여 편견을 넘어서 상호 이해와 화해 그리고 공존을 위한 노력이 중요하다고 생각한다. 편견을 극복하는 길은 화해와 공존을 이루기 위한 기초 작업이다.

화해와 공존을 위해서는 먼저 다양성을 인정할 때 가능해진다. 이 세상에 어떤 사람도 똑같은 사람은 없다. 우리는 모두 다른 미묘한 생물학적 차이가 있을 뿐만 아니라 우리는 모두 서로 다른 환경에서 태어났고, 그 독특한 모형에 따라 일생을 다르게 성장한다.

민주주의 사회는 기본적으로 다원성과 상대성을 인정하는 사회이다. 개성을 존중하며, 상대의 권리를 보장해 주고, 개인의 자유를 허용해 주면서 다른 사람들과 함께 책임성 있게 함께 살아가는 사회이다. 이런 민주주의 사회를 이룩하는데 무서운 적은 편견이다. 특히 사고의 고정관념과 범주화로 말미암아 특권층의 집단적 이기주의와 존속을 위해 만들어내는 획일주의와 편 가르기 문화는 함께 살아가는 사회를 만들어가는 길을 가로막는 요소이다.

우리는 지금까지 편견이란 말을 많이 듣고 사용해 왔다. 편견이란 완전히 없앨 수 없는 사회적 현상으로 단순히 이해하기보다는 그 원인을 찾고 편견을 극복하기 위한 끊임없는 노력이 있어야 하겠다. 특히 부정적 편견은 사회를 병들게 하는 것으로 이를 극복하기 위해 많은 노력을 해 왔다. 하지만 우리 사회에서 편견이란 주제가 다양한 다른 인접 학문과 함께 대화를 통해 교육학적 차원에서 심도 있게 연구를 해오지 못했음을 보면서 앞으로 편견의 주제가 학문적 연구와 편견극복 실천 운동이 활발하게 움직였으면 하는 바람을 가지고 글을 맺고자 한다.

참 고 문 헌

〈국문〉

김욱동.『전환기의 비평논리』. 현암사, 1998.

김성곤. "21세기 문화와 세계화의 과제."「계간 사상」2001호 봄호.

김신주.『신 피아제론』(교육신서 169). 서울: 배영사, 1996.

김창남.『대중문화의 이해』. 서울: 한울아카데미, 1998.

김현행 편저.『피아제의 이론과 임상법 실제』. 서울: 1995 배영사.

넘버스, 로럴드 L./김정은 옮김.『과학과 종교는 적인가 동지인가』. 파주: 뜨인
      돌, 2014.

달라이 라마·하워드 커틀러/류시화 옮김.『당신은 행복한가』. 서울: 문학의 숲,
      2009.

데이비드 L. 실즈/오성주 옮김.『편견극복을 위한 신앙교육』. 서울: KMC, 2014.

도킨스, 리처드/홍영남 옮김.『이기적 유전자』. 서울: 을유문화사, 2002.

_____/이한음 옮김.『만들어진 신: 신은 과연 인간을 창조했는가?』. 파주: 김영
      사, 2007.

딕슨, 토마스/김명주 옮김.『과학과 종교』. 파주: 교유서가, 2017.

러셀, 피터/김유미 옮김.『과학에서 신으로: 의식의 신비 속으로 떠나는 물리학
      자의 여행』. 서울: 해나무, 2007.

레온하르트, 게르트/전병근 옮김.『신이 되려는 기술: 위기의 휴머니티』. 서울:
      틔움출판사, 2018.

랄프 린튼/전경수 옮김.『문화와 인성』. 서울: 현음사, 1992.

로이 윌킨스/고려대 교육사·철학사 연구회 옮김.『루돌프 슈타이너의 교육론』.
      내일을 여는책, 1997.

문재현 외.『학교폭력 어떻게 만들어지는가』. 서울: 살림터, 2012.

맥그래스, 알리스터/정성희·김주현 옮김.『과학과 종교: 과연 무엇이 다른가?』. 서울: 도서출판 린, 2013.

버쥐스 H. W./오태용 옮김.『기독교교육론』. 서울: 정경사, 1984.

밴야민, 발터/최성만 옮김.『역사의 개념에 대하여/폭력비판에 대하여/초현실주의』. 고양: 도서출판 길, 2012.

베버, 막스/문성화 옮김.『프로테스탄트의 윤리와 자본주의 정신』. 대구: 계명대학교 출판부, 2017.

벤틀리, 앨릭스/오수원 옮김.『현대 과학 & 종교논쟁』. 서울: 알마, 2012.

변윤식. "21세기, 희망의 과학기술."「時兆」제89권 1호(2000년).

보그단 스흐돌스키/오세종 옮김.『마르크스주의 교육철학』. 도서출판 들불, 1990.

새뮤얼 P. 헌팅톤 & 로렌스 E. 해리슨 공편/이종인 옮김.『헌팅턴의 새뮤얼 문화가 중요하다: 문화적 가치가 인류발전을 결정한다』. 서울:김영사, 2001.

성정모/홍인식 옮김.『시장, 종교, 욕망: 해방신학의 눈으로 본 오늘의 세계』. 경기: 서해문집, 2014.

세넷, 리차드/조용 옮김.『신자유주의와 인간성의 파괴』. 서울: 문예출판사, 2002.

손봉호. "한국문화와 서양문화." 한국철학회 편.『문화철학』. 서울: 철학과 현실사, 1995.

실즈 데이비드 L./오성주 옮김.『편견극복을 위한 신앙교육』. 서울: KMC, 2014.

슈밥, 클라우스/송경진 옮김.『제4차 산업혁명』. 서울: 새로운현재, 2016.

슈밥, 클라우스/김민주·이엽 옮김.『클라우드 슈밥의 제4차 산업혁명 THE NEXT』. 서울: 새로운현재, 2018.

신상규.『호모사피엔스의 미래: 포스트휴먼과 트랜스휴머니즘』. 서울: 아카넷, 2014.

알렉산더, 데니스 R. "과학과 종교: 21세기의 급류를 헤쳐나간다는 것."『현대과학 & 종교논쟁』. 서울: 알마, 2012.

앨빈, 토플러/홍갑형 · 심정순 옮김.『제3의 물결』. 서울: 동아문예, 1988.

오성주.『교육신학적 인간이해: 은혜로 선택된 인간이해』. 서울: 대한기독교서
　　　회, 2013.

_____.『편견 · 문화 · 교육』. 서울: 다산글방, 2002.

_____. "21세기 위기사회 속에서의 영성과 기독교교육."「기독교교육논총」.
　　　47 (2016): 13-49.

_____. *Ritual Communitas for Transforming Cultural Prejudice Resulting from
　　　the Ideaological Divisions in Korea* (Chicago Theological Seminary,
　　　2000).

윌슨, 에드워드/이한음 옮김.『인간의 본성에 대하여』. 서울: 사이언스북스, 2006.

애덤 샌델/이재석 옮김.『편견이란 무엇인가』. 서울: 와이즈베리, 2015.

열자. "겉모양만 보고 판단하지 말라." 열자(列子) [8. 설부편(說符篇)].

외국인노동자대책협의회. "111주년 노동절 성명서."

유네스코 21세기 세계교육 위원회 편/김용주 외 공역.『21세기 교육을 위한 새로
　　　운 관점과 전망: 유네스코 21세기 세계교육위원회 종합보고서』. 오름
　　　출판사, 1996.

윤효녕 · 윤평중 · 윤혜준 · 정문영 공저.『주체 개념의 비판: 테리다, 라캉, 알튀세,
　　　푸코』. 서울대학교출판부, 1999.

이반 일리치/최효선 · 이승환 옮김.『젠더(Gender): 젠더에서 섹스로』. 서울: 도
　　　서출 판 뜨님, 1989.

이원규.『한국교회 어디로 가고 있나』. 서울: 대한기독교서회, 2000.

이원규.『종교사회학의 이해』. 서울: 사회비평, 1997.

이정배.『평신도와 함께 하는 생명신학』. 기독교대한감리회 홍보출판국, 2001.

정범모.『가치관과 교육』. 서울: 배영출판사, 1972.

조너선 색스/임재서 옮김.『차이의 존중: 문명의 충돌을 넘어서』. 서울: 말글빛
　　　냄, 2007.

레베가, 코스타 D./장세현 옮김.『지금, 경계선에서: 오래된 믿음에 대한 낯선 통찰』. 서울: 쌤앤파커스, 2011.

쿤, 토마스/홍성욱 옮김.『과학혁명의 구조』. 서울: 까치글방, 2013.

터클, 셰리/이은주 옮김.『외로워지는 사람들: 테크놀로지가 인간관계를 조정한다』. 서울: 청림출판사, 2012.

피터스, 테드/김흡영 외 5인 옮김.『과학과 종교: 새로운 공명』. 서울: 도서출판 동연, 2002.

파머, 파커/김찬호 옮김.『비통한자들을 위한 정치학: 왜 민주주의에서 마음이 중요한가』. 파주: 글항아리, 2012.

파머, 파커/이종태 옮김.『가르침과 배움의 영성』. 서울: Ivp, 2006.

최준식.『한국인에게 문화는 있는가』. 서울: 사계절, 1997.

출입국. "외국인정책 통계월보."

한병철/김태환 옮김.『피로사회』. 서울: 문학과 지성사, 2014.

_____.『투명사회』. 서울: 문학과 지성사, 2014.

호킹, 스티븐·레오나르드 믈로디노프/전대호 옮김.『짧고 쉽게 쓴 시간의 역사』. 서울: 까치글방, 2006.

헤들리 브루크, 존. "현대과학은 서구문화를 세속화시켰다?"『과학과 종교는 적인가 동지인가』. 파주: 뜨인돌출판사, 2014.

팩, M. 스캇/김민예숙 옮김.『평화만들기』. 서울: 열음사, 2006.

LeFevre, Perry. *Man: Six Modern Interpretations*, trans. 이종성.『현대의 인간이해』. 서울: 대한기독교회, 1982.

Adult, Ruth L./곽금주 옮김.『아동의 인지발달』. 중앙적성출판사, 1989.

Crain, William C./서봉연 옮김.『발달의 이론』. 중앙적성출판부, 1983.

Doll William E., Jr.. *A Post-Modern Perspective on Curriculum*. 김복영 옮김.『교육 과정과 포스트모더니즘의 시각』. 교육과학사, 1993.

〈영문〉

Abcarian, Gilbert. and Palmer, Monte. *Soceity in Conflict: An Introduction to Social Science*. San Francisco: Canfield Press, 1974.

Alexander, Bobby C.. *Victor Turner Revisited: Ritual as Social Change*. Atlanta, Georgia: Scholars Press, 1991.

Allport, Gordon W.. *The Nature of Prejudice*. Cambridge, MA: Addison-Wesley, 1954.

_____. "Prejudice a problem in psychological and social causation". in *Journal of Social Issues* (Supplement Series, No.4, 1950).

Austin, J. L.. *How to Do Things with Words*. Combridge: Harvard University Press, 1962.

Barbour, Ian G. *Myths, Models and Paradigms: A Comparative Study in Science and Religion*. New York: Harper & Row, 1974.

Bell, Daniel. *The Coming of Post Industrial Society*. New York: Basic Books, 1976.

Blak, Max. *Models and Metaphors: Studies in Language and Philosophy*. Ithaca: Cornell University Press, 1962.

Brown, Rupert. *Prejudice: Its Social Psychology*. Oxford UK & Cambridge USA: Blackwell, 1995.

Buber, Martin. *Between Man and Man*. trans. R. G. Smith. London and Glasgow: Fontana Library, 1961.

_____. *I and Thou*. trans. R. G. Smith. New York: Collier Books, 1958.

Comte, Auguste. *The Positive Philosophy*. London: George Bell, 1896.

David, Paul. *The Mind of God*. New York: Simon & Schuster, 1992.

Davis, Kingsley and Moore, W.. "Some Principles of Stratification" in *American Sociological Review*, 10 (2).

Dennett, Daniel C. *Science and Religion: Are They Compatible?*. New York/Oxford: Oxford University Press, 2011.

Dewey, John. *Experience and Education*. New York: Collier Books, 1963.

_____. *Reconstruction in Philosophy*. Boston: Beacon Press, 1957.

_____. *How We Think*. Chicago: Henry Regnery, 1971.

_____. *The Quest for Certainty: A Study of the Relation of Knowledge and Action*. New York: G. P. Putman's Sons, 1929.

Elkind, David. *Children and Adolescents: Interpretive Essays on Jean Piaget*. New York, Oxford: Oxford University Press, 1981.

Erchak, Gerald M.. *The Anthropology of Self and Behavior*. New Brunswick, New Jersey: Rutgers University Press, 1992.

Erikson, Erik H.. *Childhood and Society*. New York: W.W.Norton & Company. INC, 1950.

Fox, Matthew and Sheldrake, Rupert. *Natural Grace: Dialogues on Creation, Darkness, and the Soul in Spirituality and Science*. New York: Doubleday, 1996.

Frazer, James G. *The Golden Bough*. New York: The Macmillan Co., 1951.

Freire, Paulo. "Conscientization." in *Cross Currents* 24:1. Spring, 1974.

_____. "Cultural Action for Freedom." in *The Harvard Edcucation Review*. Cambridge, 1970.

_____. *A Pedagogy for Liberation: Dialogues on Transforming Education*. New York: Bergin & Garvey, 1987.

_____. *Education for Critical Consciousness*. New York: The Continuum Publishing Company, 1993.

_____. *Pedagogy of the Oppressed*. New York: Continuum, 1993.

_____. *The Politics of Education: Culture, Power, and Liberation*, trans. Donaldo Macedo. New York, Westport, Connecticut, London: Bergin & Garvey, 1985.

Gadamer, Hans-Georg. *Philosophical Hermeneutics.* trans & ed. David E. Linge. University of California Press, 1976.

Geertz, Clifford. *The Interpretation of Culture.* BasicBooks, 1973.

Gennep, Arnold van. *The Rites of Passage.* Chicago: The University of Chicago, 1960.

Glock, Charles Y. and Stark, Rodney. *Christian Beliefs and Anti-Semitism.* New York and London: Harper & Row, 1966.

Giroux, Henry A.. *Ideology, Culture, and the Process of Schooling.* Philadelphia: Temple University Press, 1981.

_____. *Living Dangerously.* New York: Peter Lang, 1993.

_____. *Teachers as Intellecturals.* New York: Peter Lang, 1988.

_____. *Theory and Resistance in Education.* New York: Bergin & Garvey, 1987.

Groome, Thomas H. Groome. *Christian Religious Education: Sharing Our Story and Vision.* New York: Harper Collins, 1980.

_____. "Religious Education for Justice by Education Justly." in *Education for Peace and Justice*, edited by Padraic O'Hare. New York: Harper & Row, 1983.

_____. *Educating for Life: A Spiritual Vision for Every Teaching and Parent.* Texas: ThomasMore, 1998.

_____. *Sharing Faith: A Comprehensive Approach to Religious Education & Pastoral Ministry.* New York: Harper Collins, 1991.

Hassen, Ihab. *The Postermodern Turn: Essays in Postmodern Theory and Culture.* Columbus: Ohio State University Press, 1987.

Habermas, Jurgen. *Communication and the Evolution of Society*, trans. Thomas McCarthy. Boston: Beacon Press, 1976.

_____. *Knowledge and Human Interests.* Boston: Beacon Press, 1971.

_____. *The Theory of Communicative Action*. Boston: Beacon Press, 1988.

Harvey, David. *The Condition of Postmodernity*. Cambridge, MA: Basil Blackwell, 1989.

Hofstadter, Richard. *Social Darwinism in American Thought*. Boston: Beacon Press, 1965.

Hollenbach, David. *Claims in Conflict: Retrieving and Renewing the Catholic Human Rights Tradition*. New York: Paulist Press, 1979.

Hunter, Cornelius G. *Science's Blind Spot*. Grand Rapids, Michigan: Brazos Press, 2007.

Jennings, Theodore W. Jr.. "On Ritual Knowledge." *Journal of Religion* 62/2 (April, 1982).

Jone, J. M.. *Prejudice and Racism*. Reading, Mass.: Addison-Wesley, 1972.

Kegan, Robert. *The Evolving Self*. Cambridge, MA: Harvard University Press, 1982.

Kleg, Milton. *Hate, Prejudice and Racism*. Albany, New York: State University of New York, 1993.

Kluckhohn, C.. "Universal Categories of Culture." in A. L. Kroeber(ed.), *Anthropology Today*. Chicago: Chicago University Press, 1955.

Kuhn, Thomas. *The Structure of Scientific Revolutions*. Chicago: University of Chicago Press, 1970.

Lee, James Michael. *The Shape of Religious Instruction: A Social Science Approach*. Dayton, Ohio: Pflaum, 1971.

Lewontin, R. C., Rose, S., and Kamin, L. *Not in Our Genes: Biology, Ideology, and Human Nature*. New York: Pantheon Books, 1984.

Maier, Henry W.. *Three Theories of Child Development: The Contributions of Erik H. Erikson, Jean Piaget, and Rober R. Sears, and Their Applications*. New

York: Harper & Row, Publishers, 1965.

Marney, Carlyle. *Structures of Projudice: An Approach to Understanding and Dealing with Prejudice in Culture*. New York: Abingdon Press, 1961.

McLaren, Peter. *Schooling as a Ritual Performance*. London & New York: Routledge, 1993.

Mead, George H.. *Mind, Self and Society*. ed. Charles W. Morris. Chicago: The University of Chicago Press, 1934.

Nibset, Robert A.. *Social Change and History: Aspects of the Western Theory of Development*. London: Oxford University Press, 1969.

Onstein, Allen C.. *An Introduction to the Foundations of Education*. Chicago: Rand MaNally College Publishing Company, 1977.

Palmer, Parker J.. *To Konw as We Are Known: Education as a Spiritual Journey*. New York: HarperSanFrancisco, 1983.

Parsons, Talcott and Shils, Edward. eds.. *Toward a General Theory of Action*. Cambridge: Harvard University Press, 1951.

Pepper, Stephen C.. *World Hypotheses*. Berkeley: Univerisity of California Press, 1942.

Piaget, Jean. "Piaget's Theory." in P. H. Mussen, ed., *Carmichael's Manual of Child Psychology*, Vol. 1. New York: Wiley, 1970.

Ponterotto, Joseph G. & Pederson Paul B.. *Preventing Prejudice: A Guide for Counselors and Educators*. Newbury Park, London, & New Delhi: Sage Publications, 1993.

Paul, Richard W.. *Critical Thinking: What Every Person Needs to Survive in a Rapidly Changing World*. CA: Santa Rosa, Foundation for Critical Thinking, 1993.

Ropers, Richard H. and Pence, Dan J.. *American Prejudice with Liberty and Justice for Some*. New York and London: Insight Books, 1995.

Said, Edward W.. *Culture and Imperialism*. New York: Vintage Books, 1993.

Sandhu, Daya Singh and Aspy, Cheryl Blalock. *Counseling for Prejudice Prevention and Reduction*. American Counseling Association, 1997.

Searle, J.. *Speech Acts: An Essay in the Philosophy of Language*. London: Cambridge University Press, 1969.

Tanner, Kathryn. *Theories of Culture*. Mineapolis: Fortress Press, 1997.

Tillich, Paul. *Systematic Theology*, Vol. III..

Tonnies, F.. *Gemeinschaft und Gesellschaft*. Leipzig, 1935.

Turner, Victor. "Body, Brain, and Culture." in *The Anthropology of Performance*. New York: A Division of Performing Arts Journal, Inc. Publications, 1988.

_____. *Schism and Continuity in an African Society: A Study of Ndembu Village Life*. Manchester: Manchester University Press, 1957.

_____. *Dramas, Fields, and Metaphors: Symbolic Action in Human Society*. Ithaca and London: Cornell University Press, 1974.

_____. *From Ritual to Theatre*. New York: Performing Arts Journal Publications.

_____. *Journal for the Scientific Study of Religion*. 30/1, 1991.

_____. *The Anthropology of Performance*. New York: PAJ Publications, 1988.

_____. *The Forfest of Symbols: Aspects of Ndembu Ritual*. N.Y.: Cornell University Press, 1967.

_____. *The Ritual Process: Structure and Anti-Structure*. Ithaca, New York: Cornell University Press, 1969.

Turner, Victor and Turnner, Edith L. B.. *Image and Pilgrimage in Christian Culture: Anthropological Perspectives*. New York: Columbia University Press, 1978.

Waugh, Patricia. *Postmodernism: A Reader*. London: Edward Arnold, 1992.

Whitehead, Alfred North. *The Aims of Education*. New York, Free Press, 1967.

_____. *Process and Reality: An Essay in Cosmology*. New York: Free Press, 1978.

Young-Bruehl, Elisabeth. *The Anatomy of Prejudices*. Cambridge, Massachusetts: Harvard University Press, 1996.

찾 아 보 기